BIBLIOTECA DIPLOMÁTICA – Série C

Título:
A Política Externa Portuguesa: 1995-1999

Coordenação Editorial:
IDI-MNE

Edição:
Instituto Diplomático
Ministério dos Negócios Estrangeiros, Portugal

Design Gráfico, Impressão e Acabamento:
Europress, Lda.

Tiragem:
2000 Exemplares

Data:
Dezembro de 2001

Depósito Legal:
174158/01

ISBN:
972-9245-34-7

BIBLIOTECA DIPLOMÁTICA – Série C

JAIME GAMA

A Política Externa Portuguesa 1995-1999

Colectânea de intervenções, artigos e entrevistas do Ministro dos Negócios Estrangeiros

Ministério dos Negócios Estrangeiros

Índice

INTRODUÇÃO — 9

VISÕES DE CONJUNTO

Apresentação do Programa do XIII Governo Constitucional, Assembleia da República, 9 de Novembro de 1995 — 15

Seminário Diplomático do Ministério dos Negócios Estrangeiros, Palácio das Necessidades, 5 de Janeiro de 1996 — 23

Sessão de Encerramento do Curso de Defesa Nacional, Instituto de Defesa Nacional, Junho de 1997 — 33

TEMAS GERAIS

Portugal, a Preparação para o Século XXI, Desafios Internos e Agenda Externa, Clube Português do BENELUX, Bruxelas, 26 de Janeiro de 1998 — 43

A Conferência do Atlântico. A Europa, a América do Norte e a América do Sul – o Papel da Europa numa Era de Globalização, Armação de Pêra, 12 de Novembro de 1998 — 49

COMUNIDADES PORTUGUESAS

Cerimónia de Encerramento da I Reunião Plenária do Conselho das Comunidades Portuguesas – Assembleia da República, 11 de Setembro de 1997 — 55

Sessão Inaugural da Conferência sobre a Mundialização, as Migrações e o Desenvolvimento, no âmbito da OCDE – Centro Cultural de Belém, 2 de Novembro de 1998 — 61

COOPERAÇÃO

Intervenção Inicial na Conferência de Imprensa para a Apresentação do Programa Integrado da Cooperação Portuguesa, Palácio das Necessidades, 27 de Outubro de 1998 — 67

DIPLOMACIA

Sessão de Homenagem a Aristides de Sousa Mendes, Parlamento Europeu, Estrasburgo, 17 de Novembro de 1998 — 75

DIREITO INTERNACIONAL

I Jornadas de Direito Internacional Público do Ministério dos Negócios Estrangeiros, Fundação Calouste Gulbenkian, 14 de Janeiro de 1999 — 81

UNIÃO EUROPEIA

Posição Portuguesa na Conferência Intergovernamental para a Revisão do Tratado de Maastricht, Assembleia da República, 27 de Março de 1996	87
O Tratado de Amesterdão e a Integração Europeia, *in* revista do Centro de Informação Jacques Delors	91
Acordo de Associação com a UE, Parlamento da Eslovénia, Lubliana, 14 de Maio de 1997	95
Moeda Única sem Esquecer Emprego, entrevista ao jornal *Diário de Notícias*, 15 de Junho de 1997	99
A Europa e o Mundo, Acção Externa e Diplomacia Comum, Centro Cultural de Belém, 1 de Outubro de 1997	103
Jaime Gama sobre a Cimeira Extraordinária do Emprego. Agenda 2000. «Nunca Diremos que Vamos Bloquear o Alargamento», entrevista ao jornal *Diário Económico*, 20 de Novembro de 1997	109
Os Novos Desafios que se Colocam à Europa, Centro Cultural de Belém, 12 de Janeiro de 1998	117
Aspectos Jurídicos e Económicos da Introdução do Euro, Instituto Europeu da Faculdade de Direito de Lisboa, 23 de Março de 1998	123
Portugal, a União Económica e Monetária e a Introdução do Euro, Câmara de Comércio e Indústria Luso-Francesa, 5 de Maio de 1998	127

QUESTÕES DE SEGURANÇA E DEFESA

1. A Aliança Atlântica

Portugal e a Nova NATO, Julho de 1996. NATO *Review*, n.º 4, Julho de 1996	137
Sintra e a Nova NATO, entrevista ao jornal Expresso, Maio de 1997	143
Uma Rússia Saudável pode Integrar uma Nova NATO, entrevista ao jornal *Público*, 29 de Maio de 1997	147
Intervenção na Abertura da Reunião Ministerial do Conselho do Atlântico Norte, Sintra, 29 de Maio de 1997	159
Aprovação para Ratificação dos Protocolos de Alargamento da NATO à Hungria, Polónia e República Checa, Assembleia da República, 16 de Setembro de 1998	163
Sessão de Encerramento da 44.ª Assembleia Geral da Associação do Tratado do Atlântico (ATA), Lisboa, 20 de Novembro de 1998	169
A Cimeira de Washington e o Novo Conceito Estratégico da NATO, Assembleia da República, 13 de Maio de 1999	173

2. A União da Europa Ocidental

A Segurança e a Cooperação Europeia: Concretizações e Desafios – Perspectiva da União Europeia, Colóquio da UEO na EXPO'98, 30 de Julho de 1998	181

3. A Organização de Segurança e Cooperação na Europa

A Cimeira de Lisboa da OSCE e as Relações Euro-Americanas,
XIV Conferência, Instituto de Estudos Estratégicos
Internacionais (IEEI), Lisboa, 27 de Novembro de 1996 187
A Maturidade da OSCE e a Cimeira de Lisboa, entrevista ao jornal *Expresso*,
Novembro de 1996 193
Lisboa Será Ponto de Partida para um Modelo de Segurança Europeia,
entrevista ao jornal *Público*, 1 de Dezembro de 1996 197

ORGANIZAÇÃO DAS NAÇÕES UNIDAS

1. Assembleia Geral

Discurso na 51.ª Sessão, Nova Iorque, 27 de Setembro de 1996 209
Discurso na 52.ª Sessão, Nova Iorque, 23 de Setembro de 1997 219
Discurso na 53.ª Sessão, Nova Iorque, 23 de Setembro de 1998 227
Discurso na 22.ª Sessão Especial sobre a Revisão e Avaliação do Programa
de Acção para o Desenvolvimento Sustentável dos Estados-Ilha
de Pequena Dimensão, Nova Iorque, 28 de Setembro de 1999 233

2. Comissão dos Direitos Humanos

Discurso na 54.ª Sessão da Comissão de Direitos Humanos, Genebra,
25 de Março de 1998 239

COMUNIDADE DOS PAÍSES DE LÍNGUA PORTUGUESA

Gama admite Alargamento da CPLP, entrevista ao jornal *Diário de Notícias*,
24 de Abril de 1996 245
Intervenção na Conferência Interparlamentar, no âmbito da Criação
da Comunidade dos Países de Língua Portuguesa,
Assembleia da República, 24 de Junho de 1996 249
Aprovação para a Ratificação dos Instrumentos Constitutivos da CPLP,
Assembleia da República, 29 de Janeiro de 1997 255
Intervenção no Fórum dos Empresários da Língua Portuguesa 261

ÁFRICA

Reunião Ministerial UE/SADC, Windhoek, Outubro 1996 267
Intervenção no Conselho de Segurança da ONU – A Situação em África
Nova Iorque, 25 de Setembro de 1997 271
As Relações entre Portugal e a África do Sul, Câmara de Comércio
e Indústria Luso-Sul-Africana, 26 de Maio de 1998 275
Colóquio sobre a Paz e a Segurança em África, organizado pela Assembleia
Parlamentar da UEO, Assembleia da República, 15 de Setembro de 1998 279
Intervenção no Conselho de Segurança da ONU, Nova Iorque,
24 de Setembro de 1998 285
Reunião Ministerial UE/SADC, Viena, 3 e 4 de Novembro 1998 289
Guiné-Bissau, "Missão de Alto Risco", artigo publicado na revista *Visão*,
29 de Outubro de 1998 295

AMÉRICA LATINA

Discurso na Cerimónia de Transferência do Secretariado pro-Tempore da Cimeira Ibero-Americana, Lisboa, 28 de Janeiro de 1998	301
Cimeira do Porto – A Comunidade Ibero-Americana perante os Desafios da Globalização, Conferência na Casa da América, Madrid, 14 de Setembro de 1998	305

MEDITERRÂNEO

O Papel da Europa na Segurança do Mediterrâneo – Perspectiva Portuguesa, Oslo, 23 de Abril de 1997	313

TIMOR-LESTE

Entrevista à Agência *Reuters*, 1 de Abril de 1998	321
Jaime Gama avisa às Nações Unidas «Temos de ir já para Timor», entrevista ao jornal *Expresso*, 27 de Fevereiro de 1999	331
Estamos perto de uma Solução Satisfatória para Timor, entrevista ao jornal *Diário de Notícias*, 21 de Março de 1999	335
Interacção no Conselho de Segurança da ONU, Nova Iorque, 14 de Setembro de 1999	339

PORTUGAL/BRASIL

Fizemos uma Revolução nas Relações Luso-Brasileiras, entrevista ao jornal *Semanário*, 26 de Julho de 1997	345

PORTUGAL/ESPANHA

Discurso na Sessão Solene de Abertura da Conferência Portugal/Espanha, Universidade Autónoma de Lisboa, 28 de Novembro de 1996	353

PORTUGAL/ESTADOS UNIDOS DA AMÉRICA

A Relação Transatlântica: uma Reflexão Pessoal, *American Club* de Lisboa, 24 de Janeiro de 1996	359
Discurso no PALCUS/*Portuguese-American Leadership Council of the United States*, Washington, DC, 29 de Abril de 1996	367
Os Açores e a Nova Parceria Transatlântica, Furnas, S. Miguel, 28 de Setembro de 1998	373

UNIÃO LATINA

Intervenção no Congresso da União Latina, Lisboa, 6 de Abril de 1998	379

DESLOCAÇÕES DO MINISTRO DOS NEGÓCIOS ESTRANGEIROS	383
LISTA DAS CONVENÇÕES INTERNACIONAIS ASSINADAS EM PORTUGAL	395

Introdução

Introdução

Este volume recolhe as principais intervenções, artigos e entrevistas do Ministro dos Negócios Estrangeiros do XIII Governo Constitucional, abrangendo assim os quatro anos que vão da sua posse, a 28 de Outubro de 1995, até ao final da legislatura em 1999. Reflectem, ainda que de modo parcelar, os principais vectores da política externa portuguesa desse período, os nossos grandes desafios e, também, as profundas mudanças registadas nesse período na comunidade internacional em que Portugal se insere.

Foi, na verdade, uma época intensa e rica em acontecimentos, com repercussões sentidas no momento e com consequências estruturantes para o relacionamento exterior e para o desenvolvimento interno de Portugal. Na frente europeia seguramente, com a preparação do Tratado de Amesterdão e a participação no projecto da moeda única que, a partir de 1 de Janeiro de 2002, se torna numa realidade palpável; com a reforma e o alargamento da Aliança Atlântica e com a Cimeira de Lisboa da OSCE, organização a que presidiremos também no próximo ano. Mas igualmente a nível global – recordo a nossa passagem pelo Conselho de Segurança da ONU, como membro não-permanente, no biénio 1997-1998, a transição de Macau e as profundas alterações, então iniciadas, que permitiram, com o contributo de tantos, a independência de Timor-Leste.

No período em causa foi consolidada a presença de Portugal no mundo e a valorização de um património humano, cultural e linguístico, reflectido na criação e na institucionalização da CPLP, a Comunidade dos Países de Língua Portuguesa, na Cimeira de Lisboa, em 17 de Julho de 1996. E foi possível diversificar a agenda internacional de Portugal, reforçando os laços com os parceiros tradicionais e expandindo o nosso relacionamento com outros Estados e organizações; o nosso país assumiu um papel de relevo enquanto investidor internacional e enquanto participante empenhado no esforço colectivo de manutenção da paz e da segurança em vários continentes.

Aqui ficam, pois, alguns testemunhos.

Gostaria de deixar a expressão do meu reconhecimento ao Ministério dos Negócios Estrangeiros, aos seus serviços internos e externos, pela lealdade, dedicação e disponibilidade com que pude sempre contar. E agradeço ao Instituto Diplomático – cuja acção se afirma progressivamente no panorama português como agente de reflexão e debate sobre a política externa portuguesa, de que a revista *Negócios Estrangeiros* é apenas o mais recente exemplo – o esforço realizado com a preparação deste volume.

De forma especial gostaria de sublinhar o valioso contributo para a preparação dos textos e a sua edição do Primeiro Secretário de Embaixada, Dr. Francisco Ribeiro de Menezes, meu adjunto no Gabinete, da Dra. Maria Madalena Requixa, colaboradora do Instituto Diplomático na organização do presente volume, e do jornalista Horácio Vale César, meu adjunto e porta-voz no Gabinete, a quem se ficou a dever, na altura própria, a coordenação da respectiva difusão pública.

Jaime Gama
Palácio das Necessidades, Lisboa, 5 de Dezembro de 2001

Visões de Conjunto

Apresentação do Programa do XIII Governo Constitucional

*Assembleia da República,
9 de Novembro de 1995*

Linhas Gerais da Política Externa Portuguesa. Intervenção do MNE na Assembleia da República por ocasião da discussão do Programa de Governo.

Senhor Presidente,
Senhor Primeiro-Ministro,
Senhores Deputados,

A Política Externa é uma das vertentes da acção governativa que o Parlamento deve apreciar antes da investidura do novo executivo.

O Primeiro-Ministro foi claro no delineamento das prioridades essenciais neste campo: prosseguimento da opção europeia, reforço das relações com o mundo da língua portuguesa.

Vejamos com detalhe ambas essas vertentes.

O processo de integração europeia assenta na partilha, por um conjunto de Estados soberanos, dos valores humanos, políticos e económicos que consubstanciam, em simultâneo, o legado histórico e as perspectivas de futuro do nosso continente.

A participação de Portugal neste projecto surge, assim, como corolário da nossa adesão aos princípios da democracia representativa, do Estado de Direito e da economia social de mercado. Ela dá a Portugal uma maior capacidade de actuação internacional, a fim não só de agir em prol dos desígnios comunitários mas, também, de defender com intransigência os nossos interesses específicos, fazendo uso do poder e da influência que possuímos no âmbito da partilha de soberanias própria da União Europeia.

O Governo encontra-se ciente de que o processo de integração enfrenta agora uma etapa decisiva e exigente. Mas não aceitaremos que possam vingar, até ao final do século, teses que preconizem fórmulas de diferenciação e subalternização entre os Estados-membros – ameaçando desse modo a unidade própria do projecto europeu.

Pretendemos que os resultados da conferência intergovernamental de revisão do Tratado de Maastricht venham a acolher as nossas posições globais no tocante à defesa da igualdade soberana dos Estados-membros, à representação nacional nas instituições da União, à reforma dos respectivos mecanismos decisórios, à ampliação da identidade portuguesa no contexto europeu e internacional.

Senhor Presidente,
Senhor Primeiro-Ministro,
Senhores Deputados,

Foi na Europa que se fizeram sentir de forma mais imediata os múltiplos efeitos dos acontecimentos do final da década de oitenta. Daí decorre, inevitavelmente, que aos europeus caibam especiais responsabilidades na procura de soluções para os desequilíbrios regionais e focos de tensão que revelam, por vezes com particular crueza, a instabilidade deixada pelo desaparecimento do mundo bipolar.

O Governo entende pois que o desenvolvimento e a consolidação de uma "Política Externa e de Segurança Comum" (PESC) permitirá que a Europa se faça ouvir na comunidade internacional com uma voz correspondente à sua real dimensão política, económica e social. Contudo – e de acordo com a filosofia que subscrevemos face ao fenómeno da integração europeia no seu todo – tal não significa que o Governo abdique das suas demais prioridades estratégicas e das afinidades tradicionais do nosso país.

É ainda perante estas grandes coordenadas que devemos equacionar e definir a nova arquitectura europeia de segurança e defesa. Acreditamos que a UEO se deverá institucionalizar a prazo e enquanto expressão de uma Identidade Europeia de Defesa e Segurança, no âmbito da União Europeia e sem perder de vista o quadro mais vasto da Aliança Atlântica.

A principal garantia da segurança europeia continua a assentar nos laços transatlânticos de que a Organização do Tratado do Atlântico Norte (NATO) é o símbolo visível. É nosso intuito contribuir para o reforço da articulação entre a UEO e a NATO. Uma equilibrada divisão de tarefas entre estas duas organizações, a par dos respectivos alargamentos, representará mais um sinal de maturidade política europeia que pretendemos atingir e ver reconhecida.

O Governo dará ainda uma atenção particular à realização no próximo ano da Cimeira de Lisboa da Organização para a Segurança e Cooperação na Europa. A OSCE, com uma composição verdadeiramente pan-europeia, desempenha um papel de relevo na preservação da estabilidade na região Euro-Atlântica, e a Cimeira de Lisboa será uma boa oportunidade para cimentar um clima de confiança entre os Estados que a integram.

No entanto, a estabilidade na Europa passa pela resolução, a breve trecho, do trágico conflito na ex-Jugoslávia. Tornou-se com efeito imperativo pôr cobro ao sofrimento das populações afectadas e levar a paz aos Balcãs. Estamos convictos de que o processo negocial em curso constitui a melhor, e talvez a última, oportunidade para se encontrar um compromisso exequível e aceitável para todas as partes.

Senhor Presidente,
Senhor Primeiro-Ministro,
Senhores Deputados,

O Governo não deixará de procurar uma eficaz articulação da diplomacia bilateral, multilateral e comunitária, fazendo valer os seus argumentos e explorando as possibilidades que aquelas três vertentes de acção externa do Estado nos oferecem. Para além de quanto ficou dito, destacamos, a título de exemplo, as seguintes prioridades:

– o relacionamento bilateral com os nossos parceiros na União Europeia, que não se limita às actividades comunitárias e onde temos interesses importantes a defender;

– a Europa Central e de Leste, cuja acelerada transição para a democracia política e economia de mercado importa acalentar, nomeadamente com a abertura – ponderada, é certo – da União Europeia, da UEO e da NATO, seja pela via da adesão, seja através de formas aprofundadas de cooperação;

– a Bacia do Mediterrâneo e o Médio Oriente – e aqui formulamos os nossos mais sinceros votos de que o trágico desaparecimento do Primeiro-Ministro israelita, Yitzhak Rabin, não perturbe o promissor processo de paz – onde os laços que nos unem a estas regiões e a proximidade geográfica tornam imprescindíveis um acompanhamento cuidadoso das tendências desestabilizadoras que podem vir a ter repercussões negativas;

– as relações bilaterais com os Estados Unidos, potencializando o acordo de cooperação e defesa e a vitalidade da Comunidade Portuguesa ali radicada; e

– a continuação da política de empenhamento de Portugal nas várias organizações internacionais, que produziu bons resultados nos últimos anos, valorizando a nossa actuação e procurando assegurar a presença regular de Portugal nas respectivas instâncias máximas – como no caso da nossa candidatura, apresentada pelo anterior Governo, a um lugar não-permanente no Conselho de Segurança das Nações Unidas para o biénio 1997-1998.

Senhor Presidente,
Senhor Primeiro-Ministro,
Senhores Deputados,

A 20 de Dezembro de 1999, Macau sai da Administração portuguesa e começa um percurso próprio de 50 anos como Região Administrativa Especial da República Popular da China.

Essa saída não deve ser por nós entendida como a saída do território da nossa área de preocupações.

Cria-nos, antes, uma obrigação a longo prazo: a de definir e executar uma estratégia para esse período de 50 anos e mesmo para além dessa data.

No curto e no médio prazo, o Governo define como sua prioridade a contribuição para uma transição estável, pacífica e serena, para o aprofundamento da amizade luso--chinesa e para a salvaguarda dos direitos e expectativas dos habitantes de Macau.

Por isso, a protecção dos interesses da população de Macau deve ser feita na defesa dos seus direitos, consagrados na Declaração Conjunta.

Por isso, os direitos e as obrigações internacionalmente assumidos por Portugal e pela China em relação a Macau devem ser rigorosamente respeitados, antes e depois de 1999.

Queremos fazer da transição em Macau uma etapa confiante no nosso relacionamento com a China e com uma área do mundo caracterizada pelos índices mais espectaculares do crescimento económico.

Senhor Presidente,
Senhor Primeiro-Ministro,
Senhores Deputados,

Em África – do Magrebe ao Cabo da Boa Esperança – se fixam interesses históricos e permanentes de Portugal.

Em África se polarizam algumas das mais dramáticas situações de crise.

No Magrebe, alguns focos de violência tendem a gerar a instabilidade na margem sul do Mediterrâneo.

A África Subsariana tipifica um quadro de violência inter-étnica, de regressão económica e de fragmentação social.

A África Austral é a região onde se verifica a evolução política mais interessante e encorajadora do continente na actualidade.

É nela que se situa Moçambique – o segundo país mais povoado de língua portuguesa.

É nela que fica Angola, país imenso, suspenso de uma efectiva reconciliação nacional.

É nela que reside uma das maiores comunidades portuguesas: a da África do Sul.

É ainda em África que se situam as exigentes experiências democráticas de Cabo Verde, da Guiné-Bissau e S. Tomé e Príncipe.

A promoção e o aprofundamento do diálogo euro-africano é, por isso, uma natural atitude político-diplomática de Portugal, que deverá actuar ao nível da União Europeia como agente de sensibilização para os problemas de África.

É assim óbvio que a política de cooperação para o desenvolvimento se constitui como uma das componentes fundamentais da política externa portuguesa.

Os Estados africanos de língua portuguesa serão os beneficiários naturais de uma parte substancial da ajuda pública portuguesa ao desenvolvimento – e o Governo pretende que a política de cooperação seja objecto de um aprofundado consenso nacional.

Portugal reafirma o seu empenhamento na participação dos processos de paz e de reconstrução a decorrer em Angola e Moçambique – quer no plano dos princípios políticos ora definidos, quer através dos diversos instrumentos de intervenção de que dispõe nos planos nacional e europeu.

As relações de Portugal com o Brasil constituirão uma prioridade para o Governo, conforme sublinhou o Primeiro-Ministro.

O intercâmbio luso-brasileiro terá um novo sentido se Portugal e o Brasil aportarem – de forma comum e mutuamente reflectida – no diálogo e na cooperação entre os respectivos grandes espaços de inserção. A União Europeia e o MERCOSUL.

Concretamente, os dois países devem bater-se por uma associação inter-regional de comércio e parceria.

Com o Brasil, mas também com os outros países da América do Sul, o Governo promoverá uma aproximação crescente e um novo relacionamento.

Um rumo a prosseguir é o da criação e da institucionalização de uma comunidade dos povos de língua portuguesa, uma ideia de futuro, a que nos obrigam os laços da História da língua e da cultura.

É nosso dever alicerçá-la desde já, em passos concretos e práticos, com vista a um duplo objectivo: o aprofundamento das relações entre os Estados de línguas oficial portuguesa e a cooperação na defesa da língua portuguesa no mundo.

Por isso, é tarefa prioritária deste Governo normalizar a actual situação do Instituto Camões, tornando-o apto a desempenhar o papel para que foi criado e pondo termo à lastimável situação em que se encontra.

No que se refere à emigração e às comunidades portuguesas, há uma prioridade instrumental que o Governo considera essencial: a modernização dos consulados portugueses.

Responder, em tempo útil, às solicitações dos cidadãos nacionais residentes no estrangeiro – como, por exemplo, as suas necessidades de documentação pessoal – eis um objectivo, aparentemente simples mas nunca realizado, a que este Governo vai meter ombros. Muito se tem falado, em abstracto, dos emigrantes portugueses, mas pouco se tem feito, em termos práticos, para dar solução aos problemas que efectivamente os preocupam em termos de qualidade dos serviços consulares. Vamos inverter essa tendência.

Senhor, Presidente,
Senhor Primeiro-Ministro,
Senhores Deputados,

Timor é um dos últimos territórios não-autónomos da comunidade internacional, cujo processo de descolonização foi interrompido de forma violenta e à margem das Nações Unidas.

Vinte anos depois, a sua anexação pela Indonésia não tem aceitação interna ou internacional. E a razão principal do fracasso da política indonésia reside na sobrevivência do espírito de resistência do povo timorense.

É a situação interna – quer no território de Timor, quer na própria Indonésia – e é a evolução recente das relações internacionais que determinam que o exercício do direito à autodeterminação do povo de Timor-Leste seja um objectivo possível de alcançar.

Hoje, nas vésperas do quarto aniversário do massacre de Santa Cruz, torna-se mais evidente uma das obrigações da política externa de Portugal em relação a Timor: a de tudo fazer para aliviar, para minorar, o sofrimento do seu povo.

Porque entre Portugal e Timor houve mais de quatro séculos de História partilhada – nós devemos-lhe solidariedade.

Porque a ONU nos definiu como potência administrante – nós temos essa responsabilidade internacional.

Porque a Constituição da República Portuguesa o determina – é nosso imperativo promover o direito à autodeterminação dos timorenses.

O Ministério dos Negócios Estrangeiros será firme, será determinado nessa orientação.

Prosseguirá a política de sensibilização para o problema de Timor, em todas as instâncias internacionais de participação portuguesa.

Continuará o diálogo com a Indonésia sob os auspícios do Secretário-Geral da ONU.

Recorrerá à Comissão dos Direitos do Homem ou ao Tribunal Internacional de Justiça quando for caso disso.

Promoverá a atenção internacional sobre Timor, como factor de inibição da prática de actos de maior violência e opressão.

O Governo de Portugal não tem quaisquer reclamações sobre Timor – a não ser as necessárias à defesa dos interesses do seu povo. Assim como não tem qualquer contencioso com o povo da indonésia, mas apenas com os actos do Governo indonésio contrários ao direito internacional.

O Governo de Portugal explorará assim, sem receio, as diferentes hipóteses que possam levar à solução do problema – e que passam pelo diálogo intratimorenses e pelo contacto com as diferentes correntes da resistência.

Em permanente colaboração com outros órgãos de soberania, não desfaleceremos um minuto no acompanhamento do problema de Timor-Leste.

Senhor Presidente,
Senhor Primeiro-Ministro,
Senhores Deputados,

As mudanças ocorridas na vida internacional transportam para a política externa portuguesa o peso de grandes desafios. Portugal deixou de ser o recanto isolado da Europa e do mundo e enfrenta-se com os mais poderosos problemas internacionais do nosso tempo. Mas Portugal não está condenado à estagnação ou ao declínio na batalha pela competitividade global. As relações externas devem ter como preocupação central a melhoria da quota portuguesa no quadro da comparação internacional. Não é fácil. Mas não é impossível.

Consolidação de um sistema coerente de segurança internacional, papel mais determinado na Europa, reforço da cooperação com os países de língua portuguesa e, acima de tudo, cooperação e defesa dos nossos interesses – eis os valores e as grandes prioridades da nossa política externa. Faremos o melhor que soubermos nessa grandiosa e pacífica batalha por Portugal.

Seminário Diplomático do Ministério dos Negócios Estrangeiros

*Palácio das Necessidades,
5 de Janeiro de 1996*

Reflexão aprofundada sobre as linhas orientadoras da Política Externa Portuguesa e modelos de acção concreta em diversas áreas. Alocução proferida no Seminário para Altos Funcionários do Ministério dos Negócios Estrangeiros.

Senhores Secretários de Estado,
Senhor Secretário-Geral,
Senhores Embaixadores,
Minhas Senhoras e Meus Senhores,

Dois meses após a tomada de posse do XIII Governo Constitucional e do meu regresso ao Ministério dos Negócios Estrangeiros, realiza-se este Seminário para Altos Funcionários Diplomáticos, cujos trabalhos agora se iniciam. Trata-se de uma iniciativa oportuna, pois permite, em simultâneo, que se fomente uma relação mais próxima entre o novo executivo e o conjunto dos profissionais deste Ministério e, sobretudo, que procedamos em conjunto a uma reflexão aprofundada sobre as linhas orientadoras da Política Externa Portuguesa, à luz do Programa de Governo apresentado à Assembleia da República, em Novembro do ano findo, e que tenha em conta o contributo profissional e a experiência diplomática de uma carreira cujo vasto serviço à História do nosso país me apraz sempre realçar.

Cabe-me, nesta intervenção de abertura, a tarefa de identificar e desenvolver objectivos prioritários que hão-de nortear a acção da diplomacia portuguesa, aproveitando a presença nesta sala das suas estruturas de chefia e de uma larga maioria dos seus principais representantes.

Começaria por vos referir, a este respeito, o assinalável relevo conferido à Política Externa nas orientações programáticas e na orgânica do Governo. Este destaque reflecte e simboliza o reconhecimento de que os destinos de Portugal se jogam não apenas no plano doméstico, mas também – e sobretudo – nas ligações que soubermos estabelecer com o mundo que nos rodeia e com as estruturas internacionais em que o nosso país se insere.

Tal deve constituir motivo de orgulho para os diplomatas portugueses, cujas responsabilidades se vêem assim significativamente acrescidas e coerentemente articuladas com os objectivos nacionais.

O Primeiro-Ministro delineou, por ocasião da investidura parlamentar do Governo na Assembleia da República, as duas prioridades essenciais da acção externa do Governo: o prosseguimento da opção europeia e o reforço das relações com os Estados e as Comunidades de língua portuguesa. Analisemos estas duas vertentes em pormenor.

A opção europeia mantém-se indubitavelmente como um caminho válido para a modernização do país. Como tive oportunidade de sublinhar ao Parlamento, a participação de Portugal neste projecto surgiu como corolário da nossa adesão aos princípios da democracia representativa, do Estado de Direito e da economia social de mercado. Ela deu a Portugal uma maior capacidade de actuação internacional, a fim não só de agir em prol dos desígnios comunitários mas, também, de defender com intransigência os nossos interesses específicos, fazendo uso do poder e da influência que possuímos no âmbito da partilha de soberanias própria da União Europeia.

A Europa, porém, atravessa hoje um período difícil, caracterizado por aquilo que observadores dos mais variados quadrantes apelidaram de "mal-estar Europeu". Não será uma crise de valores, ou sequer uma contestação pontual dos fundamentos – esses sim sólidos – em que assenta a União Europeia. Essa descrença deriva antes de insuficiências graves nos domínios económico e social, em parte devidas à falta de um projecto político europeu claro, capaz de mobilizar as opiniões públicas da generalidade dos Estados-membros da União, afectadas que são, por exemplo, pelo problema do desemprego.

Perante este panorama sombrio, que fazer? Quais as respostas? O Governo está convicto de que é necessária uma Europa forte e coesa, em sintonia com as aspirações dos seus cidadãos e habilitada a evitar a verticalização da vida mundial e a perda de competitividade europeia face à América do Norte e aos grandes mercados do Pacífico. E está igualmente certo de que qualquer cenário de auto-exclusão ou isolamento poria irremediavelmente em causa o progresso do país, arrastando-o para uma posição subalterna na hierarquização da comunidade internacional.

Portugal deverá pois assumir um papel importante na ultrapassagem dos obstáculos com que a União Europeia se depara. É uma árdua tarefa, cuja componente externa recai em boa parte sobre os Assuntos Europeus, e que desenvolveremos em três grandes frentes:

— Primeiro, batendo-nos pela realização da União Económica e Monetária e pela nossa adesão ao recentemente baptizado "EURO" nos prazos estipulados pelo Tratado da União Europeia, tendo presente que o processo de criação da moeda única tem necessariamente de ser acompanhado pela concertação das políticas económicas nacionais, a fim de relançar de modo sustentado a economia europeia e de combater o desemprego. O Conselho Europeu de Madrid reflectiu já este nosso propósito. Procuraremos também que não se perca de vista a questão vital do financiamento comunitário pós-1999.

— Segundo, encarando a Conferência Intergovernamental para a revisão do Tratado de Maastricht como uma oportunidade, senão única, pelo menos decisiva, de desfazer equívocos e corrigir deficiências. Adoptaremos uma posição ofensiva, conjugando a abordagem das matérias de natureza institucional com o tratamento de temas como a coesão, o emprego, os direitos sociais e os direitos de cidadania – áreas ainda mais sensíveis se vistas do prisma dos futuros alargamentos da União. Defenderemos a igualdade entre os Estados no plano da sucessão das Presidências e do número de Comissários. Bater-nos-emos por uma ponderação de votos em Conselho que mantenha os equilíbrios desejáveis. Não admitiremos "directórios" de qualquer espécie numa União de Estados soberanos.

Pretendemos assegurar que esse equilíbrio se aplique de igual modo à PESC (Política Externa e de Segurança Comum) que se debruça sobre matérias eminentemente intergovernamentais, e que a língua portuguesa tenha o lugar a que tem direito nas instâncias europeias.

Preconizaremos ainda a chamada "comunitarização", em sede de III Pilar, de questões como a luta contra o terrorismo, o tráfico de droga e a criminalidade organizada, bem como do tratamento da imigração e do asilo, por nos parecerem domínios onde é susceptível avançar de forma segura e com vantagens acrescidas para todos.

— Terceiro, afirmando-nos inequivocamente a favor do alargamento da União. Há dez anos, a adesão de Portugal às então Comunidades Europeias foi um elemento decisivo na consolidação da nossa democracia e do nosso desenvolvimento. Não podemos negar essa possibilidade – esse direito – a outros países europeus. Contudo, o alargamento terá de ser concretizado de um modo realista, uma vez que os atrasos e os desfazamentos daquelas economias determinam períodos de transição forçosamente prolongados. Importa, por outro lado, salvaguardar interesses nacionais específicos, particularmente nos sectores primário e secundário, numa União alargada, que há que reforçar – e não descaracterizar – com a adesão de novos membros.

É também neste contexto global que favoreceremos a aproximação da União Europeia às regiões vizinhas – caso do Mediterrâneo, na esteira da Conferência de Barcelona e com o propósito de criar, num futuro não muito distante, uma zona de comércio livre euro-mediterrânica – bem como aos grandes espaços políticos e económicos do MERCOSUL e da ASEAN.

À Europa coesa e solidária que queremos tem imperativamente de corresponder uma actuação concertada no campo das relações externas. Não podemos esquecer que foi neste continente que se fizeram sentir de forma mais imediata os múltiplos efeitos dos acontecimentos do final da década de oitenta. Daí decorre, inevitavelmente, que aos europeus caibam especiais responsabilidades na procura de soluções para os focos de tensão que revelam, por vezes com crueza, a instabilidade deixada pelo desaparecimento do mundo bipolar.

O Governo entende, assim, que o desenvolvimento da PESC – através da participação dos Estados na sua definição – permitirá que a Europa se faça ouvir na comunidade internacional com uma voz que corresponda à sua real dimensão política, económica e social e que, obviamente, não absorva o domínio reservado das políticas externas nacionais.

Equacionamos ainda perante aquelas grandes coordenadas a nova arquitectura europeia de segurança e defesa. A União da Europa Ocidental (UEO) dever-se-á institucionalizar, a prazo e enquanto expressão de uma Identidade Europeia de Segurança e Defesa, no âmbito da União Europeia. Mas tal não significa que se menospreze o quadro mais vasto da Aliança Atlântica.

A NATO, com efeito, permanece como a principal garantia de segurança do continente europeu, dando expressão visível aos fortes laços transatlânticos que queremos preservar. Não nos iludamos. O conflito na antiga Jugoslávia demonstrou cabalmente que a Europa, por si só, não possui por agora os meios indispensáveis para a superação daquele tipo de crises e que os Estados Unidos carecem do aliado europeu para se decidirem a intervir nas situações de maior complexidade diplomática e militar. Acredito, porém, que o reforço da articulação entre a UEO e a NATO, a par dos respectivos alargamentos, representará mais um sinal de maturidade política europeia que pretendemos atingir e ver reconhecida.

Pela nossa parte, daremos – como no caso da Bósnia-Herzegovina, onde um batalhão aerotransportado português integra as fileiras da IFOR – o nosso contributo para acções de manutenção de paz, sob a bandeira da ONU ou da OSCE, agindo solidariamente com os nossos parceiros e aliados da NATO e da UEO e concentrando esforços nas áreas com maior interesse estratégico ou de maior responsabilidade para Portugal.

O Governo consagrará ainda uma atenção particular à realização, no final do ano, da Cimeira de Lisboa da Organização para a Segurança e Cooperação na Europa. A OSCE, com uma composição verdadeiramente pan-europeia, desempenha um papel de relevo na preservação da estabilidade na região euro-atlântica, e a Cimeira de Lisboa será uma boa oportunidade para cimentar um clima de confiança entre os Estados que a integram e para desenhar as linhas gerais de um modelo de segurança para o século XXI.

Gostaria, tendo citado a Cimeira da OSCE, de vos referir aqui a realização de dois outros importantes eventos – que testemunham em simultâneo o nosso empenho nas estruturas que representam e a nossa vontade de assegurar uma projecção internacional continuada para Portugal:

A reunião ministerial do Conselho do Atlântico Norte e do Conselho da Cooperação do Atlântico Norte, em Junho de 1997, tal como decidido pelos Ministros dos Negócios Estrangeiros da NATO em Dezembro do ano passado; e a Cimeira Ibero-Americana de Chefes de Estado e de Governo, em 1998, tal como acordado aquando da Cimeira de Cartagena de las Indias.

Senhores Secretários de Estado,
Senhor Secretário-Geral,
Senhores Embaixadores,
Minhas Senhoras e Meus Senhores,

A segunda vertente prioritária da acção externa será, como vos referi, a das relações com os Estados e as comunidades que se exprimem em português. Porque deste modo se mantém vivo e se enriquece um património histórico e cultural ímpar. Porque assim asseguramos a mais-valia que Portugal leva consigo para as instâncias internacionais em que participa. Porque assim se densificam os laços que nos unem a países irmãos e aos portugueses espalhados por todo o mundo.

Como fazê-lo?

– Fomentando o relacionamento bilateral com os países africanos de língua oficial portuguesa, a todos os níveis, apoiando através dos instrumentos de que dispomos nos planos nacional e europeu a consolidação das respectivas instituições democráticas e os esforços destinados a modernizar os seus tecidos económicos e sociais. Queremos relações adultas e descomplexadas entre Estados soberanos com afinidades profundas, sem ingerências e caracterizadas, sempre, por um espírito de amizade e também de eficácia. É isso que leva o Governo a apostar forte no sector da cooperação, uma área em relação à qual a adesão de Portugal à União Europeia e o fim da Guerra Fria nos abrem oportunidades que não queremos continuar a ver preenchidas por outros. A existência de grupos económicos nacionais com perspectivas de internacionalização é o suporte mais consistente de uma aposta que não pode ser ganha apenas pelos poderes públicos.

– Privilegiando o intercâmbio luso-brasileiro, que deverá traduzir no quotidiano as profundíssimas afinidades históricas e culturais entre os dois povos, e que terá uma nova dimensão se Portugal e o Brasil apostarem – de forma comum e mutuamente reflectida – no diálogo e na cooperação entre os respectivos grandes espaços de inserção, a União Europeia e o MERCOSUL, procurando intensificar de um modo geral as relações entre a Europa e a América Latina, continentes de que são pontos de acesso privilegiados. Concretamente, e partindo do bom relacionamento existente, os dois países devem bater-se por conseguir os melhores resultados numa associação inter-regional de comércio e parceria.

– Prosseguindo a institucionalização da Comunidade dos Países de Língua Portuguesa (CPLP), com o intuito de aprofundar não só as relações entre os Estados que a compõem, mas de potenciar a sua projecção internacional colectiva e a cooperação na defesa do nosso idioma comum.

– Respondendo às necessidades das Comunidades Portuguesas no estrangeiro, modernizando a rede consular e tornando-a apta a reagir, bem e em tempo útil, às solicitações feitas pelos nossos compatriotas. Congratulo-me, aqui, com a realização no próximo Sábado, por iniciativa da Secretaria de Estado das Comunidades Portuguesas, de um seminário destinado aos Cônsules, os quais serão chamados a dar o seu contributo para a formulação e execução de uma política para o sector alicerçada em bases de eficiência e realismo.

– Assegurando que Macau, que a 20 de Dezembro de 1999 sairá da Administração portuguesa e começará um percurso próprio de 50 anos como Região Administrativa Especial da República Popular da China, terá uma transição pacífica e serena, contribuindo para o reforço da amizade luso-chinesa e para a salvaguarda dos direitos e expectativas dos habitantes de Macau, consagrado na Declaração Conjunta; definindo uma estratégia nacional para essa transição e mesmo para depois daquela data, mantendo as raízes culturais do território e alicerçando a nossa actuação futura numa área do mundo marcada por espectaculares índices de crescimento económico.

– Finalmente, defendendo com intransigência o *dossier* de Timor-Leste, com o objectivo de alcançar uma solução justa, duradoura e internacionalmente aceitável para o problema. Após vinte anos de ocupação – numa flagrante violação de elementares princípios do Direito Internacional –, o espírito de resistência timorense não esmoreceu – pelo contrário, tornou-se mais forte. O próprio regime indonésio revela crescentes dificuldades em gerir a situação que criou, enfraquecido pela sua falta de democraticidade e pela onda de repúdio internacional motivada por repetidas e chocantes violações dos direitos humanos no território de Timor-Leste. Não nos pouparemos a quaisquer esforços, por solidariedade para com o povo timorense e enquanto potência administrante, que possam contribuir para o exercício do direito à autodeterminação de Timor-Leste. Seremos aqui firmes e determinados, sensibilizando os nossos parceiros e interlocutores – como reflectido nas conclusões do Conselho Europeu de Madrid – e continuando o diálogo com a Indonésia, sob os auspícios do Secretário-Geral da ONU.

Senhores Secretários de Estado,
Senhor Secretário-Geral,
Senhores Embaixadores,
Minhas Senhoras e Meu Senhores,

O Ministério dos Negócios Estrangeiros não deixará de procurar uma eficaz articulação da diplomacia bilateral, multilateral e comunitária, fazendo valer os argumentos portugueses e explorando as possibilidades que aqueles três *volets* de acção externa nos oferecem. Para além de quanto ficou dito, destacarei, a título de exemplo, as seguintes áreas:

– O relacionamento bilateral com os nossos parceiros na União Europeia, que não se limita às actividades comunitárias e onde temos – como no caso de Espanha, com a qual realizaremos uma Cimeira de Chefes de Governo dentro de uma semana – interesses importantes a defender, e sublinho em especial a preparação da Conferência Intergovernamental;

– A Europa Central e de Leste, cuja transição para a democracia e para economias de mercado consolidadas devemos acalentar, aproveitando em paralelo as possibilidades de investimento e intercâmbio abertas pela aproximação dos países em causa às principais estruturas europeias;

– A Bacia do Mediterrâneo e o Médio Oriente, onde os laços que nos unem a estas regiões e a proximidade geográfica tornam imprescindível um acompanhamento cuidadoso das tendências desestabilizadoras que possam vir a ter repercussões negativas;

– As relações bilaterais com os Estados Unidos, fazendo uso de todas as virtualidades do Acordo de Cooperação e Defesa concluído no ano transacto e da vitalidade da Comunidade Portuguesa ali radicada, explorando a cooperação nos domínios da educação, da cultura e da investigação científica, a par com o relacionamento político, diplomático e nas áreas da defesa e militar que queremos ver prosseguido;

– A África do Sul, onde também reside uma significativa Comunidade Portuguesa, e porque a transição democrática ali operada constitui uma fonte de estabilidade e uma influência positiva para toda a África Austral; e

– A continuação da política de empenhamento e protagonismo de Portugal nas várias organizações internacionais, que produziu bons resultados ao longo dos últimos anos, valorizando sem inibições a nossa actuação e procurando garantir a presença regular de Portugal nas respectivas instâncias máximas – como no caso da candidatura, apresentada pelo anterior Governo, a um lugar não-permanente no Conselho de Segurança das Nações Unidas para o biénio 1997-1998 – não como finalidades em si mesmas, mas sempre em articulação com objectivos centrais de política externa.

Antes de terminar, duas últimas reflexões:

– Em primeiro lugar, um grande desafio é-nos colocado – enquanto definidores e executores da Política Externa – pelo papel cada vez mais influente da comunicação social e da informática. Todos, e em especial aqueles que nas Embaixadas e Missões devem diariamente seleccionar e analisar informação, terão seguramente sentido que a nossa máquina diplomática experimenta dificuldades em, permitam-me a expressão, "competir" com as principais agências noticiosas.

Com a introdução do conceito de "aldeia global" as exigências quanto à qualidade da informação sofrem uma alteração radical. Ao generalizar-se a grande velocidade o acesso a redes sofisticadas de informação temos forçosamente de pensar e agir de outra forma em termos diplomáticos.

Torna-se com efeito evidente que a globalização determina uma reformulação de tradições, antes plenamente justificáveis, mas agora desajustadas. Quando uma tentativa de golpe de Estado em Moscovo ou o desembarque de "capacetes Azuis" na Somália são transmitidos em directo pelas televisões de todo o mundo, a tarefa não será relatar o sucedido, mas sim enquadrar, avaliar causas e consequências. Citei exemplos extremos. Contudo, este raciocínio aplicar-se-á, com adaptações, a um grande número de situações.

Por outro lado, existirá porventura alguma frustração face à ocasional falta de divulgação da nossa acção externa, especialmente quando esta se traduz, para Portugal, em benefícios concretos, ou quando a complexidade de certas negociações não é compatível com versões simplificadas e exige por isso divulgação de dados enquadradores.

Importa pois aprender a manejar e utilizar, se necessário através de uma readaptação do próprio Ministério, as possibilidades oferecidas pelos *media* e pelos constantes progressos na área das comunicações e da informática. Penso que se tratará de um investimento prioritário sob dois ângulos:

1) Aperfeiçoar os meios de aquisição de informação, repensando a filosofia orientadora do seu tratamento e restruturando e equipando nessa perspectiva a nossa rede diplomática; e

2) Assegurar uma ligação permanente aos órgãos de comunicação social – consolidando também, desse modo, uma opinião pública atenta e conhecedora neste sector.

– Em segundo lugar, existe uma tendência cada vez mais acentuada para a interligação entre democracia e Política Externa. Este fenómeno é, para mim, motivo de satisfação.

Cada Executivo, no desempenho das suas funções e no exercício das suas prerrogativas constitucionais, não pode alhear-se, quer da realidade nacional, quer das atribuições dos demais órgãos de soberania. O Governo, constitucionalmente responsável pela condução da Política Externa e pela superintendência na Administração neste domínio específico, privilegia a transparência e o diálogo com a Presidência da República e com o Parlamento. Ao convidar o Presidente da República para presidir a um Conselho de Ministros também centrado na apreciação de questões de Política Externa, o Governo quis homenagear o actual titular do cargo pelo seu relevante contributo para a projecção externa do país. Ao intensificar o debate parlamentar sobre assuntos de natureza internacional, o Governo quis contribuir para o diálogo construtivo com a Oposição e para o reforço do papel da Assembleia da República na vertente da Política Externa portuguesa.

Queremos pois estar preparados para desenvolver a nossa actividade – a diplomacia – dentro deste espírito de abertura e responsabilidade. Só teremos a ganhar, pois veremos acrescida a nossa legitimidade enquanto intérpretes do sentir nacional, se estimularmos a criação de uma opinião pública cultivada em matéria de relações internacionais, se apoiarmos a investigação neste domínio, e se associarmos continuadamente à definição dos objectivos da Política Externa os parceiros sociais e os sectores empresariais.

Dou agora a palavra aos participantes neste Seminário, e aguardo os debates e as sugestões que as respectivas intervenções certamente suscitarão. Sintetizo o meu próprio pensamento:

Portugal ajudou outrora a traçar o mapa do globo e está hoje indubitavelmente no mapa das principais organizações europeias e mundiais. O nosso propósito deverá ser agora o de saber estar com um grau de empenhamento mais determinado nesses centros de decisão, sem pedir licença por ser português, mas com uma voz clara, firme e coerente na defesa dos nossos interesses e com convicções redobradas.

Sessão de Encerramento do Curso de Defesa Nacional*

Instituto de Defesa Nacional,
Junho de 1997

Senhor Director,
Senhores Auditores,

Tenho o maior prazer em participar, uma vez mais, nas iniciativas do Instituto, contribuindo assim para uma reflexão aprofundada do vosso curso nesta área e apresentando algumas linhas de base e de reflexão sobre a política externa portuguesa, articuladas com a situação estratégica de Portugal.

As coordenadas de base da nossa política externa resultam de se considerar Portugal como uma nação europeia, possuidora de uma identidade histórica e cultural bem definida. É disso aliás expressão a nossa plena adesão aos princípios e valores humanos, políticos, culturais e económicos da Europa. Simultaneamente, Portugal é uma nação detentora de uma forte vocação marítima, não exclusivamente atlântica, cuja localização estratégica lhe tem conferido ao longo da história a possibilidade de ser uma ponte de ligação entre a Europa, a América, a África e a Ásia. Quais são, neste enquadramento geral, os objectivos gerais da política externa portuguesa?

Eles são, em primeiro lugar, a prossecução e o aprofundamento dos grandes ideais europeus, participando, na qualidade de membro de pleno direito, na consolidação da

---

* Publicado em separata na revista *Nação e Defesa*, ano XXII – N.º 83, Julho-Setembro 1997. Publicação trimestral de assuntos políticos, económicos, científicos e militares do Instituto da Defesa Nacional.

Europa como espaço democrático de segurança e estabilidade, política e economicamente integrado – uma Europa preocupada com o bem-estar dos cidadãos e capaz de assumir responsabilidades enquanto poder mundial. A presença portuguesa em instâncias europeias e transatlânticas é encarada como uma modalidade não de perda de soberania ou de diluição de identidade nacional, mas sim como um exercício partilhado de poderes soberanos com outros países, numa comunidade internacional cada vez mais aberta e multilateralizada.

A valorização continuada da especificidade do papel de Portugal no mundo realiza-se também através da língua portuguesa, falada em quatro continentes por cerca de 200 milhões de pessoas, por uma Comunidade Portuguesa ou de luso-descendentes espalhada praticamente por todo o mundo (factor aliás realçado pela recente eleição de um Conselho das Comunidades Portuguesas), e através de um relacionamento fraterno com os demais membros da comunidade de Estados que cumprem as regras do direito internacional e por uma experiência histórica recente de democratização, de liberalização económica e descolonização que transforma Portugal num pólo de interesse para a Europa de Leste, para a América Latina, para a África e para a Ásia.

A diplomacia portuguesa, na prossecução destes objectivos privilegia duas vertentes de acção externa: uma via multilateral e uma via bilateral.

No quadro da diplomacia multilateral, a evolução política e económica de Portugal ao longo das últimas décadas permitiu que o nosso país assumisse um papel crescente nas instâncias europeias e mundiais. São exemplo disso a adesão ao Conselho da Europa, às Comunidades Europeias, hoje UE, à União da Europa Ocidental (UEO), bem como a participação na Organização de Segurança e Cooperação Europeia – a que se conseguiu dar projecção influente com a Cimeira de Lisboa realizada em Dezembro do ano passado; a par disso, uma actuação construtiva na Organização das Nações Unidas, a que aderimos em 1955, e na Organização do Tratado do Atlântico Norte (NATO), de que somos membros fundadores.

Esta presença nas organizações multilaterais abrange variadíssimas áreas. Concentrarei a minha análise na vertente de defesa e segurança, porque penso ser aquela que mais interesse tem para os Senhores Auditores.

Veremos em primeiro lugar a UE.

O processo de integração na União teve uma aceleração especial a partir da década de 80, com os alargamentos a sul (Grécia, Portugal e Espanha), com a adopção do Acto Único Europeu, com o Tratado de Maastricht e, posteriormente, o lançamento da Conferência Intergovernamental, iniciada no Conselho Europeu de Turim e que será completada no Conselho Europeu de Amesterdão, muito em breve. Ao mesmo tempo, deu-se o lançamento da União Económica e Monetária – em que Portugal tem condições para participar desde o início – em paralelo com os novos alargamentos, cujas negociações terão início seis meses após a conclusão da Conferência Intergovernamental.

Portugal apoia essa dinâmica de alargamento, e tem desenvolvido várias acções no sentido de poder vir a cooperar com os novos países membros. A UE tem evoluído, sendo uma forte área económica à escala mundial, consciente de que lhe pode vir a corresponder uma capacidade de afirmação externa no plano político e diplomático, e ainda no plano da defesa e militar, realmente eficaz. Essa caminhada tem cumprido várias etapas. Recordemos a passagem da Cooperação Política Europeia, institucionalizada pelo Acto Único em 1987, à Política Externa e de Segurança Comum (PESC) definida no Tratado de Maastricht e que agora está em vias de revisão. A sua natureza é vincadamente intergovernamental, daí resultando benefícios e vantagens para o nosso país, visto que participamos na formulação das políticas comuns através de um processo interactivo que facilita o apoio da UE a temáticas que têm interesse para Portugal, incluindo as que resultam de iniciativa nacional. É o caso da posição comum adoptada pela UE sobre Timor-Leste e também do endosso de uma Cimeira Euro-Africana a realizar entre a União e os países africanos.

Neste momento, a Conferência Intergovernamental debate a reforma da Política Externa e de Segurança Comum (PESC), com vista ao seu reforço. O objectivo final do Tratado da UE era o aprofundamento da Política Externa e de Segurança Comum através da definição a prazo, e no momento próprio, de uma Política de Defesa Comum e de uma Defesa Comum. Na revisão em curso do Tratado de Maastricht, esses pontos virão a ser trabalhados e desenvolvidos de uma forma consistente, designadamente no que se refere à relação entre a UE e a UEO – Organização que se prepara também para esta adaptação e que, na sua reunião ministerial de Paris, tomou importantes decisões no sentido de reforçar a sua capacidade operacional, quer na definição de princípios susceptíveis de articular melhor o papel da UEO, quer nos seus relacionamentos com a UE e com a Aliança Atlântica, precisamente enquanto pilar europeu desta Organização.

A Conferência Intergovernamental procura assim definir algumas plataformas em que a PESC possa basear a sua actuação futura, distinguindo princípios e valores, estratégias e posições comuns, acções e intervenções. A regra básica em discussão, no âmbito da Conferência, é que em relação aos princípios e às estratégias haja uma definição por unanimidade em sede de Conselho Europeu. As posições comuns e as acções comuns poderão ser trabalhadas por maioria qualificada, mas caberá sempre a cada Estado o direito de invocar uma cláusula nacional, para além da abstenção construtiva, permitindo igualmente aos outros Estados que se não conformem com essa reserva nacional o direito de suscitar uma clarificação sobre a questão em sede de Conselho Europeu. Neste âmbito, portanto, o consenso permanecerá como regra.

Ao mesmo tempo, a necessidade de projectar a UE no plano externo leva a que se defina e se concretize uma face visível para a PESC, baseada na atribuição de responsabilidades nesta área, possivelmente, ao Secretário-Geral do Conselho. Procura-se ainda concretizar a Identidade Europeia de Segurança e Defesa (IESD) através de uma relação mais activa entre a UE e a UEO. Como sabem, tem havido sobre esta matéria teses extremas, integracionistas e anti-integracionistas. Portugal, na Conferência, aceita uma transição por etapas para uma integração da UEO na UE, salvaguardando por um lado os requisitos de operacionalidade desta Organização e, por outro, a essência da ligação transatlântica.

No quadro daquela relação, a filosofia de acção da NATO e a sua actualização em Berlim levam à admissão de um vasto campo de actuação para a IESD. A Aliança, em face dos últimos desenvolvimentos, vai uma vez mais ser chamada a redefinir o seu próprio conceito estratégico. Tencionamos suscitar esta questão de uma forma viva na próxima reunião ministerial da Aliança, que terá lugar em Sintra no final deste mês.

Também a reforma institucional da UE tem importância para as questões de segurança e defesa, através da problemática da extensão do voto por maioria qualificada, do reforço da cooperação intergovernamental e da integração de alguns aspectos do terceiro pilar (justiça e assuntos internos, com relevo especial por tudo o que se refere às políticas de fronteiras e de vistos).

Quanto à IESD, o triângulo UE-UEO-NATO permanece como uma questão central. O reforço desta Identidade passa necessariamente por uma estruturação satisfatória das relações entre estas três organizações. Apoiamos este conceito. Portugal presidiu à UEO no primeiro semestre de 1995 e, nessa altura, foram tomadas decisões fundamentais para desenvolver as capacidades operacionais da UEO e concretizar as "missões de Petersberg" (em traços genéricos, missões de manutenção de paz, sem limitações geográficas nem participação directa dos Estados Unidos). Tudo isto foi significativamente desenvolvido desde então e encontra agora eco num documento que foi aprovado na Ministerial de Paris daquela Organização.

Subscrevemos, em paralelo, a existência de um pilar europeu na NATO, salvaguardando a importância da dimensão transatlântica. Tal foi já viabilizado pelo acordo alcançado pela NATO em Berlim, em Junho de 1996, sobre o conceito e as modalidades respeitando às forças conjuntas combinadas («CJTF»), dotadas de maior flexibilidade para operações levadas a cabo dentro e fora da área da Aliança e com uma melhor ligação à UEO. Tal está a ser facilitado pela reaproximação da França e pela adesão espanhola à estrutura militar da NATO. Esta articulação da UEO com a NATO é, repita-se, um elemento capital para a valorização da IESD no quadro da Aliança Atlântica.

A NATO é objecto de um debate europeu, intensificado pelo fim da Guerra Fria. Verificou-se, com efeito, o termo de uma estratégia marcada pelo mundo bipolar mas em que persistem certos riscos e ameaças. A Aliança é encarada pelos seus membros como necessária, como garantia de estabilidade e como reconhecimento das transições democráticas para os países candidatos à adesão. O Novo Conceito Estratégico, adoptado em Roma em 1991, abriu caminho ao lançamento das forças conjuntas combinadas e à "Parceria para a Paz".

Portugal endossou sempre as iniciativas, e até lhes aditou uma: a ideia de alargar ao Mediterrâneo um modelo inspirado na Parceria para a Paz, a qual está tipicamente orientada para responder à situação de transição nos países da Europa Central e de Leste. A par dos programas da UE – económicos, sociais e políticos – e também dos programas da UEO, é necessário que a Aliança desenvolva essa vertente em direcção a uma zona instável, mas de grande significado para o flanco sul da NATO e para Portugal. Não é de excluir que, neste contexto, se possa mesmo encarar a extensão da Parceria para a Paz ao Atlântico Sul, enquadrando vários países, designadamente o Brasil e a África do Sul.

A necessidade de restruturação da Aliança, na vertente militar, é um corolário desta nova situação, com a consequente reforma da sua rede de comandos. Um dos pontos de interesse específicos nesta problemática é a questão do IBERLANT. O comando de Oeiras será mantido, como tudo indica, ao seu nível actual de *"Major Subordinated Command"* do Comando Atlântico (ACLANT), mas agora com a designação de Comando Regional. Tem havido neste domínio uma actuação concertada dos órgãos de soberania, do EMGFA e dos três Ramos. É um assunto a gerir desdramatizando possíveis incidências na relação luso-espanhola, visto tratar-se não propriamente de um problema bilateral mas sim de uma questão mais ampla, envolvendo a relação entre os dois comandos estratégicos da Aliança Atlântica, isto é, o SACLANT e o SACEUR. A orientação do Governo passa pela valorização do IBERLANT, enquanto comando regional e base NATO para áreas especialmente sensíveis na faixa meridional do Atlântico Norte e nas aproximações ao Mediterrâneo e, para além disso, dotada de uma aptidão natural para projectar a Parceria para a Paz em direcção ao Atlântico Sul. Isso implicará a modernização técnica e logística do Comando, habilitando-o a funcionar como quartel-general e como módulo de apoio de forças conjuntas combinadas – ou seja, com meios navais, aéreos e aero--transportados.

Apoiamos, enquanto geradora de estabilidade, uma relação sólida com a Rússia, como a que foi conseguida com o Acto Fundador assinado em Paris, e um alargamento que queremos aprofundar. Aqui é clara a nossa opção por um alargamento segundo a fórmula "3+2", isto é, Polónia, Hungria e República Checa mais Roménia e Eslovénia. Nesse sentido, eu próprio tive oportunidade de desenvolver uma extensa rede de contactos no decurso das minhas deslocações à Eslovénia, à República Checa e à Hungria, e com a realização de visitas oficiais a Portugal dos Ministros dos Negócios Estrangeiros da Roménia e da Polónia. Foram oportunidades para trocar pontos de vista e para assinalar as nossas opções, sensibilizando esses países para a circunstância de que Portugal não vê a NATO de uma forma estática mas sim dinâmica, e que apoia o seu alargamento sem hesitações.

Em paralelo, também mantivemos contactos com a Federação Russa, no sentido de estimular a conclusão do Acto Fundador que representa um importante marco para a estabilidade no plano global.

NA ONU, assistimos ao reconhecimento pelos Estados-membros do empenho português nas grandes questões internacionais. Vejam-se os exemplos da eleição do Professor Freitas do Amaral para a Presidência da Assembleia Geral e a eleição de Portugal para membro não-permanente do Conselho de Segurança no biénio 1997-1998; ocupamos a Presidência do Comité de sanções contra o Iraque e da Comissão de Compensações para o Kuwait; e temos vindo, também, a adquirir posições importantes em relação a áreas respeitantes ao ambiente, à droga e à própria informação no campo de actuação das Nações Unidas.

Portugal reconhece o papel central da ONU em matérias extremamente sensíveis como a protecção dos direitos humanos. Daí a nossa presença regular na Comissão dos direitos humanos, em missões de assistência eleitoral e em missões de paz. Em relação à assistência eleitoral, destacamos a que prestámos nos casos da Namíbia, Moçambique, Angola, Bósnia-Herzegovina e no Sara Ocidental (com a chefia da MINURSO).

Em relação à manutenção de paz (Jugoslávia, Moçambique, Angola e no Sara Ocidental), as Forças Armadas portuguesas têm sido um vector extremamente importante na concretização das missões legitimadas pelas Nações Unidas. Temos igualmente vindo a valorizar a presença militar portuguesa nos órgãos de Estado--Maior da ONU e nas instâncias incumbidas de definir doutrina e normas de procedimento sobre este tipo de intervenções.

No caso particular da Bósnia-Herzegovina, o envolvimento da comunidade internacional na procura de uma solução para o conflito e de uma paz justa e duradoura é conhecido. Esse comprometimento foi singularizado de uma forma muito especial nos acordos de Dayton, tendo Portugal participado na IFOR e na SFOR. Enquanto membro fundador da NATO, não poderia o nosso país alhear-se das suas responsabilidades. A nossa presença tem uma dimensão assinalável face aos recursos de que dispomos, em termos comparativos e absolutos, e reforça significativamente a credibilidade externa de Portugal enquanto país contribuinte para uma das mais importantes missões levadas a cabo nos últimos anos.

As forças portuguesas activas nesse teatro, e estacionadas numa região particularmente sensível, têm sido objecto de grande apreciação por parte de outros governos e da comunidade internacional. Temos colhido muito boas referências de todos os nossos interlocutores. São visíveis as consequências benéficas para as Forças Armadas deste estímulo à cooperação e à modernização e de uma maior experiência para as novas gerações de oficiais, sargentos e praças.

Outro campo da intervenção externa portuguesa é o da diplomacia bilateral. A acção externa do Estado não se cinge, naturalmente, a actuações concertadas da comunidade internacional. O Governo privilegia o relacionamento bilateral com os seus parceiros tradicionais e procura estimular e institucionalizar contactos com outras potências. Temos vindo, por exemplo, a desenvolver uma aproximação em relação a países asiáticos, com a abertura programada de três novas embaixadas na Ásia (Filipinas, já efectivada, Malásia e Singapura), atendendo à dimensão e à importância desse continente, com o qual Portugal mantém relações seculares.

Salientamos em especial o Brasil. As relações portuguesas com Brasília são uma prioridade política, económica e cultural. Nos últimos anos há a registar uma duplicação no valor das exportações e um crescimento exponencial do investimento português no Brasil. Portugal vê este país como uma porta aberta entre a UE e o MERCOSUL. Há, por outro lado, perspectivas de diálogo em matérias de segurança e defesa, designadamente na área da preparação militar e no interesse crescentemente demonstrado pelo Brasil em associar-se, em ligação com Portugal, a acções no âmbito da Aliança Atlântica no domínio da manutenção da paz.

Quanto aos países africanos lusófonos, há que assinalar a contribuição portuguesa para o sucesso das transições democráticas desses cinco países. Temos sinais muito encorajadores de Moçambique, nos planos económico e político, e, no caso de Angola, merecem destaque as profundas expectativas geradas pela tomada de posse do Governo de Unidade e de Reconciliação Nacional. A cooperação político-militar com esses países, nos domínios de formação, do treino e do equipamento é extremamente relevante.

Entre o bilateral e o multilateral há um conceito novo, o da Comunidade dos Países de Língua Portuguesa (CPLP), que percorreu o seu caminho desde a génese do projecto em 1983 até à sua institucionalização na Cimeira de Lisboa em 1996. Trata-se de procurar uma actuação internacional mais concertada entre sete Estados, espalhados por três continentes e representando 200 milhões de pessoas, concentrando-se na valorização e no desenvolvimento da língua portuguesa e no reforço da cooperação entre os seus membros. A Comunidade poderá prestar apoio ao desenvolvimento dos seus países mais carenciados, à defesa dos direitos do povo de Timor--Leste na cena internacional e à protecção de um espaço lusófono em África, tendo a língua como símbolo do reforço da coesão nacional nos países africanos de expressão oficial portuguesa.

Também concedemos grande importância às relações bilaterais com os membros da União Europeia. Isso permite uma melhor definição com a agenda europeia, salvaguardando interesses nacionais e intensificando os laços já existentes. Destaco a este propósito as relações com Espanha, França, Reino Unido e Alemanha, bem como o desejo de aprofundar contactos nos domínios da defesa e político-militar com esses países.

No diálogo que temos procurado estabelecer com países europeus de menor dimensão, atendendo à convergência de interesses nessa área, merece ser sublinhado o nosso intercâmbio com países da Europa Central e de Leste, candidatos empenhadíssimos à adesão à UE, à UEO e à NATO. Aqui, o contacto directo é muito importante para clarificar a nossa posição, para compreender as respectivas preocupações, partilhando a nossa experiência e definindo o que virão a ser aquelas Organizações depois de alargadas. Em muitos desses países foi necessário desfazer a ideia de que Portugal era um país egoísta, adversário dos alargamentos. Foi importante conseguir cativar as diplomacias e as opiniões públicas desses países, dando uma imagem favorável de Portugal enquanto país patrocinador de alargamentos coerentes.

Tem grande significado igualmente o relacionamento com os Estados Unidos, relançado com a entrada em vigor do Acordo de Cooperação e Defesa. As relações com Washington entraram numa fase adulta, e não estão já exclusivamente dependentes do valor estratégico que a Base das Lajes teve no período da Guerra Fria. Contudo, o acordo tem também em vista a utilização continuada da Base, que ainda é catalisadora de uma parte considerável da cooperação com os Estados Unidos.

Evoco também o Mediterrâneo, e países como Marrocos, Argélia e a Tunísia, onde Portugal se empenha em contribuir para uma região estável e próspera, apoiando claramente o Processo de Barcelona e a realização de iniciativas mediterrânicas da UE (destacando-se o estabelecimento de acordos da associação, visando uma zona de comércio livre para lá do ano 2000) e o incipiente, mas que nós desejamos mais activo, diálogo da UEO e da NATO com toda essa área.

Referi a Ásia, continente onde Portugal deixou marcas e que hoje conhece um grande dinamismo nos planos económico e político. Daí a nossa concentração em algumas vertentes mais significativas – casos da Índia e da dinamização das relações de Portugal com Goa, hoje exemplares nos domínios económico, político, cultural e jurídico, e da China, estando determinados a assegurar uma transição pacífica de Macau (tema mais presente na agenda internacional, com a passagem, em breve, de soberania em Hong-Kong para a República Popular da China) e do Japão.

Neste contexto, é de sublinhar a consistência da posição de princípio do Estado português em relação à questão de Timor-Leste. Sobressaem aqui a participação no diálogo sob os auspícios do Secretário-Geral das Nações Unidas, agora com perspectivas diferentes depois da eleição de um novo Secretário-Geral da ONU e da escolha de um seu representante especial (o primeiro a ser nomeado para essa posição), o acesso directo dos Timorenses às Nações Unidas e o reforço do diálogo intra-timorense. Gostaria de sublinhar, na sequência de posição comum da UE sobre Timor-Leste, adoptada no ano passado, o impacto da aprovação da Comissão dos Direitos Humanos das Nações Unidas de uma resolução sobre os direitos humanos em Timor-Leste apresentada pela UE e subscrita também pelos Estados Unidos.

Em conclusão, e antes de passarmos a um período de debate, direi que a agenda diplomática portuguesa, que procurei sintetizar, é uma agenda em aberto, pronta a acompanhar – e sobretudo com o dever de antecipar – acontecimentos e tendências, mantendo presentes estas prioridades e estes princípios.

A política externa portuguesa é encarada como questão de Estado e não apenas de Governo, verificando-se um diálogo e uma convergência com outros órgãos de soberania e uma importância crescente da vertente militar e da defesa na materialização dos objectivos de política externa. Felicito-me por existir uma excelente cooperação entre o Ministério dos Negócios Estrangeiros, o Ministério da Defesa Nacional e as Forças Armadas nesta área, realidade que pretendemos estimular e intensificar no futuro. Queremos, por último, intensificar o fluxo de informação para a opinião pública e os órgãos de comunicação sobre a razão das opções, o motivo das escolhas e os fundamentos permanentes da acção externa do Estado português.

Temas Gerais

Portugal,
a Preparação para o Século XXI,
Desafios Internos e Agenda Externa

Clube Português do BENELUX,
Bruxelas, 26 de Janeiro de 1998

O tema proposto para esta noite – "Portugal, a preparação para o século XXI, desafios internos e agenda externa" – permite-me partilhar convosco (uma audiência esclarecida, quanto mais não seja por residir e trabalhar no centro nevrálgico das instituições comunitárias e euro-atlânticas) algumas ideias sobre as tarefas que nos aguardam neste final de século.

Começaria por referir que, para Portugal, é cada vez mais ténue a fronteira clássica entre as realidades interna e externa. Em certos domínios, essa separação terá mesmo desaparecido. Com efeito, a integração europeia de que somos, em simultâneo, testemunhas e protagonistas, alcançou um patamar de tal modo elevado que abrange os mais variados domínios, alguns dos quais arquetípicos das soberanias tradicionais – a moeda, a justiça, a segurança e defesa, os "negócios estrangeiros"...

Qualquer Governo de qualquer Estado-membro da União Europeia deve assim, incontornavelmente, pensar e agir à escala europeia, explorando todas as possibilidades resultantes da inserção num vasto e único espaço económico e social em permanente aprofundamento e que se alarga agora a Leste. E o caso português, o nosso caso, é a muitos títulos paradigmático, ao ponto de ser cuidadosamente estudado pelos candidatos à adesão.

Para Portugal, a integração europeia foi decisiva. Numa só geração tornou-se possível assimilar o fim de um regime e de um império colonial – forjando relações a todos os títulos notáveis com os países africanos de expressão portuguesa, onde merece destaque a constituição da CPLP – e obter por mérito próprio um lugar no seio de uma avançada União Económica e Monetária...

Importa ter presente, porém, as dificuldades intrínsecas – ou se preferirem, os desafios – deste processo. A União Europeia, sendo extremamente competitiva a nível mundial, é igualmente exigente no plano interno. Por outras palavras, o tecido produtivo português tem de enfrentar – com custos sociais e económicos que não devemos escamotear – uma apertada concorrência proveniente dos nossos Parceiros e, numa era de globalização de mercados, de muitas outras regiões do mundo. Aqui, as regras são ainda demasiado imprecisas, e os nossos padrões estão longe de ter aceitação universal. Recordo, a este propósito, o desabafo do meu homólogo de um país da América Central que recentemente visitou Lisboa – disse-me, em conversa, que «a União Europeia fala em *fair trade*, mas ninguém sabe o que isso seja...».

Neste capítulo, a prioridade do Governo é clara – cumprir com rigor as disposições do Tratado de Maastricht no tocante à passagem à 3.ª fase da UEM, e promover, em simultâneo, a aproximação progressiva das convergências nominal e real.

A participação portuguesa no EURO tem múltiplas implicações positivas, essencialmente por espelhar uma economia saudável e potenciar as suas possibilidades de crescimento (segundo as previsões do Ministério das Finanças, 3.8% em 1998, acima da média europeia). Com efeito, a inflação em 1998 rondará os 2%, o défice público será de 2.5% do PIB (ou seja, 0.5% a menos que o indicado em Maastricht), e a dívida pública manterá a curva descendente, situando-se previsivelmente nos 62.5% do PIB; acresce que a baixa generalizada das taxas de juro beneficia os sectores mais empreendedores da economia portuguesa, bem como a grande maioria das famílias, quer no acesso ao consumo, quer na compra de habitação própria.

Este esforço de modernização inclui, ainda, um programa de privatizações – um dos mais significativos a nível mundial – cujo volume ascendeu, em contos, a 464 milhões em 1996, 850 milhões em 1997, e que atingirá os 450 milhões este ano.

O panorama nacional é reconhecidamente encorajador, mas falei há pouco em dificuldades... Quais são?

A União Europeia prepara-se para um salto qualitativo. Mas, como num avião sensível a *jet-streams* e ventos laterais, pressentimos que a União não encontrou ainda o seu modelo, a sua rota, o seu destino. São muitas as exigências e condicionantes. Bastará ponderar a aparente quadratura do círculo que representa a compatibilização dos vectores alargamento e aprofundamento.

Portugal apoia, com firmeza, o alargamento da União. Alargar é preciso. Porque a adesão de Estados da Europa Central e Oriental corrigirá – a par do alargamento da NATO – as graves distorções da civilização europeia forçadas pelas décadas do pós--guerra. Porque não seria tolerável que a Europa ocidental fechasse aos seus vizinhos as portas da liberdade e da prosperidade com que lhes acenou ao longo de mais de quarenta anos.

Contudo, o alargamento não poderá ser feito, na expressão do meu colega francês Hubert Védrine, "de qualquer maneira ". A União Europeia não poderá desbaratar o preciosíssimo património de políticas comuns que lhe confere solidez e faz dela um espaço de bem-estar, onde a iniciativa privada se conjuga com a solidariedade social e onde as assimetrias regionais são preocupação comum. É pois fundamental que a União, ao apreciar as propostas contidas na já célebre AGENDA 2000, não rejeite aquela herança, que é de todos e que será, também, dos futuros aderentes. Por tudo isto sustentamos – e não seremos os únicos a fazê-lo – que os custos do alargamento terão de ser divididos de forma proporcional e equitativa pelos Estados-membros e pelas várias políticas.

Não queremos, de forma alguma, uma União alargada mas diluída; queremos, isso sim, uma União alargada e coesa, política, económica e socialmente.

Minhas Senhoras e Meus Senhores,

Estando em Bruxelas, em dia de Conselho de Assuntos Gerais, no Clube Português do BENELUX, será para todos compreensível que tenha iniciado estas palavras com uma incursão pela União Europeia ...

Mas queria dizer-vos que a nossa agenda, de portugueses e europeus, não se esgota aqui. Gostaria de vos deixar algumas pistas de reflexão para o debate que se segue e em que, com muito gosto, participarei.

No plano interno (entendido com as ressalvas que mencionei), o Governo prosseguirá a sua aposta na educação, na modernização (da sociedade civil e da administração pública, incluindo a profissionalização das Forças Armadas) e na competitividade. Tal obriga ao rigor financeiro, à criação das condições mais conducentes a um desenvolvimento económico e social sustentado. E leva-nos, de igual modo, a encarar os grandes investimentos públicos como catalizadores e mobilizadores da própria iniciativa privada; os grandes planos e empreendimentos em curso (como a Ponte Vasco da Gama, os novos eixos rodoviários, a imaginativa fórmula encontrada para a exploração dos caminhos-de-ferro) correspondem a soluções financeiras inovadoras, que congregam capitais privados nacionais e estrangeiros e despertam o interesse de um número significativo dos nossos interlocutores europeus. As nossas prioridades vão, de resto, ao encontro das grandes preocupações dos portugueses e assim continuará a ser.

No plano internacional, gostaria que o nosso olhar não se limitasse à Europa que nos rodeia e abarcasse um horizonte mais largo. Portugal tem tido uma política externa ambiciosa, quer na vertente bilateral, quer enquanto voz ouvida nas instâncias multilaterais a que pertencemos.

Neste mundo multipolar (para os optimistas), ou desordenado e instável (para o campo oposto), a definição de interesses estratégicos deve passar pela ponderação de algumas coordenadas de base. Citarei alguns exemplos para que temos chamado a atenção nas instâncias em que estamos representados:

– Os alargamentos da NATO e da União Europeia, processos abertos e dinâmicos, devem levar a que a composição final das duas Organizações seja coerente, reforçando a coesão da Europa e preservando os laços transatlânticos; forçarão também o reequacionamento do estatuto de neutralidade após o fim da Guerra Fria;

– O relacionamento bi e multilateral com a Rússia, onde não podemos ignorar que a matriz política, cultural e até religiosa deste país descende de um tronco comum a todo o continente;

– A Turquia, aliada na NATO e de inequívoca vocação europeia, que gostaríamos de ver participar construtivamente na Conferência que acompanhará o alargamento da União Europeia;

– A Bacia do Mediterrâneo, onde se devem incentivar relações com a margem sul e promover as condições políticas e económicas que removam as causas de fundamentalismos que, como no caso da Argélia, podem assumir proporções trágicas;

– A estabilização e normalização dos Balcãs, de modo a que um dia se possam integrar plenamente nas instituições da grande família europeia;

– O desenvolvimento do continente africano, região onde temos uma importantíssima palavra a dizer; foi com esse intuito que lancei a iniciativa da realização de uma Cimeira Europa-África, entretanto endossada pela União Europeia e que poderá ter lugar no decurso da nossa Presidência no ano 2000;

– Os abalos dos mercados financeiros, cujos efeitos são mais sentidos com a globalização da economia mundial, e a protecção do ambiente, sem a qual poderemos deitar por terra os frutos da nossa civilização...

Portugal tem sido palco de eventos marcantes e outros tantos, como a EXPO'98 ou a VIII Cimeira Ibero-Americana, a realizar no Porto, estão agendados para este anos. Não farei, naturalmente, uma listagem exaustiva, mas recordaria que a primeira Cimeira da CPLP, a Cimeira de Lisboa da OSCE (cuja Presidência esperamos ocupar em 2002), ou as Ministeriais de Sintra da NATO, contribuíram em muito para a concretização de objectivos específicos e propiciaram – a par de factos assinaláveis como a eleição de Portugal para o Conselho de Segurança da ONU – um aumento palpável da nossa influência internacional.

E esse incremento da nossa capacidade de acção traduz-se em quê?

Por força do nosso passado, temos interesses espalhados pela América Latina, por África e pela Ásia; temos uma língua falada por cerca de duzentos milhões de pessoas (e em contínua expansão) e comunidades portuguesas e luso-descendentes espalhadas por todo o mundo.

Temos, em suma, um capital raro e responsabilidades a que não nos esquivamos. Assim fortalecemos as relações políticas e económicas entre europeus e latino--americanos; assim contribuímos para o desenvolvimento dos países africanos de expressão oficial portuguesa e para a paz em Angola; assim garantimos uma transição pacífica e bem-sucedida em Macau; assim pugnamos pela autodeterminação do povo de Timor-Leste – ao que corresponde um indesmentível aumento da preocupação da comunidade internacional com a situação no território.

Dizia um ex-Ministro britânico, Douglas Hurd, que o seu país devia procurar *"punch above its weight"* o que não era, seguramente, desmedido. Portugal, noto, tem hoje meios consideráveis ao seu dispor. Não queremos ser o que não somos, porque o que somos é muito.

Minhas Senhoras e Meus Senhores,

Há, certamente, algo de vertiginoso neste aproximar do terceiro milénio. Mas importa não esquecer que a História acontece em grande medida por força da nossa acção e – como tão bem foi dito – da nossa circunstância. O principal desafio, interno e externo, é o da preparação, da disponibilidade para agir quando a ocasião se apresenta.

É nesse espírito que iniciámos já o planeamento das Presidências da União Europeia e da União da Europa Ocidental, que ocuparemos – por um acaso alfabético rico em simbolismo – no primeiro semestre do ano 2000. Muito sucederá até essa data, mas se forem mantidas as grandes coordenadas da integração europeia e da nossa acção, preservando-se a lucidez na leitura da realidade internacional, muito haverá a ganhar.

Mais um desafio, portanto, que teremos de enfrentar. E o último, por esta noite...

A Conferência do Atlântico.
A Europa, a América do Norte
e a América do Sul – o Papel da Europa
numa Era de Globalização*

Armação de Pêra, 12 de Novembro de 1998

It is very fortunate that the Atlantic Conference has decided to hold its fifteenth meeting in Portugal in 1998. I say this because the theme of our common reflection – the role of Europe in an era of globalization – became a *leitmotiv* of a landmark year in Portugal's recent history.

Indeed, 1998 has seen Portugal taking centre stage of a number of significant issues, as we hosted major international events such as Expo'98 – dedicated to the oceans as a heritage for the future – and the VIII Ibero-American Summit, in which the Heads of State and Government of 21 countries discussed the mutual implications of globalization and regional integration. 1998 also confirmed Portugal's place in that most exclusive of clubs – that of the European single currency, the Euro –, an achievement that speaks in itself for our commitment to a continued and progressive European integration and for our economic and financial performance.

Portugal's geography is a major asset that has influenced so much its history and its foreign policy; it has determined a profound openness to the outside world and a universal presence. Portugal provides a natural platform where Europe meets the Atlantic, and consequently all of the American continent, where the nearby Mediterranean sea bridges a short distance from Africa. It could even be said that, as

---

* The Atlantic Conference "Europe, North America, South America – Europe's role in an era of globalization", versão original em inglês proferida em Armação de Pêra.

our ancestors embarked in the fifteenth century maritime voyages and discoveries, that Portugal sowed the seeds of globalization as we know it today. That is no small thing.

It is in fact an achievement that bestows upon us heavy responsibilities. That is why Portugal has sought to be an active participant in the two major trends that are shaping the politics and the economy of the international community at the gates of the XXIst century – globalization and regionalization. Allow me to share with you this evening a few thoughts on this subject.

It is often said that no man is an island. The same applies to sovereign States. The best way to promote democracy, security, stability and free but fair trade, coupled with a coherent strategy for development, is to engage in advanced models of regional integration.

The European Union is a case in point. Portugal, whose accession dates back to 1986, has reaped the benefits of full membership and is determined to see this process move forward. But we are also aware of the imperious need, well justified by history, to implement an "open-door policy" that will allow willing European nations to join in.

We sincerely hope that the enlargement process of the European Union will be directed by a logic of solidarity and reason. What we do not wish is that an enlarged membership will mean, at the end of the day, a dilluted version of the Union as it is now. The current levels of integration and social and economic cohesion must be preserved.

I am convinced that the same happens with NATO, an organization deeply identified with the transatlantic link and the shared human and political values it embodies. The accession of three important central European countries – the Czech Republic, Hungary and Poland – has already been agreed upon.

But as the Atlantic Alliances prepares for next year's Washington Summit that will commemorate its fiftieth anniversary, we must set out a blueprint for the future.

Portugal believes that an enlarged NATO must be a coherent NATO. Here too the "open-door policy" must be respected and applied to other potential allies, such as Slovenia and Romania. NATO should also continue to strengthen its ties to the countries participating in "Partnership for Peace" and the "Euro-Atlantic Partnership Council", which was launched in Portugal eighteen months ago. And it is essential that a constructive strategy on Russia and Ukraine is followed, building upon the existing arrangements. Our ultimate goal must be the complete normalization of those two nations, who have so much to offer to the international community. They should not fear NATO, but work more and more with it, as we have done in various practical fields and, especially, in Bosnia.

I see that political conditions are being created in Europe and North America to prepare for a further qualitative leap. Why? Because in those two continents, now that the ideological differences of the Cold War have been removed, there are major opportunities ahead to be collectively seized. Just consider the possibilities offered to trade and investment, to the free flow of persons and goods, by the existence of an enlarged European Union and a North America engaged, through NAFTA, in its own process of integration.

And consider the advantages to be gained in the field of security and defence from a more mature and efficient relationship among those involved. On one hand, NATO is the cornerstone of our collective defence. On the other, the European Union, in the wake of the Maastricht and Amsterdam Treaties, has acquired a growing political voice of its own and has tightened its links to the Western European Union.

Against this background, and now that countries such as Great Britain have signalled a renewed willingness to discuss the issue, an old taboo could be about to be broken. The day approaches when NATO and a European Union fortified by the *Acquis* gained through the WEU will be able discuss security issues in and around Europe and agree on possible operations.

It was Boutros-Ghali who once wrote that «Alliances turn instincts into institutions». It is our task to steer with an open mind those institutions in their rightful directions.

Ladies and Gentlemen,

One of Portugal's guiding principles in international affairs has been, as I said, to consolidate the ties forged throughout history. This we have done on a national basis and in multilateral frameworks. Our experience is quite varied and could be useful as a case-study for the purposes of this conference. I will mention a handful of examples:

– the establishment, in 1996, of the Community of Portuguese speaking countries, an organization that gathers seven countries in three continents and almost 200 million people; the CPLP is not limited to the fields of culture and language – it is a political entity that has proved its worth in the settlement of the conflict in Guinea-Bissau;

– our call for a European Union – Africa Summit of Heads of State and Government, designed to debate an encompassing common political agenda and to explore joint development strategies for the future; this proposal deserved encouraging reactions, and the summit is scheduled to take place in the first semester of 2000, during the forthcoming presidency of the Union;

– our commitment to a stronger relationship with Latin America (a region in which Portugal has become the 6th largest investor in the European Union), through the Union's dialogue with MERCOSUR and several individual States and the Ibero--American Summits, in whose framework practical developments such as the institution of a Cooperation Secretariat were decided last month in Oporto;

– our willingness to play a constructive role in the European relationship with Asia, where the ASEM Forum has produced concrete results; Portugal is preparing for the transition of Macao to Chinese sovereignty in 1999 and expanding its diplomatic network in this continent; and Portugal continues to strive, under the auspices of the Secretary-General of the United Nations for a just, comprehensive and lasting solution for the question of East-Timor; although some progress has been achieved, we believe that it would be very important to see further steps being taken concerning the release of political prisoners, including Xanana Gusmão, the reduction of Indonesian military presence, and the establishment of a United Nations presence in the territory;

– Last but certainly not least, Portugal has been ready to do its share in the United Nations, as a non-permanent member of the Security Council until the end of this year and as a major contributor of troops for peace-keeping operations, where we now rank 20th overall and 7th among the EU; another major commitment is our presence in the allied effort is Bosnia and in Kosovo.

Ladies and Gentlemen,

Much more could be said, at this stage, about Europe and these times of globalization. By definition, this term means that the connections among international actors – States, organizations, individuals, enterprises, movements – become deeper and deeper, to the point of interdependence. Each event influences the next, which makes the case for careful consideration of each single step very serious indeed...

I am certain that many of the blank spots I have left in these brief remarks will be filled – or even expanded... – in the next days. I am thinking, for instance, of the need to reform the "Bretton Woods system", bringing it up to date, of the North-South dialogue, of fresh approaches to sustainable development, of how to foster a worldwide awareness of the overriding importance of the rights and well-being of each human being – ultimately, our most meaningful common task.

I thank you very much and wish you every success with your work.

Comunidades Portuguesas

Cerimónia de Encerramento da I Reunião Plenária do Conselho das Comunidades Portuguesas

Assembleia da República,
11 de Setembro de 1997

Senhor Presidente em exercício da Assembleia da República,
Senhor Secretário de Estado das Comunidades Portuguesas,
Senhores Deputados pela Emigração,
Senhores Conselheiros,
Minhas Senhoras e Meus Senhores,

Ao concluírem-se os trabalhos da primeira reunião plenária do Conselho das Comunidades Portuguesas, considero que foi cumprida uma meta importante do Programa do Governo. As Comunidades Portuguesas estão dotadas de uma estrutura democrática para o diálogo institucional com o Executivo.

Para tal, na sequência da aprovação unânime pela Assembleia da República, em 1996, da lei que criou o Conselho, e para dar cumprimento a essa lei, muito se progrediu no relacionamento do Ministério dos Negócios Estrangeiros com os portugueses residentes no estrangeiro.

Pela primeira vez, de forma global e obedecendo aos mesmos critérios, foi promovida a actualização das inscrições consulares.

Pela primeira vez foi organizado um processo eleitoral integralmente realizado fora do território nacional, que envolveu todas as Embaixadas e todos os Consulados.

Pela primeira vez foram criadas, ao nível de cada área consular, estruturas descentralizadas de parceria "Administração-Cidadãos", para coordenar localmente e no respeito pelas especificidades de cada situação, o processo eleitoral: as designadas "Comissões Eleitorais", compostas por um representante do Consulado e por representantes das listas concorrentes pelo respectivo Círculo, constituíram uma aproximação nova, um exercício fecundo de compreensão recíproca e um exemplo enriquecedor de boa prática de trabalho conjunto.

Com as eleições para o Conselho das Comunidades Portuguesas aprofundou-se a democracia portuguesa, tanto no território nacional, como no estrangeiro. Foi uma aprendizagem colectiva, uma construção permanente e a igualdade entre os portugueses saiu reforçada.

Conforme publicado[1], votaram 34.522 eleitores. Menos cerca de 9.500 do que para as últimas eleições para a Assembleia da República no total dos Círculos da Emigração. Mas nos países actualmente correspondentes ao "Círculo Fora da Europa" o número de votantes para este Conselho foi superior em mais de 5.000 ao dos votantes para a Assembleia[2].

Muito se falou da abstenção. É um facto que a larga maioria dos portugueses residentes no estrangeiro não votou. Mas a todos os nacionais, maiores, inscritos nos consulados estava reconhecido o direito a votar. E de qualquer modo, continuando a comparar, se para as eleições da Assembleia da República se tivesse partido do universo eleitoral do Conselho das Comunidades Portuguesas[3], os votantes para a Assembleia[4] teriam sido apenas mais cerca de 0.4% do que os votantes para o Conselho. É dever de todos pugnar para que a participação eleitoral dos emigrantes aumente, quer nas eleições para a Assembleia da República, quer nas eleições para o Conselho. Sobretudo, pensando agora na hipótese finalmente aberta pela última revisão constitucional da participação dos emigrantes na eleição do Presidente da República.

Congratulo-me com a existência do novo Conselho das Comunidades Portuguesas e felicito-vos pela vossa eleição.

Outras metas deste Governo visando responder a reivindicações antigas das comunidades, foram ou estão em curso de ser alcançadas.

Refiro-me à normalização do prazo de emissão dos bilhetes de identidade e à modernização consular.

Quando iniciámos funções, em finais de Outubro de 1995, havia processos de Bilhetes de Identidade em atraso há mais três anos, o que correspondia a cerca de 130.000 processos. Desde Janeiro do ano em curso que os atrasos para verificação no Centro Emissor para a Rede Consular se encontram a nível zero. Desde o início de 1996 e até 4 de Setembro de 1997, foram emitidos 152.302 Bilhetes de Identidade e apenas 1.619 processos aguardam certidões solicitadas à Conservatória dos Registos Centrais.

---

[1] 1 DR, n.º 145/97, 2.ª série, de 26 de Junho de 1997.
[2] Nos países correspondentes ao "Círculo Europa" o número de votantes para o Conselho foi de 11.128; menos 14.727 do que para a Assembleia da República.
[3] 2.557.260 eleitores.
 Os recenseados para a Assembleia da República, em 1995, pelos Círculos da Emigração, sem Macau, foram 179.831.
[4] 44.052, sem Macau.

E a demonstrar que os interessados já se aperceberam da capacidade de resposta dos serviços, está o aumento do ritmo normal de entradas, que se cifra, desde o início do ano, em cerca de 320 novos pedidos por dia, face aos 200 pedidos que se verificavam em finais de 1995.

No que se refere à modernização consular, foi realizado um concurso internacional para a instalação de redes estruturadas nos postos consulares, e foi criada uma nova imagem consular visando uma identificação cromática e estética, com vista a padronizar o aspecto global das instalações e a melhorar as condições de atendimento consular.

Desde 1996 foram informatizados trinta e quatro consulados[5], mais quatro o serão até ao fim do ano, e introduzida a nova imagem junto de onze.

No próximo ano serão informatizados mais quarenta consulados e em mais quinze será introduzida a nova imagem.

Em 1999, concluir-se-á o processo, com a informatização de outros trinta e quatro consulados.

Foi criada uma Comissão Interministerial entre o MNE e o Ministério da Justiça para desenvolver acções de desburocratização nos domínios do registo e do notariado, e deu-se início aos cursos de formação de pessoal consular, em áreas como as do Registo Civil e Notariado, Contabilidade, Atendimento ao Público e Escritório Electrónico, num total de cinquenta e sete acções, incorporando 657 formandos e envolvendo cinquenta e quatro Consulados.

Em outro domínio, respondeu também este Governo à situação específica dos portugueses residentes no estrangeiro, desagravando, em 1997 e apesar do esforço acrescido que exigem os critérios de convergência, em 0.5%, a taxa de IRS nas contas poupança-emigrante. Uma taxa que, de 1993 para 1994, fora abruptamente elevada de 7.5 para 12.5%.

Indiquei apenas algumas medidas no âmbito da política para as Comunidades Portuguesas que considero particularmente relevantes e que têm um efeito directo no quotidiano dos que residem fora do país.

E um indicador de que essa política tem sido entendida pelos seus destinatários é a tendência para o aumento das remessas que se vem verificando. Assim, ao aumento de 1995 para 1996[6], correspondeu um crescimento de 1.9% na comparação dos primeiros cinco meses de 1996 e de 1997[7].

Senhor Presidente,
Senhores Conselheiros,

As Comunidades Portuguesas, aqui representadas democraticamente pelos Conselheiros provenientes de todos os continentes em que Portugal se cumpre, são um dos pilares da afirmação do nosso país no estrangeiro.

---

[5] Brasil – 7; Venezuela – 2; Espanha – 3; Suíça – 2; Canadá – 3; EUA – 5; França – 11; Reino Unido – 1.
[6] 1995 – 572.075 milhões de escudos; 1996 – 572.387 milhões de escudos.
[7] De Janeiro a Maio de 1996 – 220.710 milhões de escudos; de Janeiro a Maio de 1997 – 224.905 milhões de escudos.

Como Ministro dos Negócios Estrangeiros tenho percorrido diversas partes do mundo ao serviço do país e sentido quão importante é poder um Estado gozar de respeito, estima, admiração, graças, em boa parte, aos seus cidadãos que residem no exterior que, pelo seu trabalho e qualidades humanas, são uma demonstração viva e quotidiana das melhores qualidades nacionais.

Há muito que penso que no âmbito da política externa portuguesa as Comunidades podem desempenhar um papel importante, nomeadamente pela influência na opinião pública e nos políticos dos países de acolhimento em que se inserem.

Podem desempenhá-lo através das gerações dos que sempre mantiveram a nacionalidade portuguesa e podem desempenhá-lo através das novas gerações de luso--descendentes, solidários com os que as antecederam na sua ligação profunda às raízes pátrias.

Uma boa parte da Política Externa de um país joga-se ao nível do bom acolhimento, noutro país, das teses que defende, em conformidade com os seus interesses de natureza política, económica e social.

Os grandes temas da política externa portuguesa, como a participação plena na União Europeia, as relações com os países de língua e expressão portuguesa, a defesa do povo de Timor-Leste – para mencionar apenas alguns exemplos – só poderão ganhar com o impulso que lhes poderá advir de Comunidades Portuguesas que os assumam como seus, os mantenham vivos junto dos políticos locais, regionais e nacionais nos países em que os emigrantes portugueses vivem o seu quotidiano.

Nessa perspectiva, é do interesse de Portugal que os portugueses residentes no estrangeiro cada vez mais participem nas comunidades locais, regionais e até a nível nacional dos países em que se integraram.

É neste contexto que os membros eleitos para o Conselho das Comunidades Portuguesas podem encontrar também uma importante missão a cumprir em prol de Portugal.

No contacto que mantêm com aqueles que representam, no normal desempenho das suas funções, podem ser organizadores de um novo relacionamento com o Governo de Portugal que devem aconselhar, e protagonistas da defesa dos interesses essenciais do nosso país junto das opiniões públicas dos países de acolhimento.

É nesta nova dimensão, que agora se torna possível com a existência e a democraticidade do novo Conselho, que reside uma das chaves para o sucesso de Portugal no mundo presente e do futuro e, com Portugal, o dos seus cidadãos residentes no estrangeiro.

A imagem e o prestígio das Comunidades Portuguesas no nosso país dependem, em muito, do trabalho e do realismo de que os Conselheiros derem provas na sua acção, quer em reuniões como esta, quer nas acções que deverão desenvolver nos respectivos países em que residem, no cumprimento do contemplado na legislação que criou este Conselho.

O Conselho será o que as Comunidades, através dos seus Conselheiros, dele fizerem.

O Governo, ao criar nova legislação para este Conselho e ao organizar o vasto processo eleitoral e esta reunião, deu já a medida da sua vontade decidida de dotar as Comunidades de uma estrutura genuinamente democrática – com uma profundidade e dimensão que nunca antes existira – que possa servir os interesses dos portugueses residentes no estrangeiro e, assim, os interesses de Portugal.

Sessão Inaugural da Conferência sobre a Mundialização, as Migrações e o Desenvolvimento, no âmbito da OCDE

Centro Cultural de Belém,
Lisboa, 2 de Novembro de 1998

Gostaria de saudar de modo especial as Delegações dos países membros da OCDE e o Secretariado da Organização, que corresponderam ao nosso convite para a realização desta Conferência em Portugal, deslocando-se a Lisboa, a um local simbólico, carregado de referências ligadas à diáspora dos portugueses pelo mundo, que abriu rotas às migrações internacionais da Idade Moderna e da Idade Contemporânea.

Com a abertura ao mundo proporcionada pelas Descobertas, Portugal foi também percursor do fenómeno complexo da mundialização, para o qual contribuiu então de forma pioneira nos séculos XV e XVI e foi, mais tarde, com o advento da democracia, capaz de reencontrar o seu destino europeu, com a adesão às CE, em 1985, e igualmente a sua matriz lusófona, com a criação da CPLP, em 1996.

A mundialização e os seus efeitos sobre o fenómeno migratório merecem bem a reflexão que a OCDE lhes pretende dedicar com esta Conferência Internacional de Lisboa.

Portugal – país que desde sempre se configurou como uma sociedade aberta ao mundo, com uma economia virada para o comércio externo e uma população com considerável mobilidade internacional – estará particularmente interessado nos resultados dos vossos trabalhos por várias razões:

• Portugal é hoje um país com Comunidades no estrangeiro que totalizam cerca de 4 milhões e meio de emigrantes e de luso-descendentes, dos quais cerca de 1 milhão nos outros Estados-membros da União Europeia e cerca de 3 milhões em países terceiros;

- Com o crescimento económico, Portugal é desde há poucos anos um país com saldo migratório negativo, que acolhe já cerca de 180.000 cidadãos estrangeiros, que defende e pratica a coerência das suas políticas em matéria de mobilidade internacional de pessoas e de situação dos migrantes e dos direitos destes: para os imigrantes legais é praticamente completa a igualdade com os cidadãos portugueses no acesso à educação, à saúde, à segurança social e em programas específicos contra a exclusão, bem como na utilização do direito de estabelecimento ou do direito de propriedade sem restrições;
- Portugal prossegue políticas activas de apoio aos seus cidadãos no estrangeiro, baseadas no princípio da igualdade e da solidariedade de todos os cidadãos portugueses, residentes dentro e fora do território nacional, dentro do entendimento de que, em consonância com este princípio, as Comunidades Portuguesas são, por si próprias, um interesse maior para o país; por isso temos investido na modernização da nossa rede consular, na extensão da rádio e da televisão da língua portuguesa à escala mundial e na concessão de benefícios especiais à poupança dos emigrantes portugueses;
- Na actual situação internacional em matéria de migrações, Portugal está atento às soluções encontradas por novos países de acolhimento, com experiência de emigração dos seus próprios nacionais, que não tenham seguido fielmente políticas migratórias e de integração social adaptadas por países tradicionalmente destinatários das correntes migratórias;
- A experiência da integração europeia de Portugal aliada à sua situação de país que mantém relações privilegiadas com outros países de língua portuguesa em África e na América Latina, constituem factores importantes para o estabelecimento de pontes, também neste domínio, no diálogo entre países do Norte e do Sul;

As suas Comunidades dispersas pelo mundo, tão próximas geograficamente como acontece em França (onde há cerca de 800.000 pessoas que se revêem na origem portuguesa), ou tão afastadas como na Austrália (onde o número equivalente anda pelos 55.000), resultam de fluxos migratórios que constituíram, ao longo do século XIX e dos três primeiros quartéis do século XX, a resposta natural a fenómenos estruturais próprios da sociedade e da economia nacionais, em interacção com a conjuntura internacional.

A metodologia de abordagem, seguida pela OCDE através da organização dos seminários regionais de que esta reunião é a cúpula, parece-nos particularmente feliz.

A presença de Comunidades Portuguesas significativas, resultantes dos fluxos de emigração para vários continentes, em que se desenvolvem diferentes processos de integração regional, com diferentes conexões com o processo de globalização que se vive no mundo de hoje, torna necessária uma visão mais realista das diferenças dos vários processos de desenvolvimento em que os emigrantes portugueses se inserem nas sociedades de acolhimento e das diferentes sensibilidades que eles traduzem no seu comportamento relativamente à sociedade de origem.

Para Portugal, que tem esses cerca de 4 milhões e meio de portugueses e de luso-
-descendentes espalhados pelas várias regiões do mundo, é importante ter uma
percepção, o mais completa e clara que é possível, da incidência do processo de
globalização sobre essas diferentes comunidades de migrantes.

As implicações do processo de globalização e de integração regional no MERCOSUL
para os cerca de 1 milhão e 200 mil portugueses e luso-descendentes que vivem no
Brasil, terá certamente aspectos afins e também significativas diferenças em relação ao
vivido pelos emigrantes portugueses que na zona da NAFTA vivem nos EUA (onde
se contam cerca de 500 mil), e no Canadá (onde existem outros tantos), ou aquele
outro a que os portugueses residentes na República da África do Sul, em Angola ou
em Moçambique assistem na zona da SADCC.

Com um processo de desenvolvimento próprio no seio do esquema avançado de
integração regional configurado pela União Europeia, Portugal dá uma especial
atenção ao diálogo entre espaços regionais, não só porque acredita serem estes os
contextos adequados a um desenvolvimento económico e social sustentável, mas
também porque, no tocante aos interesses dos seus cidadãos residentes nesses espaços,
essa poderá ser a melhor via para uma protecção mais adequada dos interesses desses
mesmos cidadãos. Foi aliás com a adesão de Portugal às CE, alcançado em 1985, que
os emigrantes portugueses na área das Comunidades começaram a beneficiar de um
estatuto de cidadania europeia que os passou a diferenciar dos padrões habituais do
universo imigrante.

Cremos ser necessário regular a globalização, por forma a potenciar os seus
benefícios e a combater os seus inconvenientes.

O Governo português teve ocasião de defender estes pontos de vista na recente
Cimeira Ibero-Americana realizada no Porto dedicada aos "Desafios da Globalização
e da Integração Regional".

Sendo a globalização a dimensão essencial mais recente das relações internacionais, importa, em nosso entender, que a OCDE, através de iniciativas como esta
Conferência, aprofunde todos os vectores ligados aos efeitos da globalização dos
mercados sobre as migrações. Só uma globalização regulada pelo efeito conjugado dos
vários regionalismos abertos poderá ter efeitos duradouros em relação à melhoria das
condições de vida dos trabalhadores migrantes e à regulação humanizada dos seus
fluxos, subtraindo-os ao controlo de autênticas centrais criminosas de migração ilegal
poderosamente organizadas no plano multinacional.

A forma como os processos de integração regional podem amenizar, em matéria
migratória, o lado desregulado e mesmo ilícito dos fluxos migratórios, constitui um
dos temas de reflexão de maior actualidade, quer na agenda da União Europeia – com
a temática do alargamento – quer a nível da OCDE com a convocação desta
conferência.

Estamos, aliás, neste momento a impulsionar entre os países da CPLP, pertencen-
tes a vários enquadramentos regionais nos vários continentes, uma reflexão profunda
sobre o problema do equilíbrio entre a melhoria da circulação de pessoas e o estatuto

de direitos e deveres a conceder, de forma socialmente justa, às diversas comunidades de imigrantes, no âmbito da própria Comunidade dos Países de Língua Portuguesa, por forma a conseguir que migração seja sinónimo não de exploração, mas sim de cidadania.

Os processos migratórios têm vantagem em enquadrar-se numa plataforma de estabilidade. País tradicional de emigração no passado, queremos hoje ajustar as nossas políticas por padrões da modernidade no que respeita ao acolhimento saudável de correntes migratórias legais. Queremos fazer mais e melhor, mas estamos seguros de que o nosso empenhamento anti-discriminatório e de justiça social está a criar condições de vida dignas para os que procuram legalmente o nosso país como local de trabalho, de residência e de vida familiar e comunitária. Como país de emigrantes das sete partidas temos que nos esforçar por ser igualmente uma pátria acolhedora para quantos nos procuram e connosco querem viver e trabalhar.

Cooperação

Intervenção Inicial na Conferência de Imprensa para a Apresentação do Programa Integrado da Cooperação Portuguesa

Palácio das Necessidades,
27 de Outubro de 1998

Programa Integrado de Cooperação

Esta é uma medida que vem responder a uma das críticas mais consistentes à cooperação portuguesa, feita em 1993, e feita em 1997 pela OCDE. A partir daqui não haverá razão para que essa crítica volte a ser repetida. É agora racionalizada a cooperação portuguesa, garantir uma coordenação interministerial mais efectiva. O primeiro orçamento integrado de cooperação sustenta o primeiro Programa Integrado de Cooperação. A partir de agora a cooperação portuguesa terá um novo modelo. Consistirá num documento estratégico, que fixará as linhas gerais, num programa trienal, que será consensualizado com os países recebedores de cooperação, e em programas anuais integrados. Dentro de um mês, depois da adopção deste programa anual integrado, será presente para debate público o documento geral sobre estratégia de cooperação e o primeiro programa trienal. Esse programa trienal será depois, em comissões mistas de tipo novo, pactuado com os países recebedores que a partir daqui passarão a poder contar de forma rigorosa com programas devidamente calendarizados, e devidamente sustentados no plano orçamental ao longo do tempo. 1999, com este Programa Integrado de Cooperação, vai ser o ano de maior ajuda pública portuguesa ao desenvolvimento ao longo desta década. Nunca, em anos anteriores, um montante de 66 milhões de contos apoiou o plano da cooperação portuguesa. A relação de Portugal com África, a que basicamente se destina este grande programa de cooperação, conheceu dois momentos de mudança, dois momentos de importante viragem nesta década. Em 1996, iniciou-se a grande subida na cooperação portuguesa, quando os fluxos totais líquidos de cooperação, que representam a soma entre ajuda pública e investimento privado, triplicaram em relação à média da década, passando de uma cifra da ordem dos 50 milhões de contos anuais em média, desde 1990, para um montante de 145 milhões de contos, isto é, triplicando. 1996 é o ano que marca essa viragem, o ano em que os fluxos totais líquidos de cooperação triplicam em relação à média alcançada em anos anteriores. O segundo ano de viragem é 1997. Em 1997, no conjunto dos países da OCDE, num clima generalizado de contracção da ajuda pública ao desenvolvimento. Por parte dos países desenvolvidos, Portugal é o país que marca a diferença. Portugal é o país que cresce quando outros diminuem. Portugal é de todos os países da OCDE aquele que mais aumenta num ano, que mais faz expandir a ajuda pública ao desenvolvimento com o crescimento de 27% em relação a 1996. Portugal dedica 0.25% do seu PNB à cooperação, acima da média da OCDE nesse ano, que é 0.22%. É um país que apesar da sua dimensão, em crescimento da ajuda pública ao desenvolvimento, se situa à frente da Itália, do Japão, de Espanha e dos Estados Unidos. Com o crescimento, que o coloca numa percentagem de PNB dedicada à cooperação, sensivelmente igual à da Áustria e à do Reino Unido, e ultrapassando em 1997 a Espanha e a Nova Zelândia, países que nos antecediam em 1996. Como vos disse, o crescimento de 27% registado por Portugal contrasta com o decrescimento de 35% dos Estados Unidos e de 3.8% da França. Portugal é em 1997 o campeão mundial da taxa de subida da ajuda pública ao desenvolvimento. Esta expansão da política de cooperação portuguesa não é um acto isolado voluntarista do Estado português, porque corresponde a um crescimento muito forte das relações económicas entre Portugal e os países africanos de língua oficial portuguesa.

Comércio externo

Importações: em 1994 e em 1995 tínhamos importado quinze milhões de contos, em 1996 e 1997 passámos a importar 24 milhões de contos, ou seja, crescemos na nossa abertura às exportações de África 45%. Em 1994 e 1995 tínhamos exportado para a África de língua portuguesa 160 milhões de contos. Em 1996 e 1997 exportámos 212 milhões de contos, um crescimento de 25%, muitíssimo superior ao crescimento médio das exportações portuguesas.

Investimento: Em 1994 e 1995 tínhamos investido nos PALOP 8 milhões de contos. Em 1996 e 1997 14,3 milhões de contos, um crescimento de 75% do investimento nos países africanos de língua portuguesa. O aumento significativo da cooperação portuguesa, em especial da cooperação portuguesa com África, tem também como suporte um crescimento exponencial das relações económicas, quer comerciais, quer de investimento, registadas a partir de 1996 – crescimento consolidado nos anos seguintes. 1999 vai ser o ano recorde da cooperação portuguesa com África, registando a cifra mais elevada de toda a década. Este facto mostra a consistência da política africana de Portugal, através do crescimento assinalável das relações económicas, de comércio e de investimento, do crescimento assinalável da cooperação portuguesa, a que se agregam inúmeros outros factos, e factores de política externa como a criação da CPLP; a melhoria das condições de vida da população imigrada africana em Portugal; a celebração do acordo de paridade monetária com Cabo Verde; a atenção dada aos nacionais portugueses nos países africanos e a respectiva protecção consular, designadamente em situações de emergência onde se tornam necessárias as evacuações; o crescimento da língua portuguesa em África com o contributo da RDP e RTP, e com os programas de cooperação, no domínio da comunicação social com as emissoras de rádio e televisão nos países africanos de língua portuguesa; e ainda com a organização e preparação da Cimeira Euro-Africana, entre a União Europeia e África, iniciativa portuguesa que constitui igualmente um dos marcos de afirmação da nossa política africana, pugnando a que a Europa, a União Europeia, olhe, se interesse, se motive e se realize em relação a África. Este Programa Integrado de Cooperação e estas medidas, agora avançadas, são uma obra que muito dignifica o Senhor Secretário de Estado dos Negócios Estrangeiros e da Cooperação, Luís Amado, a quem queria felicitar, e os seus colaboradores, Presidente do Instituto para a Cooperação e do Fundo para a Cooperação, e marcam uma importantíssima viragem na cooperação portuguesa.

Senhores Jornalistas, estamos à vossa inteira disposição.

Jornalista

Falou em números correspondentes a 1996 e 1997, não me apercebi que tivesse falado em 1998. Eu queria perguntar-lhe, para este recorde, qual a diferença pelo menos relativamente a este ano de 1998.

Ministro dos Negócios Estrangeiros, Jaime Gama

Em relação ao ano de 1998, nós ainda estamos no ano de execução, e no ano de execução em matéria de contabilização, da ajuda pública ao desenvolvimento, há uma variável que é a variável de perdões de dívida, aos alívios de dívida, que só é susceptível de ser conhecida no fim. Nós pensamos pela apreciação que fazemos, temporária neste momento, que 1998 é um ano que se vai situar perto dos anos anteriores, mas que em relação a 1999 vai haver uma descolagem.

Jornalista

Mas qual era o investimento máximo até agora, pois nós temos um valor de 47,7 milhões de contos. Qual era, digamos, o valor anterior?

Ministro dos Negócios Estrangeiros, Jaime Gama

É uma cifra da ordem dos 39 milhões de contos. Dado provisório, repito, ainda não inclui o fecho final com eventuais movimentos respeitantes a toda a área da cooperação financeira.

Jornalista

Estava previsto para hoje de manhã um encontro entre Nino Vieira e Ansumane Mané.

Ministro dos Negócios Estrangeiros, Jaime Gama

Não, não estava previsto para hoje. Foi obtido um acordo para a realização de um encontro entre o Presidente Nino Vieira e o Brigadeiro Ansumane Mané. Não tinha sido fixada a data. Tinha sido mandatado, junto dos Embaixadores de Portugal, França, Suécia e o Senhor Bispo de Bissau, para organizarem logisticamente o encontro. E tinha sido obtido das partes que até à realização do encontro haveria o acatar de um cessar-fogo.

Jornalista

Mas tentou-se que o encontro fosse hoje de manhã?

Ministro dos Negócios Estrangeiros, Jaime Gama

Não, é uma ideia que o senhor está a repetir. O que se está a tentar é que o encontro se realize o mais cedo possível. Nunca o senhor me viu, publicamente, depois de ter falado com o Senhor Presidente Nino Vieira e com o Brigadeiro Ansumane Mané, a dizer, o encontro vai realizar-se terça-feira de manhã. Pelo contrário, o que me ouviu dizer, e eu aí falava em nome dos dois, é que estava acordada a realização de um encontro entre ambos, na Guiné-Bissau, que havia acordo sobre quem organizaria a logística e que até à realização do encontro haveria o acatar do cessar-fogo. Essa ideia permanece de pé e está a ser trabalhada, ainda que neste momento devem estar a ser recebidos pelo Presidente Nino Vieira os três Embaixadores da União Europeia em Bissau. E ao mesmo tempo, está a decorrer uma importante reunião da CEDEAO em Abuja, a que está presente o coordenador da CPLP da mediação e o coordenador CEDEAO da mediação conjunta. E ainda ontem tive a oportunidade de estabelecer conversas telefónicas, quer com o Ministro José Luís Jesus, de Cabo Verde, quer com o Ministro do Senegal, quer com o Ministro da Costa do Marfim e também um contacto, através do nosso Embaixador na Nigéria, com o Ministro Nigeriano que neste momento coordena a CEDEAO no aspecto da mediação conjunta. E há um clima positivo da parte da CPLP e da CEDEAO para estimular a realização desse encontro, que nós desejamos que se venha a realizar o mais rapidamente possível.

Jornalista

Eu baseei estes dados na declaração, nas palavras de ontem, de alguns representantes das Missões Diplomáticas em Bissau, onde eles diziam que para hoje seria difícil acontecer esse encontro, uma vez que não estaria acordado.

Ministro dos Negócios Estrangeiros, Jaime Gama

Mas isso está a confirmar exactamente aquilo que eu estou a dizer.

Jornalista

Uma vez que até ao momento ainda não foi conseguido o encontro por não haver um acordo quanto ao local.

Ministro dos Negócios Estrangeiros, Jaime Gama

Estamos a trabalhar activamente para que isso aconteça e, neste momento, os Embaixadores da União Europeia estão a realizar contactos nesse sentido. A reunião da CEDEAO em Abuja também vai favorecer o clima para que essa reunião se realize.

Jornalista

Não digo que não, Senhor Ministro, não é isso que eu gostaria de saber. Aquilo que eu gostaria de saber, era, uma vez que eternamente parece complicado um local onde os dois se encontrem, uma das partes já fez saber que Portugal também poderia ser um desses pontos possíveis para um encontro entre Nino Vieira e Ansumane Mané. Pergunto-lhe se Portugal estaria disposto a aceitar esse encontro aqui no nosso país.

Ministro dos Negócios Estrangeiros, Jaime Gama

Nós estamos a trabalhar fundamentalmente a hipótese da realização do encontro na Guiné-Bissau. E essa hipótese é uma hipótese convalidada por ambas as partes.

Jornalista

E em Portugal?

Ministro dos Negócios Estrangeiros, Jaime Gama

Estamos a trabalhar a realização do encontro na Guiné-Bissau.

Jornalista

Designadamente um encontro possível?

Ministro dos Negócios Estrangeiros, Jaime Gama

Estamos a trabalhar a realização do encontro na Guiné-Bissau. É o que estamos a fazer neste momento.

Jornalista

Senhor Ministro, referia-se à criação de um regime novo de comissões mistas e também tornado possível por este Programa. Trata-se de uma questão de correcção ou o que é que é preciso reformular e até que ponto é que este programa comporta linhas de orientação ao nível da CPLP, ou a CPLP são, de facto, dois ou três pequenos depósitos aqui neste volume de números.

Ministro dos Negócios Estrangeiros, Jaime Gama

É óbvio que esta cooperação é feita com países da CPLP. É também óbvio que esta cooperação é uma cooperação que fundamentalmente se exerce no domínio bilateral. É uma cooperação de Portugal com cada um destes países africanos da CPLP. É igualmente saliente que a CPLP inclui uma afectação de recursos orçamentais enquanto quadro de cooperação multilateral. Que nós, aliás, gostaríamos de ver desenvolvido à medida em que a CPLP, ela mesma, se constituir num organizador de cooperação multilateral. Portugal propôs, na última cimeira, e foi aprovado, um acordo que viabiliza a cooperação multilateral no âmbito da CPLP. Novo tipo de comissão mista. As comissões mistas, a partir de agora passarão a ter, à partida, um conteúdo programático, que é o programa trienal, passarão também a ter um responsabilizador orçamental e passarão a contratualizar com os países recebedores de ajuda do programa trienal, que uma vez aprovado, será depois executado através dos programas anuais. O primeiro programa trienal foi proposto em Moçambique. Estão preparados programas trienais para Cabo Verde e São Tomé e Príncipe e estão em preparação os programas trienais para Angola e Guiné-Bissau. Mas a partir de agora o mecanismo passa a ser um mecanismo inteiramente diferente, isto é, as comissões mistas não resolverão literariamente o mesmo texto. As comissões mistas passarão a ter um enfoque programático prévio, e serão perspectivadas numa dimensão temporal maior, uma dimensão trienal, e serão fundamentalmente comissões em que se contratualizará com o país recebedor um programa com respectivo envelope financeiro, isto é, fizemos uma modernização da nossa metodologia de cooperação pondo-a ao nível da organização profissional e abandonando o artesanal.

Diplomacia

Sessão de Homenagem a Aristides de Sousa Mendes

Parlamento Europeu,
Estrasburgo, 17 de Novembro de 1998

Senhor Presidente do Parlamento Europeu,
Senhor Presidente do Parlamento da Bulgária,
Senhores e Senhoras Membros do Parlamento Europeu,
Senhores Embaixadores,
Distintos Convidados,
Minhas Senhoras e Meus Senhores,

Em boa hora decidiu o Parlamento Europeu homenagear Aristides de Sousa Mendes, diplomata português cujo heroísmo contribuiu para que mais de trinta mil refugiados pudessem escapar ao avanço dos exércitos nazis na Europa em 1940. A minha presença aqui neste dia quer significar o profundo apreço do Governo português por esta iniciativa que tão justamente recorda um compatriota que, pelo papel que teve a coragem de desempenhar, se tornou num exemplo singular na luta pela defesa dos direitos fundamentais da pessoa humana. Eu mesmo, na qualidade de deputado à Assembleia da República tive a oportunidade de introduzir em 1988 uma iniciativa legislativa destinada a prestar homenagem e efectuar uma reparação condigna da memória deste ilustre cidadão português, a qual viria a ser adoptada por unanimidade pelo Parlamento português.

Aristides de Sousa Mendes, diplomata experimentado e respeitado ao longo de uma carreira com mais de trinta anos, ocupava no Verão de 1940 o cargo de

Cônsul-Geral de Portugal em Bordéus. Com a invasão de França, pelas tropas nazis, a esta cidade acorreram largos milhares de refugiados judeus, que escapavam ao Holocausto, e também resistentes ao regime, cujas vidas se encontravam por seu turno em perigo. Todos buscavam noutros Estados a salvaguarda da sua integridade física, da sua liberdade e da sua dignidade. A passagem para um destino final além Atlântico era para muitos a única porta de saída possível de um continente em risco de ficar completamente submerso pelo avanço de Hitler. A força das armas, naquele período da Segunda Guerra Mundial, fazia aumentar diariamente o número de quantos desesperadamente procuravam obter, a todo o custo, um visto que lhes permitisse abandonar o solo francês.

Confrontado com a dimensão humana desta tragédia, Aristides de Sousa Mendes encontrou-se num terrível dilema moral. As instruções que entretanto recebera não lhe permitiam a concessão de qualquer visto sem prévia autorização de Lisboa. E o regime autoritário de Salazar, a pretexto de manter uma linha oficial de neutralidade, recusava sistematicamente os pedidos de visto enviados pelo Cônsul em Bordéus. Porém, Sousa Mendes sabia bem que negar aos refugiados a possibilidade de fuga através de Portugal equivaleria a entregá-los ao destino que a História acabou por divulgar. Ao mesmo tempo, não lhe restavam quaisquer dúvidas de que a desobediência às instruções de Salazar implicaria a ruína da sua carreira.

Foi pois com perfeita consciência dos riscos em que incorria que Aristides de Sousa Mendes decidiu assumir, individualmente, a responsabilidade pela concessão de vistos a todos quantos os viessem solicitar. Agindo assim, porém, não deixou dúvidas quanto à autenticidade das convicções que o animavam, como o testemunham as palavras que proferiu perante a multidão de refugiados que se comprimia à entrada do Consulado português:

«Como informei toda a gente, o meu Governo recusou terminantemente todos os pedidos para concessão de vistos a todos e quaisquer refugiados (...) Todos eles são seres humanos, e o seu estatuto na vida, religião ou cor, são totalmente irrelevantes para mim. (...) Sei que a minha mulher concorda com a minha opinião, e estou certo de que os meus filhos compreenderão e não me acusarão, se por dar vistos a todos e cada um dos refugiados, eu for amanhã destituído do meu cargo por ter agido (...) [contra] ordens que, em meu entender, são vis e injustas. E assim, declaro que darei, sem encargos, um visto a quem quer que o peça».

A seu pedido, a notícia desta decisão foi espalhada por Bordéus, e nos dias seguintes dezenas de milhar de refugiados obtiveram do Cônsul português a assinatura que lhes possibilitou a fuga para uma vida digna e em liberdade.

Tal como previra, as consequências da atitude que assumira não se fizeram esperar. Aristides de Sousa Mendes foi punido exemplarmente pela falta de obediência a ordens superiores, considerada particularmente grave pelo regime da época. Foi ordenada a instauração de um processo disciplinar ao Cônsul-Geral em Bordéus e de nada lhe valeu querer fazer valer em sua defesa que, numa tão excepcional situação, os imperativos humanitários ditados pela sua consciência pesavam mais do que a obrigação de obediência a regulamentos administrativos. O Cônsul em Bordéus foi afastado compulsivamente do serviço diplomático activo, passando a receber uma pensão de reforma insuficiente para uma numerosa família de catorze filhos. Não tendo encontrado qualquer eco para as petições que posteriormente endereçou ao Supremo Tribunal Administrativo e à Assembleia Nacional de então, encontrou-se a braços com uma situação de tal modo precária que teve de hipotecar as suas propriedades familiares, vindo finalmente a morrer numa situação de extrema pobreza. Nos últimos anos de vida valeu-lhe apenas o apoio prestado por organizações internacionais à emigração da sua família para outros países onde, em condições semelhantes às dos refugiados auxiliados por Sousa Mendes, tiveram de iniciar uma vida nova.

Por ironia tão frequente na História dos homens, enquanto a carreira de Sousa Mendes era destruída, o caloroso acolhimento prestado pela população portuguesa aos refugiados que ele tinha ajudado a escapar começou a interessar a imprensa internacional, que inadvertidamente chegou a louvar o Governo da altura por uma situação que afinal tudo fizera por evitar.

Após a morte de Aristides de Sousa Mendes, em 1954, a sua memória foi alvo de um expressivo número de homenagens internacionais. São inúmeras as publicações dedicadas à figura deste diplomata português. Além disso, aqueles por quem sacrificou a família e a carreira não esqueceram a sua acção, tendo-se empenhado para que lhe fosse dado o respeito devido.

O Governo de Israel louvou a sua memória em 1967, tendo o seu feito memorável ficado registado no Museu de Yad Vashem, em Jerusalém, dedicado às vítimas das perseguições nazis durante a Segunda Guerra Mundial; vinte árvores foram plantadas em seu nome na "floresta dos mártires", também em Jerusalém. Sousa Mendes foi postumamente agraciado por Israel com uma das suas mais alta distinções – uma medalha em cuja inscrição se lê "A Aristides de Sousa Mendes, o povo judeu agradecido" e onde é citado o Talmude: "quem salva uma vida, salva todo o Universo". Finalmente, em 1987, o Estado de Israel concedeu a Aristides de Sousa Mendes a cidadania honorária, honra partilhada com Raoul Wallenberg.

Mais tarde, a Câmara dos Representantes e o Senado dos Estados Unidos da América aprovaram igualmente resoluções em honra de Sousa Mendes.

As autoridades portuguesas, após a restauração do regime democrático no país, em 1974, quiseram prestar-lhe a devida homenagem, tendo o Parlamento votado unanimemente uma lei em 1988 que o reintegrou postumamente no serviço diplomático, na categoria de Embaixador. Um ano antes, o Presidente da República, Doutor Mário Soares, atribuiu-lhe a Ordem da Liberdade. O corpo diplomático português quis por sua vez associar-se a estes esforços de desagravo, dirigidos a celebrar a memória de um colega cujos feitos honram a carreira a que pertenceu. Assim, em 1995, a Associação Sindical dos Diplomatas Portugueses instituiu o prémio "Aristides de Sousa Mendes" destinado a incentivar a investigação académica no âmbito da política internacional e das relações externas portuguesas.

O Governo português reitera de forma solene a sua disposição para apoiar a criação de uma instituição que se proponha, em articulação com a família, recuperar a antiga casa do diplomata português em Cabanas de Viriato, transformando-a em Museu. Esta disponibilidade já foi transmitida aos familiares pelo Ministério dos Negócios Estrangeiros, e sei que motivação equivalente existe da parte do Ministério da Cultura e das competentes Autarquias locais.

Minhas Senhoras e Meus Senhores,

A vitória das democracias ocidentais na Segunda Guerra Mundial permitiu à Europa a consolidação de uma ordem política alicerçada no respeitos dos direitos fundamentais da pessoa humana e no exercício activo da cidadania. O projecto da construção europeia, de que este Parlamento é expressão privilegiada, não se pretende limitar a garantir o bem-estar económico dos cidadãos, radicando também na natureza democrática dos Estados-membros da União Europeia, presentes e futuros. A nossa tarefa comum de alargar a União ao países do Centro e do Leste da Europa constitui um passo decisivo na construção do sonho que começou a ser possível com a derrota das forças totalitárias em 1945 – o sonho de uma Europa segura, livre, democrática, coesa e solidária.

Nunca haverá resposta definitiva para o eterno dilema de saber se a História é feita pelos homens, ou se os acontecimentos históricos motivam a acção humana. Mas algo é certo – a História e os seus protagonistas devem servir a Humanidade, razão de ser última de todos os nossos esforços.

Ao praticar um acto de desobediência civil contra um poder ditatorial, Aristides de Sousa Mendes deixou-nos um exemplo singular dos valores éticos e cívicos que nos devem guiar.

A homenagem que este Parlamento quis prestar à memória do grande Europeu que foi Aristides de Sousa Mendes é, assim, não apenas um acto de justiça, reparando agravos que em vida lhe foram infligidos, mas também um acto de coerência. Para os cidadãos da União Europeia, aqui legitimamente representados, os direitos humanos e as instituições que os protegem constituem o património civilizacional que mais prezam e souberam, mesmo nas horas mais escuras, defender. Este Parlamento, de resto, fiel à sua vocação específica no quadro das Instituições Europeias, tem sabido distinguir-se na promoção e na garantia das liberdades fundamentais dos cidadãos e dos direitos humanos. Ao homenagear Aristides de Sousa Mendes, o Parlamento Europeu reafirma os valores fundamentais que desde sempre orientaram e animaram a sua actuação, e ao recordar a memória de um notável concidadão europeu testemunha o seu empenho no projecto sempre renovado da liberdade do espírito.

Direito Internacional

I Jornadas de Direito Internacional Público do Ministério dos Negócios Estrangeiros

*Fundação Calouste Gulbenkian,
14 de Janeiro de 1999*

Senhor Presidente da República,
Senhor Presidente da Assembleia da República,
Ilustres Participantes nestas Primeiras Jornadas de Direito Internacional,
Minhas Senhoras e Meus Senhores,

Decidiu o Ministério dos Negócios Estrangeiros organizar estas Primeiras Jornadas de Direito Internacional dando, assim, conteúdo, pela sua parte, à Resolução da Assembleia Geral das Nações Unidas, de 17 de Janeiro de 1989, e a um dos seus principais objectivos: encorajar o ensino, o estudo e a divulgação do direito internacional.

Enquanto Departamento do Estado com especiais responsabilidades no âmbito do direito internacional, é o Ministério dos Negócios Estrangeiros o primeiro interessado na divulgação e aprofundamento de um ramo de direito que constitui o suporte e o enquadramento indispensável da acção diplomática e da prossecução dos objectivos da política externa.

Daí esta iniciativa, tomada em estreita colaboração com as instituições de ensino universitário, e que abrange uma diversidade de temas específicos e relevantes na área do direito internacional, procurando conciliar naturais objectivos de divulgação com o indispensável rigor científico da matéria a tratar.

Pretende também o Ministério dos Negócios Estrangeiros, e nisso é, mais uma vez, interessado, que estas jornadas contribuam para intensificar a colaboração entre a administração e as universidades, da qual resultarão benefícios evidentes para ambas as partes e, seguramente, para o desenvolvimento deste ramo de direito em Portugal.

A simples enumeração de algumas prioridades da política externa portuguesa – e bastará pensar na participação de Portugal na União Europeia, na política de cooperação, nas comunidades portuguesas no estrangeiro, na questão de Timor e na transferência da Administração de Macau – chega para testemunhar quanto necessário é o estudo e o conhecimento do direito internacional e qual o relevo que para o Estado assume o seu desenvolvimento.

Permito-me sublinhar o frutuoso trabalho desenvolvido pela Escola Portuguesa de Direito Internacional e agradecer o contributo que tem dado ao Estado sempre que a ela recorreu, designadamente, no tratamento de questões relevantes da política externa portuguesa sujeitas à jurisdição internacional.

Desejo também que a realização destas jornadas de direito internacional – onde será expressa e divulgada a reflexão de eminentes especialistas na matéria – constitua um estímulo para os jovens, em especial para os jovens licenciados atraídos pelo direito internacional que queiram enriquecer os quadros do Ministério dos Negócios Estrangeiros como funcionários diplomáticos ou da carreira técnica superior.

O direito internacional assentou, historicamente, no costume, sendo a sua codificação legislativa precedida, em regra, por um intenso trabalho de sistematização.

Por isso, estas jornadas poderão contribuir para o aprofundamento de uma perspectiva portuguesa quanto a alguns temas que, presentemente, são objecto de reflexão e estudo na doutrina e no âmbito da Comissão de Direito Internacional, visando proceder à sua consagração como instrumentos de direito internacional.

De entre os temas cuja codificação constitui uma prioridade, permito-me destacar a responsabilidade dos Estados por actos ilícitos, a sucessão de Estados, as imunidades jurisdicionais dos Estados e dos seus bens, os actos unilaterais dos Estados, as reservas aos tratados, o direito ou, mesmo, o dever de ingerência humanitária e, bem assim, as áreas cobertas pela "Agenda para a Paz" divulgada pelo anterior Secretário-Geral das Nações Unidas, Senhor Boutros Boutros-Ghali.

Pelo especial interesse suscitado na opinião pública por força de vários acontecimentos ocorridos nos últimos meses, destaca-se a elaboração do estatuto do Tribunal Criminal Internacional, como exemplo de um processo quase modelar de codificação internacional.

Poucas áreas serão tão facilmente associáveis à soberania nacional como a da jurisdição penal, o que, no entanto, não constituiu um obstáculo para que fosse possível chegar a um consenso bastante alargado no seio da comunidade internacional, por forma a permitir a criação de um órgão judicial criminal com jurisdição suplementar geral e de carácter permanente. Este facto afigurou-se decisivo no contexto do reforço do sistema de justiça penal internacional.

Embora não se pretenda que o Tribunal Criminal Internacional se substitua às jurisdições nacionais, dado que o mesmo será complementar daquelas, a sua simples existência implica um sinal evidente dado pela comunidade internacional a todos os indivíduos que, de forma sistemática, cometam crimes graves contra a humanidade.

Neste processo que conduziu à aprovação do Estatuto do Tribunal Criminal Internacional, Portugal desenvolveu um esforço significativo, em conjugação com a maioria dos Estados da União Europeia e dezenas de outros países, unidos sob a designação de *like-minded*, por forma a dotar o Tribunal Criminal Internacional de poderes e meios significativos para o exercício efectivo e independente da sua missão.

Não nos podemos esquecer que o direito internacional, ao proporcionar um quadro jurídico que regulamente e facilite as relações entre os seus sujeitos, tem como propósito último assegurar o respeito pela integridade e dignidade da pessoa humana.

Conviria também realçar, e ainda relativamente à componente jurisdicional do direito internacional, a participação relevante de um número significativo de magistrados portugueses nos mais importantes órgãos jurisdicionais internacionais, o que muito prestigia Portugal.

Antes de terminar, gostaria de salientar o significativo apoio concedido pela Fundação Calouste Gulbenkian, nas pessoas do seu presidente, o Doutor Vítor Sá Machado, e do seu predecessor, o Professor Doutor Ferrer Correia. Apoio esse que se revelou indispensável para a organização destas Primeiras Jornadas de Direito Internacional.

Quis o Senhor Presidente da República dignificar esta iniciativa honrando-nos com a sua presença. Todos sabemos do grande interesse de Vossa Excelência, Senhor Presidente, pelos temas que serão versados nestas jornadas, interesse que a carreira de Vossa Excelência, como advogado e jurista prestigiado e como membro eminente da Comissão Europeia dos Direitos do Homem no Conselho da Europa amplamente confirma.

A todos desejo o melhor sucesso nos trabalhos que durante estes dois dias vos ocuparão.

União Europeia

Posição Portuguesa na Conferência Intergovernamental para a Revisão do Tratado de Maastricht

Intervenção na Assembleia da República a propósito da revisão do Tratado da União Europeia e da realização do Conselho Europeu Extraordinário de Turim,
27 de Março de 1996

Senhor Presidente da Assembleia da República,
Senhores Deputados,

No Conselho Europeu Extraordinário de Turim os Chefes de Estado e de Governo da União Europeia darão início aos trabalhos da Conferência Intergovernamental encarregada da revisão do Tratado da União Europeia.

Iremos reafirmar, com argumentos consistentes, as razões da nossa opção Europeia e mostrar como encaramos a evolução futura da União – salvaguardando os ideais que perfilha e os interesses de Portugal.

Com esses objectivos, o Governo procurou auscultar as formações políticas e a sociedade civil no seu conjunto. Hoje mesmo, coube ao Senhor Primeiro-Ministro receber os parceiros sociais e os dirigentes dos principais partidos da oposição. Por outro lado, foi cumprido um extenso programa de consultas bilaterais prévias com os Estados-membros da União Europeia.

Uma etapa importante desta actividade preparatória foi marcada pela apresentação pública, no dia 8 de Março, do documento intitulado "Portugal e a Conferência Intergovernamental para a revisão do Tratado da União Europeia", a que o Governo assegurou uma ampla divulgação, nomeadamente junto dos grupos parlamentares.

Tive então oportunidade de referir que se tratava do enunciado das principais propostas do Governo e que o documento representava um ponto de partida e não de chegada.

Devo sublinhar que nem todos os Estados-membros publicaram estudos de dimensão e natureza semelhantes. Por isso, poucos parlamentos nacionais terão tido possibilidade de se envolver tão directamente na preparação da revisão do Tratado de Maastricht e, portanto, no intenso debate sobre o destino da própria União Europeia.

O processo de consulta interna não se esgotará, naturalmente, na realização desta sessão, assim como a Conferência Intergovernamental não se cingirá ao Conselho Europeu de Turim. Muito pelo contrário, o Governo manterá a porta aberta ao diálogo ao longo de todo o processo, que se deverá prolongar até 1997. Esperamos, inclusivamente, pelos documentos de estratégia e pelas sugestões concretas que os partidos aqui representados queiram apresentar. Manteremos um diálogo constante com a Comissão Parlamentar de Assuntos Europeus, facto aliás, facilitado pela circunstância de o meu representante pessoal na Conferência ser o Secretário de Estado dos Assuntos Europeus.

A este respeito, e não sendo meu hábito criticar ou elogiar a comunicação social, gostaria de felicitar, aqui, a forma como a imprensa portuguesa tem procurado acompanhar a Conferência Intergovernamental, numa acção informativa e pedagógica que muito contribuirá, decerto, para a aproximação da opinião pública portuguesa às questões europeias.

Senhor Presidente,
Senhores Deputados,

Portugal participará, de modo activo e com serenidade e coerência, num processo negocial da maior importância e complexidade. Em jogo está, acima de tudo, a definição da União Europeia que teremos no século XXI. Uma União de Estados soberanos, mais próxima dos cidadãos. Uma União alargada a novos membros que procuram – como nós próprios o fizemos – um pólo de liberdade, estabilidade, segurança e desenvolvimento. Uma União com eficácia reforçada na actuação internacional.

Importa, por isso, que a expressão "mais Europa" se aplique às situações e aos problemas reais da União. "Mais Europa" para o que surge como verdadeiramente essencial. A Conferência terá de enquadrar a reforma das instituições e das políticas europeias pela lógica dos cidadãos e das suas necessidades efectivas e não, como por vezes tem sucedido, pela lógica de construções abstractas, nem sempre perceptíveis ou geradoras de consequências pouco realistas, como a uniformização horária, que acabámos de abolir.

O que se torna necessário, e mesmo imperativo, é responder a anseios palpáveis da opinião pública:

– desenvolvendo e modernizando as economias nacionais, apostando na educação e formação dos recursos humanos, a fim de preservar a competitividade europeia nos exigentes mercados globais, e consagrando as preocupações sociais que nos movem, através da inclusão no Tratado do Protocolo Social e, como desejaríamos, da aprovação de uma carta de cidadania europeia;

— aprofundando a reflexão em torno da criação de emprego através dos esforços conjugados dos Estados-membros da União, tal como o Governo tem vindo a sustentar desde o Conselho Europeu de Madrid, sem que isso afecte as políticas de coesão;

— reforçando os mecanismos europeus de combate às várias formas de crime organizado e de tráfico de droga, desenvolvendo o chamado III Pilar e contribuindo dessa forma para a erradicação de fontes de insegurança e de flagelos sociais;

— evitando a diminuição dos poderes dos pequenos e médios Estados-membros, em prejuízo dos princípios de igualdade soberana e de democracia que devem reger o funcionamento da União. Neste contexto, recusaremos liminarmente quaisquer formas de condomínio ou de directório; pugnaremos pela manutenção do direito que assiste a cada Estado de nomear pelo menos um Comissário e de aceder à Presidência numa base rotativa e em igualdade de condições de exercício;

— salvaguardando a nossa língua: na União Europeia poderemos sempre falar português; com isso, a Europa será seguramente mais escutada em África, na América Latina e na Ásia;

— potenciando a actuação externa da União, melhorando e dando plena utilização aos instrumentos da Política Externa e de Segurança Comum ("PESC"), sem contudo comunitarizar, artificial e precipitadamente, um exercício eminentemente intergovernamental; queremos que à União Europeia caiba uma capacidade de projecção mundial condizente com o seu real peso político e económico mas, também neste domínio, sem uma diminuição de poderes soberanos fundamentais;

— concretizando a Identidade Europeia de Defesa e Segurança, através da gradual e progressiva ligação, convergência e, a prazo, integração, de uma mais operacional União da Europa Ocidental (UEO) na União Europeia, enquanto braço armado da "PESC"; não se trata, obviamente, de criar um "exército europeu", a aditar aos exércitos nacionais, às forças da UEO e à estrutura militar da NATO, ou de matizar a essência intergovernamental dos Assuntos de Segurança e Defesa; pretendemos ainda que, complementarmente, a UEO se converta num efectivo pilar Europeu da NATO, no vasto contexto de uma Aliança Atlântica adaptada a novos desafios.

Senhor Presidente,
Senhores Deputados,

Importa estar ciente de que a Conferência Intergovernamental não será uma negociação estanque e compartimentada. Muito pelo contrário, o processo negocial que ora começa estará, *de jure* e "de facto", ligado a outras vertentes da construção europeia, em alguns casos mesmo após o ano 2000.

Com efeito, a Conferência deverá preceder o início das negociações conducentes ao alargamento da NATO e a revisão do Tratado que institui a UEO. No plano comunitário, o processo de ratificações nacionais do resultado da Conferência coincidirá com a análise das consequências (entre outras, financeiras) do alargamento da União e com a abertura das negociações nesse sentido; em paralelo, avançaremos para a União Económica e Monetária (UEM) e para a revisão da Política Agrícola Comum, do orçamento da União e dos fundos estruturais e de coesão.

Esta multiplicidade de frentes negociais implica determinação e coerência. Requer uma visão clara das prioridades nacionais e do modelo de Europa que se pretende edificar. Requer amplos consensos internos.

Por isso mesmo, Portugal deve manter a sua capacidade de influenciar o projecto europeu e de nele afirmar os seus interesses específicos.

É com este objectivo que o Governo se apresenta hoje à Assembleia da República. Disposto a conjugar os interesses nacionais com os ideais europeus. A nossa postura negocial não peca por timidez nem por temeridade. Resulta antes do conhecimento das realidades portuguesa e europeia, e da certeza de que as nossas propostas são construtivas e exequíveis e não meros exercícios retóricos.

A partir do Conselho Europeu de Turim poderemos ter uma percepção porventura mais nítida da vontade dos Estados-membros da União e do rumo que a revisão do Tratado de Maastricht irá tomar. Mas desde há muito, em matéria europeia, a nossa própria vontade é inequívoca, e somos e seremos suficientemente claros e coerentes para sabermos que Portugal se fará ouvir e respeitar nesta nova e decisiva etapa do grande debate europeu.

O Tratado de Amesterdão
e a Integração Europeia*

> «*Il faut pour aller plus vite toucher la vie, l'intérêt même des peuples*».
> Jean Monnet

Ao iniciar-se a Conferência Intergovernamental para a revisão do Tratado da União Europeia, em Março de 1996, o Ministério dos Negócios Estrangeiros publicou um estudo onde, em detalhe, se enunciavam as principais orientações do Governo quanto ao futuro da União Europeia. Ali se encontrava espelhado o nosso ponto de partida:

« Defendemos que a integração europeia deve progredir de forma realista, de acordo com o método até agora seguido de avanço gradual e pragmático, baseado no respeito pelo acervo comunitário, na consolidação dos resultados obtidos em cada etapa anterior e no respeito dos interesses essenciais e especificidades de cada Estado--membro. (...) Aprofundar a solidariedade, não só entre os Estados mas também entre os respectivos povos, no respeito pela diversidade, constitui um imperativo e um elemento base da União Europeia».

Por outras palavras, Portugal encarou a revisão do Tratado de Maastricht sob uma dupla perspectiva – por um lado, reconhecendo o inegável mérito da dimensão prospectiva da construção da União Europeia, essa vontade política contínua sem a qual todos os esforços de sucessivas gerações tenderiam a esmorecer; por outro, não menos importante, apelando ao respeito por um conjunto de princípios reguladores das relações entre Estados e entre Instituições que, com resultados largamente positivos, define em simultâneo o legado europeu e a essência da edificação de uma Europa alargada e unida.

---
* Artigo publicado na revista do Centro de Informação Jacques Delors.

Desde cedo assinalámos, porém, que o rumo seguido pela União Europeia carecia de ajustamentos. Tinha certamente razão Jacques Delors ao apontar o "carácter assimétrico" do articulado negociado em Maastricht, referindo-se à "solidez" das disposições monetárias, por contraposição à "fragilidade" dos progressos políticos então alcançados. Mas era para nós fundamental que à ambição programática da integração europeia, por definição um processo e não um fim em si mesmo, não correspondesse uma preocupação eminentemente institucional. Por outras palavras, importava que a CIG fosse ao encontro das preocupações reais dos cidadãos europeus, afectados no seu quotidiano por questões tangíveis e não, pelo menos de forma directa, pelos equilíbrios inter e intra-institucionais que um acervo comunitário já com quatro décadas determinara.

É certo que o ordenamento jurídico-político da União depende dos seus próprios mecanismos de tomada de decisão, aos quais subjaz, mais ou menos implicitamente, a por vezes conturbada coexistência entre "grandes" e "pequenos" Estados. Contudo, é igualmente evidente que a adesão dos povos à causa europeia é directamente proporcional aos benefícios que colhem de uma aproximação progressiva entre Estados soberanos, norteada pela procura de soluções comuns para os problemas de todos. O resultado da CIG, consubstanciado no Tratado de Amesterdão, deve assim ser avaliado pelos progressos alcançados nas vertentes institucional – a justeza e a eficácia dos centros de poder da União – e, sobretudo, social – no tocante às aspirações dos homens e mulheres da Europa que representam, em última análise, a razão de ser da causa da integração.

Pretendia Jean Monnet – já apelidado de "primeiro Estadista da interdependência" – "tocar a vida". Poucos duvidarão que a credibilidade futura da União Europeia depende das respostas que forem dadas às difíceis situações geradas pelo desemprego, ao preocupante aumento dos índices de criminalidade, à coesão económica e social, à necessidade de garantir um desenvolvimento regional harmonioso e de proteger o ambiente. A União terá de fornecer um quadro que permita a criação e a consolidação de um grande espaço de bem-estar económico e social.

No entanto, o desfecho da CIG causou, em vários sectores, alguma frustração face a uma alegada escassez de resultados. Teria a ausência de um consenso mais ambicioso no tocante à reforma institucional traduzido linhas de fractura no seio da União, colocando em risco as perspectivas de alargamento? Estaria a Europa destinada a sofrer as consequências da sua própria falta de visão?

É errado colocar a questão nesses termos. O gradualismo que nos move implica a ponderação dos passos a dar e a definição criteriosa de um modelo; comporta ainda a assimilação devida do aumento do ritmo da integração europeia a que assistimos – e em que participamos – desde a década passada, primeiro com as adesões da Grécia, Espanha e Portugal e, depois, com a adopção do Acto Único Europeu. O debate não pode, sob pena de maniqueísmo, cingir-se à opção entre doutrinas federalistas e antifederalistas. Deve, isso sim, concentrar-se naquilo que a Europa é – um espaço de democracia e de igualdade, de respeito pela iniciativa privada e de solidariedade social – e na construção de uma União coesa e coerente.

São de vulto as razões que nos levam a encarar a aplicação do Tratado de Amesterdão sem dramatismos. O calendário para a passagem à 3.ª fase da UEM – apesar de sobressaltos pontuais – tem sido cumprido, e a moeda única será uma realidade da qual Portugal fará parte; as negociações com vista ao alargamento a leste e a sul terão início como previsto desde o Conselho Europeu de Madrid; as instituições comunitárias, com o novo alento agora dado, encontram-se largamente em condições de funcionar com eficácia e de absorver as próximas vagas de adesões; a visibilidade internacional da União poderá ser revitalizada se a Política Externa e de Segurança Comum (incluindo uma componente de segurança e defesa, com a integração a prazo da UEO) for bem delineada e executada.

E de assinalar são, de igual modo, alguns dos domínios específicos negociados na CIG em que a União se aproximou dos seus cidadãos e em que fez suas propostas formuladas ou apoiadas por Portugal – a título de exemplo, a comunitarização de matérias do III Pilar (ou seja, das políticas de vistos, asilo, refugiados e imigração) e a integração do Acordo de Schengen no Tratado, medidas a que corresponderá um incremento da cooperação entre os Estados-membros na luta contra o tráfico de droga e a criminalidade organizada; a introdução de um capítulo sobre o emprego (tema a que se devotará uma Cimeira extraordinária em Novembro deste ano), abrindo a porta a políticas concertadas e activas neste campo, sem que a tal corresponda um desvio dos fundos destinados às políticas estruturais; o reconhecimento no corpo do Tratado da especificidade das regiões ultraperiféricas, criando-se deste modo uma base jurídica específica para acções que beneficiarão as Regiões Autónomas dos Açores e da Madeira.

Regressando aos aspectos institucionais, tive oportunidade de afirmar ao longo da CIG que Portugal não seria julgado por uma caricatura do interesse nacional, mas sim pela razoabilidade das nossas posições. O saldo final comprova que, não sendo possível ir mais longe, a União fica dotada de instituições aptas a funcionar e que o respeito pelos interesses fundamentais de todos os Estados-membros é condições *sine qua non* de qualquer progresso. Para Portugal, que aceitava uma expansão das matérias sujeitas a votação por maioria qualificada e estava disposto a encarar fórmulas construtivas de reponderação de votos, era inadmissível a perda de representação na Comissão, ou o abandono do português como língua oficial da UE, ou a sujeição compulsiva a decisões tomadas no quadro da PESC que contrariassem os grandes desígnios nacionais. E sentimentos semelhantes foram partilhados pela quase totalidade dos nossos parceiros.

O Tratado de Amesterdão não deixará de ser criticado. No entanto, a sensatez do resultado da CIG impede a criação de um gigante com pés de barro – uma estrutura pesada e alheada dos legítimos anseios dos cidadãos europeus, dotada de uma pretensa política externa comum a que não corresponda uma aproximação real das políticas externas dos seus Estados-membros, exigidora até de insustentáveis sacrifícios de soberania. As vicissitudes do processo de ratificação do Tratado de Maastricht ainda estão bem presentes na memória dos europeus.

Não podemos ignorar que, no próximo milénio, a União Europeia terá de levar a cabo uma reforma institucional mais profunda e abrangente, motivada pelo alargamento a um número de Estados que inviabilizará as soluções actuais e, até, pela comunitarização de novos sectores. Mas hoje "tocar a vida" significa fazer face a outro tipo de desafios – cativar os cidadãos da Europa, preparar devidamente as próximas adesões (para o que Portugal tem colocado à disposição dos candidatos à União a sua experiência negocial) e pensar a arquitectura europeia em termos globais (tendo portanto em conta o alargamento de outras Organizações), definir, ao apreciar a "Agenda 2000" apresentada pelo Presidente Santer, as perspectivas financeiras da União em termos equilibrados, preservando assim a coesão económica e social de toda a Europa e adaptando melhor à realidade certas políticas comuns.

Avançar mais rapidamente exige a escolha de um destino e o traçar da estrada. Não está no nosso horizonte uma Europa virtual, voltada para dentro, mas antes uma Europa onde a consolidação de valores e objectivos comuns seja também o pano de fundo da afirmação da diversidade de cada Estado-membro e da valorização de cada cidadão. O Tratado de Amesterdão, feitas as contas, será um contributo significativo nessa direcção.

Acordo de Associação com a UE*

Parlamento da Eslovénia,
Lubliana, 14 de Maio de 1997

Mr. President of the Parliament of Slovenia,
Distinguished Members of Parliament,
Distinguished Members of Government,
Ladies and Gentlemen,

It is for me a privilege to speak before the Parliament of Slovenia as this legislative body begins its consideration of the Association Agreement with the European Union.

This occasion marks an important step toward the accession of Slovenia to the European Union and also in the overall process of European integration.

Portugal, together with its partners in the Union, does indeed believe that the future of Europe lies in greater and stronger links among its States. That is the only way to ensure that the peace, stability and prosperity that we witness today will continue to be enhanced and extended to the continent as a whole.

That is why the European Union has followed a strategy of closer integration and enlargement, so as to deepen the degree of mutual commitment of all participating nations and to allow others to contribute to this collective venture and to benefit from the advantages offered by the European Union.

---

* Versão original inglesa do discurso proferido no Parlamento da Eslovénia em Lubliana por ocasião da aprovação do Acordo de Associação com a UE.

Let there be no doubts whatsoever, Portugal supports the enlargement of the European Union without any reservation. It is our firm belief that the current Member States have a political, moral and historic obligation of paving the way for the expansion of the Union, thereby reflecting in its membership the momentous changes brought about by the end of the Cold War.

The Union is the institutional expression of shared values of a human, political, social and economic nature that are the very essence of Europe's tradition and heritage.

What yesterday was artificially divided can now be united, and no purpose can be more meaningful than that.

Portugal, following the revolution of April 1974, was able to undertake the profound structural transformations needed to join the then European Communities. It was a difficult and sometimes delicate process, begun in 1977 and completed by accession in 1986. The degree of complexity can be easily demonstrated by the decade of intense negotiations and by the transitional regimes of up to ten years agreed to in certain fields.

And we should bear in mind that the European train then moved at a much slower pace, that this took place before the European Single Act, the Treaty of European Union and the ongoing Intergovernmental Conference. At the time, the perspective of a European single currency was little more than an ambitious goal.

This means that the challenges faced by Slovenia and its people are much greater. We, on our part, very much wish to see Slovenia, as it deserves and if you so decide, among the first countries to join the European Union.

Membership is not in itself the cure for all evils. It is a continuous experience, a daily negotiation, a permanent choice. It entails a change of mentalities and economic philosophy, it necessitates the reinvention of Government and the training of the experts that will deal with the European institutions.

Above all, it will open up the borders separating the Slovenian and European peoples and economies. It is therefore absolutely essential that the terms of accession are adequately negotiated and that Slovenia is, in a word, ready. Not simply on paper, but in reality, with a competitive and privatized economy, with strong economic groups capable of absorbing massive foreign investment without weakening the national identity.

Portugal has undergone all of this. Our *per capita* income has more than doubled, our yearly economic growth is higher than the Union's average, inflation stands at less than 3% and unemployment at 7%. Portugal meets the criteria set out in Maastricht to join the single currency from the "Euro"'s first day.

Slovenia shares with Portugal the fact that it borders larger neighbours.

Yet I would like to state that membership of the Union has not meant that Portugal has lost control of its economy. The inflow of foreign investment has not sold the country out. Relations with neighbouring Spain have never been as friendly as they are today. But this was made possible precisely by the new mentality of the social and economic agents whose encouragement and shaping is the first and foremost responsibility of each national Government.

As it has been previously said, Portugal stands ready to support Slovenia in the efforts that lie ahead and to openly share its valuable experience.

Mr. President of the Parliament of Slovenia,

Allow me to turn to NATO.

As you know, Portugal is a founding Member of the Atlantic Alliance. For nearly five decades, NATO has been the foundation of our collective defence. It is also an organization based on common political values, which is the only explanation for the integration of the defence structures of sixteen nations.

Yet NATO, like the European Union, has adapted itself to the new realities of the vast transatlantic space. Its process of adaptation, both internal and external, is radical in its scope.

The end result will be a new NATO, streamlined and more focused on different types of missions, ready to provide for the collective security and defence of its members and to project its stability to the surrounding areas.

Above all, it will be an enlarged NATO; an Alliance that has taken on board Central and Eastern European States capable and willing to play their role and to contribute to the preservation of transatlantic link.

It will be a NATO that has defined a new strategic relationship with Russia, dealing constructively with its former adversary now that it has embraced democracy. There can be no stable Europe without a stable Russia, there can be no solid European security architecture without Russian participation and commitment.

That is why we attach so much importance to the signature later this month, in Paris, of a document setting out the terms of the relationship between Russia and the Alliance.

Portugal will host on 29 and 30 May, in Sintra, the Spring ministerial meetings of NATO. Several major decisions will then be taken, including the creation of the "Euro-Atlantic Partnership Council", a multilateral body that will profit from the valuable lessons learned through "Partnership for Peace", in which Slovenia has participated so actively.

The foreign ministers of the Alliance will have an opportunity to discuss NATO's enlargement, to be formalized at the summit of Heads of States and Government to be held in Madrid, I hope that, whichever way it is conducted, it will be a fruitful debate.

Portugal supports the enlargement of NATO. I have travelled extensively this year in Central and Eastern Europe, and many of my counterparts from these regions have visited Lisbon. This has been my clear message.

We want to see Slovenia among the first group of States to join this renovated alliance.

Slovenia will play its significant part in our collective security. It will help to consolidate stability in the Mediterranean. It will set a fine example to the other nations issued from the former Yugoslavia, showing them that the path to a politically sound democracy and that the peaceful settlement of international and internal disputes constitute the best way to enter the Euro-Atlantic structures.

One final comment. Portugal's membership in NATO has helped us in the modernization of our armed forces, preparing them for new tasks and responsibilities such as IFOR and SFOR. It was essential in finding a new role and in forging a new attitude after the years of the colonial wars.

We want Slovenia to join the Atlantic Alliance and to consolidate a Europe free of undesirable political divides. We will support your accession to the best of our abilities.

Our vision of the future of Europe is the same as Slovenia's. Our bilateral dealings face no obstacles and the two countries wish to intensify them at all levels.

I can see no better basis for a lasting and mutually beneficial relationship. I can see no better way to build the Europe we wish to have.

Moeda Única sem Esquecer Emprego

Entrevista ao jornal **Diário de Notícias**
15 de Junho de 1997
Por Mário Bettencourt Resendes

O Ministro dos Negócios Estrangeiros diz que as mudanças políticas na Inglaterra e em França criaram condições para dar outra ênfase às questões sociais da União Europeia. No plano interno, vê Marcelo seduzido pela destruição de governos e tece elogios a Sousa Franco, «um dos elementos fundamentais da equipa governativa».

Jaime Gama espera que saiam da Cimeira de Amesterdão sinais claros de que o processo europeu não foi interrompido.

Diário de Notícias – Nas vésperas da Cimeira de Amesterdão, são os socialistas franceses os principais responsáveis por uma crise evidente no processo de construção europeia...
Jaime Gama – Os socialistas franceses estão empenhados na construção europeia e também nos calendários da moeda única. Têm-no, aliás, afirmado com toda a clareza. Acontece que as eleições em França tiveram um significado claro. O PSF apresentou--se como portador de uma política económica diferente. Penso que o contributo dos socialistas franceses para a construção europeia é o de chamar a atenção para a importância da coordenação das políticas económicas e também para a necessidade

de as orientar para o crescimento e para a criação de emprego. É esse o sentido da negociação que, com o seu contributo, foi feita e está em curso. Aliás, o próprio Governo do Reino Unido também se junta a essas preocupações, na medida em que sublinha a importância de inserir no Tratado a Carta Social Europeia. Portanto, há neste momento na Europa uma negociação que, sem pôr em causa o calendário da moeda única, sublinha de uma forma efectiva a necessidade de políticas sociais geradoras de emprego e de crescimento. Até aqui, esse ponto de vista tinha sido expresso no debate europeu, nomeadamente na negociação da CIG, por vários governos...

Entre eles o Governo Português...

Exacto. Mas acontecia a circunstância particular de que nos três maiores países europeus os respectivos governos se entendiam para negar a aplicabilidade desse tipo de orientações. Com as mudanças políticas na Inglaterra e em França, foram criadas condições para que os pontos de vista que agora irão fazer o seu caminho pudessem ter alguma força negocial.

Quebrou-se afinal, o eixo Paris/Bona, que foi o grande motor da construção europeia durante os últimos anos...

Não se pode dizer que a Alemanha seja, neste momento, um país isolado na construção europeia ou que deixe de fazer parte de uma relação preferencial com a França e até com o Reino Unido. Aliás, a própria Alemanha é um dos países europeus com grandes problemas de índole social, entre eles uma elevada taxa de desemprego. O Governo do Chanceler Kohl não é propriamente um Governo liberal de direita, mas sim cristão-democrata, portanto também sensível aos problemas sociais. Aliás, é isso o que torna possível a redefinição de um compromisso sobre os objectivos da União Europeia como aquele que está agora a ser negociado.

Nesta conjuntura de negociações em curso, faz algum sentido realizar a cimeira...

Faz todo o sentido. E isto porque a Cimeira de Amesterdão tem de dar sinais claros de que o processo europeu não foi interrompido, de que as negociações foram feitas mas tiveram resultado, que agora haverá uma maior dimensão para os aspectos sociais e do emprego na construção europeia, sem pôr em causa a União Económica e Monetária e o calendário para a moeda única. E ao mesmo tempo dar um sinal claro de que a Conferência Intergovernamental levou a bom porto o seu mandato e conseguiu apurar as traves-mestras para uma revisão equilibrada do Tratado de Maastricht.

É absolutamente imprescindível que em Amesterdão se tomem decisões, sobretudo neste momento e atendendo à evolução política recente, à dramatização com que alguns problemas foram encarados e às mudanças eleitorais. A expectativa europeia seria imensamente frustrada se da Cimeira de Amesterdão não saíssem conclusões claras e orientações precisas.

Os governantes portugueses estão preparados para ficar em Amesterdão o tempo que for necessário para que isso aconteça?

Claro que sim. E além do mais sempre dissemos que estávamos de há muito preparados para, em prazo razoável, concluir as negociações da Conferência Intergovernamental. O que resta agora é decidir e esse é o papel da Cimeira de Amesterdão.

Defende que, uma vez concluído todo este processo, a matéria seja objecto de referendo?

Sempre deixámos em aberto a hipótese de submeter a referendo uma questão de âmbito europeu, do género: «Concordam ou não os portugueses prosseguir no caminho da integração europeia». Temos deixado em aberto essa ocasião. Como sabe, há disponibilidade nossa para realizar dois referendos simultâneos, um sobre regionalização, outro sobre temática europeia. Mas concordamos inteiramente com a decisão que o Presidente da República tomar a esse respeito. Uma das nossas preocupações ao negociar a revisão do Tratado foi fazê-lo usando uma metodologia radicalmente diferente da que foi usada pelos negociadores de Maastricht, que mantiveram tudo no maior segredo, gerando com essa política de falta de transparência uma grande incompreensão por parte das opiniões públicas, abrindo dessa forma uma enorme crise sobre a legitimidade das instituições europeias. A forma como a revisão está a ser feita está a contribuir para a sedimentação do Tratado de uma forma muito mais visível do que a sua elaboração. A ideologia referendária que na altura surgiu era a expressão, em termos de consciência infeliz, dessa incomodidade. Se reparar, a procura de uma solução referendária em relação à revisão do Tratado é muito menor do que foi em relação à sua elaboração.

De qualquer forma, houve quem considerasse que o Governo português teve, neste processo, alguns excessos de transparência, como foi o caso do futuro número de membros da Comissão...

Preferimos pecar por excesso de transparência do que por excesso de opacidade.

Portugal «não perde» com o alargamento

A prazo, numa União Europeia alargada, a capacidade negocial de Portugal será inevitavelmente menor?

Não, isso não é correcto. Da circunstância de a UE se alargar não resulta uma perda de poder relativo para Portugal, mas sim um equilíbrio maior para o funcionamento das instituições, que agora tem de ser encarada não numa lógica meramente burocrática, mas numa dimensão política.

Desculpe, mas há uma lógica aritmética evidente, que vem logo do facto de um em 15 valer mais do que um em 20 ou do que um em 25 ou mais...

Depende, porque com mais países há também uma descentralização do sistema decisório em que se podem inserir propostas e pontos de vista com outra margem de liberdade.

A Europa e o Mundo,
Acção Externa e Diplomacia Comum*

Centro Cultural de Belém,
1 de Outubro de 1997

Minhas Senhoras e Meus Senhores,

Foi com entusiasmo que aceitei o convite para vos dirigir algumas palavras de abertura neste Seminário sobre "Acção Externa e Diplomacia Comum" da União Europeia, integrado numa discussão mais vasta das perspectivas abertas pelo Tratado de Amesterdão. Trata-se de uma iniciativa oportuna, servindo em simultâneo dois grandes objectivos – dar a conhecer, de forma serena e objectiva, os resultados de uma complexa negociação iniciada em Março de 1996 e analisar, na sempre contingente medida do possível, as consequências da aplicação do Tratado que amanhã mesmo será assinado na Holanda.

Aquilo que habitualmente é designado por "acção externa" corresponde em larga medida ao que em Portugal, na nossa tradição político-administrativa, entendemos por "negócios estrangeiros" – isto é, o conjunto das questões que resultam do relacionamento de um Estado, enquanto entidade soberana, com os seus parceiros e demais agentes da comunidade internacional. E logo aqui surgem as primeiras dificuldades na delimitação do tema e na sua relevância para o fenómeno da integração europeia.

Com efeito, o conceito de acção externa encontra-se, nas suas múltiplas designações, íntima e historicamente ligado à própria essência da soberania do Estado; e a União Europeia, apesar dos vastos progressos alcançados ao longo de quarenta anos,

---

* Intervenção de abertura no ciclo de seminários "O Tratado de Amesterdão e a Nova Agenda Europeia".

continua a ser uma fórmula pioneira e inovadora de associação e integração de Estados que preservam a condição de entidades politicamente independentes.

A tarefa dos negociadores que conduziram – numa base quase diária – a Conferência Intergovernamental foi, assim, complexa. Importava conjugar duas realidades:

– por um lado, um acervo doutrinário e institucional não negligenciável, que remonta à Cooperação Política Europeia formalizada em 1986 pelo Acto Único Europeu e que, mais recentemente, sofreu significativas alterações com a Política Externa e de Segurança Comum inscrita no Tratado de Maastricht;

– por outro, conciliar os interesses externos próprios e não necessariamente coincidentes de quinze Estados-membros com uma realidade mundial caracterizada pela globalização, pela emergência de novos centros de poder de base regional, por uma afirmação progressiva dos grandes valores políticos e económicos subscritos pela União Europeia e, também, por riscos e ameaças de variadíssima ordem a que é imperioso dar resposta.

É forçoso constatar que a política externa da União, comparada com a dimensão interna da integração europeia, é algo de embrionário. Não surpreende o seu cariz eminentemente intergovernamental nem o facto de se encontrar num estádio de desenvolvimento inferior ao conseguido noutros domínios.

Nesta recta final para o próximo milénio, a conduta internacional dos Estados é ainda tendencialmente dominada por motivações estratégicas individuais; o colectivo prende-se, como elemento marcante, à vertente da segurança e da defesa, e isto apenas em torno de certas alianças ou pólos aglutinadores. Não podemos esquecer ou minimizar que a Europa, por força da sua própria História, contribuiu decisivamente para a construção da comunidade internacional em que hoje vivemos. As ligações tradicionais a outros Estados ou regiões são factos naturais, irrenunciáveis, e que explicam, por exemplo, a prioridade atribuída pela Grã-Bretanha à *Commonwealth*, pela França à francofonia e por Portugal à recentemente institucionalizada Comunidade dos Países de Língua Portuguesa (CPLP). É também na esfera internacional, por via do investimento e das trocas comerciais, que se podem obter vantagens comparativas que reforcem o peso económico relativo de cada Estado no seio da União.

Contudo, o reconhecimento de todas as circunstâncias não pode nem deve escamotear outro tipo de preocupações. Na verdade, à integração europeia deve corresponder um esforço acrescido de visibilidade internacional da própria União. Mesmo que os Estados-membros caminhem a velocidades distintas a nível interno e externo, a solidez do edifício europeu exige que as duas vertentes se aproximem gradualmente.

Cabem à União Europeia e aos seus membros responsabilidades particulares na cena mundial. Porque a União é uma zona de paz e estabilidade, deve projectar essa realidade para as áreas circundantes; porque é um espaço democrático e de respeito pelos direitos humanos, deve bater-se pela aplicação universal desses valores; porque promove o desenvolvimento económico e social de outras regiões e mesmo continentes, deve insistir em padrões elevados de boa governação; por ser um dos maiores motores da vida económica mundial, tem de pugnar por uma liberalização dos mercados que seja justa e não introduza elementos adicionais de distorção.

Os Tratados constitutivos agora alterados comportam uma dimensão programática que reflecte quanto acabo de referir. Neles se menciona, expressamente, o fortalecimento da "identidade europeia e a sua independência, em ordem a promover a paz, a segurança e o progresso na Europa e no mundo", bem como a afirmação daquela "identidade na cena internacional, nomeadamente através de uma Política Externa e de Segurança Comum".

Não caberá a uma intervenção de abertura fazer uma descrição pormenorizada das posições assumidas por todos os intervenientes ao longo da CIG nem um diagnóstico completo das perspectivas de aplicação dos compromissos de Amesterdão. Mas permitam-me o breve balanço da negociação e das soluções encontradas que passo de seguida a enunciar:

• 3 Aquando do lançamento da Conferência, no Conselho Europeu extraordinário de Turim, perfilavam-se duas correntes quase opostas: a de quantos consideravam que a PESC defraudara as expectativas geradas por Maastricht (caso da gestão do conflito na ex-Jugoslávia), pelo que deveria ser objecto de modificações profundas, e a daqueles que, pelo contrário, sustentavam que a PESC carecia sobretudo de tempo para se poder consolidar e impor.

• Para Portugal, e como tive então oportunidade de sublinhar, importava avançar com realismo, não perdendo de vista a natureza fundamentalmente intergovernamental do chamado "II Pilar", mas também de modo gradual, valorizando a solidariedade política entre os quinze Estados-membros que deveria ser a inspiração, e não a consequência, de quaisquer mecanismos institucionais que viessem a ser acordados.

• Ficou patente, no decurso da CIG, a existência de um razoável grau de consenso quanto à necessidade de se conferir maior visibilidade, continuidade e coerência à PESC. Muito se falou na figura do "Senhor, ou Senhora, PESC", e muitos foram os perfis traçados para o titular do cargo. A solução encontrada – o Secretário-Geral do Conselho, a par da admissão de enviados especiais para missões *ad hoc* – representa um denominador comum aceitável.

• Será também de louvar a criação de uma Célula de Análise e Previsão, funcionando sob a égide do Conselho, que poderá dar um contributo real e colectivo no tocante à formulação das políticas da União e à antecipação de situações de crise.

• Quanto à formulação e condução da PESC, o equilíbrio final não se afastará excessivamente do que ficara consagrado em Maastricht, embora haja uma considerável margem de evolução que a aplicação do Tratado de Amesterdão se encarregará de precisar. É todavia sintomático que ao Conselho Europeu – intrinsecamente intergovernamental – seja confiada, no Título V, a definição dos princípios e orientações gerais da PESC, bem como a adopção de estratégias comuns recomendadas pelo Conselho. A este último, para além da coordenação global, cabe a aprovação de acções comuns (de pendor mais localizado e operacional) e posições comuns (fixadoras de abordagens globais a questões de natureza geográfica ou temática).

Julgo de salientar a admissibilidade, no Conselho, de votações por maioria qualificada na adopção de acções e posições comuns, ficando sempre excluídas as decisões com implicações no domínio militar ou de defesa.

Neste ponto particular, insistimos com sucesso numa cláusula de salvaguarda que inviabilizasse, em caso de interesse vital, o recurso à votação, remetendo-se o caso à consideração do Conselho Europeu para deliberação por unanimidade.

• Finalmente, e no que diz respeito aos aspectos de segurança e defesa, o artigo J.7 do Tratado de Amesterdão recupera o objectivo anteriormente traçado da definição de uma política de defesa comum que poderá conduzir a uma defesa comum. Contudo, é de salientar que o novo articulado introduz um elemento de gradualismo naquela definição, submetendo a decisão final ao Conselho Europeu. Numa outra inovação, a União da Europa Ocidental (UEO), até aqui "parte integrante do desenvolvimento da União Europeia", passa a proporcionar "o acesso a uma capacidade operacional" a que a União poderá recorrer. E são amplificadas as perspectivas de uma eventual integração da UEO na União; nos termos do Protocolo relativo ao artigo citado, as duas Organizações têm um ano para estabelecer as "fórmulas de reforço da cooperação recíproca".

Também aqui a complexidade do quadro negocial era evidente. As matérias de defesa pertencem indubitavelmente ao núcleo duro dos poderes soberanos do Estado, facto a que se somou o estatuto de neutralidade de alguns Estados-membros, a articulação com a Aliança Atlântica e a própria "geometria variável" da composição da UEO.

Portugal poderia ter ido mais longe, aceitando desde já a integração plena da UEO na União, dentro da orientação preconizada por um número significativo de parceiros europeus. Mas os resultados não deixam de ser positivos, porque clarificadores do caminho a percorrer no futuro próximo.

Minhas Senhoras e Meus Senhores,

O edifício europeu ergue-se passo a passo, com determinação e com propósito; é certo que os modelos de integração combinam o plano prospectivo com o saber empírico e que, sobretudo em política externa e de defesa, os imprevistos condicionam com frequência o rumo da nossa actuação. Não é menos correcto que a integração europeia tem beneficiado de impulsos firmes e continuados, sobretudo desde a vaga de alargamentos registada no começo da década de 80; abundam aliás os comentadores que profetizam crises de identidade europeia caso o empenho integracionista venha a esmorecer...

Pela nossa parte, pugnamos por uma abordagem realista – tal como se comprovará facilmente relendo quanto dissemos há um ano e meio sobre a CIG que então começava – e por uma aderência às circunstâncias europeias. Tal é particularmente adequado à acção externa, área onde os hábitos dos Estados se encontram mais arreigados. E sabemos o quanto Portugal tem a ganhar na esfera internacional se valorizar a sua capacidade de intervenção através das portas abertas pela União Europeia. Bastará recordar a contribuição dada pela PESC ao processo de paz em Angola e à defesa dos interesses do povo de Timor-Leste, a inserção destas questões e da transição de Macau no diálogo transatlântico ou o endosso da Cimeira Euro--Africana por nós proposta.

E a própria União tem muito a ganhar se aproveitar as ligações de Portugal a África e à América Latina, potenciando o nosso relacionamento privilegiado com o crescentemente influente espaço do MERCOSUL.

A "nova agenda europeia", temática a que este ciclo de conferências se subordina, é acima de tudo um conjunto de novos desafios, que abrangem um próximo alargamento em que a Europa Central e Oriental pesará pela primeira vez na determinação do centro de gravidade da União.

Cabe-nos pois a tarefa de explorar de forma construtiva as possibilidades que a acção externa da União nos faculta. Mas não poderemos ignorar que uma "diplomacia comum", no seu mais puro sentido, só existirá se e quando houver uma sintonia perfeita entre a totalidade dos Estados participantes. Essa convergência de opções estratégicas sedimenta-se no quotidiano através de uma actuação externa articulada, pondo à prova mecanismos como os consagrados pelo Tratado de Amesterdão. Só por isso, a negociação deste novo texto teria valido a pena.

Desejo-vos uma boa prossecução dos vossos trabalhos e uma reflexão produtiva.

Jaime Gama sobre a Cimeira Extraordinária do Emprego

Entrevista ao jornal **Diário Económico**
20 de Novembro de 1997
Por Sérgio Figueiredo e Paula Arménia

«Há sempre o risco de o Emprego sofrer de uma carga retórica excessiva».

Consagrar o combate ao desemprego em todas as políticas da União Europeia, nomeadamente na PAC e nas políticas estruturais: alargar o âmbito do conceito muito para além do indicador taxa de desemprego, impondo a filosofia da empregabilidade; mobilizar instrumentos financeiros para a realização de políticas no mercado de trabalho – são estes os três objectivos essenciais que Portugal fixa para a Cimeira extraordinária sobre o Emprego, que hoje se realiza no Luxemburgo. É o Ministro dos Negócios Estrangeiros, Jaime Gama, que, em entrevista ao Diário Económico, define a fasquia do sucesso desta reunião extraordinária dos líderes europeus. Não sem, porém admitir que, em matéria de emprego, persiste o risco de os políticos ficarem presos a «uma carga retórica excessiva», decepcionando as opiniões públicas com escassos resultados práticos.

Diário Económico – Este Governo quis liderar uma corrente de opinião no combate ao desemprego, quando já se sabia da pretensão de alguns países em colocar este novo critério na atribuição dos fundos estruturais. Não houve um erro nesta estratégia, entrando em contradição com os nossos interesses na Agenda 2000?

Jaime Gama – Não, não há contradição. Os dois problemas existem e devem ser equacionados. O desemprego é um flagelo social na Europa e mesmo em Portugal, apesar da taxa ser reduzida, é inequivocamente também a expressão de um grave problema social. Por isso, há que continuar a batalhar por políticas de emprego a nível europeu. O Tratado de Amesterdão representou um passo na direcção certa e, aliás, este capítulo do Emprego entrará em vigor de forma antecipada. Além disso, estou certo de que a Cimeira extraordinária de Luxemburgo perspectivará algumas propostas importantes para debelar o desemprego e realizar políticas activas de emprego.

Mas esse enfoque sobre o emprego vai penalizar-nos na Agenda 2000.

O problema é o da introdução da dimensão desemprego na definição de prioridades para as políticas regionais. É naturalmente uma questão que deve ser tomada em consideração, mas não apenas numa perspectiva sincrónica (isto é, o corte estrutural através do indicador taxa de desemprego), mas sim numa perspectiva diacrónica.

O que quer dizer com isso?

Tem de haver uma noção de conjunto do problema emprego. E que, por isso mesmo, contemple o factor empregabilidade como um elemento determinante de valoração. Isto quer dizer, tomar em consideração a formação profissional do trabalhador para, numa economia competitiva, o adaptar à mudança de posto de trabalho na empresa e à mudança da própria empresa. É nesse sentido que temos vindo a pugnar por uma leitura do fenómeno desemprego mais ampla do que aquela que se extrai da simples leitura dos indicadores estáticos de desemprego.

Portugal já não se opõe ao facto de a taxa de desemprego vir a funcionar como um critério importante nessa distribuição de fundos...

Não nos opomos e até consideramos importante que o problema desemprego//emprego seja um factor de apreciação para as políticas regionais. O que não quer dizer que o factor "taxa de desemprego" deva ser o único elemento aferidor do problema. Porque, então, incorreríamos no paradoxo de regiões ricas, com taxas de desemprego mais elevadas, virem a ser melhor tratadas do que regiões pobres com taxas de desemprego mais baixas. Este facto resulta até, porventura, da ausência de reestruturação e modernização nessas regiões mais atrasadas e não de uma vantagem económica em termos de competitividade. A noção de emprego, nesta leitura ampla, deve ter uma percentagem apropriada de ponderação nos critérios da definição das prioridades do apoio regional. Não deve ser um critério único, nem exclusivo, nem sequer dominante.

Acredita mesmo que Portugal não ficará isolado na defesa dessa perspectiva dinâmica e qualitativa do emprego?

É um debate que está a ser feito e a perspectiva do documento que Portugal entregou para debate é uma entre várias. No entanto, em outros países há grande sensibilidade para a abordagem, porque só através dela se consegue resolver as situações de desemprego estrutural ou de desemprego na faixa etária mais jovem.

Que países são esses?

Por exemplo e para citar um país grande, o Reino Unido é muito sensível a este problema.

O mesmo já não acontece com certeza com a Espanha.

É óbvio que a Espanha valorizará a taxa de desemprego elevada. Mas também é óbvio que a Espanha terá de valorizar os aspectos qualitativos, porque qualquer país – mesmo aqueles que têm uma alta taxa de desemprego – compreende que só assim a Europa conseguirá uma política de emprego coerente e a produzir resultados úteis.

Está por provar que uma política europeia de emprego europeia seja mais eficaz que as políticas nacionais.

Não vemos o problema como uma dicotomia alternativa. Aliás, o Tratado de Amesterdão e a filosofia da União Europeia apontam para que a responsabilidade primacial seja nacional. A nível europeu, há que criar mecanismos de identificação e acompanhamento do problema. Em segundo lugar, há que estimular padrões mais exigentes por parte das políticas nacionais – porventura, até premiando os países que tiverem melhores resultados e punir os que tiverem *performances* piores.

A dimensão emprego deve passar a estar presente em todas as políticas da União, até para garantir que a UEM ganhe uma componente social, no sentido da coesão e da homogeneidade. Aliás, têm-se verificado que são precisamente as economias nacionais mais pequenas, em sociedades com maior grau de coesão, aquelas que se revelaram mais aptas no cumprimento dos critérios de convergência nominal.

Temos a garantia de que a proposta portuguesa para o emprego vai ser analisada nesta Cimeira extraordinária?

A Cimeira extraordinária sobre o Emprego foi preparada precisamente para procurar plataformas comuns que evitem exercícios de retórica e depois não sustentados devido à carência de meios financeiros.

Por falar em retórica, o documento português é um bocado vago. Portugal vai precisar as suas propostas ou limitou-se a lançar o conceito de empregabilidade?

Neste debate, Portugal teve o pequeno mérito de produzir um conceito e de fazê-lo circular para discussão. E teve também o mérito de perspectivar a questão do emprego de uma forma não tradicional. O que nos dá naturalmente algum peso, não só para discutir os conceitos como também para contribuir para a fixação detalhada de opções. É isso o que faremos neste Conselho Europeu extraordinário.

Que análise faz ao documento da Comissão Europeia para o emprego?

É um bom documento que contém pistas extremamente interessantes e algumas seguramente discutíveis. É um documento que revela o empenho da Comissão na resolução de uma problemática difícil para a Europa.

Quais são as componentes que considera discutíveis no documento da Comissão?

Não penso que desta Cimeira extraordinária possa vir a resultar a fixação de objectivos quantificados em relação à taxa de desemprego. Mas admito que, em relação a domínios sectoriais que envolvem o problema, designadamente em índices de formação profissional para categorias de desempregados, se possa apontar para objectivos indicativos.

Concorda com as propostas do Comissário Mario Monti sobre a redução de IVA para determinados sectores?

É uma discussão que está em aberto, a articulação entre a política fiscal e a criação de emprego, designadamente a fiscalidade das empresas e a redução dos custos não salariais da mão-de-obra.

Esse problema está em aberto, pelo menos, desde a Cimeira de Edimburgo. E o que é facto é que nunca houve nada que activamente funcionasse na política fiscal para beneficiar o emprego.

Há alguns países que têm agido nessa direcção. O próprio facto de em Portugal se ter baixado a fiscalidade sobre as empresas, naturalmente tem consequências nessa direcção. E também a circunstância de as 500 maiores empresas portuguesas apresentarem um saldo líquido em relação ao número de empregos que possuem, atesta que há, no caso português, um progresso, embora pequeno.

A questão do emprego não está condenada a servir apenas as conclusões das cimeiras, nunca saindo da retórica?

Há sempre o risco de uma carga retórica excessiva, que não corresponda a uma realidade prática. Mas, de qualquer modo, isto não significa que devamos considerar como absolutamente supérflua a orientação que a União Europeia tem vindo a tomar em relação à temática do emprego. Por mais mitigada que seja a concretização de medidas, o facto é que toda a União Europeia e os Governos nacionais se sentem hoje mais circunscritos perante a necessidade de dar resposta a este problema do que antes.

Por outro lado, e esse é um mérito da Cimeira extraordinária, pela primeira vez a discussão do tema emprego/desemprego deixou de ser perspectivada na óptica do miserabilismo e das definições artificiais e administrativas, para passar a ser abordada com alguma criatividade, estabelecendo-se uma competição sã entre modelos, propostas e hipóteses.

Está à espera que possa sair já uma solução de financiamento destas políticas nesta Cimeira? Os últimos Ecofin não foram muitos promissores, uma vez que a Alemanha impede a viabilização financeira de qualquer medida.

A introdução do *volet* emprego, quer no campo da Política Agrícola Comum, quer no campo das políticas estruturais, bem como a atribuição de um novo papel ao Banco Europeu de Investimentos, representa em si mesmo medidas concretas. Não podemos ignorar que, no caso português, os fluxos financeiros da União Europeia são responsáveis por um resultado evidente na redução da taxa de desemprego. É, aliás, por isso que nós dizemos que eles devem ser mantidos, até como um elemento fundamental para a conservação de uma baixa taxa de desemprego. E argumentamos que se nos retiram estes apoios pode gerar-se uma situação de desemprego em que só então, e depois, nos venham disponibilizar terapêuticas para uma situação degradada. Preventivamente as políticas estruturais são já em muitos casos, como no nosso, elas mesmas políticas activas de emprego.

Então, muito concretamente, que resultados Portugal aguarda desta Cimeira para que a considere um sucesso?

A introdução correcta da dimensão emprego nas várias políticas da União, designadamente na política agrícola e nas políticas estruturais. A definição do problema do emprego não exclusivamente tomando em conta as taxas de desemprego, mas sim uma perspectiva dinâmica sobre o problema que envolva toda a dimensão da formação profissional de base e da formação profissional ao longo da vida útil do empregado. É também uma mobilização de instrumentos, como o Banco Europeu de Investimentos, para a realização de programas onde claramente o factor emprego seja considerado. Ainda, a antecipação da entrada em vigor do Tratado de Amesterdão no referente à problemática do emprego.

A apologia do conceito de empregabilidade em detrimento da taxa de desemprego não poderá reverter-se contra Portugal, quando os milhares de postos de trabalho que existem terminarem com o fim das obras públicas?

Isso aconteceria se nós nos perspectivássemos numa lógica totalmente contrária à introdução da dimensão emprego, por exemplo, nas políticas estruturais, o que não fazemos. Queremos apenas uma ponderação adequada.

Agenda 2000.
«Nunca diremos que vamos bloquear o alargamento».

Sobre a Agenda 2000, o senhor Ministro disse que «a especificidade dos interesses de Portugal e a defesa da sustentabilidade das políticas será vincada com firmeza no momento certo». Quando será esse momento?

Já temos vindo a fazê-lo. Portugal não pode ser penalizado por ser um caso de sucesso em matéria de convergência nominal. Se observarmos as grandes linhas da Agenda 2000, verificamos que, mesmo em relação às políticas estruturais, cresce a despesa para os novos membros, estabiliza para o Fundo de Coesão e apenas decresce para os Quinze.

Mas a firmeza de Portugal pode chegar à ameaça de veto ao alargamento?

Nós somos favoráveis ao alargamento por razões políticas e porque, se é benéfico e vantajoso para nós, deve ser para os outros. Não seremos aqueles que mais terão a ganhar de forma imediata com o alargamento. Apesar do esforço que está a ser feito pelo nosso tecido empresarial para se colocar nos países da Europa Central, a verdade é que economias como a alemã têm uma capacidade exportadora directa para esses países maior. Há também o problema da deslocalização de investimentos para a Europa Central, o que nos coloca num contexto mais competitivo.

Por isso, o que temos dito é que o custo do alargamento deverá ser equitativamente repartido por países e por rubricas orçamentais. Não faz sentido que os países menos desenvolvidos da União Europeia sejam aqueles que saiam do exercício final como os mais penalizados, enquanto outros mais ricos vejam os seus fluxos aumentar no sentido positivo. Neste debate, Portugal não se posiciona na óptica de quem venha a pedir ainda mais, mas de quem quer uma solução justa e equilibrada, em que todos proporcionadamente partilhem o novo encargo.

Mas, quando o ministro alemão Theo Waigel lançou a ideia de afastar do Fundo de Coesão os países que aderissem ao Euro em 1999, Sousa Franco

chegou a admitir a hipótese de bloquear o processo de alargamento da União Europeia.

Tive a sorte de ouvir as declarações do Ministro das Finanças na rádio e verifiquei que eram muito mais moderadas... como aliás não era de esperar outra coisa do senhor Ministro das Finanças.

Considera que não será necessário radicalizar a posição negocial portuguesa, porque não se vai chegar a uma situação em que o Fundo de Coesão fique comprometido?

Há uma grande diferença entre o que é uma negociação real e o que é uma negociação ficcional...

Pode explicar o que é uma e outra...

A negociação ficcional é aquela que parte da colocação exterior à negociação de grandes alvos de diplomacia pública, em regra sustentados por uma retórica muito loquaz. A negociação real é aquela que se faz na prática, visando a obtenção de resultados.

Chama à proposta alemã então uma proposta ficcional...

A Alemanha, no Conselho de Assuntos Gerais, nunca chegou a fazer a defesa desse tipo de ideia, pelo menos com o grau de convencimento com que aparentemente certa imprensa rotulava a posição alemã. As conversas que tivemos com os alemães, com os holandeses e com os britânicos a esse propósito foram importantes e hoje o caminho parece consolidado para que o Fundo de Coesão não seja posto em causa para os países que ingressarem na moeda única.

Na Holanda, quando acompanhou a visita do Presidente, deu a entender precisamente que os alemães já teriam recuado nessa intenção. É uma mera esperança, ou o Chanceler Kohl deu alguma garantia a António Guterres no encontro do mês passado em Bona?

A conversa com o Chanceler Kohl foi muito importante, no sentido da sensibilização do Governo alemão para este ponto e também para a elucidação do caso português. Nós não podemos sair do exercício do alargamento como o seu financiador mais em evidência. Nós não queremos realizar pedidos radicais de ampliação de transferência de recursos, mas não queremos ser penalizados pela afectação de recursos de uma forma que não contemple as nossas necessidades. Tanto mais que somos um país que, por virtude da Política Agrícola Comum, tal como se encontra definida, não reconhece aí a sustentação de que outros beneficiam.

Então, no campo da diplomacia real, num sequer admite a hipótese de Portugal vetar o alargamento se as coisas não correrem bem?

Nós nunca dissemos que íamos bloquear o alargamento, nem o diremos. Não faz parte da nossa maneira de negociar começar qualquer negociação por frases grandiloquentes que depois não têm a menor corporização prática.

Portanto, está a criticar a posição espanhola.

Se nós nos colocássemos nessa perspectiva e depois não alcançássemos os resultados a que nos propúnhamos, com razão poderíamos ser julgados pela opinião pública.

É esse o risco que os espanhóis neste momento correm?
Não me compete comentar a forma como Espanha tem defendido os seus interesses na negociação. Penso que os está a fazer extremamente bem...
Agora é que não se percebe: diz que a fasquia não deve ser tão elevada logo no início das negociações, mas, por outro lado, elogia a Espanha por estar precisamente a fazer isso.
Tem de compreender. É mesmo por isso que há países diferentes, apesar de todos fazerem parte da União Europeia.
A sua resposta enquadra-se na diplomacia ficcional...
Não. A minha resposta procura exactamente colocar este problema na diplomacia real e não no quadro ficcional.
Então, mesmo no fim desta maratona negocial, está a dizer que Portugal jamais irá utilizar a arma do veto.
Uma negociação é sempre um percurso em que se analisam resultados, mas a perspectiva com que encaramos a negociação é a de que ela deverá, pelos seus resultados, não implicar o recurso a esse tipo de instrumentos. Aliás, uma das provas da maturidade política portuguesa nos últimos anos, e também da imprensa portuguesa, tem sido a de progressivamente ter vindo a deixar de incentivar a discussão de qualquer assunto em sede da UE na base da perspectiva do veto. Porque, se fosse essa a modalidade de condução dos *dossiers* portugueses na União Europeia, a credibilidade de Portugal seria menor do que zero.
Isso é um arrepiar do caminho que foi adoptado logo no início das funções deste Governo, em que houve uma postura de claro confronto com a Comissão Europeia.
Era necessário dar um sinal e ele foi dado. Era necessário resolver *dossiers* concretos, que estavam em grande indefinição ou atraso, e todos eles foram resolvidos. E era sobretudo necessário perspectivar o interesse português de uma forma prática no seio da organização europeia pela credibilidade das posições aí defendidas. Creio que há um grande progresso acumulado, sobretudo aquele que deriva da forma como Portugal perspectivou a negociação do Tratado de Amesterdão.
Confia que o presidente Jacques Santer é e será tão amigo de Portugal como o presidente Jacques Delors o foi?
O presidente Santer tem uma grande simpatia por Portugal e tem acolhido de forma bastante viva pontos de vista com que o procuramos sensibilizar para alguns *dossiers* específicos. E tem agido, em muitas circunstâncias, para desbloquear problemas quando eles surgem.
Tem sido mais um apoio moral...
Não tenho essa perspectiva.
O pacote Santer morreu na Cimeira em que foi apresentado...
Não tenho essa perspectiva. Agora, tenho consciência é de que a UE não é o que era há dez anos. O que torna muito mais exigente a nossa forma de actuar, porque o quadro de referências se tornou muito mais competitivo. Hoje, não temos a

enquadrar-nos uma perspectiva global de política cativa por parte da Comissão e, por outro lado, não nos podemos já sentar na boleia espanhola. O que significa que o nosso quadro de referência é mais exigente porque o enquadramento é mais competitivo.

Os esforços concentrados em torno do Fundo de Coesão não poderão implicar que, mesmo ganhando aqui, Portugal acabe por perder na globalidade dos fundos estruturais?

Não tenho esse receio, porque na nossa preocupação não está em exclusivo a conservação do Fundo de Coesão. Está na gestão dos nossos interesses na definição dos critérios que hão-de revelar a linha condutora para a agricultura e para os fundos estruturais. Esse é um debate essencial. Na Cimeira de Dezembro não se vão tomar decisões quantificadas sobre o detalhe das políticas estruturais...

Mas os grandes eixos já deverão ficar definidos...

Os grandes eixos, sim. O detalhe só será discutido em 1998, designadamente quando forem adoptados os regulamentos dos fundos. Essa discussão é muito importante e estamos preparados para ela. Não estamos só atentos ao Fundo de Coesão porque é efectivamente apenas uma parte pequena da transferência das contribuições comunitárias.

O que considera ser um resultado positivo para Portugal nestas negociações para definição do futuro pacote financeiro?

A boa negociação para Portugal tem vários componentes. Primeiro é continuar a crescer acima da média europeia, segundo é entrar na moeda única prosseguindo a política anti-inflacionista, em terceiro lugar é assegurar a sustentabilidade dos programas infra-estruturais por via do apoio da UE.

Os Novos Desafios
que se Colocam à Europa*

*Centro Cultural de Belém,
12 de Janeiro de 1998*

Senhores Membros do Governo,
Senhoras e Senhores Oradores,
Senhoras e Senhores Participantes neste Seminário,
Representantes dos Órgãos de Comunicação Social,

Foi com a maior satisfação que aceitei o amável convite para vos dirigir algumas palavras nesta reflexão conjunta – que, noto com agrado, envolve vários sectores do espectro político e da sociedade civil – sobre a "Agenda 2000" e o singularmente importante conjunto de temas que esta abrange.

Nesta adiantada fase do Seminário, terão sido já analisadas em pormenor as implicações do alargamento da União Europeia, as perspectivas financeiras enunciadas pela Comissão e, sobretudo, as profundas implicações destes dois vectores para as políticas e as instituições comunitárias.

O tema que me é sugerido – "Os Novos Desafios que se Colocam à Europa" – permite-me partilhar convosco algumas ideias sobre as tarefas que nos esperam, enquanto portugueses e europeus, neste final de século.

Começaria por referir que Portugal tem o dever de apoiar, clara e firmemente, o alargamento da União Europeia. Trata-se – e disso não tenho quaisquer dúvidas – do

---

* Intervenção no Seminário "Agenda 2000: que desafios para Portugal?".

maior desígnio político do nosso continente. O carácter imperativo desta constatação resulta de dois motivos:

– Primeiro, porque a adesão de Estados da Europa Central e Oriental à União corrigirá – a par do alargamento da NATO – as graves distorções da civilização europeia forçadas pelas décadas do pós-guerra; não seria compreensível ou tolerável que a Europa ocidental fechasse aos seus vizinhos as portas da liberdade e da prosperidade com que lhes acenou ao longo de mais de quarenta anos.

– Segundo, porque nós, portugueses, somos em simultâneo os actores e as testemunhas de um bem sucedido processo de integração europeia, cujas vantagens globais óbvias ninguém contestará. E assinalo que a nossa experiência é insistentemente procurada pelos países candidatos à adesão. Temos tido, neste campo, um papel importante, granjeador de um prestígio que poderemos capitalizar no futuro.

Contudo, o alargamento não poderá ser feito – passe a expressão – de qualquer maneira. Por um lado, a União Europeia não pode desbaratar o preciosíssimo património de políticas comuns que lhe confere solidez e faz dela um espaço de bem-estar, onde a iniciativa privada se conjuga com a solidariedade social e onde as assimetrias regionais são preocupação comum. Por outro, cabe aos Estados candidatos a decisiva responsabilidade de proceder a extensas reformas estruturais internas, preparando a adesão com seriedade e procurando criar as condições e formar os agrupamentos económicos capazes de suportar com êxito a integração no competitivo espaço económico comunitário.

É este o nosso ponto de partida na apreciação da Agenda 2000. Alargar é preciso. Preciso também é preservar as políticas de coesão económica e social da União. O desfecho do Conselho Europeu do Luxemburgo foi-nos favorável e deu-nos a possibilidade de negociar sem limitações prévias.

A este propósito, recordarei apenas que foi introduzida nas propostas da Comissão quanto ao alargamento a por nós preconizada forte correcção política, no sentido de evitar divisões artificiais entre grupos de países candidatos, potencialmente geradoras de perigosos sentimentos de exclusão entre os preteridos – a fórmula do Luxemburgo é seguramente mais palatável para todos do que a plataforma inicial da Agenda 2000.

Quanto às perspectivas financeiras e à revisão das políticas comuns, posso garantir que seremos firmes. Os custos do alargamento terão de ser divididos de forma proporcional e equitativa pelos Estados-membros e pelas várias políticas. Dito de outro modo, o alargamento não deverá ser feito através do sacrifício exclusivo das políticas estruturais a Quinze, e a reforma da política agrícola comum deverá ir ao encontro da realidade das produções ditas mediterrânicas (até aqui pouco ou nada visadas), onde a agricultura portuguesa se inclui, e do desenvolvimento sustentado das sociedades rurais.

Em síntese, o nosso objectivo para o período 2000-2006 será obter o mesmo nível alcançado no último quadro comunitário de apoio. Temos pela frente um calendário apertado, e aproveitaremos todas as vias para fazer valer as nossas pretensões. Será uma verdadeira ofensiva diplomática que a todos terá de mobilizar, nas capitais europeias e nas instituições comunitárias.

Minhas Senhoras e Meus Senhores,

Seria da minha parte redutor cingir esta intervenção à Agenda 2000. Com efeito, dá-se o caso de a ordem do dia da União Europeia para 1998 ser singularmente complexa. E, ao falar de desafios, não posso ignorar a passagem à 3.ª Fase da União Económica e Monetária – ou seja, a adesão de Portugal ao EURO –, a ratificação do Tratado de Amesterdão, as negociações do alargamento e das perspectivas financeiras, as insistências de vários quadrantes no tocante à reforma institucional da União, a densificação da Política Externa e de Segurança Comum...

Na sua visita a Lisboa, faz hoje uma semana, o meu homólogo francês diagnosticava com um rigor cartesiano que tão vasto leque de questões poderia conduzir ao bloqueio da União. Dizia Hubert Védrine que tal não seria imputável a um ou alguns Estados-membros, mas sim às diferenças objectivas resultantes de interesses nacionais legítimos não necessariamente semelhantes. Concordo. E acrescento que, para ultrapassar tais obstáculos, a União terá forçosamente de apostar no seu acervo e naquilo que de melhor possui:

– a possibilidade de, com o EURO, dispor de uma moeda sólida e internacionalmente credível, capaz de consolidar o espaço económico comunitário e de o tornar mais competitivo;

– a faculdade de afectar recursos financeiros impressionantes à prossecução do seu esforço de coesão económica e social, aproximando assim a convergência nominal – onde Portugal obteve um reconhecido sucesso – da convergência económica real tal como sentida pelos cidadãos – onde Portugal também avança a bom ritmo, como o demonstram os mais recentes indicadores;

– a existência de meios técnicos e de fundos capazes de apoiar, no planeamento e na execução, estratégias de pré-adesão para os Estados candidatos;

– um Tratado de Amesterdão que, apesar da sua natureza intercalar, incorpora novas disposições que reflectem a preocupação de colocar a União mais perto dos cidadãos e das suas preocupações quotidianas – no emprego, no combate ao crime, na defesa do ambiente, na livre circulação, no apoio às regiões ultraperiféricas...

Mas importa igualmente não perder de vista o lugar que a Europa ocupa no mundo e todas as realidades políticas, económicas e culturais que rodeiam o nosso continente. Sustentaria até que é preciso ir mais além. Temos de ter consciência de que a Europa é um pólo de estabilidade para todas as áreas circundantes – e de que o processo de alargamento, combinado com o EURO e uma Política Externa e de Segurança comum eficaz, aumentará exponencialmente as responsabilidades globais da União.

Mesmo deixando de parte o esforço de abertura política, económica, cultural e até psicológica que a extensão da União Europeia a leste nos impõe, seremos obrigados a reconhecer que outros factores – ou, se preferirmos, desafios – terão de ser cuidadosamente ponderados a prazo. Não me podendo alongar demasiado, evocaria tão-só alguns exemplos:

A articulação dos alargamentos da União Europeia e da NATO: tratando-se de dois processos abertos e dinâmicos, é fundamental que a composição final das duas Organizações seja coerente, reforçando a coesão da Europa e preservando os laços transatlânticos. Ocorre-me comentar, aliás, que as pressões exercidas sobre o próximo alargamento da União teriam sido porventura menores se a NATO, como defendemos, tivesse por seu turno sido mais flexível, admitindo no seu seio Estados como a Eslovénia e a Roménia. E, quando a União da Europa Ocidental (UEO) for integrada na União, como pretendemos, a ligação à NATO assumirá uma dimensão particularmente significativa. Esta temática tornará ainda inadiável o debate sobre a neutralidade após o fim da Guerra Fria.

O relacionamento com a Rússia: não podemos ignorar que a matriz política, cultural e até religiosa da Rússia descende de um tronco comum a todo o continente. Cabe às estruturas europeias e euro-atlânticas, e a cada Estado a título bilateral, incrementar laços com aquele país nos mais variados domínios; cabe-nos, acima de tudo, apoiar os órgãos de soberania democraticamente eleitos da Rússia na procura da normalização política e económica daquele país e da reinserção gradual na Europa a que pertence. Quanto ficou dito aplica-se, com as devidas adaptações, à Ucrânia e à Bielorússia.

A Turquia: aliada na NATO e que gostaríamos de ver participar construtivamente numa Conferência Europeia que acompanhará o alargamento da União. Há que realçar que o que se encontra em causa não é a vocação europeia da Turquia, inequivocamente reconhecida em Dezembro findo no Luxemburgo, mas sim a preparação cuidada, nos *dossiers* político e económico, de uma futura adesão à União.

A Bacia do Mediterrâneo: onde deveremos incentivar o relacionamento da União com os Estados da margem sul e promover as condições políticas e económicas que removam as circunstâncias que são terreno fértil onde os fundamentalismos podem proliferar. Também aqui é fundamental uma apreciação global e a coerência das iniciativas multilaterais; falo da União (e do seu objectivo de uma zona mediterrânica de comércio livre) e da NATO (e do reforço do diálogo e da cooperação na área da segurança inspirada, como temos promovido, na Parceria para a Paz).

A região balcânica: que como já foi dito, produz mais História do que é capaz de consumir. Tenho sustentado – e repeti-o antes do Natal em Zagreb, Belgrado e Sarajevo – que os Estados saídos da antiga Jugoslávia só terão a ganhar com a normalização das respectivas situações internas e das relações entre si que lhes abra progressivamente as portas das instituições europeias e euro-atlânticas. Nessa óptica, é inevitável concluir que a União e a NATO podem manobrar influentes mecanismos e incentivos – em suma, uma política de *sitcks and carrots* – a fim de ajudar a garantir a paz.

Os abalos dos mercados financeiros: a economia europeia diverge em muito da realidade económica do sudeste asiático ao assentar numa competitividade sã, num desenvolvimento social real, num crescimento sustentado e, em breve, no EURO. Mas deveremos permanecer atentos, e estar prontos a actuar, face às instabilidades financeiras cujos efeitos são mais sentidos com a crescente globalização dos mercados.

Minhas Senhoras e Meus Senhores,

Antes de terminar, uma interrogação. Teremos chegado, como muitos sustentam, ao fim da História diagnosticado por Francis Fukuyama? Julgo que não. É certo que os ideais da democracia pluralista e do respeito pelos direitos humanos constituem hoje o padrão pelo qual é aferida a totalidade dos Estados e dos respectivos regimes políticos. É igualmente correcto que o número de pessoas que vive em democracia aumenta e que não existem, no plano conceptual, alternativas credíveis e universalmente aplicáveis.

A questão, penso, coloca-se hoje num outro nível – o do relacionamento entre os sujeitos da comunidade internacional. Como convivem os Estados soberanos? Qual o significado concreto, prático, do conceito de soberania? Que papel para as organizações de âmbito universal e regional? Qual a margem de intervenção directa do indivíduo? Unipolarismo (a *"pax americana"*) ou multipolarismo? No fundo, como estruturar aquela comunidade internacional, consolidando a ordem e evitando o caos?

O motor da História no próximo milénio será esse – repito, o relacionamento entre os protagonistas da grande *polis* mundial. Neste domínio é permitido o debate de ideias e a exploração de conceitos cronologicamente recentes – o exercício conjunto de poderes soberanos, a integração económica de base regional (tal como levada aos mais exigentes limites pela União Europeia), o direito ou dever de ingerência humanitária...

Portugal é um membro credível e activo na União Europeia. Como cada um dos nossos parceiros comunitários, temos mais-valias específicas e carências próprias. E ocuparemos no primeiro semestre do ano 2000, por um acaso alfabético rico em simbolismo, as Presidências da União Europeia e da UEO. Muito acontecerá até lá, mas se – em Portugal e na União – se mantiverem presentes as grandes coordenadas que guiam a integração europeia e se preservar a lucidez na leitura da realidade internacional, muito teremos a ganhar.

Estaremos preparados para outro desafio. Também aqui, a História – a de Portugal na Europa – está longe de terminar.

Aspectos Jurídicos e Económicos da Introdução do Euro

*Instituto Europeu da Faculdade de Direito de Lisboa,
23 de Março de 1998*

Começo por saudar o Instituto Europeu da Faculdade de Direito da Universidade de Lisboa, bem como a cátedra Jean Monnet desta Faculdade, a Ordem dos Advogados e a Associação Interuniversitária de Estudos Europeus pela iniciativa de realizarem um curso sobre "Os Aspectos Jurídicos e Económicos da Introdução do Euro".

É motivo de natural satisfação assistir, hoje em dia, ao aparecimento de iniciativas sobre temas europeus, reveladoras de um elevado grau de sensibilização e de uma capacidade de resposta da sociedade aos desafios e às interessantes perspectivas da fase actual da construção – e da sedimentação – da Unidade Europeia.

A Faculdade de Direito de Lisboa, ao valorizar por esta forma a temática de incidência europeia, está a contribuir para a própria valorização da sua oferta de ensino no quadro das universidades, e a contribuir para um melhor apetrechamento académico e profissional em área da maior sensibilidade para os interesses do país, já que no contexto europeu se jogam aspectos determinantes do nosso futuro.

Este curso é louvável, também, pela sua extrema oportunidade. Portugal apresentou recentemente, em Bruxelas, os dados referentes ao estado da convergência nominal, que representam o preenchimento integral dos critérios de convergência. O nosso país encontra-se numa posição confortável em relação a cada um dos parâmetros definidos em Maastricht: dos onze que querem e podem entrar no Euro, ocupamos a 6.ª posição, entre cinco melhores e cinco piores. Não vamos – isso não – na última carruagem do último comboio para a estação Euro...

Com o cumprimento exemplar das condições financeiras que nos permitem a adesão à moeda única, Portugal concretiza aquilo que é não só um objectivo central do Governo como também um desígnio partilhado por uma larga maioria dos portugueses. É o desfecho pretendido por todos quantos procuraram tornar possível a adesão de Portugal às Comunidades Europeias e dar os primeiros passos para o cumprimento das apertadas exigências contidas no Tratado da União Europeia.

A participação no grupo de países fundadores do Euro prestigia Portugal e é a compensação de um longo esforço de saneamento e reequilíbrio macroeconómico e financeiro. Mas o essencial é que representa, para Portugal, a garantia de poder continuar a participar, activamente, na construção da União Europeia e na prossecução da integração que o Euro irá, inevitavelmente, acelerar.

Portugal confirma, assim, a sua capacidade para ocupar um lugar em todas as experiências de integração aprofundada até aqui lançadas, desde a circulação de pessoas, no quadro Schengen, até ao domínio da segurança, enquanto membro da União da Europa Ocidental.

Trata-se de uma realidade a ter presente, sobretudo no momento em que o Tratado de Amesterdão abre as portas a uma maior flexibilidade – para não dizer "geometrias variáveis" – com a introdução do mecanismo das cooperações reforçadas.

Ficar de fora do chamado "pelotão da frente" – mesmo que apenas temporariamente, como alguns chegaram a defender – seria expor o país a riscos cuja dimensão nem é difícil de avaliar: marginalização da dinâmica europeia num momento crucial da sua evolução, instabilidade dos mercados, designadamente do mercado cambial, e enfraquecimento dos mecanismos comunitários de cooperação e de coesão económica e social.

Pensamos mesmo que se trata de uma questão ultrapassada. O momento é de satisfação pelos resultados obtidos e a nossa participação no Euro está garantida e será formalizada pelo Conselho, reunido a nível de Chefes de Estado e Governo, em Maio próximo. Por acréscimo, os resultados divulgados são de molde a assegurar uma razoável margem de segurança e representam uma garantia do carácter sustentável dos equilíbrios alcançados. Tal assume um significado particular se ponderarmos a necessidade de manter a convergência nominal – sob pena de se violar o "pacto de estabilidade" e, talvez até, de dificultar o acesso ao fundo de coesão.

Portugal pode assim encarar com confiança o futuro da sua participação no projecto europeu. O comportamento dos mercados financeiros constitui, aliás, um indicador dessa serenidade, perspectivando-se um horizonte de estabilidade, de são crescimento económico, de inflação reduzida, de criação de emprego e de melhoria das condições de vida dos portugueses.

É porém importante sublinhar que a adesão ao Euro é, seguramente, um ponto de chegada. Mas é, também, inegavelmente, um ponto de partida.

De agora em diante, adquirida que está a participação portuguesa no Euro, chegou o momento de pensar – e de começar a trabalhar com redobradas energias – no pós-Euro: nas reformas necessárias para que a convergência real venha completar a já conseguida convergência nominal, aproximando os portugueses dos padrões de vida dos países mais desenvolvidos da Europa.

Todos estamos conscientes da distância que ainda nos separa e do caminho que há a percorrer, não apenas no domínio económico mas também nos domínios social e educacional. Em particular, será necessária uma acção decidida e sustentada no mundo do trabalho, reforçando a empregabilidade da mão-de-obra portuguesa num contexto laboral onde predominará, cada vez mais, a produtividade e a flexibilidade e onde, por isso mesmo, se tornará cada vez mais necessário atender aos vectores educação, formação e qualificação.

Portugal conseguiu resultados assinaláveis na convergência nominal sem excepcionais sacrifícios para o país. Contrariando o pessimismo de alguns, Portugal atingiu o objectivo do saneamento financeiro da sua economia sem sacrificar o crescimento e o emprego. Registamos mesmo nesta matéria resultados que nos situam entre os melhores.

Mas não devemos adormecer à sombra desses índices agradáveis. Não esqueçamos que a moeda única traz consigo desafios novos e reduz o alcance dos instrumentos tradicionais da política macroeconómica, quando não os elimina, como é o caso da política cambial.

A moeda única reforça a posição das empresas no desenvolvimento económico e na criação e sustentação do emprego. Reforça a necessidade de elevar os graus de exigência técnica e de vencer – não apenas sobreviver – em mercados cada vez mais competitivos e globalizados. A prazo, uma lógica de apoio deve ceder o lugar a uma lógica de competição sustentada em meios próprios.

No curso que ora se inicia vão ser abordadas questões da maior relevância para o aprofundamento da nossa compreensão e assimilação dos desafios de que falei. A estrutura do curso, os temas em análise, os especialistas que nele vão intervir, são garantia suficiente da sua importância e do seu sucesso. Estou certo de que contribuirá para uma larga divulgação destes temas e para uma sensibilização crescente das pessoas para os assuntos europeus – o mesmo é dizer – dos assuntos de Portugal e dos portugueses, numa sociedade internacional cada vez mais exigente e estimulante. Desejo-vos a todos bom trabalho neste curso e, também, boa sorte na vida universitária.

Portugal, a União Económica e Monetária e a Introdução do Euro

Câmara de Comércio e Indústria Luso-Francesa,
5 de Maio de 1998

Foi com particular agrado que aceitei este amável convite para vos dirigir algumas palavras sobre um tema de grande actualidade e da maior importância: "Portugal, a União Económica e Monetária, e o Euro". Este tipo de iniciativas possui um inegável valor próprio e contribui para assegurar uma ampla divulgação daquilo que é, de modo unânime, encarado como um marco na história da integração europeia. Permitam-me pois que partilhe convosco algumas reflexões sobre as decisões formalizadas pela União Europeia, em Bruxelas, no passado fim-de-semana.

A qualificação de Portugal para a terceira fase da União Económica e Monetária (UEM), pelo seu alcance e significado, é razão de satisfação e mesmo de orgulho para todos. Trata-se da concretização de um objectivo comum a uma larga maioria dos portugueses e do desfecho pretendido por todos quantos procuraram tornar possível a adesão de Portugal às Comunidades Europeias e dar os primeiros passos para o cumprimento das apertadas exigências contidas no Tratado de Maastricht.

Em primeiro lugar, porque o sucesso no cumprimento dos critérios de convergência nominal, propósito que poderia parecer irrealista há alguns anos, não pode nem deve ser subestimado. Portugal alcançou uma posição confortável face a cada um daqueles parâmetros, ocupando o 6.º lugar entre os onze países que lançaram o Euro.

Em segundo lugar, porque provámos com êxito, uma vez mais, a nossa capacidade de adaptação a sucessivos e exigentes desafios de liberalização e integração.

O processo foi iniciado há já cerca de quarenta anos, com a nossa participação na EFTA, e transformado qualitativamente desde então. Entre a filosofia livre--cambista da Convenção de Estocolmo e os princípios em que o Tratado da União Europeia assenta, encontramos a evolução de uma visão para a Europa e um grau dificilmente comparável de exigência nos objectivos e políticas que a fundamentam.

Apraz-me registar que Portugal esteve e continua a estar presente, com o seu contributo activo, neste processo gradual de aproximação de povos, Estados e economias. A UEM e a introdução do Euro são dessa aproximação a mais recente e uma das mais significativas expressões. E não devemos esquecer que, para Portugal, a inclusão no seio dos Estados fundadores do Euro constitui a garantia de poder continuar a participar no núcleo duro da construção da União Europeia, um processo que a moeda única irá, inevitavelmente, acelerar.

Portugal confirmou, assim, a sua apetência para ocupar um lugar em todas as experiências europeias de integração aprofundada até aqui lançadas, desde a circulação de pessoas, no quadro Schengen, até ao domínio da segurança, enquanto membro da União da Europa Ocidental.

Dito isto, convirá contudo ter presente que não podemos dar por cumpridas as tarefas que se colocam ao Governo e à sociedade portuguesa no seu conjunto. O Euro é um ponto de chegada, mas é também um ponto de partida.

De tais desafios o primeiro será o de manter no futuro a convergência nominal, harmonizando-a com os objectivos do Pacto de Estabilidade e Crescimento e não dando espaço de manobra a quem queira contestar, por essa via, o acesso ao Fundo de Coesão.

Em simultâneo, terão de ser prosseguidas e intensificadas reformas a vários níveis com vista à realização da convergência real, objectivo nacional e prioritário no contexto da nossa política económica, social e europeia. Alcançar este fim não é fácil.

Com efeito, teremos de conciliar objectivos de política económica que a realidade demonstra serem de conjugação complexa. A título de exemplo, diria que há que manter os equilíbrios orçamentais de forma sustentada, procurando em paralelo estimular o crescimento; e que, por outro lado, devemos apostar na competitividade global da nossa economia sem descurar o crescimento do nível de emprego.

Só o rigor, a determinação política e a "inteligência colectiva" da sociedade portuguesa permitirão viabilizar tais políticas e concretizar os seus objectivos.

Neste contexto, falar da União Económica e Monetária e do seu aspecto mais visível – a introdução do Euro – é celebrar, com serenidade, a mais recente expressão do bom desempenho de Portugal. Mas é sobretudo, e é isso que nos deve importar a partir de agora, falar de novas oportunidades, bem conhecidas na sua maioria. Limitar-me-ei portanto a referir algumas.

Para cada cidadão, os efeitos mais visíveis serão os resultantes da maior transparência nos preços, aliada aos benefícios associados a uma maior concorrência. A eliminação dos câmbios intracomunitários permite também reduzir custos e facilitar a circulação de pessoas e bens no espaço da UEM.

Porventura menos imediatas, ainda que mais importantes, serão as vantagens de viver num espaço económico onde a prossecução dos equilíbrios macroeconómicos fundamentais tenderá a privilegiar, saudavelmente, aspectos de reforma e saneamento estrutural, eliminados que ficam os expedientes relativamente acessíveis de ajustamento conjuntural, como o podem ser as manipulações cambiais competitivas ou as variações introduzidos nas taxas de juro para incentivar ou limitar o consumo e o investimento.

Para as empresas e, no caso português, sobretudo para as de média dimensão – que entre nós representam mais de 80% do total se considerarmos as que empregam menos de nove trabalhadores, e cerca de 97% se o nosso critério for o de até cinquenta empregados, geradoras por outro lado de mais de 80% tanto do emprego como da facturação –, a UEM traz novas possibilidades que caberá ao engenho dos empresários saber aproveitar: a estabilidade cambial, a eliminação dos câmbios nas operações no espaço da UEM e consequente redução de custos, o melhor acesso ao financiamento, as mais baixas e estáveis taxas de juro, os benefícios ao nível da contabilidade e gestão – eis alguns dos novos caminhos a explorar.

Contudo, não poderemos esquecer que a introdução do Euro, na linha do sucedido nos últimos anos com o Mercado Interno, surge acompanhada por novas realidades que terão desde já de ser encaradas e que são uma constante de qualquer experiência de abertura e liberalização.

O livre jogo das forças de mercado, ainda que devidamente enquadrado por legislação preventiva e correctora como é o caso na União Europeia, não deixa de ser um teste rigoroso aos nossos factores de competitividade. Cabe a todos – Estado, agentes económicos e cidadãos em geral – estimular e promover o potencial da nossa economia, condição essencial para a convergência real entre a nossa economia e a dos nossos principais parceiros europeus.

Tais factores são múltiplos, interligados, e mencionarei apenas os que mais directamente afectam a produtividade, e por essa via a nossa capacidade concorrencial.

Temos consciência que a produtividade média em Portugal pode e deve ser melhorada e vir a atingir os valores médios europeus (sendo que os índices portugueses são inferiores em cerca de 40%). A convergência real nos salários, política e socialmente desejável, só poderá ser conseguido se acompanhada por idêntica tendência ao nível da produtividade.

Ignorar esta realidade seria ignorar os pressupostos em que assenta a própria criação de emprego. Apostar, portanto, na valorização dos recursos humanos é tarefa fundamental para a sociedade portuguesa. Nessa valorização, o papel da educação, da formação e da qualificação é fundamental. Por isso nos empenhámos no reconhecimento – solenizado em Conselho Europeu extraordinário, em Novembro do ano passado – do conceito de "empregabilidade" como forma de assegurar uma adequação dos recursos humanos nacionais às novas realidades económicas.

Outro factor de competitividade será, em determinados sectores e circunstâncias, o redimensionamento das nossas empresas tendo em vista o aproveitamento das economias de escala que o Mercado Interno proporciona. Tal passa pela expansão das empresas ou, se a situação o aconselhar, por uma política estratégica de fusões e aquisições, internas ou no quadro da União, agora facilitadas pela introdução do Euro. Esta tem sido, aliás, a tendência na União Europeia.

Também neste aspecto será proveitoso que os empresários portugueses tomem as medidas que melhor lhes permitam beneficiar do aprofundamento que o Euro introduz no Mercado Interno.

Além destes aspectos intra-europeus, gostaria de salientar um outro que a criação da Zona Euro vem tornar ainda mais actual. Refiro-me à necessidade de se avançar com a internacionalização da nossa economia, num contexto de globalização, quer quanto à presença em novos mercados, quer na dinamização dos fluxos de investimento.

Como se sabe, é comum a todos os parceiros da União Europeia a intensificação de trocas intracomunitárias, reforçada desde a assinatura do Acto Único Europeu. Esse movimento tem sido feito em graus distintos pelos vários Estados-membros, constatando-se que Portugal foi o que mais se integrou a esse nível. As nossas trocas de e para a União Europeia representam hoje 77% do nosso total do comércio externo, 16% mais do que a média dos nossos parceiros na União.

Tal não tem sido porém o caso em matéria de atracção de investimento proveniente de Estados não-membros – nos últimos cinco anos, Portugal representou apenas cerca de 1% do total do investimento estrangeiro em países da UE.

Esta dupla tendência não é a que melhor serve os nossos interesses, pois contém alguns riscos, e poderá vir a ser acentuada com o alargamento a Leste da União. Seria assim conveniente a sua inflexão, e a resposta terá de ser encontrada, em larga medida, na intensificação dos esforços para promover em outras áreas do mundo a internacionalização e a globalização da nossa economia. A introdução do Euro ajuda a reforçar as condições propícias à prossecução desse objectivo, que compete ao Estado estimular e aos empresários levar a cabo.

Como aspecto conexo, tem sido referido que uma moeda forte, como se deseja que o Euro venha a ser, não seria o instrumento mais adequado a uma política de penetração em novos mercados. Mas a experiência demonstra que em países de moeda forte – e podemos aqui recordar o caso do Reino Unido e mesmo o do Japão – esse foi precisamente o veículo do fortalecimento das actividades exportadoras, por ter tornado indispensável e inadiável o recurso a reestruturações e ganhos de produtividade.

É verdade que os fundamentos em que assenta a UEM não facilitam a manipulação pela via da desvalorização competitiva. Nem seria aliás correcto que assim não fosse.

O quadro de estabilidade, rigor e independência atribuído ao Banco Central Europeu (para além dos incidentes que rodearam a nomeação do seu Presidente...) e na gestão das políticas monetária e cambial ajuda porém a estabelecer os contextos – interno, ao nível da União e internacional – que permitem fazer uso dos mecanismos e incentivos à internacionalização da nossa economia, já existentes, e que é do interesse do país e dos nossos agentes económicos executar.

A introdução do Euro abre, por outro lado, perspectivas novas e aliciantes tanto no plano dos investimentos directos (de e em Portugal) como no da dinamização do nosso mercado de capitais. Nestes domínios a emergência de uma importante nova zona monetária e cambial, capaz de concorrer com o Iene e mesmo com o Dólar, lança desafios tanto aos nossos empresários como às nossas Bolsas de Valores.

A atracção de capitais, num quadro de moeda única, tenderá progressivamente a privilegiar mercados transparentes e inovadores, capazes de criar na comunidade financeira internacional uma imagem positiva de "especificidade" e "diferença", apoiadas por um apropriado esquema de disseminação de informações financeiras e de oportunidades de negócio.

As opções de investimento directo em Portugal, fundamentais para o crescimento da nossa economia, tenderão assim a pautar-se, na ausência de motivações cambiais específicas, por critérios associados a outras vantagens comparativas em que os recursos humanos e a empregabilidade, institucionalmente enquadrada por legislação moderna e flexível, serão determinantes.

Minhas Senhoras e Meus Senhores,

Ressaltaria, a terminar, algo que já mencionei: atingida a convergência nominal, a introdução do Euro será para Portugal um ponto de partida na busca e na concretização de novas oportunidades que nos permitam consumar, logo que possível, a convergência real.

E temos razões comprovadamente sólidas para acreditar na justeza das opções feitas e nas encorajadoras perspectivas da economia portuguesa. Enunciarei algumas:

– a inflação em 1997, aferida pelo "Índice Harmonizado de Preços no Consumidor", foi de 1.9% – desde 1961 (há portanto trinta e seis anos) que não se verificava uma taxa tão baixa; como contrapartida positiva, haverá que notar um aumento do rendimento disponível dos particulares de 3%, o que é superior aos valores médios comunitários e se deverá manter em 1998;

– segundo dados da OCDE, com a adesão às Comunidades Europeias, entre 1985 e 1996 o Produto Interno Bruto *per capita* aumentou cerca de catorze pontos percentuais, situando-se agora em cerca de 70% da média da UE;

– em 1997, registámos a maior taxa de crescimento económico desta década (4% a nível nacional, contra 2.6% da União), prevendo o Banco de Portugal que tais indicadores aumentem ligeiramente no ano em curso;

– também no ano passado, o desemprego situou-se nos 6.7% (o valor mais baixo desde 1993) e poderá diminuir em 1998 mais meio ponto percentual;

– quanto às taxas de juro, bastará constatar que, no tocante às taxas de longo prazo, o diferencial entre Portugal e a Alemanha reduziu-se de 475 pontos básicos em

Outubro de 1995 para apenas doze pontos em Abril de 1998; no curto prazo, o diferencial entre os dois países estreitou-se no mesmo intervalo de tempo de 540 para vinte e cinco pontos básicos;

– o programa de privatizações do Governo representou montantes de 464 milhões de contos em 1996, 850 milhões de contos em 1997 e, segundo prevemos, de 450 milhões de contos no ano em curso e no próximo – é um dos maiores programas de privatizações a nível mundial.

No plano das relações internacionais, a nova moeda europeia, pelo seu alcance e pelas suas implicações, não deixará de ter repercussões não só no tocante ao Sistema Monetário Internacional no seu conjunto, como ainda quanto aos equilíbrios e à correlação de forças que definiram, há cinquenta anos, a arquitectura e processo de tomada de decisões das instituições de Bretton Woods. E a nova divisa europeia será um importante dado novo com que o G-7 terá que passar a contar nas suas orientações em matérias monetárias e financeiras.

Não quereria deixar de reiterar que o Governo, nesta etapa da construção europeia, quer contribuir para que a Europa possa reequacionar com distanciamento e visão de futuro o seu peso político, económico e financeiro à escala mundial, potenciando o papel que doravante lhe cabe como pólo duradouro e transparente de estabilidade monetária.

Questões de Segurança e Defesa:
  1. A Aliança Atlântica
 2. A União da Europa Ocidental
 3. A Organização de Segurança
    e Cooperação na Europa

1. A Aliança Atlântica

Portugal e a Nova NATO

*Versão original incluída in **Nato Review** N.º 4, Julho de 1996*

Portugal and the transformed NATO

As a founding member of NATO, Portugal has always been committed to the Alliance. The last two decades have been particularly important, as Portugal has found able to find its proper place within the transatlantic community.

This posture is reflected in Portugal's active voice in the political debate in NATO, reinforced by our membership of the Council of Europe, the European Union and the Western European Union (WEU). Portugal has thus been involved in the major Alliance debates that preceded and followed the end of the Cold War.

Today, NATO is faced with a different – some would say unpredictable – security environment. The Alliance, starting with the London Summit of 1990 and the adoption in 1991 of its new Strategic Concept, began a process of adaptation that culminated with the ambitious blueprint for reform and enlargement contained in the Brussels Summit Declaration of 1994.

The changes in the Alliance are there for all to see. Building upon its collective defence structure – which is still vital for all its members – NATO has developed Partnership for Peace (PfP) and the ability to carry out new missions while supporting the progressive definition of a European Security and Defense Identity (ESDI) and strengthening the transatlantic link. The future enlargement of the Alliance is also well on course.

The new NATO will become an enhanced factor of stability for the whole of Europe and its neighbouring regions in the Mediterranean through its role as a forum for political exchanges and its readiness to contribute to crisis management and peace-keeping under the mandate of the United Nations or the OSCE.

It is true that the Alliance still looks to the East. But whereas our attention was previously focused on the Soviet Union and the Warsaw Pact, we now have a new perspective, brought about by the will to establish a sound, cooperative relationship with Russia and to welcome into NATO additional members from Central and Eastern Europe who wish and are able to join, while fostering PfP and wide-ranging political consultations under the aegis of the North Atlantic Cooperation Council.

Nevertheless, this momentous evolution should not cause NATO to stray from its main foundation – its transatlantic dimension. The continued interest of the United States and Canada in Europe is ensured by the Alliance. Portugal, together with its European Allies, attaches the utmost importance to the preservation of the engagement. North American Allies are still decisive for our collective security, not because of an immediate external threat, but because their participation remains essential for the security and stability of Europe. If the tragic conflict in the former Yugoslavia has demonstrated anything, it is that only through the joint efforts of all NATO nations can we expect to address major European crisis.

The United States' involvement in the security of Europe, seen in its broadest sense, is also the cornerstone of a community that shares the same human and political values and has the means to project its positive influence on a larger, more global scale. Indeed, the transatlantic link gives NATO a unique opportunity to operate in Europe and its adjacent areas and to explore the – as of yet virtually untapped – potential for closer relations with Africa and South America in the field of security and defence.

Europe's role

This is not to say that the European Allies should not be called upon to take on a greater amount of responsibility for their defence. The long road that leads to European political integration has taken us very far since the end of the Second World War. It is understandable that Europeans should wish to be able to develop their own Security and Defense Identity – as acknowledged by NATO at the 1994 Summit. The European Union is currently discussing in the ongoing Intergovernmental Conference ways to increase its external visibility and the efficiency of its Common Foreign and Security Policy (CFSP).

WEU has simultaneously worked hard to develop its own operational capabilities. Agreement reached at the recent NATO Ministerial meeting in Berlin on the Combined Joint Task Force (CJTF) concept will allow for greater flexibility in the use of NATO assets and capabilities in operations that may include PfP countries and which may not represent a national priority for some of its members – namely the United States.

Other major events are also occurring. France has undertaken an historic *rapprochement* to NATO's military structure. This policy, which Portugal warmly welcomes, has added to the scope of NATO's reform and will help to consolidate the European pillar inside the Alliance. Furthermore, several European countries have launched multinational initiatives in the field of armaments cooperation, security and defence. The EUROCORPS, EUROFOR and EUROMARFOR are but a few examples.

Yet the pieces of the jigsaw puzzle are falling into place. It is now up to the Alliance, WEU and the European Union to demonstrate together that the ESDI will benefit, not damage, the security architecture of Europe. We are deeply convinced that the overall final result of this admittedly complex – and mutually reinforcing – process should be a harmonized set of solid institutions with a common purpose and common sense, avoiding unnecessary duplication and equipped with a high degree of flexibility to face up to multiple challenges.

Portugal, for its part, will certainly try its best to achieve those ends. It was in this spirit that it steered its Presidency of WEU's Transatlantic Forum – including the Lisbon Seminar held in May, and the Washington Conference with the participation of members and staff of the US Congress and which is designed to increase the awareness of North American audiences of Europe's contribution to the Allied defence effort. It is with such goals in mind that it participates in the current debates in NATO and in the European Union.

Portugal's contribution

The security policy of Portugal has also undergone a significant review, so as to allow us to keep up with these times of constant change. Our priorities lie, first and foremost, with NATO.

Our national contribution to the Allied defence effort has grown significantly over the last decades. In view of its geographic location and as a European nation with a traditional Atlantic vocation, Portugal finds itself in a unique position, allowing NATO to take full advantage of these strategic coordinates. A considerable part of Portugal's navy and air force have performed NATO missions in the North Atlantic, protecting namely the maritime and air routes for the reinforcement of Europe; its army and air force have also been assigned to the defence of Europe under SACEUR; and the Lajes Air Base in the Azores Islands continues to be a good example of Allied cooperation.

Our participation in the Implementation Force (IFOR) in Bosnia deserves a separate mention. The deployment of the Portuguese Airborne Infantry Battalion involves around one thousand personnel. In proportional terms, this places Portugal among the top contributors to IFOR. From a purely national point of view, the IFOR has been a new type of mission for our armed forces, which the Portuguese government wants to turn into a professional body.

The IFOR operation has marked a new era in the life of the Alliance, proving its ability to cope with non-Article 5 situations – that is, beyond the defence of the territory of the Allies –, and it has demonstrated the wisdom behind PfP. International intervention, authorized by the United Nations Security Council and led by NATO, answered the call for immediate action to put an end to a tragic conflict. It is a question of survival for the afflicted populations, of upholding basic human rights and principles of international law; it is a just cause. Portugal, acting as a NATO member and on the basis of a broad internal consensus, is trying its best to do its share.

Within WEU, Portugal steered its Presidency in the first semester of 1995 toward the development of the Organization's operational capabilities, so as to allow it to perform the full range of the "Petersberg missions" of conflict prevention and peace-keeping. Portugal participated in the WEU's involvement in the former Yugoslavia – the WEU Police Element in Mostar, the sanctions enforcement mission on the Danube and with air and naval assets in the joint WEU-NATO Operation *Sharp Guard*.

Portugal also joined the "Euroforces" (EUROFOR and EUROMARFOR) as of their establishment along with France, Italy and Spain, in Lisbon, on 15 May 1995, and signed the formal Protocol of Adhesion on 7 May 1996 in Birmingham. These multinational forces, which aim to contribute to the development of the ESDI, were declared Forces Answerable to WEU and might also be assigned to NATO.

In addition, Portugal has taken up a more active role in United Nations peace-keeping operations, namely in Angola and Mozambique, and more recently, with the appointment of a Portuguese commanding officer for MINURSO in Western Sara. Our aim is to demonstrate our solidarity with the UN, particularly in the areas of the world with which Portugal maintains special relationships and has, therefore, the ability to bring an added value to the international peace efforts. It is a policy to be further pursued in the future.

Bold and pragmatic reform

All the Allies are well aware that there are many challenges to be met, as the new NATO takes shape. That is one of the main reasons behind the major parts of NATO's own "Intergovernmental Conference" – the Long Term Study. The sixteen Allies embarked upon this exercise to adapt NATO's structures to the present and foreseeable security environment, to which we must add the future enlargement of the Alliance. Portugal shares the belief that change is a fact of life and that, accordingly, NATO must evolve and grow.

And yet, this overall review of the Allied military structure must not overlook certain indisputable realities which will have to be taken into account by the Long Term Study. Firstly, NATO's reform takes place at a time when most governments are dealing with ever scarcer budgetary resources and public opinion is increasingly concerned about social and economic problems. Secondly, there is a widespread feeling that the general principles, political and military, that have guided the Alliance up to now have produced good results.

In other words, if adaptation and reform are to succeed, NATO must be bold and at the same time pragmatic. This entails the preservation of the Alliance's most valuable assets, putting them to better use. We have the tools to do so at our disposal.

IBERLANT – The Iberian Atlantic Command – is a fine case in point. The Major Subordinate Command (MSC) of Allied Command Atlantic (ACLANT) has a unique position in an Alliance which is no longer exclusively centred in Europe and concentrating on the threats once posed by former adversaries. IBERLANT is, after all, the Alliance's southernmost command in the Atlantic. It is responsible for the critical area which links Europe and North America to other continents of particular interest for us all. The triangle formed by mainland Portugal and the Azores and Madeira Islands gives IBERLANT an increased strategic depth.

Inaugurated in 1971, the Oeiras, Lisbon Command (upgraded to MSC in 1982) was extremely important during the Cold War. It covered the southern part of the Atlantic – a vital sea lane for the resupply of Europe – and the approaches to the Mediterranean. Both of these factors remain relevant today.

Portugal is persuaded that IBERLANT can and should be open to politico--military cooperation with other organizations and nations – in the Mediterranean, Africa and South America. The adoption of the CJTF concept will in fact have an impact upon IBERLANT, creating the possibility to cooperate with WEU. This MSC has an aptitude to become either a headquarters or a supporting module for CJTFs.

We should bear in mind, too, that there is plenty of room for the future development of NATO's Mediterranean initiative, currently in its early stages, into a more fruitful partnership encompassing joint exercises and training. And the time may come when PfP or a PfP inspired model will be extended to this region. Given its proximity, IBERLANT finds itself in an excellent position to play a part in this cooperation, which could prove to be an element in the stabilization of the Mediterranean's southern rim.

Portugal is willing to contribute to the modernization and technical and logistical upgrading of IBERLANT, equipping it with the latest C4I (Command, Control, Communications, Computers and Information) means. Perhaps more importantly, we are determined to add an effective joint operations capability to the Oeiras command, namely in what relates to the command and control of land and air forces – in addition to naval ones.

These reflections bring me to another conclusion – that IBERLANT stands ready to become the interface between ACLANT and ACE (Allied Command Europe) within an overlapping concept of shared responsibilities. As a bridge between the two Major NATO Commands, the relevance of IBERLANT will inevitably have to be confirmed throughout the debate on the adaptation of NATO's military command structure.

A staunch ally

Portugal is hosting, in the course of the next two years, three events in which the future shape of the Alliance will be part of the agenda – the Military Committee's meeting in Chiefs of Staff session in September 1996, the North Atlantic Council and the North Atlantic Cooperation Council spring ministerial sessions in 1997, and the Defense Ministers meeting in the autumn of 1998.

There is much at stake for NATO and its Partners in the times ahead, but the Alliance remains the main foundation of our collective defence and a strong factor of peace and prosperity in the transatlantic area and its surrounding regions. The Berlin Ministerial has provided us with valuable guidelines for the future, and more light will be shed by the conclusion of the European Union's Intergovernmental Conference. As ever, Portugal will be a staunch ally, ready to offer its support and, naturally, its hospitality.

Sintra e a Nova NATO

Entrevista ao jornal **Expresso**, *Maio de 1997*

A NATO dará, em Sintra, passos decisivos para a definição da arquitectura de segurança e defesa na Europa. Começa aqui um novo ciclo, marcado por uma Aliança alargada, envolvida numa relação construtiva com a Rússia e capaz de projectar a sua estabilidade para as regiões circundantes.

As reuniões ministeriais de que Portugal é anfitrião realizam-se dois dias após a assinatura em Paris do "Acto Fundador" das relações entre a NATO e Rússia e seis semanas antes da Cimeira de Madrid, onde se formalizarão os convites para a adesão de futuros membros. Isso demonstra o significado das medidas que os Ministros dos Negócios Estrangeiros da Aliança serão amanhã chamados a tomar.

Para compreender quanto se encontra em jogo, temos de recuar no tempo. Ao longo de quatro décadas, a NATO foi uma organização de defesa, fortalecida pela afinidade entre os seus membros e assente na tradição ocidental de preservação da democracia e de respeito pelos direitos humanos. O termo "Aliança" traduz com rigor essa realidade. Contudo, a dissolução da URSS e a extinção do Pacto de Varsóvia precipitaram as alterações que conhecemos no panorama político da Europa.

Tornou-se imprescindível responder às aspirações das novas democracias, abrindo as portas das principais estruturas europeias a que pretendem aderir. E isso implicou a adaptação de organizações como a OSCE, cuja última Cimeira teve lugar em Lisboa em Dezembro de 1996, e a NATO e a UE, símbolos dos valores que moveram os seus membros na Guerra Fria. A queda do Muro de Berlim teve repercussões para os dois lados...

Nesse sentido, a reforma da NATO representa um processo paralelo ao iniciado pela UE na Conferência Intergovernamental, que culmina no Conselho Europeu de Amesterdão. Ambos têm por objectivo aprofundar os laços entre os seus membros, preparando a Aliança e a UE para a admissão de outros Estados.

Na NATO, importava não alimentar clivagens e impedir que a Rússia democratizada se isolasse no actual contexto estratégico. Tal foi conseguido pelo "Acto Fundador" de Paris, marco na relação com Moscovo. Era também fundamental reforçar os programas – com destaque para o Conselho de Cooperação do Atlântico Norte (NACC) e a "Parceria para a Paz" – lançados nos últimos anos e que, com a generalizada adesão de antigos adversários e da maioria dos neutros, deram à Aliança um cariz pan-europeu.

Ao mesmo tempo, cabia à NATO aligeirar um dispositivo concebido numa lógica defensiva, eliminando comandos excedentários, aproveitando os "dividendos da paz", e permitindo a execução de novos tipos de missões. Por outras palavras, criar uma nova filosofia para a NATO.

Assim chegamos à estrada de Sintra. O que podemos esperar deste encontro das diplomacias aliadas, a que depois se juntam os parceiros de cooperação? Como resposta, passemos em revista a ordem do dia:

– A institucionalização do Conselho Euro-Atlântico de Parceria, órgão que dará um fôlego e um enquadramento renovados às consultas e à cooperação multilateral com os parceiros, num sinal inequívoco de que a NATO não se limitará a um primeiro alargamento;

– O reforço da Parceria para a Paz, ampliando uma cooperação política e militar que tem produzido resultados positivos, como no caso da Bósnia-Herzegovina;

– As novas formas de diálogo com o Mediterrâneo, onde Portugal tem um objectivo ambicioso – a aplicação a esta região de um modelo inspirado na "Parceria para a Paz", facilitando a gestão conjunta da segurança no Mediterrâneo, flanco meridional da Aliança, com o qual mantemos uma ligação privilegiada. A NATO estabelecerá, para já, um Comité de Cooperação Mediterrânica;

– As relações com a Rússia, movidas pelo clima gerado em Paris. Acreditamos, sem reservas, que a todos interessa uma Rússia com voz activa na segurança europeia;

– As relações com a Ucrânia, fundamental ao equilíbrio da Europa Central. Pretendemos finalizar um Documento NATO/Ucrânia que fomente uma cooperação mais estreita;

– A revisão do Conceito Estratégico da NATO, aprovado em Roma em 1991 e agora ultrapassado. É sintomático desta reinvenção da Aliança que em Sintra se inicie à actualização da doutrina e do programa da Aliança;

– A Bósnia-Herzegovina, sendo de notar que Sintra coincide com o termo do primeiro semestre de actividade da SFOR, na qual Portugal participa. À margem, terá lugar um encontro dos países envolvidos na aplicação dos Acordos de Dayton, a fim de avaliar o processo de paz e designar o sucessor de Carl Bildt;

– Finalmente, passaremos em revista a adaptação interna da NATO. Para Portugal, o resultado final deverá garantir que o pilar europeu da Aliança se afirme progressivamente, sem quebrar laços transatlânticos que são a essência da NATO. Por outro lado, a importância do IBERLANT foi reconhecida, tendo recebido o estatuto de Comando Regional, dependente do Comando Atlântico; o IBERLANT, na encruzilhada da Europa, do Atlântico, de África e do Mediterrâneo deve servir de base às novas missões da NATO, construindo pontes, num futuro próximo, em direcção ao Brasil e à África do Sul.

Mas talvez tenha maior impacto o debate entre os 16 Aliados sobre a questão do alargamento. Sintra será um palco privilegiado para as consultas destinadas a seleccionar os Estados que serão convidados a aderir à NATO. A admissão em Madrid da Polónia, Hungria e República Checa parece ser consensual. Portugal, com os outros Aliados, tem ainda apoiado a Eslovénia e a Roménia, que firmaram as respectivas credenciais democráticas e podem reforçar a presença da NATO numa zona conturbada da Europa.

O alargamento da NATO, como o da União Europeia, é um imperativo histórico. Esta é a mensagem que transmiti no périplo que efectuei em 1997 pela Europa Central e Oriental. Não poderíamos, sob pena de um severo veredicto, deixar de corresponder às expectativas dos Estados que agora abraçam os nossos princípios; nem poderíamos desperdiçar esta oportunidade única de consolidar a segurança e a coesão do grande espaço transatlântico.

Uma Rússia Saudável pode Integrar uma Nova NATO

Entrevista ao jornal **Público**
29 de Maio 1997
Por Teresa de Sousa e Joaquim Trigo Negreiros

Assinada a Acta Fundadora com a Rússia e na véspera do seu primeiro alargamento, que NATO é esta que se prepara para o século XXI como o pilar fundamental da segurança europeia? A reunião do Conselho do Atlântico que hoje decorre em Sintra marcará, precisamente, a "primeira grande reflexão" sobre a questão, encerrará um ciclo, que se iniciou com o fim da Guerra Fria, e abrirá um outro na história da organização. Segundo Jaime Gama, a reforma da NATO apenas tem sentido a olhar para o futuro, e não se for feita com os mesmos critérios do passado.

O Ministro português dos Negócios Estrangeiros, que é o anfitrião do Conselho do Atlântico Norte que se reúne desde hoje em Sintra, considera, em entrevista ao *Público*, que é de "uma nova NATO" que se trata agora, dotada de um novo conceito estratégico e de uma nova estrutura, preparada para, a longo prazo, integrar a própria Rússia, para dotar-se de um verdadeiro "pilar europeu" que corresponda, de facto, a uma real Identidade Europeia de Segurança e Defesa. Jaime Gama explica a perspectiva portuguesa das transformações em curso na Aliança, da nova arquitectura de segurança europeia e euro-atlântica. Numa entrevista em que se distancia claramente da visão americana, defende um primeiro alargamento a cinco países, e não apenas a três, e assume claramente a necessidade de uma União Europeia dotada de uma componente de defesa e militar. Extractos:

Público – A Acta Fundadora Rússia-NATO acaba de ser assinada em Paris. É a luz verde para o alargamento da Aliança. Portugal está preparado para defender Budapeste?

Jaime Gama – Sim... Obviamente, é isso que faz sentido numa estrutura de defesa colectiva, assim como a recíproca é verdadeira. Registo uma diferença substantiva: no período da Guerra Fria o exército português tinha atribuída a missão de integrar uma força para agir no Norte de Itália, protegendo o corredor de Gorizia, precisamente contra uma invasão que teria por suporte o Pacto de Varsóvia, sediado na Hungria. Há uma alteração qualitativa, não só em termos da diminuição da nossa carga face a essa fronteira específica, mas também em relação ao novo padrão de relacionamento de Portugal e dos países da NATO com a Europa Central.

A Acta Fundadora suscitou uma "luta de interpretações" sobre o seu verdadeiro conteúdo. O Presidente Ieltsin disse que a Rússia passa a ter direito de veto sobre as decisões da NATO. Em Washington diz-se que a Aliança se mantém absolutamente senhora das suas decisões, do seu destino e dos seus objectivos. Qual é a sua interpretação?

A NATO continua soberana, mas é uma nova NATO. Uma NATO em que a Rússia, que até aqui só estava no Conselho Consultivo, passa a estar presente um pouco na Assembleia Geral e, a alto nível de consulta, quase dentro do Conselho de Administração.

E isso dá-lhe um poder de grande influência nas decisões da NATO?

Sim, um direito de influência, que é também recíproco, da NATO sobre a política externa, de segurança e de defesa da Rússia. É esse o sentido profundo do novo pacto. A Acta Fundadora tem um vasto campo em que são definidas áreas de consulta sobre domínios extremamente relevantes – o mais significativo dos quais é o da política nuclear – e uma área muito expressiva em termos de cooperação. Além disso, as garantias de segurança dadas à Rússia, designadamente quanto à política nuclear que, neste momento, a NATO entende adequada, são suficientes para permitir o alargamento da Aliança, a acomodação dos interesses de segurança dos países da Europa Central na renegociação do Tratado CFE (Forças Convencionais na Europa) e um papel acrescido para a Rússia em sede de novas negociações quanto à Organização Mundial do Comércio, ao G7, ao FMI e a um futuro Tratado Start 3.

A sua interpretação do grau de influência da Rússia é um pouco diferente da interpretação americana. Washington insiste, por exemplo, em que Moscovo, não tem qualquer " direito de ingerência" em relação não a este, mas a próximos alargamentos.

A Rússia não é membro da NATO e como tal não tem os direitos de um membro. Mas, através da sua participação no Conselho Conjunto Permanente (CCP), da sua participação na Parceria para a Paz (PFP), passa a ter o papel acrescido de uma potência que tinha deixado de ser inimigo e, agora, começa a deixar de ser adversário, para passar a ser parceiro. Quando a NATO deixa de ser o núcleo duro de um sistema militar que serve um esquema de defesa colectiva e passa a ser o suporte da capacidade militar para reforçar em círculos crescentes a estabilidade e a segurança na Europa, a Rússia é chamada a participar nesse novo desenho e nessa nova configuração. Não é de excluir que, no futuro, uma Rússia saudável venha a integrar a própria NATO alargada. Podemos mesmo chamar-lhe, por economia de letras, NAATO, North Atlantic and Artic Treaty Organization.

O que está a descrever é um processo de mudança de natureza da própria Aliança.

A disputa estratégica central do princípio do século XXI é reganhar a Rússia para o mundo ocidental e fazer desse vasto conjunto, que deve incluir também o Japão, a grande plataforma de estabilidade no hemisfério Norte, susceptível de criar as relações necessárias para que o mundo tenha paz e para que os conflitos regionais possam ser controlados, diminuídos e evitados. Se quiser um exemplo comparativo, a Rússia não vai entrar na primeira fase da moeda única, mas está a negociar connosco, em termos militares, a sua entrada para o Sistema Monetário Europeu.

Na recta final das negociações da Acta Fundadora surgiram alguns sinais que contrariam esse cenário de aproximação e de integração. O Conselho de Segurança da Rússia aprovou um documento com o chamado "novo conceito estratégico"...

Em todos os países há a necessidade de explicar as novas opções tendo em vista as opiniões públicas e aquilo que, muitas vezes, as burocracias apresentam como sendo as opiniões públicas, mas que, afinal, mais não é do que a sua argumentação estrita em termos de quem olha o presente e o futuro com os preconceitos do passado...

Mas o que estávamos a referir é, talvez, mais fundo do que isso. Trata-se de definir o quadro de segurança da Rússia, utilizando, por exemplo, uma linguagem muito antiocidental e que coincide também com uma aproximação entre Moscovo e Pequim.

São documentos compensatórios em relação a um processo que é inelutável. Do que não duvido é de que o interesse profundo da Rússia vai no sentido desta articulação e desta aproximação. Mas tenho dito várias vezes – e disse-o em Moscovo, há pouco tempo – que é chegado o momento de a Rússia dar o seu grande salto em frente na definição dos seus objectivos de política externa e de política militar. Não se pode querer ser protagonista da Rússia moderna com os preconceitos, os arquétipos e os logótipos da política internacional da União Soviética. Essa mudança está a ser feita.

Na visão de longo prazo que está a expor, e em que tudo parece encaixar perfeitamente, há problemas de curto prazo...

Não se trata de uma visão idílica ou panglossiana, porque se pode verificar que desde o fim da Guerra Fria foram dados passos definitivos. O Pacto de Varsóvia deixou de existir, a União Soviética deixou de existir, a Rússia recolocou no seu território nacional as armas nucleares que tinha no exterior, há um processo de controlo e redução significativa dos armamentos nucleares...

Nesse quadro, o acordo com a Rússia fez-se para criar as condições para este primeiro alargamento e para criar um quadro de estabilidade com a Rússia...

Sim, e para permitir aos países da Aliança redefinirem um sistema de defesa e de segurança colectiva não confrontacional, a mais baixos níveis, com menos custos.

A velha ideia, acalentada por alguns responsáveis europeus, de que teria sido mais adequado, do ponto de vista da estabilidade europeia, alargar primeiro a UE – a Rússia não fazia oposição – e depois a NATO, não passou disso...

Não há precedências, é um processo conjunto que se articula...

Para os americanos é separado e sublinharam-no claramente...

Na nossa visão, é um processo conjunto.

Quando falou na perspectiva...

A NATO tem uma existência histórica datada. Ela responde à ameaça soviética. Em circunstâncias em que a situação se modifica, qualquer organização tem de adaptar a sua avaliação da realidade e o seu método de funcionamento, o seu mandato. Aquilo para que a NATO existe hoje é muito diferente daquilo para que a NATO foi criada em 1949. Por isso é que nós insistimos – e esperamos que em Sintra se tome essa decisão – na necessidade da revisão do conceito estratégico da Aliança. O próprio conceito estratégico adoptado em Roma, em 1991, está absolutamente ultrapassado face aos desenvolvimentos recentes.

Já fez várias referências a uma nova NATO; é disso que vai tratar também a reunião de Sintra, antes da cimeira da Aliança em Madrid. Sintra vai definir quais são os países que vão ter acesso em primeiro lugar à organização?

Vai ser a primeira grande reflexão em que se tomarão decisões para proceder à selecção final dos novos membros. A decisão será formalizada em Madrid, mas terá de estar elaborada e consolidada antes. Sintra é uma etapa no processo para Madrid, mas não é uma reunião preparatória de Madrid. Porque, em Sintra, já culmina um ciclo e inicia-se outro. Passamos de uma NATO por alargar a uma NATO alargada. Passamos de uma NATO com a Rússia de fora e com o Conselho de Cooperação do Atlântico Norte, para uma NATO com a Rússia dentro e com o Conselho de Parceria Euro-Atlântico. Em Sintra, extraímos todas as conclusões possíveis num processo que começou com o fim da Guerra Fria. Em Sintra tomamos todas as opções que nos hão-de levar a uma nova arquitectura de segurança transatlântica e europeia.

Mesmo que prevaleça a tese do alargamento a cinco países, haverá sempre candidatos que gostariam de aderir e que ficarão de fora. Em Sintra também se vai ponderar o que fazer aos que ficam nesta situação. Esteve recentemente na Eslováquia, que certamente não entrará agora...

Em Sintra, queremos consolidar o conceito de Parceria Euro-Atlântico. E de PFP reforçada, visando precisamente estabelecer, para os países que não puderem aderir numa primeira fase, um quadro de relacionamento acrescido. Em segundo lugar, queremos que seja definido, em Sintra, não só um quadro de tomada de decisão rápida para as novas adesões, como uma concretização profunda dos objectivos e dos programas para os países que não venham a entrar num primeiro momento. Aí pode haver uma compensação e também a afirmação de uma directriz clara.

Já referiu que Portugal defende a alteração do conceito estratégico de Roma, deu várias vezes a entender que, numa visão a prazo, poderá haver uma mudança de natureza da Aliança. Quando fala em nova NATO, está a falar de quê? De uma Aliança cuja razão de ser já não será o Art.º 5.º...

Defender-se da União Soviética e do Pacto de Varsóvia...

Agora há, apesar de tudo, outras ameaças. São muito mais diluídas, difusas, mas há uma matriz da NATO – um por todos, todos por um...

O Art.º 5.º deve ser lido pelo que está escrito e não pelo que é interpretado segundo as conveniências dos idólatras da NATO. O Art.º 5.º não é tão taxativo como, por exemplo, o compromisso de defesa colectiva que subjaz à UEO.

Só que a UEO não tem forças...

É, de facto, uma diferença substancial, uma diferença que está, aliás, estabelecida na ordem inversa do grau de compromisso das cartas fundacionais.

Independentemente das leituras do Art.º 5.º, a NATO era uma organização de defesa colectiva.

Há uma teoria de que discordo em absoluto, a teoria de que a NATO deve fingir que muda porque a Guerra Fria acabou, mas deve esconder uma realidade que permanece a mesma. A nossa posição sobre a NATO é ortodoxamente reformista, não é de cosmética transformacional.

A NATO deve conservar o essencial da relação transatlântica, acomodar o alargamento, a relação com a Rússia e a PFP, mas, ao mesmo tempo, deve reestruturar-se. E o modo militar que a NATO era, ao serviço de uma defesa colectiva contra o Pacto de Varsóvia, deve dar lugar a um modo militar flexível e aberto, que não só lhe permitia integrar novos membros, mas, casuisticamente, agregar forças de países que incluem a PFP, para fazer face ao tipo de situações mais previsíveis no contexto actual: gestão de crises, restabelecimento e manutenção da paz, acções humanitárias.

Além do mais, é importante que a NATO acomode, de uma forma substancial e não apenas retórica, a identidade europeia de segurança e defesa. Porque também não podemos continuar a firmar na NATO comunicados que apontam em todas essas direcções, mas que, depois, são lidos com determinado tipo de cegueira para certos parágrafos sobre as conclusões da organização.

A Identidade Europeia de Segurança e Defesa é reconhecida no papel, mas não é reconhecida – pelos americanos – na prática.

Os Estados Unidos têm-se aberto a essas soluções e, no seu debate político interno, mantém-se o permanente paradoxo de pedir simultaneamente mais responsabilidades para a Europa e de recear que essa direcção seja assumida.

Olhando hoje para a situação na Europa, há a percepção de que os maiores riscos de instabilidade e de conflito se situam a sul, numa larga faixa que vai quase do Mar Cáspio a Gibraltar.

É por isso que a NATO vai proceder a uma reestruturação interna, vai reduzir significativamente o número global de comandos, num quadro de redução global de forças, quer no plano nuclear, quer no plano convencional, que está em curso.

Há possibilidade de rarefazer o dispositivo na Europa Central, porque países que eram inimigos vão passar a ser aderentes ou parceiros. Ao mesmo tempo, há um conjunto previsível de crises fora da área. Aliás, uma das características essenciais da reforma militar da NATO, no quadro da redução do número de comandos e da eliminação completa dos comandos de quarto nível, vai ser a conservação de uma base territorial apenas para os comandos regionais e a definição de uma filosofia de acção para os comandos sub-regionais, em que já não se atende à necessidade de estabelecer quadrículas territoriais, mas sim à de definir estruturas de comando baseadas em módulos agregáveis, que possam redesenhar a sua configuração em função da situação.

A estrutura que está a ser apreciada, e na qual se vai enquadrar o Cinciberlant, é uma estrutura de três níveis – comandos estratégicos, regionais e sub-regionais...

O Iberlant será um comando regional. É um ponto assente na negociação. Um comando regional do Saclant...

O problema da manutenção do Iberlant como comando regional era, para Portugal, uma questão de dimensão importante, porque temos pretendido sensibilizar a NATO para a importância de um comando regional nesta área, que seja uma porta aberta para operações CJTF (*Combined Joint Task Forces*) no Norte de África, na entrada do Mediterrâneo e, olhando também para o Atlântico Sul, em relação à África do Sul e ao Brasil. É esse o mérito específico do Iberlant nesta nova situação internacional e é por isso que a modernização e a valorização desse comando regional é não só um empenhamento da Aliança, mas deve também ser uma responsabilidade portuguesa. O Governo português, conforme tem sido afirmado pelo Primeiro-Ministro e pelo Ministro da Defesa, está inteiramente empenhado na valorização técnica e militar desse comando.

Estamos também a gerir com atenção a problemática derivada da entrada de Espanha. Gostava de sublinhar que tão importante como o alargamento da Aliança é o reingresso de França e a entrada de Espanha na estrutura militar.

A entrada de Espanha não é um problema no quadro do relacionamento bilateral Portugal/Espanha. É uma questão que exige e coloca afinamentos no âmbito da Saceur, em relação a posições até aqui detidas pelo Reino Unido e posições a deter por França, em especial em direcção ao mar Cantábrico e ao Mediterrâneo. E é, sobretudo, um problema de relacionamento entre os dois comandos estratégicos – o Saclant e o Saceur. Como a modernização da NATO visa sobretudo o aligeiramento de estruturas e a integração de maiores plataformas de tecnicidade, nós estamos convictos de que uma solução razoável é a que pode ser acomodada através, simultaneamente, do conceito de diluição de fronteiras rígidas e do conceito de zonas de interesse comuns. Não podemos ver o espaço da Península Ibérica e toda a sua área confinante, marítima ou aérea, com a lógica com que os generais do Império Romano faziam quadrículas fixas no território continental.

Onde quer chegar exactamente com isso, no que respeita à questão das Canárias?

Cada país tem a sua projecção própria sobre os seus interesses nacionais, a qual é desenhada muitas vezes em termos da geopolítica territorial, isto é, que tem expressão materializada em certo tipo de mapas. Os mapas são necessários e até são importantes, mas a realidade das situações de crise no cenário internacional moderno faz muitas vezes dos mapas instrumentos obsoletos na gestão das mesmas...

O território espanhol fica sob que comando?

A ideia de Espanha, compartilhada por Portugal, é que os países devem ter a totalidade do seu território num único comando estratégico. O que é válido para o argumento espanhol é, neste caso, absolutamente idêntico para a posição portuguesa. Daí que defendemos a integração total do espaço português – Continente e Ilhas – no Saclant.

Como é que está o diferendo sobre a atribuição da chefia do Comando Sul da NATO? Essa não se resolve com argumentos técnicos.

É uma questão que tem uma componente técnica, mas teve também um desenvolvimento condicionado pelas propostas e respostas políticas. Pela proposta de França e pela resposta inicial dos EUA. É natural e desejável – é essa a nossa vontade – que essa matéria possa vir a ser objecto de um compromisso.

«O alargamento não é um truque»

A NATO vai alargar-se agora a três ou cinco países. E os Bálticos e a Ucrânia? E a Rússia já ameaçou que não haverá segundo alargamento...

Os Bálticos estão incluídos na lista dos países candidatos, embora tenhamos para os Bálticos uma determinada orientação. Através da modernização dos seus sistemas políticos e das suas economias, eles estão em condições para mais rapidamente entrar na União Europeia e para participar em estruturas reforçadas de segurança para a área em que se inserem. Para além disso, o alargamento da NATO e a revisão do Tratado CFE darão aos países bálticos modalidades acrescidas...

Só se tiverem a perspectiva de que podem vir a ser membros da NATO...

O problema da região em matéria de alargamento tem de ser visto não apenas olhando os Bálticos, mas também a Finlândia e a Suécia. Seria distorcedor da racionalidade geopolítica da NATO proceder neste momento a um alargamento que incluísse alguns países bálticos e excluísse a Finlândia e a Suécia.

Em relação à Ucrânia, quais são os objectivos?

Estamos muito empenhados em consolidar com a Ucrânia um acto jurídico similar ao que foi estabelecido com a Rússia. Há progressos nesse sentido. É um assunto sobre o qual vamos falar em profundidade na reunião de Sintra.

Apesar de depreender das suas posições que Portugal tem uma posição bastante próxima da visão estratégica que os EUA têm em relação ao alargamento da NATO...

Que os Estados Unidos têm agora, porque, há uns anos, a diplomacia americana apresentou o produto PFP como substitutivo da ideia de alargamento e, depois, modificou a sua posição.

Um dos pontos que ainda não parece consensual é justamente a quem alargar. Os EUA defendem apenas três países, alguns aliados europeus, entre os quais, França, Itália e Portugal, defendem cinco, incluindo a Eslovénia e a Roménia. Vai ser possível dirimir este diferendo?

É um dos pontos a discutir em Sintra...

Há sinais de abertura por parte da América?

Não temos indicação de que os americanos estejam dispostos a vetar um alargamento substantivo. Parece-nos perfeitamente errónea a ideia de que um pequeno alargamento é o caminho mais viável para um novo alargamento. Vemos aí a reedição de um truque argumentativo semelhante àquele que foi anunciado durante o período de preparação da PFP, como antídoto e substituto do alargamento. Nós pensamos que o alargamento não é um truque, deve ser uma realidade sólida e, nesse sentido, deve ser um alargamento não a três, mas a cinco.

Escuso de argumentar em relação à Polónia, à Hungria e à República Checa. Quanto à Eslovénia, é um país que realizou um progresso político e económico notável, uma transformação político-militar assinalável, tem uma continuidade territorial com a Itália e a Hungria. Além do mais, trata-se de um país que, ingressando na NATO, estimularia a evolução da posição austríaca sobre o seu conceito de neutralidade e daria, em relação aos Balcãs, a noção de que uma boa conduta é premiada. Consolidaria de forma irreversível a relação esloveno-italiana – uma das sequelas do passado que urge eliminar, na nova Europa.

Em relação à Roménia, é um país que traz um contributo líquido à Aliança, em termos militares. Fez uma segunda revolução após a queda do regime de *Ceausescu*, resolveu de forma exemplar o tratamento da minoria húngara, tem com a Hungria relações, hoje, extremamente sólidas. O seu relacionamento com a Ucrânia a propósito da Moldova sofreu também progressos assinaláveis. Não confina territorialmente com a Rússia. A entrada da Roménia, com continuidade territorial para a Hungria, representaria também para a NATO uma projecção para uma área, com a vantagem de não fazer assentar a sua presença na zona exclusivamente na participação greco-turca – seria um terceiro factor estabilizador nessa direcção e um exemplo para toda a zona sul dos Balcãs.

«A UE deve ter uma componente de defesa e militar»

A NATO, que tem 16 membros e vai passar a ter 19 ou 21, decide por consenso. Cada vez mais a resposta da Aliança a mandatos da OSCE ou da

ONU revestirá a forma das chamadas "coligações de vontades". Isso volta a pôr com muita acuidade a questão do relacionamento entre a Europa e os EUA. Como é que, num quadro mais alargado, em que os interesses são mais dispersos, essa nova relação se vai criar, se não houver um efectivo "pilar europeu" da Aliança?

É por isso que nos estamos a debater, no quadro da Aliança Atlântica, para que a expressão Identidade Europeia de Segurança e Defesa não seja apenas uma frase retórica e tenha conteúdo, significando com isso não a ideia de afastamento na relação transatlântica, mas o conceito de um aprofundamento na relação transatlântica. E, ao mesmo tempo, temos pugnado, dentro da UE, por uma maior racionalidade do sistema, designadamente aquela que poderia resultar de uma integração por etapas da UEO no II Pilar da União. Isto é, como a componente de política de defesa e de Defesa em todos os parâmetros da PESC.

Não lhe parece que é a própria evolução da NATO que determina essa posição, que agora defendeu, mas que alguns países da UE ainda não querem aceitar, de que a UE tenha uma componente militar.

A UE deve ter uma componente de defesa e militar não só como expressão da realidade que é a UEM e a União Política, mas também como modalidade prática de se inserir como reforço operativo na nova NATO. E é por isso que, pessoalmente, considero não só possível como desejável que o Tratado revisto da UE venha a atribuir-lhe, enquanto tal, tarefas específicas na área da segurança, a caminho da política de defesa e da união no plano militar, ao mesmo tempo que considero absolutamente imprescindível que a UEO redefina o seu pacto estatutário. A UEO é uma organização pouco operacional, que tem um forte compromisso em termos de Tratado. Desejaria que, no futuro, o "género terceiro" que é a UEO pudesse com vantagem vir a ser subsumido na UE, por forma a que a UE e a sua componente de defesa pudessem responder como "pilar europeu" às exigências de uma cooperação transatlântica reforçada na nova NATO.

E a UE assumir o compromisso que está contido no Tratado da UEO?

A minha opinião é que o Tratado da União Europeia devia tornar possível a integração da UEO na UE, permitindo que se mantivesse ao mesmo tempo a colaboração com aqueles países que não são da NATO. Seria desejável desgraduar o compromisso da UEO a uma cláusula mais realista em relação às operações de paz, compatível com o novo Tratado da UE, remetendo as tarefas de defesa colectiva para a NATO, incluindo o seu pilar europeu. Isso seria possível mediante transformações institucionais que tornassem a UEO mais integrada no sistema decisório e no canal de comando político da UE.

Nesse quadro da recomposição militar na NATO e na UEO, o conceito de CJTF (*Combined Joint Task Forces*) é fundamental.

O conceito permite fazer que a NATO actue no seu pleno de membros europeus e norte-americanos, fazer que a NATO possa actuar só com europeus, fazer que a

NATO possa actuar só com europeus no quadro da UEO, e fazer ainda que a NATO, com ou sem americanos, possa actuar com não-membros da NATO.

Tudo depende da disponibilidade dos americanos para dispensarem ou não o seu direito de "veto" sobre operações estritamente europeias que utilizem material da NATO.

Essa frase é interessante, mas é também reversível. Na verdade, a NATO é uma organização que confere aos EUA, como o seu maior parceiro, um direito de veto, mas é também a única organização no mundo pela qual os EUA estão vinculados a aceitar o veto dos restantes parceiros. A NATO é uma organização que serve também para modular a participação internacional dos Estados Unidos no mundo e é a única organização em que os Estados Unidos admitem um voto igual ao dos outros Estados.

Reunião de Sintra prepara agenda para um novo ciclo. Alargamento e não só

Se tudo correr de acordo com o previsto, o comunicado final da reunião que hoje junta em Sintra os responsáveis pela política externa dos 16 países membros da NATO deixará no papel a ideia de início de um novo ciclo na vida da organização criada em 1949.

O sinal mais explícito do novo ciclo, no entanto, só será dado na manhã de sexta-feira, quando os ministros dos países que hoje integram a Aliança se sentarem à mesa com os 27 colegas vindos do Leste europeu. Juntos vão assinar a certidão de óbito do órgão que até agora enquadrava o seu relacionamento a nível político – o Conselho de Cooperação do Atlântico Norte, conhecido pela sigla anglo-saxónica NACC – e inaugurar a actividade da nova estrutura criada para lhe suceder – o Conselho de Parceria Euro-Atlântico, EAPC.

Não se trata de uma mera alteração cosmética. A ideia é fazer corresponder à mudança de designação um reforço dos instrumentos de cooperação política entre a NATO e os 27 "vizinhos" a Leste.

No domínio militar prepara-se algo semelhante, com a introdução da chamada Parceria para a "Paz *plus*". Aqui trata-se sobretudo de oferecer aos países do Leste europeu que têm desenvolvido acções de cooperação com a NATO no âmbito da Parceria para a Paz um *menu* mais vasto de opções.

Os planos diferenciados de cooperação militar da Parceria para a "Paz *plus*" vão, por exemplo, contemplar a participação conjunta em missões de paz, no espírito do que já se verificou na Bósnia, como desenvolvimento dos acordos de Dayton.

A pensar em quem não entra

Para além de outras considerações estratégicas a prazo, a aproximação político--militar e a visível preocupação da NATO em criar uma cobertura institucional adequada tem uma motivação próxima: a Aliança quer oferecer uma compensação àqueles países que, sendo candidatos à adesão, não serão para já convidados a entrar.

Foi por isso que se optou por fazer nascer o EAPC em Sintra e não na Cimeira da NATO, marcada para o próximo mês de Julho, em Madrid, e cenário natural para este tipo de alteração estrutural da organização. O que se tenta desde já é minimizar por antecipação os efeitos das inevitáveis manifestações de frustração que se vão seguir à divulgação, em Madrid, da lista dos primeiros convidados a aderir à Aliança.

Sintra não vai, no entanto, servir apenas para antecipar os efeitos negativos do primeiro alargamento, ao que tudo indica limitado à Hungria, Polónia e República Checa. As reuniões de hoje e de amanhã na Penha Longa marcam também o arranque da discussão política substancial a respeito desse alargamento, dando sequência às reuniões preparatórias sobre o assunto que têm ocupado os representantes permanentes em Bruxelas.

De Rabat a Kiev

Outra discussão que terá inicio em Sintra envolve o próprio conceito estratégico da Aliança Atlântica. O documento que fixa o conceito estratégico data de 1991 e está generalizada a ideia de que é preciso actualizá-lo. O tema é vastíssimo e este é um debate que ultrapassa o horizonte imediato da organização.

Mais próximas estão outras decisões como, por exemplo, as que envolvem uma aproximação à margem sul do Mediterrâneo. Portugal propôs na cimeira de Berlim a aplicação dos instrumentos da Parceria para a Paz a cinco países da orla sul da Aliança – Marrocos, Egipto, Mauritânia, Israel e Jordânia – e a reunião de Sintra poderá aprovar formalmente a iniciativa, admitindo-se mesmo que venha a ser acertada a criação de um órgão próprio para coordenar essa nova frente de cooperação da Aliança.

Outro campo onde há expectativas positivas é o do relacionamento com a Ucrânia. Se os ministros resolverem os últimos pormenores pendentes no texto do acordo entre a NATO e Kiev, o documento será rubricado na Penha Longa, permitindo a sua assinatura formal na cimeira de Madrid. Trata-se de um entendimento a meio termo entre a Acta Fundadora assinada na passada terça-feira com a Rússia – ao contrário do acordo com Moscovo, o entendimento com a Ucrânia não prevê um órgão conjunto – e a cooperação reforçada prevista na Parceria para a Paz *plus*.

No plano da adaptação interna da NATO, será feito um ponto de situação sobre o processo de reestruturação dos comandos. O assunto está em discussão no Comité Militar da Aliança e será objecto de avaliação por parte dos ministros da Defesa em Junho.

Na tarde de sexta-feira, após a conferência de imprensa que põe ponto final nos trabalhos da NATO, decorre na Penha Longa uma reunião do *Peace Implementation Council* (PIC), onde se avaliará a situação na Bósnia.

Sintra foi escolhida para receber o PIC por sugestão da Secretária de Estado norte-americana. Madeleine Albright, ela própria protagonista desta estrutura de acompanhamento dos acordos de Dayton, notou que a maior parte dos seus colegas no PIC se deslocariam a Portugal para as reuniões da NATO e apresentou a proposta. A reunião do PIC deverá confirmar a substituição do sueco Carl Bildt pelo espanhol Carlos Westendorp no cargo de alto-representante para a componente civil do plano de paz na Bósnia.

Intervenção na Abertura da Reunião Ministerial do Conselho do Atlântico Norte*

Sintra, 29 de Maio de 1997

It is particularly gratifying to me to welcome you in Portugal, as I did in 1985, for the Spring Ministerial session of the North Atlantic Council. I hope the surroundings of Sintra and Estoril will contribute to the good atmosphere of our work.

All of us are living through very exciting times, when we feel that History has been accelerated and is, simultaneously, being written. During the next months until the end of the year, we will re-design the map of Europe for the next century: the political Europe, the economic and social Europe and also the Europe of security and defense. We have started two days ago in Paris and will ocntinue here in Sintra, at the Amsterdam EU Council in June and at the NATO Madrid Summit in July.

Portugal, as a founding member of the Alliance, is aware of the importance of the transatlantic link, which remains today – as it will be in the 21st century – an essential element for the stability and security of Europe, and also a stimulus for the growing visibility and development of a European Identity in the areas of security and defense.

Chairman,

The internal adaptation of the Alliance is one of the main aspects of the process of transformation that we want to see achieved at the Madrid Summit.

We have already made significant progress, namely regarding the definition of European command mechanisms, which are one of the already visible expressions of

* Versão original inglesa da intervenção proferida em Sintra.

the European Security and Defense Identity. We must now complete this exercise through a new command structure that will enable us to address both the needs of collective defence as well as the new missions of enlargement.

We think that re-integration of France and the participation of Spain in the NATO military structure are very positive steps to increase the credibility and efficiency of that structure. Therefore, we are willing to proceed with our work in a constructive way. The final result should reflect the importance of the transatlantic link, the affirmation of the European dimension and, above all, the preservation of the Alliance's heritage, namely the need to live up to the standards of military effectiveness, which we should use as an added value for the future, through respect of the desirable balances and of the overall national interests.

We welcome the agreement achieved at the WEU Ministerial Meeting in Paris, on the 13th May, concerning the participation of all the European allies in WEU operations with NATO assets. This will contribute to the development of the European Security and Defense Identity within NATO.

There are clear signs of a growing co-operation between the two organizations for the development of ESDI: I may refer the participation of WEU in the current cycle of NATO defence planning, the work being carried out on the identification, transfer, monitoring and devolution of NATO means and capabilities to be used in WEU operations, as well as the agreements on the exchange of information and consultations.

The concept of CJTFs is another important element in the development of ESDI. Initially foreseen for non-article V missions, we cannot exclude the possibility of also using CJTFs for collective defence operations.

The "Founding Act" on NATO/Russia relations signed in Paris two days ago is a fundamental element of Euro-Atlantic security.

I would like to pay tribute here to the outstanding role played by the Secretary--General Solana (and his team) in the successful negotiations of that document.

There is a great potential to be explored in the agreement that was achieved. I will not enter into any details now. But, what I would like to stress is that the "Founding Act", by placing Russia at the centre of decision-making on European security, puts an end to the post-cold war period and opens up a new era of enlarged co-operation in the Euro-Atlantic area.

In parallel with the fundamental steps that we took in Paris on the 27th, we will take another step tomorrow, together with our partners: the launching of the "Euro--Atlantic Partnership Council".

In my view, this decision is taken at the right time here in Sintra, before the Madrid Summit designates the countries that will be invited to start negotiations for membership in the first group.

As an inclusive forum, the EAPC will contribute to avoid the development of a feeling of separateness among the partners that will not be in that first group.

Through the envisaged possibility of different formats for the development of consultations and co-operation, the EAPC – and the measures for the enhancement of PFP – will provide a more adequate response to the different concerns and priorities of our partners, as well as opportunities for self-differentiation, according to their own interests and capabilities.

We hope that it will be a valuable tool to increase trust and transparency. But the mere scope of its objectives will certainly oblige us to reflect upon the need for a re-evaluation of our working methods and their rationalization

Since the debate on enlargement will take place later on, in an informal setting, I would just like to stress that the new members will be full-fledged ones, with rights and duties on equal terms with the present members of the Alliance. The existence of "second class" allies would not be in the interest of NATO.

Futhermore, our "open door" policy should be given concrete expression through the continuation of the dialogue with all the candidate countries in order to help them meet the necessary requirements.

Chairman,

The Mediterranean dialogue in NATO is the result of the existing link between the security of the Allies and stability in the countries of the Southern rim of Europe. It should be seen as an essential part of the external adaptation of NATO.

The future development of that dialogue should progressively lead us to the creation of a model of politico-military co-operation between NATO and the Mediterranean partners, inspired in PfP and drawing on the experience acquired through IFOR ans SFOR.

In this regard, we hope that the establishment of a new Committee in NATO will contribute to the progressive implementation of a "Mediterranean Partnership", without duplicating the initiatives being carried out in the framework of other organizations.

This picture would not be complete without a reference to Ukraine.

Indeed, the new European security architecture must include Ukraine in the Euro--Atlantic structures through a close relationship.

The document (to be signed) (we have initiated) between NATO and Ukraine will hopefully dispel any concerns that might be motivated by NATO's enlargement or by the NATO/Russia "Founding Act".

We also hope that the NATO Information and Documentation Centre recently opened in Kiev will play a relevant role in fostering this special relationship.

Chairman,

All these transformations and the modification of the security conditions in the Euro-Atlantic area, which took place during the last few years, imply a revision of the Alliance's strategic concept adopted at the Rome Summit in 1991.

We have, today, an Agreement with Russia that covers vital areas for European security and gives NATO an outstanding role in the definition of the future Euro--Atlantic Security Charter. Furthermore, the enlargement of NATO, the enhancement of PfP, the creation of the Euro-Atlantic Partnership Council and the definition of special relations with Ukraine significantly alter the prevailing conditions in Central and Eastern Europe, both in political and in defence and security terms.

On the other hand, the Alliance (as well as the EU, the WEU and the OSCE) has been developing its dialogue and co-operation with the Southern rim of the Mediterranean, a factor that, in my view, should also be taken into account when we review NATO's strategic concept.

And, finally, the lessons learned from NATO's presence in Bosnia, in the framework of its new missions, should not be forgotten in that review, which we should start right away.

Aprovação para Ratificação dos Protocolos de Alargamento da NATO à Hungria, Polónia e República Checa

Assembleia da República,
16 de Setembro de 1998

A Assembleia da República é hoje chamada a debater os Protocolos de Adesão à Aliança Atlântica de três Estados da Europa Central – a Hungria, a Polónia e a República Checa – com os quais Portugal tem sólidas relações bilaterais nos planos político, diplomático, económico e cultural.

Não se trata, sublinhe-se, do primeiro alargamento da NATO – desde que o Tratado de Washington foi assinado a 4 de Abril de 1949, assistimos às sucessivas adesões da Grécia e da Turquia (1952), da República Federal da Alemanha (1955) e da Espanha (em 1982). Mas este alargamento obedece a circunstâncias históricas profundamente distintas e representa, em muitos aspectos, a continuada vitalidade de uma organização que desempenha um papel determinante para a paz, estabilidade e segurança do grande espaço Euro-Atlântico.

O fim da Guerra Fria, identificado com a queda do Muro de Berlim em 1989 e com as subsequentes dissoluções do Pacto de Varsóvia e do COMECON, permitiu o aparecimento de regimes democráticos e pluralistas no Centro e no Leste da Europa.

Aos Estados-membros da NATO e da União Europeia coube a responsabilidade histórica de adaptar aquelas duas organizações às novas coordenadas políticas e estratégicas do nosso continente.

Mas tal adaptação não foi, nem é, uma tarefa fácil ou imediata. A preparação dos respectivos processos de alargamento teve de ser ponderada e cuidadosa, passando primeiro pela fixação de objectivos e critérios e, sobretudo, pela identificação de um modelo coerente para o espaço euro-atlântico que reunisse um conjunto de elementos fundamentais:

— O respeito pela vontade legítima das novas democracias europeias, em particular no tocante aos domínios da defesa e da segurança e da transição para a economia de mercado;

— a preservação dos princípios defendidos pela União Europeia e a NATO e dos laços transatlânticos;

— a articulação dos respectivos processos de alargamento, de modo a assegurar resultados finais compatíveis e a evitar novas e indesejáveis linhas divisórias na Europa;

— a sedimentação de relações construtivas com a Rússia, a Ucrânia e os demais Estados da CEI (Comunidade de Estados Independentes).

A adaptação da NATO — cuja razão de ser chegou mesmo a ser posta em causa em alguns quadrantes — comportou, assim, uma vertente interna e uma dimensão externa que importa analisar.

Começando por esta última — a adaptação externa —, direi que o alargamento representa o estádio mais avançado de desenvolvimento. Com efeito, desde a aprovação em Roma, na Cimeira de 1991, do conceito estratégico que hoje rege a Aliança, muitos e significativos passos foram dados:

— A criação nesse mesmo ano do Conselho de Cooperação do Atlântico Norte, fórum político e de cooperação prática que congregou aliados, por um lado, e antigos membros do Pacto de Varsóvia e as ex-Repúblicas da União Soviética, por outro;

— O lançamento da "Parceria para a Paz" na Cimeira de Bruxelas, em 1994, ano em que, pela primeira vez, a NATO adoptou a sua política de "Porta Aberta"; com a Parceria, que agora congrega 43 Estados, a NATO dotou-se de um precioso instrumento que lhe permitiu estabelecer com os Estados subscritores programas individuais de cooperação política e técnico-militar — os frutos desta iniciativa estão à vista, tanto no que toca à preparação para a adesão na qualidade de membros plenos, como no que respeita a acções militares conjuntas de que a intervenção na Bósnia-Herzegovina com a IFOR/SFOR constitui, com envolvimento russo, o mais evidente sucesso;

— Posteriormente, a assinatura em 1997, em Paris, do "Acto Fundador NATO-Rússia" e, na Ministerial de Sintra, da "Carta de Parceria NATO-Ucrânia", permitiu que a NATO definisse um relacionamento com aquelas duas potências que fosse ao encontro das suas expectativas e que viabilizasse o alargamento a Leste.

— Finalmente, e como forma de revitalizar na globalidade o sistema edificado desde 1991, a NATO propôs, com sucesso, a criação na Cimeira de Madrid de um novo "Conselho de Parceria Euro-Atlântica", fórum paritário de debate e de cooperação multilateral nas áreas político-militar, da manutenção de paz e científica e tecnológica, entre outras.

Com este pano de fundo, a NATO encontrou-se em condições de proceder ao debate sobre o "quem", o "quando" e o "como" do seu alargamento. A decisão acabou por ser tomada na Cimeira de Madrid, em Julho do ano passado, e contemplou as candidaturas apresentadas pelos três Estados cuja adesão agora se apresenta a esta Assembleia. A negociação dos termos de adesão foi rápida, e culminou com a assinatura destes três protocolos a 16 de Dezembro, em Bruxelas.

Não é segredo que Portugal, a par de outros aliados, defendeu e defende um alargamento mais abrangente. Em nosso entender, outros dois Estados reúnem as condições estipuladas e apuram a dimensão mediterrânica da NATO:

– A Roménia, por ter dado passos significativos na sua transição democrática e na consolidação de instituições legítimas e credíveis, para além de poder dar um contributo militar apreciável à Aliança e de permitir que esta reforce a sua projecção numa região particularmente sensível da Europa, não esquecendo que não integra o conjunto de Estados seleccionados para a "Primeira Vaga" de adesões à União Europeia;

– A Eslovénia, pelo exemplo positivo que representa para as demais antigas repúblicas Jugoslavas – justamente reconhecido pela União Europeia – e por permitir, em termos estratégicos, relativizar o isolamento territorial face aos actuais dezasseis Aliados em que a Hungria se encontra.

O compromisso alcançado em Madrid, porém, assentou na identificação de um primeiro grupo de três Estados e na reafirmação da "Política de Porta Aberta". Ficou claro que os demais candidatos não se encontram, de modo algum, excluídos em definitivo. Já a partir (e talvez mesmo antes) da Cimeira de Washington, que em Abril de 1999 assinalará o 50.º aniversário da Aliança, retomaremos esta questão.

A Hungria, a Polónia e a República Checa não carecem de recomendação. As suas democracias, os seus representantes e a forma como assimilaram os fundamentos da economia de mercado merecem apoio, aplauso e justificam a adesão à União Europeia. O mesmo raciocínio se aplica à NATO e é potenciado pela necessidade de evitar o aparecimento de "zonas cinzentas de segurança" na Europa.

A adesão à NATO destes três Estados não é mais do que a resposta colectiva a anseios plenamente justificados e razoáveis; é um imperativo humano, histórico e político.

E recordo quanto disse inicialmente – no contexto puramente bilateral, só posso elogiar o plano a que as relações de Portugal com os três Estados em causa foi elevado – a um intenso ritmo de contactos e visitas correspondem crescentes fluxos comerciais, de investimento e culturais.

Mencionei, também, a faceta interna da adaptação da NATO – o outro lado da moeda da transformação da Aliança numa organização de defesa capaz de fazer face a novas (e porventura mais delicadas) missões.

Sublinharia, a este propósito, que num contexto de reforma da estrutura militar aliada, de reduções de custos (os tão discutidos "dividendos da paz"), diminuição de efectivos, supressão de instalações militares e quartéis-generais, Portugal não só manteve o seu nível de projecção no seio da NATO como, em termos teóricos e práticos, o aumentou. Aponto três significativos exemplos:

– O Iberlant, até agora um comando subordinado do Comando Supremo do Atlântico, passará a ser conhecido por "Comando Regional do Atlântico-Sudeste", também apenas subordinado ao Comando Estratégico Atlântico, tendo uma vasta área geográfica sob a sua tutela, que abrange a faixa meridional do Atlântico Norte que inclui a Costa Africana e os acessos ao Estreito de Gibraltar. Como saberão, houve quem contestasse a preservação deste Comando, pelo menos com este nível e com esta jurisdição. Ao Comando de Oeiras serão cometidas assinaláveis responsabilidades, e destacaria a sua apetência natural para servir de quartel-general de forças multinacionais e inter-armas (as *Combined Joint Task Forces*") e de ponte para a projecção da Aliança para o Atlântico Sul, sem descurar o Magrebe e um valioso apoio à acção da NATO no Mediterrâneo. O Governo tem valorizado este Comando, dotando-o de meios actualizados e de valências eficazes.

– Quanto à questão do Arquipélago das Canárias, foi alcançado um compromisso – para nós muito satisfatório – que caracterizaria do seguinte modo:

– A fronteira entre os dois comandos estratégicos – Atlântico e Europeu – é deslocada para Oeste, passando a ser a fronteira entre Portugal e Espanha, à vertical do Guadiana;

– Estabeleceu-se uma "Bolha", ou *Box*, a incluir na área do comando europeu, em torno daquele arquipélago e num raio de cinquenta milhas para lá das doze milhas das suas águas territoriais;

– Ficou assegurado que aquela delimitação não afectaria a posição dos dois Estados sobre a delimitação da fronteira entre os espaços marítimos português e espanhol na região compreendida entre o Arquipélago da Madeira (incluindo a Zona Económica Exclusiva das Ilhas Selvagens) e as Ilhas Canárias; e o Comando de Oeiras será sempre informado quanto às operações na "Bolha" relacionadas com a defesa colectiva – e, recorde-se, as Canárias ficam, em rigor, subordinadas ao Comando Regional Europeu situado em Nápoles;

– Como terceiro ponto, cabe evidenciar que Portugal obteve um expressivo ganho de quatro posições de Oficiais Generais na nova estrutura militar da NATO, com presença na cadeia de comando europeia, passando a contar com:

– a título não precário, um almirante de três estrelas como comandante do antigo IBERLANT;

– um oficial general de duas estrelas como segundo comandante do Subcomando Regional de Madrid (subordinado ao Comando Estratégico da Europa);

– um oficial general de duas estrelas como "*Assistant Chief of Staff*" no Comando Estratégico do Atlântico;

– um oficial general de três estrelas (em rotação) no Comando Estratégico da Europa, como responsável pela articulação entre os dois comandos estratégicos; e

– mais um oficial general de uma estrela no Comando Estratégico da Europa.

Tendo em conta os reais ganhos de segurança com a adesão de novos membros da Aliança, não gostaria de terminar esta intervenção sem abordar a questão das implicações financeiras para Portugal do alargamento da NATO. Segundo os cálculos efectuados, o panorama orçamental fala por si:

– No tocante aos programas de infra-estruturas, não há custos adicionais para Portugal, que continuará a pagar 0.345% do total – cerca de 390 mil contos em 1997, ano em que obteve contrapartidas no valor de sete milhões de contos;

– no orçamento civil, onde Portugal suporta 0.63% do total, dispendemos, em 1997, 180 mil contos, tendo recebido 110 mil em Bolsas; calculamos que o aumento de encargos seja de cerca de 2.750 contos no ano em curso e em 1999; no futuro, e caso venha a ser decidida a construção de uma nova sede em Bruxelas, poderemos pagar até 125 mil contos, divididos por quatro anos e incluindo as instalações da delegação portuguesa;

– quanto ao orçamento militar, a quota portuguesa é aproximadamente de 0.67%, o que se traduziu em 1997 por uma contribuição de 831 mil contos, havendo contrapartidas de 734 mil contos em vários programas militares; prevê-se aqui um aumento da ordem dos 16.500 contos por ano.

Por outras palavras, em 1997 Portugal contribuiu com cerca de 1.300.000 contos, obtendo contrapartidas de quase 8 milhões de contos, quadro esse que não se deve alterar substancialmente nos próximos anos.

A título de curiosidade, as contribuições médias dos novos aliados serão de 0.9% para a República Checa, de 0.65% para a Hungria e de 2.48% para a Polónia.

Uma derradeira nota – o processo de ratificação dos protocolos de adesão avança rapidamente nos nossos Aliados, faltando, com Portugal, a Holanda e a Turquia. E mesmo nos Estados Unidos, onde se temeram dificuldades no Senado, a aprovação pelo Congresso decorreu sem problemas e por uma confortável maioria.

Ao aprovar estes protocolos, a Assembleia da República contribuirá para dar coerência a um dos objectivos centrais do consenso nacional sobre política externa: a paz e a segurança numa Europa livre e democrática.

Sessão de Encerramento da 44.ª Assembleia Geral da Associação do Tratado do Atlântico (ATA)

Lisboa, 20 de Novembro de 1998

Começo por agradecer o amável convite que me foi dirigido para aqui estar hoje, nesta sessão de encerramento da 44.ª Assembleia Geral da Associação do Tratado do Atlântico. E gostaria de endereçar uma primeira palavra de profundo apreço pela acção pedagógica e de divulgação levada a cabo pelas Comissões Nacionais do Atlântico, cujo prestígio se encontra bem espalhado no interesse suscitado por esta Assembleia Geral e no reconhecido mérito dos especialistas que nela intervieram. Agradeço a quantos se esforçaram por fazer desta iniciativa da ATA em Portugal um feito assinalável, sublinhando o esforço da Comissão anfitriã, a que me orgulho de pertencer.

Noto com particular agrado que os trabalhos que hoje se concluem foram dedicados à "NATO e as Novas Fronteiras de Segurança". Trata-se de um tema actual e que bem resume os desafios que a Aliança Atlântica enfrenta ao preparar as comemorações do seu 50.º aniversário.

Na verdade, a Cimeira de Washington assinalará, em Abril do próximo ano, cinco décadas de existência de uma Aliança que, em épocas históricas distintas, consolidou os laços transatlânticos; uma Aliança que, em suma, é um símbolo das relações entre a Europa e a América do Norte.

Mas a NATO soube ter a virtude de reconhecer a dimensão das alterações operadas na Europa a partir do final dos anos 80. Não se limitou a ser uma testemunha atenta, mas passiva – muito pelo contrário, assumiu um papel determinante no estímulo e enquadramento das grandes mudanças políticas.

A NATO abriu as suas portas ao Centro e ao Leste da Europa e mesmo aos Estados neutros, primeiro com o Conselho de Cooperação do Atlântico Norte, depois com a Parceria para a Paz, e finalmente com o Conselho de Parceria Euro-Atlântico, lançado em Sintra em Maio de 1997. E foi no ano passado que a Aliança deu mais um decisivo passo em frente ao convidar a República Checa, a Hungria e a Polónia a aderir enquanto membros de pleno direito. Antes, foram concluídos pactos de natureza política com a Rússia e a Ucrânia, instituindo mecanismos próprios de consulta e de cooperação em diversos domínios. Tudo isto representa uma vitalidade intrínseca que contraria quem chegou a sustentar que a NATO perdera a sua razão de ser.

Registo mais três vectores que patenteiam a actualidade da Aliança:

– em primeiro lugar, a determinação e a eficácia com que lidou com os conflitos na Bósnia e, há poucas semanas, no Kosovo;

– em segundo, a ambiciosa reforma levada a cabo na Estrutura Militar Integrada, que agora conta com Espanha e que, espero, possa vir a envolver também a França; Portugal, como sempre, está disposto a assumir as suas responsabilidades, e foi com grande satisfação e sentido do dever que vimos as potencialidades do IBERLANT serem confirmadas com a atribuição do estatuto de Comando Regional subordinado ao Comando Estratégico Atlântico;

– por último, a vontade de aderir à NATO tão insistentemente manifestada por um significativo número de Estados. A NATO de hoje – por certo mais activa que durante a própria Guerra Fria – encontra-se muito distante da missão principal que lhe foi confiada há meio século, que alguém ironicamente resumiu a «manter os americanos dentro e os russos fora...».

E, numa era de globalização de oportunidades e mercados, mas também de riscos, quais serão as novas fronteiras de segurança da Aliança? Inúmeras respostas poderiam ser ensaiadas. Direi apenas que a NATO deve continuar a trabalhar no sentido de olhar à sua volta e para além da linha do horizonte.

Deve prosseguir o aprofundamento das relações de cooperação que tem vindo a estabelecer e o seu processo de alargamento, dando-lhe coerência e não defraudando as legítimas expectativas de nações – penso aqui, em particular, na Eslovénia e na Roménia – que tanto esforço têm dedicado à sua renovação democrática e que tanto podem contribuir para a nossa segurança colectiva. Esperamos que a Cimeira de Washington confirme esta orientação.

A NATO deve, igualmente, voltar-se mais para a bacia do Mediterrâneo e para o Médio Oriente; deve lançar as pontes de uma cooperação profícua – aliás já esboçada – com o Atlântico Sul, num diálogo que pode abranger Estados como o Brasil e a África do Sul; e deve acompanhar de perto, como de resto tem feito, ameaças mais difusas mas reais – penso no terrorismo e na proliferação de armas de destruição maciça.

Minhas Senhoras e Meus Senhores,

A NATO e a relação transatlântica são elementos estruturantes do futuro da arquitectura de segurança europeia. É a este respeito que se impõem, em simultâneo, uma reflexão cuidada e alguma imaginação. Penso que o edifício que pretendemos construir terá de assentar em princípios consensuais. Avanço aqui com quatro:

– é nosso desejo colectivo que os Estados Unidos mantenham o seu empenho no tocante à Europa;

– a Europa deve, contudo, estar preparada para agir em casos concretos sem um envolvimento directo dos Estados Unidos, usando meios próprios e da NATO;

– o resultado final dos alargamentos da União Europeia e da NATO deve ser tão coerente quanto possível; e

– a política europeia de armamento deve ser reavaliada no sentido de a tornar verdadeiramente competitiva.

Temos ao nosso dispor um considerável acervo doutrinal, que engloba os trágicos conflitos nos Balcãs, as negociações dos Tratados de Maastricht e de Amesterdão, o trabalho realizado pela NATO no tocante às *"Combined Joint Task Forces"* e a experiência acumulada pela União da Europa Ocidental ao longo dos últimos anos.

Mas sabemos que há muito a fazer para clarificar e tornar eficaz a teia de relações que liga a NATO, a UEO e a União Europeia. Não será uma tarefa fácil. Bastará pensar nos obstáculos com que a afirmação de uma Política Externa e de Segurança Comum, ou PESC, se tem confrontado.

Neste ponto, direi que não será tanto uma questão de modelos institucionais, mas sobretudo de vontade política – uma questão de aproximar interesses de modo a podermos estar de acordo com maior frequência. As recentes declarações do Primeiro-Ministro britânico Tony Blair são, a este respeito, encorajadoras, e tive oportunidade de abordar o assunto com o meu homólogo Robin Cook, ontem, em Londres.

Portugal apoia a integração da UEO na União Europeia. Não é algo de impraticável, desde que o cariz intergovernamental destas matérias seja mantido e que cláusulas de *opting-out* sejam admitidas.

No quadro em que presentemente nos movemos, a União Europeia pode solicitar à UEO a realização de certos tipos de operações, as "missões de Petersberg", mas a UEO não tem meios para garantir a execução de tarefas de maior envergadura; necessita pois das capacidades da NATO, a qual deve concordar com a respectiva cedência.

Espero que as condições políticas para dar início a um debate de fundo – que não poderá excluir os nossos Aliados norte-americanos – se encontrem reunidas proximamente. Precisamos de estimular um diálogo que envolva a NATO e a União Europeia – o que é o mesmo que dizer a Europa e a América do Norte – que explore as opções a tomar. Não julgo que, a prazo, seja inviável um cenário em que a União Europeia, apoiada pelos conhecimentos de uma "unidade" UEO, possa lidar directamente com a NATO.

A União Europeia, como maior "accionista" da UEO, deve colocá-la claramente na linha do seu comando político e, racionalizada por essa articulação, poderá então reforçar o seu desejado contributo para uma nova NATO, uma NATO com dois pilares efectivos, reflectindo na área da segurança colectiva as novas realidades geopolíticas decorrentes do aparecimento do Euro, do aprofundamento da União política nas áreas da PESC, da Justiça e Assuntos Internos e das relações com Estados terceiros e, ainda, do alargamento da União Europeia.

Minhas Senhoras e Meus Senhores,

Permiti-me estas reflexões estando ciente do trabalho que a grande comunidade transatlântica tem diante de si, e mais ciente ainda de o fazer perante uma audiência altamente conhecedora e especializada. Mas mais que privilegiar uma ou outra solução, a nossa causa comum é a defesa dos ideais humanos e políticos que partilhamos e que a NATO soube garantir até agora e que continuará a garantir no futuro. Mais uma vez sublinho a importância da Associação do Tratado do Atlântico neste contexto, e felicito-vos sinceramente pelo sucesso desta Assembleia Geral de Lisboa.

A Cimeira de Washington e o Novo Conceito Estratégico da NATO

*Assembleia da República,
13 de Maio de 1999*

Senhor Presidente,
Senhoras e Senhores Deputados,

Este debate tem por objectivo apresentar à Assembleia da República as conclusões da Cimeira que, em Washington, assinalou o 50.º aniversário da Aliança Atlântica. O momento que a NATO atravessa conferiu ao encontro dos seus principais responsáveis políticos e militares um significado particular, e as atenções de comentadores e observadores concentraram-se – compreensivelmente – na crise do Kosovo e nas suas consequências para a estabilidade futura do espaço euro-atlântico.

São conhecidas as múltiplas reacções prontamente suscitadas pelos resultados práticos desta Cimeira. Que se fale da NATO é positivo, mas julgo que o rigor na análise não pode nem deve ser negligenciado. Washington foi um marco importante na vida da Aliança, e as decisões ali tomadas – numa base sempre consensual – constituem a base programática que norteará as actividades e as missões da NATO nos próximos anos.

Importa, assim, apreciar com lucidez e realismo, sem precipitações, os documentos aprovados durante a Cimeira e que devem ser interpretados em conjunto.

Merecem destaque o Comunicado da Cimeira, o Conceito Estratégico, a Declaração de Washington, o Plano de Acção para a Adesão de Novos Membros e a Iniciativa sobre as Capacidades de Defesa. Foi igualmente aprovada uma Declaração sobre o Kosovo, onde se reiteram os bem conhecidos objectivos da intervenção aliada naquela província. Será útil que nos concentremos nos dois primeiros documentos.

Senhor Presidente,
Senhoras e Senhores Deputados,

Sejamos claros. Ao contrário do que muitos anunciaram, nada há neste novo Conceito Estratégico que contradiga – ou que muito menos altere – o Tratado de Washington. A própria ideia de que tal fosse possível é inaceitável. Em boa verdade, os Conceitos Estratégicos, como os Comunicados divulgados após cada reunião ministerial do Conselho do Atlântico Norte, representam consensos de natureza política; trata-se de enunciar prioridades e iniciativas dentro do quadro das possibilidades contidas no Tratado fundador; trata-se – à semelhança do que sucede na União Europeia com os Conselhos Europeus – de definir uma orientação, um programa, para as actividades da NATO. Portugal e os demais Estados-membros nunca procurariam alterar por esta via os mais elementares fundamentos da Aliança. Nem, constitucionalmente, o poderiam fazer.

No plano substantivo, o Conceito Estratégico estabelece o elenco das *core functions*, ou funções essenciais, da Aliança :

– a garantia da segurança e da estabilidade da região euro-atlântica;

– a consulta entre a Europa e a América do Norte nas matérias que afectem interesses vitais; e

– a dissuasão e a defesa, nos termos do Artigo 5.º do Tratado, contra quaisquer ameaças de agressão.

Comparando com 1991, a única alteração é, por motivos óbvios, o desaparecimento da preservação do "equilíbrio estratégico na Europa".

Registo também a introdução de duas novas funções que, apesar de "essenciais", surgem mais adiante no texto, precisamente por se revestirem de um elemento de subsidiariedade face às anteriores:

– "contribuir para uma eficaz prevenção dos conflitos e envolver-se activamente na gestão de crises, incluindo operações de resposta a crises, caso a caso e por consenso, em conformidade com o Artigo 7.º do Tratado", disposição essa que, sublinhe-se, reconhece expressamente a "responsabilidade primária do Conselho de Segurança pela paz e segurança internacionais"; e

– promover a "parceria, a cooperação e o diálogo com outros países da área euro--atlântica", numa referência ao aprofundamento da "Parceria para a Paz" e do Conselho de Parceria Euro-Atlântico e do relacionamento com a Rússia e a Ucrânia.

Três comentários sobre quanto acabo de referir.

Primeiro, o Conceito Estratégico da NATO não ignora a Carta das Nações Unidas e recorda, no parágrafo 15, as competências do Conselho de Segurança. O Conceito Estratégico respeita as disposições do Tratado de Washington, como apontei, e renova os compromissos assumidos no tocante à defesa dos valores comuns da democracia, dos direitos humanos e do Estado de Direito.

É inevitável pensar-se, a este propósito, na intervenção em curso no Kosovo. Aqui, a NATO viu-se levada a constatar que o Conselho de Segurança se encontrava bloqueado, mesmo tendo considerado, em três Resoluções distintas aprovadas ao longo de 1998, que a situação naquela província constituía uma "ameaça à paz e segurança internacionais" e condenado o comportamento e as intenções do Governo de Belgrado. Estas Resoluções foram adaptadas ao abrigo do Capítulo VII da Carta, dedicado às ameaças à paz e segurança internacionais e à legitimação do uso da força nessas situações. O parecer do Secretário-Geral da ONU foi no mesmo sentido. Para a NATO, e para Portugal, será sempre preferível agir com um mandato expresso do Conselho de Segurança; mas se a defesa dos valores em causa assim o determinar, os Aliados não se absterão de agir, inspirados e guiados pelos princípios que as Nações Unidas consagram mas que não possam, momentaneamente, aplicar.

E devemos notar que, infelizmente, o fim da Guerra Fria não teve ainda consequências na reforma das Nações Unidas, em especial quanto à composição e formas de decisão do Conselho de Segurança.

Em segundo lugar, as operações que descrevi inserem-se numa filosofia distinta, onde o pacto de solidariedade em caso de agressão – ou seja, o princípio fundamental da Aliança – se dilui para dar lugar a uma abordagem casuística em que cada Estado--membro possui uma maior margem de manobra na determinação da sua participação individual. Torna-se aqui viável a concordância política com uma missão sem que sejam directamente atribuídos meios militares para a sua concretização.

Chamo a atenção de V. Exas. para o parágrafo 31.º do Conceito Estratégico, que retoma a linguagem antes utilizada para reiterar a disponibilidade da Aliança para executar missões de paz ou de gestão de crises a pedido da OSCE ou sob a autoridade do Conselho de Segurança da ONU, desde que a NATO possa decidir caso a caso e que fiquem salvaguardadas as exigências constitucionais de cada Aliado.

Por último, é verdade que, ao longo dos meses que antecederam a Cimeira, alguns Aliados sustentaram uma área de actuação mais vasta e alargada para a NATO. O debate sobre a extensão do *out-of-area* foi intenso e estimulante. Mas o bom-senso e os termos do próprio Tratado de Washington acabaram por prevalecer. Onde antes se falava em "espaço transatlântico", hoje diz-se "região euro-atlântica". Não sendo uma questão meramente semântica, importa no entanto admitir que a Aliança continua a não estar vocacionada para ter um mandato à escala mundial, e que o seu *out-of-area* tem por limites naturais as regiões circunstantes da Europa e da bacia do Mediterrâneo. Esta demarcação – sempre flexível, sempre decidida consensualmente em função de cada caso concreto – obedece ao espírito que presidiu ao lançamento da "Parceria para a Paz" e do Conselho de Parceria Euro-Atlântico; obedece, igualmente, às razões que levaram a Aliança a intensificar os laços de cooperação e assistência que a unem a Estados como a Albânia e a Macedónia.

Também aqui não há qualquer contradição entre o Conceito Estratégico e o Artigo 6.º do Tratado de Washington – o qual define, aliás, o espaço geográfico de aplicação do Artigo 5.º relativo à defesa colectiva.

Em cada um destes três tabuleiros, Portugal viu as suas pretensões serem aceites – a articulação devida entre a NATO e a Carta das Nações Unidas, o respeito pelas exigências constitucionais de cada Aliado sempre que não esteja em causa uma necessidade de defesa colectiva e realismo e prudência na delimitação da área geográfica susceptível de envolvimento nas novas missões da Aliança. E, acrescentaria, o Conceito Estratégico e a Declaração de Washington formalizam como prioridade, por iniciativa portuguesa, o diálogo mediterrânico.

Senhor Presidente,
Senhoras e Senhores Deputados,

Devo, antes de terminar, assinalar que um dos mais notáveis resultados da Cimeira de Washington – algo ignorado – é o reconhecimento expresso do papel da União Europeia no campo da segurança e defesa. Os Chefes de Estado e de Governo da Aliança, refutando profecias negativas provenientes de diversos quadrantes, abriram as portas a uma colaboração directa e intensa entre a NATO e a União Europeia.

Tal representa um desenvolvimento que seria impensável há uns meros cinco anos atrás. O Conceito Estratégico e o Comunicado da Cimeira falam por si. Mas permitam-me alguns exemplos:

– é saudado o novo alento dado à Política Externa e de Segurança Comum (PESC) pelo Tratado de Amesterdão e pelas Conclusões do Conselho Europeu de Viena, com base na Declaração franco-britânica de St. Malô;

– considera-se que devem ser criados mecanismos de consulta e cooperação entre a NATO e a União, inspirados nos que já existem entre a Aliança e a UEO; e

– manifesta-se disponibilidade para permitir à União um acesso facilitado aos seus meios e capacidades, bem como aos meios de planificação militar aliados, identificando inclusivamente os arranjos de comando para as operações que possam vir a ser conduzidas pela União.

Por outras palavras, a NATO passou a encarar, de frente e sem rodeios, a integração da UEO na União Europeia – processo que, diga-se, conheceu novos avanços na recente Ministerial de Bremen e que poderá ser acelerado no Conselho Europeu de Colónia. A NATO de hoje apoia o reforço da Identidade Europeia de Segurança e Defesa, no seu seio e no quadro da União. Existe pois um vasto entendimento sobre partilha de responsabilidades entre europeus e norte-americanos, uma parceria em que aos primeiros são facultados os meios necessários a uma crescente afirmação.

E acrescento aqui que, curiosamente, os principais obstáculos negociais não foram erguidos pela diplomacia dos Estados Unidos, mas sim por quem receou ser excluído pelos avanços da União Europeia neste domínio ...

A Cimeira de Washington representou a luz verde definitiva – e não um sinal amarelo – para quantos desejam ver ultrapassadas no quadro euro-atlântico as últimas dificuldades conceptuais e orgânicas para a construção de uma identidade de segurança e defesa na União Europeia. Por isso, Washington foi a mais europeia de todas as cimeiras da Aliança.

Senhor Presidente,
Senhoras e Senhores Deputados,

A NATO do século XXI tem condições para ser eficaz e coesa. Para respeitar os princípios do Direito Internacional e agir – com as Nações Unidas, a União Europeia, a OSCE e o Conselho da Europa – em benefício da segurança de uma Europa mais unida, capaz de projectar a sua estabilidade para as zonas circunstantes. Será uma Organização aberta e alargada sem sobressaltos, enriquecido por novos membros e por relações que desejamos intensificar com a Rússia e a Ucrânia. Será, por força de uma vontade colectiva, um vector de paz.

O Tratado de Washington mantém-se – porventura pela sua simplicidade – actual. A NATO, cinquentenária, também. As novas missões representam uma forma adicional de rentabilizar uma estrutura cujos pilares garantiram a nossa segurança colectiva durante meio século e permanecem sólidos.

A NATO adapta-se e vê as relações transatlânticas com um olhar renovado e moderno. Queremos que o faça com a criatividade e o rigor que o terceiro milénio não deixará de exigir; queremos ainda que o faça – e penso na ajuda humanitária prestada pela Aliança na Albânia e na Macedónia, e no contributo decisivo dado para a pacificação da Bósnia – olhando, no espaço euro-atlântico, para quem dela justificadamente precisar ou para quem a ela livremente se quiser acolher.

2. A União da Europa Ocidental

A Segurança e a Cooperação Europeia: Concretizações e Desafios – Perspectiva da União Europeia*

Lisboa, 30 de Julho de 1998

European Cooperative Security: achievements and challenges – A perspective from the European Union

To speak of the achievements and challenges of the European Union in the field of cooperative security is in itself a challenge...

First of all, because we are dealing with an issue of a dual nature:

– On the one hand, the collective security of the Union is a goal – our aim is to consolidate a secure European space, bound together, according to the Maastricht and Amsterdam treaties, by a common defence;

– On the other hand, the history of Europe since World War II (and perhaps since well before that) has demonstrated the value of the transatlantic link embodied by the Atlantic Alliance;

Secondly, because the European Union has shown a tendency to concentrate on the institutional aspects of collective security, creating what appears to be a sound structure on paper while often demonstrating a difficulty to deal with concrete crises and security risks.

---

* Versão original inglesa proferida no Colóquio da UEO na EXPO'98.

It is not by accident or pure irony that Richard Holbrooke, in his recently published volume dedicated to the Balkans entitled "To end a war" wrote of:

«An institutional structure which makes it hard for Europe to use its full moral, political and diplomatic authority in a coherent and consistent way».

Some could argue that Holbrooke's comments are too severe. It is perhaps so. But bearing in mind that a common foreign and security policy needs to be judged by its efficiency, we must heed such warnings and reflect on the lessons learned.

I would argue that membership of the European Union is a security guarantee in its own right. It is beyond reasonable doubt that, for instance, a threat to a neutral Member State would go on unanswered by the Union. But that is not enough.

The European Union needs to be supported by an effective security policy. That is what we have been trying to achieve through a more solid relationship with the Western European Union and, since the Amsterdam Treaty, by incorporating into the Union's Second Pillar new capabilities and roles, namely the so-called "Petersberg Missions". It is a valid starting point.

But we must strive forward. The WEU must have the sustained and practical ability to react to actual crises. That has indeed been the main thrust of the WEU's presidencies – including Portugal's – over the past few years. This entails a greater commitment of its Member States – of a political, military and financial nature – and the definition of a working relationship with NATO.

But it also means that, at the end of the day, the link between the European Union and the Western European Union will necessarily be too strong to justify two completely separate organizations. Portugal, together with a significant number of its partners, has accepted this reality and is ready to take the steps leading to the assumption of a true security and defence dimension by the European Union.

This may be bold, but it is not unreasonable. Why? Quite simply, because we continue to be deeply committed to the Transatlantic Alliance. The collective security of the greater transatlantic area must continue to be seen as a joint responsibility of Europe and its North American allies. It is the only way to maintain stability and a fair measure of burden-sharing; it is also the only way to provide a credible response to the security needs of the countries of Central and Western Europe and to draw countries such as Russia, Ukraine and Belarus into the "Transatlantic family".

We ought to wholeheartedly support the progressive definition of the "European Security and Defense Identity", turning into reality the decisions taken by NATO at its Berlin Ministerial Meeting in 1996. There surely is no doubt among us that our diplomatic weight may need the military capabilities of NATO, which are both North American and European, to overcome major crises. Bosnia is a case in point.

It made sense, a decade ago, to speak of two basic approaches to security and defense – an Atlantic and Western European one. Those days are gone. It is of the utmost importance that the European Union continues to invest in this field – to build up the E.S.D.I. within the new NATO.

In time, and maybe before not so long, the European Union will have put the Amsterdam Treaty to practice. Once that has happened, the need to promote a direct dialogue between the Union and NATO will emerge. We must be ready to welcome that opportunity.

Before I conclude these opening remarks, I would like to make three additional points:

– The final map of Europe resulting from the enlargements of NATO and the European Union must be coherent. That is why I see these two processes as open-ended and why we support the accession of Romania and Slovenia to NATO; that is why we should wave the banner of enlargement – linked to obvious conditions – to countries such as Croatia, Bosnia and Yugoslavia.

– Europe must not neglect its armaments policy. There are encouraging signs – and allow me to underline the importance of the recently approved "code of conduct" for arms exports – but our overall objective should be the definition of a real and effective Common European Armaments Policy which leaves no one out and is able to make use of our technologies and "know-how". I see too many organizations working on this particular issue, with the ensuing risk of confusion and duplication.

– Finally, a genuine common foreign and security policy and a common defense are only possible through political will; in this sense, the structures to which we tend to attach excessive importance are only a means to an end. The European Union should make a real effort in the coming years to move away from a declaratory diplomacy that reacts to everything at all times and concentrate on what matters. The Union must identify its resources, define its priorities, set is goals and act. A common policy will never work if it is nothing but the sum of fifteen, twenty or twenty-five national foreign policies. To get that right will be the greatest challenge of all.

3. A Organização de Segurança e Cooperação na Europa

A Cimeira de Lisboa da OSCE e as Relações Euro-Americanas*

Lisboa, 27 de Novembro de 1996

É um privilégio ter a oportunidade de, a escassos dias da Cimeira de Lisboa, poder explorar o vasto tema da relação entre a OSCE e aquilo que tem vindo a ser designado por "relação transatlântica". Com efeito, trata-se de uma questão que, embora não constando formalmente da agenda da Cimeira, se encontra subjacente à sua realização.

Na verdade, se recordarmos a origem da então CSCE, torna-se claro que a própria Organização representa um testemunho da ligação umbilical existente entre a América do Norte e a Europa e da indivisibilidade dos valores e dos interesses – humanos e políticos – que unem os povos dos dois lados do Atlântico.

Regressemos por um instante ao início da década de 70. O período da *détente* introduziu alguma fluidez nas relações Este-Oeste, até ali cristalizadas na hostilidade contida que caracterizou a primeira fase da Guerra Fria. As perspectivas de evolução que se abriram resultaram, naturalmente, da conjugação de alguns factores. Destacarei três:

— O gesto visionário da *Ostpolitik* de Willy Brandt, traduzido na aproximação da RFA ao mundo comunista – pensemos no reconhecimento da RDA e das fronteiras com a Polónia – e na consolidação dos acessos a Berlim;

---

* Intervenção na XIV Conferência Internacional de Lisboa, promovida pelo Instituto de Estudos Estratégicos Internacionais.

– A globalização da diplomacia da Administração Nixon, preocupada que estava com o afastar dos fantasmas deixados pelo envolvimento no Vietname, que passava pela introdução de uma dimensão política nas relações com a Europa que complementasse as garantias de segurança colectiva confiadas à NATO; e

– A necessidade sempre sentida pela URSS de legitimar internacionalmente o *statu quo* saído da Segunda Guerra Mundial, e em especial as fronteiras então delimitadas.

É hoje curioso verificar que a Conferência sobre a Segurança na Europa, que reuniu sem alardes em Helsínquia e Genebra, correspondeu a uma convergência de vontades ditadas por intuitos opostos – a URSS pretendia, como disse, tornar aceitável e duradouro o seu ascendente sobre a Europa de Leste e, talvez, instituir um diálogo que levasse à diluição da NATO; os Estados Unidos e os seus Aliados europeus visavam estabilizar Berlim e imprimir um novo ritmo às negociações sobre desarmamento.

A CSCE representou, assim, o ponto de encontro possível entre ideologias opostas. Quando chegou o dia da aprovação do Acto Final de Helsínquia, em 1 de Agosto de 1975, muitos consideraram – prematuramente – que ao Estados Unidos tinham perdido o rumo e iriam abandonar a Europa de Leste a um destino adverso. A este respeito, cito um editorial do *New York Times* publicado nessa altura, violentamente crítico da acção do Presidente Ford:

«A conferência de 35 Estados, que agora se aproxima do clímax depois de 32 meses de questiúnculas semânticas, não deveria ter acontecido. Nunca tantos lutaram durante tanto tempo por tão pouco. É demasiado tarde para cancelar a Cimeira de Helsínquia; todos os esforços devem ser feitos, em público e também em privado, para impedir a euforia do Ocidente»...

Nem sempre os mais atentos observadores acertam. O Acto Final de Helsínquia acabou por dar às democracias ocidentais uma voz nos arranjos políticos da Europa de Leste. Acima de tudo, introduziu no relacionamento Leste-Oeste a questão dos direitos humanos através do 3.º *basket* da CSCE – primeiro de importância quase simbólica e, depois, arvorado em credo dos reformistas. A relevância deste código de conduta não se limitou ao Leste europeu – foi também invocado na fase mais radicalizada do processo político português em 1975.

Muito se tem falado no "discreto realismo da CSCE". Avançando no tempo, poderemos dizer, sem pecar por excesso, que a Europa dos nossos dias é fruto da actuação paciente e tranquila do processo de Helsínquia, catalizada pela *perestroika*.

E a relação transatlântica? Não creio que a súbita aceleração da História a tenha danificado. Pelo contrário, a Europa e os seus parceiros da América setentrional têm procurado, com criatividade, expandir os domínios e os quadros institucionais em que aquela se desenrola. O fim do bipolarismo absoluto permitiu aumentar para 54 Estados a composição da OSCE (elevada a Organização há dois anos, na Cimeira de Budapeste) e criar as condições políticas para o alargamento da União Europeia e da própria NATO. E em todo este movimento, apesar de algumas faltas de sintonia pontuais, ficou bem patente a identidade de posições entre Washington e as capitais europeias ocidentais.

Embora seja prematuro encarar no plano imediato a integração económica do grande espaço transatlântico, não deixam de ser dignos de nota os ensejos reformistas partilhados pelos Aliados. O alargamento a Leste é entendido como um imperativo político e moral, como uma resposta inevitável às mudanças operadas na Europa Central e Oriental, como a forma mais acertada de corrigir uma separação artificial que vigorou ao longo de quatro décadas, repondo uma organização do espaço do Atlântico aos Urais definida por uma história milenária.

E o mais interessante é que a OSCE, agente de mudança por vocação, surge no panorama actual como garante permanente de estabilidade, como a Organização menos afectada pelo ambiente de mudança em que nos movemos. Não faço esta afirmação gratuitamente. Numa Europa conturbada, marcada pelo ressurgimento de litígios e conflitos internos, bilaterais ou regionais, torna-se indispensável a diplomacia preventiva, a gestão de crises, o reforço das instituições democráticas, a supervisão dos direitos humanos (incluindo os atinentes às minorias nacionais ou étnicas) e a pacificação regional. Todas estas áreas se encontram sob a alçada da OSCE e representam o seu campo natural de afirmação.

Mais ainda: a OSCE é a única organização pan-europeia com responsabilidades em matérias de segurança onde os Estados Unidos e a Rússia se encontram em completo pé de igualdade. Isto poderá explicar o intenso debate a que assistimos. Por um lado, Moscovo insiste na atribuição à OSCE de um primado hierárquico sobre as demais organizações, de modo a relativizar a NATO e os efeitos, que tem por nocivos, do seu alargamento. Na revista *Foreign Policy*, o deputado russo Alexei Arbatov argumentou recentemente que «nenhumas medidas construtivas colaterais poderiam efectivamente limitar os danos causados pela expansão da NATO», mas a linha oficial da diplomacia de Moscovo continua a privilegiar a OSCE. Por outro lado, a Administração Clinton insiste em preservar a flexibilidade própria da OSCE, sem prejudicar a adesão, possivelmente numa cimeira, a realizar em 1997, de novos membros à Aliança.

E quantas NATOs haverá na realidade? A NATO como instituição que, segundo Henry Kissinger «mais perto esteve de harmonizar os objectivos morais e geopolíticos dos Estados Unidos»; a NATO como estrutura com capacidade militar para conter uma Rússia ressurgida; a NATO como elemento integrador e moderador da Europa Central; a NATO como única plataforma de defesa apta a funcionar em qualquer emergência; a NATO onde, depois da Ministerial de Berlim, se desenha a Identidade Europeia de Segurança e Defesa?...

À previsibilidade da OSCE poderemos igualmente contrapor as dificuldades intrínsecas do alargamento da União Europeia. Os processos de adesão – que apoiamos – hão-de ser complexos e demorados; exigirão, além disso, um empenho político constante que nem sempre se verifica – veja-se o caso de Malta...

Minhas Senhoras e Meus Senhores,

Voltemos agora ao ponto de partida. Comecei por uma referência aos profundos laços que unem a América do Norte à Europa. É uma relação multifacetada e não isenta de contratempos. Washington tem oscilado, ao longo dos tempos e por vezes de cada Administração, entre uma postura isolacionista e uma política externa mais activa e intervencionista, entre um multilateralismo assumido e uma liderança unilateral (assente até na contestação sistemática das Nações Unidas e do seu Secretário--Geral ou na Lei Helms-Burton).

Contudo, os pilares em que assenta o eixo transatlântico são fundamentalmente sólidos:

– Intensos feixes de relações bilaterais, com notável expressão numa economia mundializada;

– A NATO, enriquecida pela abertura a Leste e pela emergente Identidade Europeia de Segurança e Defesa;

– O diálogo com a União Europeia, baseado agora na ambiciosa Nova Agenda Transatlântica e o Plano de Acção anexo, concluídos em Madrid em Dezembro de 1995 – documentos estruturantes de um diálogo e de uma cooperação política e económica preferenciais em vários sectores; para Portugal, foi particularmente importante a inclusão naquela agenda global de Timor-Leste e dos processos de paz de Angola e Moçambique;

– A OSCE, pelo seu significado histórico e pela maturidade em que agora entra, pelo acervo político e social que consigo transporta.

Não tenciono aqui apresentar-vos um historial detalhado dos preparativos que rodearam a realização da Cimeira de Lisboa. Será porventura mais aliciante traçar-vos, genericamente, as áreas onde os Chefes de Estado e de Governo da OSCE serão chamados a tomar decisões:

– A definição do "Modelo de Segurança para o Século XXI", iniciativa russa que visa identificar os riscos e ameaças (de índole política, militar, social ou económica) com que o espaço geográfico abrangido pela OSCE se depara e, como complemento, procurar respostas conjuntas para lhes fazer face;

– O futuro do Tratado CFE (*"Conventional Forces in Europe"*) e outras vertentes do desarmamento na Europa, dando assim continuidade a uma acção constante da OSCE, sob cuja égide foi negociado aquele Tratado basilar da Europa de hoje; a adaptação do convénio às novas condições de segurança surge como inevitável, e já foram dados este ano passos significativos nessa direcção;

– O papel a desempenhar pela Organização no processo de paz na Bósnia--Herzegovina e da estabilização dos Balcãs; a OSCE teve aqui um protagonismo indesmentível na condução do processo eleitoral – em que Portugal participou activamente e que teve um saldo positivo na legitimação das instituições previstas pelos Acordos de Dayton –, na defesa dos direitos humanos e no desarmamento das Partes;

– O acompanhamento de conflitos que continuam a ser preocupantes e a minar a estabilidade europeia (a título de exemplo, a Tchétchenia e o Nagorno-Karabakh).

Acredito que o Documento de Lisboa – independentemente da sua designação – assinalará a maioridade da OSCE (vinte e um anos depois de Helsínquia...). Escrevi há dias que teremos um texto situado algures entre um modelo programático consensual para a segurança da Europa e a sempre útil avaliação retrospectiva da actuação da Organização. Não será pois irrealista esperar que a Cimeira de Lisboa se transforme, por direito próprio, numa referência para a construção da nova arquitectura europeia de segurança.

Maturidade, maioridade, responsabilidade. São conceitos política e socialmente importantes. E nem a política, em democracia, nem a vida em comum podem ser construídas sem valores partilhados e profundamente arreigados. Esses valores, por uma tradição antiga, são a fundação da relação transatlântica e da OSCE; por mais que se sucedam diferentes conjunturas ou que flutuem os interesses nacionais, o legado da América do Norte e da Europa é sólido e inabalável.

A Cimeira de Lisboa como marco? Depende tão-só do empenho conjunto dos Chefes de Estado e de Governo que passarão por Portugal a 2 e 3 de Dezembro. E deve ser sublinhado o facto de se reunirem no quadro da OSCE. É uma Organização que, embora historicamente jovem, representa toda a Europa e a América do Norte, dois continentes unidos pelo Atlântico e conjurados por um futuro onde a memória sirva de lição e a vontade comum de paz e estabilidade seja a inspiração dominante.

A Maturidade da OSCE
e a Cimeira de Lisboa

Entrevista ao jornal **Expresso**
Novembro de 1996

    Portugal será o anfitrião da próxima Cimeira da OSCE. A 2 e 3 de Dezembro, Lisboa acolherá os Chefes de Estado ou de Governo dos 54 países que integram a Organização*, que cobre a área de Vancouver a Vladivostok, bem como de outros Estados que, com diferentes estatutos, lhe estão associados – os países mediterrânicos, o Japão e a Coreia do Sul. Participarão ainda os representantes de dezoito Organizações Internacionais.
    A Cimeira de Lisboa ocorre num momento em que o debate sobre a arquitectura europeia de segurança é particularmente intenso. Por isso mesmo, a OSCE não se poderá abstrair dos principais vectores dessa discussão. Em causa está, essencialmente, a definição do papel que caberá desempenhar a cada uma das Organizações ligadas à segurança de uma nova Europa una e livre, tentando preservar um grau de equilíbrio entre tais instituições, sem as hierarquizar e tendo em conta a vocação específica de cada uma delas. Por outras palavras, a Cimeira deverá afirmar o espaço próprio de actuação da OSCE, valorizando as tarefas que esta se encontra mais apta a realizar.
    O pano de fundo é complexo. Bastará pensar na adaptação e no alargamento da NATO (que poderá concretizar-se a partir de uma Cimeira dos Aliados prevista para a Primavera de 1997), no alargamento da União Europeia, na progressiva afirmação da Identidade Europeia de Segurança e Defesa ou no reequacionamento das relações

---

* A República Federal da Jugoslávia encontra-se suspensa desde 1992 e subsistem dúvidas sobre a sua readmissão antes da Cimeira de Lisboa.

com a Rússia. Na OSCE, enquanto *forum* privilegiado de debate político, todos aqueles factores subjazem aos trabalhos em curso visando a elaboração de um "Modelo de Segurança para o Século XXI".

Este "Modelo", resultante de uma iniciativa russa apresentada na Cimeira de Budapeste de 1994, tem por base um conceito abrangente de segurança – visa identificar os riscos e ameaças (de índole política, militar, social ou económica) com que o espaço geográfico abrangido pela OSCE se depara e, em simultâneo, procura respostas conjuntas para lhes fazer face. As motivações russas ao apresentar esta proposta são compreensíveis. Por um lado, a OSCE é a única Organização euro-atlântica em que a Rússia participa em pé de igualdade com os Estados Unidos; por outro, o alargamento da NATO a leste tem vindo a provocar em Moscovo receios de isolamento no cenário europeu que a própria Aliança procura dissipar.

A OSCE de agora é o resultado de um processo com pouco mais de vinte anos. O Acto Final de Helsínquia, assinado a 1 de Agosto de 1975, consagrou os dez princípios que deveriam nortear as relações entre os Estados participantes, bem como um conceito de segurança global e indivisível. E, se acolheu o tão pretendido pela URSS reconhecimento do *statu quo* territorial e político surgido do pós-guerra, incluiu de igual modo um significativo conjunto de disposições sobre direitos fundamentais. Este elenco acabou por servir de referência tanto aos Estados que lutavam pela sua libertação da tutela soviética, tal como enunciada na "doutrina Brejnev", como a todos os que lutavam pela liberdade individual na Europa.

Os nossos aliados invocaram-no aquando do período mais radicalizado do processo político português em 1975.

A abertura e a democratização dos Estados do Pacto de Varsóvia, iniciada em 1989, permitiu o estabelecimento das bases de uma Europa liberta das divisões geradas pela Guerra Fria. Em 21 de Novembro de 1990, foi assinada pelos Chefes de Estado e de Governo da então CSCE, a Carta de Paris para uma Nova Europa. Esta ocasião assinalou, na história da CSCE, o termo do confronto ideológico leste-oeste. Foi também em Paris que se deu início à institucionalização da CSCE, dotando-a de estruturas de carácter permanente (sediadas essencialmente em Viena). Esse processo de transição culminou na Cimeira de Budapeste, onde a "Conferência sobre a Segurança e Cooperação na Europa" (CSCE) veio a dar lugar à OSCE.

Hoje, a OSCE é uma organização especialmente vocacionada para a diplomacia preventiva, a gestão de crises, o reforço das instituições democráticas, a supervisão dos direitos humanos e a estabilização regional. Embora reconhecida como Organização regional nos termos do capítulo VIII da Carta das Nações Unidas, o que lhe confere a possibilidade de levar a cabo operações de manutenção de paz, Portugal e outros Estados sustentam que outras Organizações (designadamente a NATO) se encontram melhor apetrechadas para realizar tais missões e que, por isso, podem e devem receber mandatos da ONU ou da OSCE para as levar a cabo com adequada legitimidade. A acção das alianças de defesa torna-se mais credível quando assente em deliberações tomadas ao nível das organizações de segurança.

Ao passo que a Guerra Fria silenciou os diferendos regionais e étnicos na Europa, a dissolução da URSS e do Pacto de Varsóvia modificou radicalmente aquelas circunstâncias. O actual mapa da OSCE encontra-se marcado pelo surgimento de inúmeros litígios e conflitos internos, bilaterais ou regionais. É aqui que a OSCE encontra o seu campo natural de intervenção.

O conflito na ex-Jugoslávia e a aplicação dos Acordos de Dayton para a Paz na Bósnia-Herzegovina demonstraram ser possível a articulação "no terreno" da actuação das várias Organizações Internacionais ali empenhadas. A OSCE tem vindo a contribuir de forma significativa para a promoção da paz, democracia e da estabilidade na região, seguindo o mandato conferido à Organização pelos Acordos de Dayton – supervisão das eleições, verificação dos direitos humanos na Bósnia-Herzegovina (v.g., através da nomeação de *Ombusdmen*, ou "Provedores", responsáveis pela investigação de violações registadas) e apoio às Partes nas negociações sobre o controlo de armamentos e a criação de medidas de confiança e segurança na região. A importância deste último aspecto não pode ser subestimada, pois só a redução substancial dos arsenais bélicos na região poderá levar a uma estabilidade durável.

Portugal participou com trinta e um supervisores na preparação e verificação das eleições de Setembro na Bósnia-Herzegovina, demonstrando assim o nosso empenho em apoiar activamente as iniciativas da OSCE e complementando a nossa contribuição, de maior envergadura, para a IFOR.

A Cimeira de Lisboa deverá consolidar o papel da OSCE na Bósnia, através da definição das atribuições da sua Missão em Sarajevo e da avaliação de novas tarefas na perspectiva do período de transição democrática iniciado com o acto eleitoral naquele país. Pensamos que o balanço das eleições foi francamente positivo – decorreram num clima global de tranquilidade e legitimaram o quadro institucional delineado em Dayton; esperamos que as eleições municipais, adiadas para 1997, venham a realizar-se num ambiente semelhante.

Ainda no âmbito da acção regional, não poderemos ignorar as possibilidades criadas pelo Pacto de Estabilidade, de que a OSCE é depositária. Este Pacto poderá contribuir de forma significativa para o reforço das relações de boa-vizinhança na Europa, tendo em conta a prática já utilizada de "mesas regionais" que agrupam os países interessados na resolução de diferendos localizados.

No domínio da diplomacia preventiva, a OSCE dispõe de instrumentos inovadores. Cabe salientar o Alto Comissário para as Minorias Nacionais e a constituição das Missões da OSCE. Estas surgiram com o envio de representantes para os Estados sucessores da União Soviética, entretanto admitidos na Organização, com o objectivo de verificar se os compromissos decorrentes dessa adesão estavam a ser cumpridos. Com o tempo, as Missões passaram também a contribuir para o alívio de situações de tensão ou crise – actualmente, a OSCE tem Missões na Bósnia, Tchétchenia, Estónia, Geórgia, Letónia, Macedónia, Moldávia, Nagorno-Karabakh, Tajiquistão e Ucrânia.

A OSCE tem desempenhado um papel essencial no processo de controlo de armamentos na Europa. A assinatura em 1990, na Cimeira de Paris, do Tratado sobre

Forças Armadas Convencionais na Europa (CFE), pelos países do extinto Pacto de Varsóvia e da NATO, representou um acontecimento de grande alcance. Com efeito, permitiu a redução substancial de armamentos (v.g., aviões e helicópteros de combate, tanques, artilharia), contribuindo para a inviabilização de ataques em larga escala em território europeu. Apesar de o Tratado CFE abranger apenas alguns dos Estados da OSCE, as negociações decorreram sob os seus auspícios, tendo em consideração a vocação particular da Organização e a presença de todas as Partes envolvidas. Em Lisboa serão analisadas várias questões ligadas ao futuro deste Tratado, incluindo a sua adaptação às novas condições de segurança na Europa. O contexto político e militar resultante da desintegração do Pacto de Varsóvia dificulta, em alguns aspectos, novas negociações sobre desarmamento, uma vez que o reacender de litígios tende a provocar hesitações em vários Estados europeus quanto à prossecução de reduções das suas forças ou à manutenção do regime de "inspecções inesperadas" previsto no Tratado. Mas o caminho a seguir está traçado com clareza e não dever ser abandonado.

Após este balanço das actividades da OSCE, é possível sintetizar as áreas onde esperamos que a Cimeira de Lisboa tome decisões:

– a definição do "Modelo de Segurança para o Século XXI";

– a adaptação e o futuro do Tratado CFE e outros aspectos do controlo de armamentos na Europa;

– o papel da Organização no quadro do processo de paz na Bósnia-Herzegovina e da estabilização regional dos Balcãs.

Os resultados finais da Cimeira constarão de um Documento de Lisboa, com esta ou outra designação, situada entre um modelo programático consensual para a segurança da Europa e a avaliação retrospectiva da actuação da Organização. Pensamos que Lisboa assinalará a maturidade da OSCE, que na sua origem representou o diálogo possível entre ideologias opostas e, no presente, simboliza um largo entendimento transatlântico e pan-europeu quanto ao relacionamento entre Estados e ao respeito pelos direitos humanos. É essa plataforma que pretendemos aprofundar e expandir, para que Lisboa – tal como Helsínquia em 1975 e Paris em 1990 – venha a ser uma referência incontornável na nova arquitectura europeia de segurança.

Lisboa Será Ponto de Partida para um Modelo de Segurança Europeia

Entrevista ao jornal **Público**
1 de Dezembro de 1996
Por Teresa de Sousa e Joaquim Trigo de Negreiros

Fórum adequado para que, numa Europa sem blocos, se faça a aprendizagem comum da democracia e das boas regras de convivência internacional. Observatório privilegiado para a prevenção de conflitos e o controlo de armamentos. Espaço de diálogo com a Rússia. Quadro propício a tornar mais fácil o alargamento da NATO. Por tudo isto, Jaime Gama considera que a OSCE tem ainda várias missões a cumprir. E espera que a Cimeira de Lisboa sirva para lançar as bases do que pode vir a ser um modelo aceitável para a segurança europeia do pós-Guerra Fria. Uma entrevista sem medo das palavras.

Jaime Gama evita os exageros. Reconhece as limitações da OSCE, mas também admite que ela acabou por ser um quadro razoável de contenção das perturbações e dos conflitos que a queda do império soviético e o ressurgimento dos nacionalismos poderia ter provocado na Europa saída do gelo da Guerra Fria. Reconhece que a organização continua a ser hoje uma importante «plataforma de compromisso entre os Estados Unidos, a União Europeia e a Rússia», fundamental para um sistema de segurança estável. Mas não deixa por isso de dizer que a estabilidade na Europa será muito mais consolidada quando os países da Europa Central integrarem a União Europeia e uma NATO que já não será a mesma.

Quanto à Cimeira de Lisboa, ela será «um balanço realista do caminho percorrido» e um marco de partida para o alargamento da Aliança de par com uma acomodação pragmática da política externa da Rússia. Afinal, os primeiros passos para o que se convencionou chamar "modelo de segurança para o século XXI".

Público – Como valoriza Portugal a OSCE enquanto organização de segurança pan-europeia de que faz parte? Que lugar e que papel lhe atribui num futuro sistema de segurança na Europa do pós-Guerra Fria?

Jaime Gama – A OSCE tem um papel relevante na estabilização da situação de segurança e é por isso que ela se dedica a estabelecer medidas de confiança e a ser um dos principais enquadramentos das negociações de desarmamento, como a redução das forças convencionais na Europa. Por outro lado, a sua dimensão político-institucional, sobretudo em matéria de direitos humanos e de padronização de sistemas democráticos, conferiu-lhe um papel importante na transição dos sistemas políticos na Europa Central e na criação de condições para a boa convivência entre os respectivos países. Muitos dos problemas que se colocavam à reestruturação da Europa Central no pós-Guerra Fria têm vindo a ser acompanhados pela OSCE. É o caso das minorias étnicas, linguísticas ou religiosas, dos problemas transfronteiriços e, também, da estruturação de regimes políticos de democracia parlamentar.

Mas a OSCE é ainda, por ser uma organização pan-europeia de que também fazem parte os Estados Unidos e Canadá, o fórum adequado para estabelecer com a Federação Russa alguns compromissos sobre a estabilidade e a segurança em todo o continente.

Em relação a alguns pontos que referiu – direitos humanos, padronização democrática, protecção de minorias –, não haverá sobreposição de papéis entre a OSCE e o Conselho da Europa?

O Conselho da Europa tem, se quiser, um padrão mais exigente, visto que concentra a sua actividade no estabelecimento de um espaço jurídico democrático europeu a nível mais estabilizado e mais elaborado. A OSCE tem tido a seu cargo acompanhar as situações de transição e exercer acções de diplomacia preventiva em relação a crises potenciais. Esta não é a função do Conselho da Europa.

Em termos práticos, em que se tem traduzido, essa vocação de diplomacia preventiva?

No envio de missões com mandatos fixados e no acompanhamento permanente das situações, funcionando como sistema de alerta em relação aos casos mais dramáticos. Pode dizer-se que, em muitos casos, não se trata de uma função de grande visibilidade, o que não significa que não se trate de uma função importante. Resulta da existência desses mecanismos de diplomacia preventiva, muitas vezes, a possibilidade de controlar a emergência de conflitos antes de eles virem a ocorrer. Por outro lado, a própria existência da OSCE como grupo de Estados pressupõe que todos os seus membros acatem a legitimidade dos seus princípios e da sua intervenção adequada.

As missões enviadas pela OSCE para pontos de conflito foram, na sua grande maioria, para regiões da antiga União Soviética – uma zona a que os russos costumam chamar "estrangeiro próximo", onde a Rússia deseja manter algum domínio exclusivo e onde, até agora, com ou sem OSCE, o mundo ocidental tem dado carta branca a Moscovo. Essas missões, neste jogo de cumplicidades, têm servido de pouco...

Aparentemente sim, na realidade não. A OSCE é uma plataforma de compromisso entre os Estados Unidos, a Europa Ocidental e a Rússia. Foi assim no tempo da Guerra Fria, quando propiciou a distensão. Continuou a ser assim aquando do desmantelamento da União Soviética e do fim do Pacto de Varsóvia. Continua a ser assim para simultaneamente, através da OSCE, dar garantias à Rússia de que o seu espaço confinante é uma zona de estabilidade, mas ao mesmo tempo estruturar esse espaço na base de uma plena independência dos respectivos países, procurando que o relacionamento entre os Estados seja construtivo, mas que também não assuma, em relação à Federação Russa, uma perspectiva de reposição do antagonismo.

"Pedagogo" da democracia

A Rússia não esconde uma perspectiva de valorização da OSCE que é mais enfática do que a perspectiva europeia e americana. Como é que vê essa diferença de estratégias?

Em qualquer organização, todos os Estados têm sobre ela um projecto próprio. Os Estados Unidos têm um, a União Europeia outro, a Rússia outro, os países da Europa Central outro.

A OSCE tinha uma finalidade durante a Guerra Fria. Essa finalidade estava ditada pelo desejo de estabilidade, reconhecimento da intagibilidade das fronteiras, estabelecimento de condições de confiança recíproca entre os blocos. E também, a partir de um certo momento, do estabelecimento progressivo de referências em torno da problemática dos direitos humanos e da liberdade cultural. E essa função, a OSCE desempenhou-a bem, muitos dos movimentos para a democracia nos países do Pacto de Varsóvia tiveram como referente documentos e compromissos estabelecidos com muita dificuldade no âmbito da CSCE.

Quando, ainda no tempo de Gorbatchov, se adopta a Carta de Paris em 1990, há uma mudança substancial em relação ao mandato da OSCE, porque, pela primeira vez, passa a situar muito claramente quais os verdadeiros fundamentos de uma ordem europeia baseada nos direitos do Homem, no Estado de Direito, na democracia, na economia de mercado. E é essa assunção comum ainda na vigência de regimes comunistas que viabiliza a evolução política nos países da Europa Central e propicia o desmantelamento do Pacto de Varsóvia, e, talvez, o próprio fim da União Soviética. Não digo que a CSCE tenha sido o agente principal dessa transformação, mas foi seguramente o depositário e o receptáculo desses compromissos.

Posteriormente, quando se receava que a queda dos regimes comunistas nos países da Europa de Leste fosse acompanhada pelo eclodir de fenómenos nacionalistas descontrolados, guerras transfronteiriças, desestabilização derivada da impossibilidade de gerir a situação das minorias, é o referencial da OSCE o único capaz de constituir um enquadramento para que todos esses problemas sejam acompanhados. É ainda no âmbito da OSCE que se procura estabelecer um conjunto de regras sobre a realização de eleições livres e democráticas.

Voltando aos objectivos russos, o Ocidente continua indisponível para aceitar a proposta da constituição de uma espécie de Conselho de Segurança – ou Conselho Consultivo, como lhe chamam –, constituído pelas grandes potências da OSCE para dirigir a organização...

Não, há um Conselho de Segurança que exerce, através das Nações Unidas, o seu mandato à escala global. A OSCE pode e deve desenvolver metodologias e mecanismos para a regulação de conflitos. Temos que ter em conta que, hoje, os conflitos intra--europeus são de menor dimensão em termos dramáticos do que os que ocorrem em outras áreas do mundo. A conjugação das Nações Unidas com a OSCE é suficiente para conter em margens aceitáveis de estabilidade a situação europeia. Isso não quer dizer que a OSCE não deva reforçar os seus mecanismos de funcionamento e melhorar os seus métodos...

Mas será sempre uma organização de cinquenta e cinco membros que decide por consenso. Membros que são muito diferentes entre si, que sentem os riscos e as ameaças de forma diferente, que têm graus muito diversos de consolidação democrática, que não constituem um espaço homogéneo como a UE ou a NATO...

Mas a tendência do espaço OSCE é a de progressivamente ver projectado para a Europa Central e de Leste o modelo institucional e a convivência internacional que hoje é possível praticar na Europa Ocidental. Há, neste domínio, uma conquista, um ganho, uma extensão de área que leva também, por razões de prudência, a fazer com que o método decisório da OSCE deva continuar a ser consensual.

A maior parte dos países da Europa Central e Oriental não serão mais motivados para a democracia e a economia de mercado pelo desejo de aderirem rapidamente à UE e à NATO?

A integração na UE – no quadro de uma estrutura económica e política comum – e o objectivo de aderir à NATO no quadro de uma aliança defensiva têm tido na OSCE um relevante instrumento de diagnóstico e profilaxia. Com os padrões de conduta que tem estabelecido, é antecâmara de futuros níveis de integração em estruturas mais evoluídas. É esse também um papel importante da organização. Não poderá integrar-se na UE nem na NATO o país que não tenha respondido de forma satisfatória a todos os requisitos conceptuais e constitucionais estabelecidos por consenso na OSCE.

Conceitos e agendas

Para além das posições específicas da Rússia – que quer valorizar a OSCE para desvalorizar a NATO –, também há divergências entre os Estados Unidos e a UE quanto ao futuro da organização. Tudo leva a crer que a União valoriza mais a OSCE enquanto estrutura pan-europeia de segurança do que os EUA. Está de acordo com esta interpretação?

Os europeus tendem, até por soma do pensamento alemão com o pensamento francês, para uma visão mais conceptual sobre a realidade internacional e também são mais normativos quanto à estruturação da sociedade internacional. Os norte-americanos tendem a ser mais evolutivos ou pragmáticos, nunca definindo conceitos mas quase sempre agendas. É a diferença, se se quiser, entre a engenharia e a arquitectura. Mas tem de haver um compromisso. Assim como um arquitecto não sustenta uma obra de arte sem o domínio das estruturas e dos materiais, o engenheiro é incapaz de fazer um edifício belo sem o concurso do arquitecto.

Falou na soma franco-alemã. Portugal identifica-se com essa visão?

Nós subscrevemos a proposta da UE. Dentro da União Europeia, temos procurado agir no sentido de propiciar um compromisso entre uma visão normativa e uma concepção evolutiva, tendo consciência de que o processo OSCE é, ele mesmo, um factor negocial para outras negociações maiores – como nesta reunião de Lisboa, ao vir a abrir o caminho para uma adaptação e actualização do Tratado sobre forças convencionais na Europa, a OSCE está seguramente a contribuir para um melhor relacionamento com a Federação Russa, quer no que diz respeito ao alargamento da NATO, quer no que diz respeito ao estabelecimento pela Rússia de uma relação construtiva para o século XXI.

Independentemente dessas filosofias distintas entre europeus e americanos, em termos políticos, quais são as divergências?

Em termos gerais, é a que resulta de se estar a tratar de um problema europeu e os Estados Unidos e o Canadá, embora fazendo parte da OSCE, não serem geograficamente parte integrante do continente.

Mas não há, da parte dos Estados Unidos, neste momento e no que respeita à sua política externa global, uma tendência para a desvalorização de todas as organizações internacionais em que sejam um país entre outros, ou melhor, não liderem claramente?

Os Estados Unidos olham para a Europa como um cenário regional com relevância na estruturação do sistema mundial e como parte do cenário de construção de uma relação estruturada com a Rússia. Dão importância ao alargamento da NATO, tal como a Europa Ocidental dá, e participam na OSCE.

No âmbito da OSCE, têm transmitido à organização parte importante dos seus vectores diplomáticos para a Europa: estabilização das relações entre os países europeus; transição para a democracia na Europa Central; alguns dos mais significativos acordos de desarmamento, designadamente no campo das armas convencionais.

Naturalmente, os EUA transpõem para a OSCE um ponto de vista que é comum ao que têm em relação a outras organizações internacionais, como a ONU, mas também um pouco em relação à NATO, se se olhar para quais são as suas posições quando se trata de gerir o problema da acomodação da Identidade Europeia de Segurança e Defesa.

O papel da única potência e a NATO

Exactamente, não gostam de partilhar a liderança...
Os EUA perspectivam a sua conduta internacional na óptica de participantes em organizações multilaterais que, ao mesmo tempo, se colocam na posição de grande potência , quiçá, de única potência.

As organizações multilaterais, designadamente a NATO e a OSCE, acomodam esse desiderato, mas elas próprias têm também um efeito moderador sobre esse objectivo da política externa norte-americana.

Não haverá alguma contradição entre o objectivo de reforçar e tornar a OSCE mais relevante e, ao mesmo tempo, acelerar o alargamento da NATO?
A OSCE contém uma matriz de relações estáveis no campo do direito internacional que, simultaneamente, monitoriza a estabilidade dos regimes políticos democráticos, a convivência pacífica entre nações fundada no direito internacional e a realização satisfatória de equilíbrios militares. A OSCE tem evoluído. Ela hoje praticamente não se aplica à Europa Ocidental. Aplicou-se a gerir o problema do antagonismo entre blocos. Hoje não é esse o seu objectivo. O próprio acompanhamento do processo de transição democrática na Europa Central está em vias de ser completado. Ou seja, à medida que o continente se normaliza e estabiliza, o mandato anterior da OSCE caduca, ela tem necessariamente que renovar os seus objectivos e isso é positivo.

Numa Europa mais pacificada e menos antagónica, a expansão da NATO através da incorporação de países da Europa Central virá a ser muito diferente do que seria uma expansão da NATO no tempo da Guerra Fria. Não é a mesma NATO que se está a ampliar, é uma NATO diferente, mais baseada na legitimidade que as Nações Unidas ou a OSCE lhe possam vir a conferir do que na acção unilateral. É uma NATO mais voltada para a intervenção em outras áreas do mundo com dificuldades do que propriamente para a sua autodefesa. Muitos dos países de que tínhamos de nos defender vão ser nossos aliados na NATO. E ninguém sabe qual será o futuro entre a NATO e a Federação Russa, sobretudo se esta evoluir com consistência para a economia de mercado, estabilizar um sistema democrático e assumir uma política externa ditada por princípios de não hegemonia nem de criação de uma esfera de influência.

A importância da UE

Ninguém pode prever com rigor o futuro. O nosso dever é criar as condições para que a evolução vá na melhor direcção. Há um ponto sobre o qual não podemos ter dúvidas: a estabilidade na Europa será muito mais consolidada quando aos países da Europa Central for conferido o direito que foi dado à Grécia, à Espanha e a Portugal para integrar a União Europeia. Porque aí trata-se não apenas da participação num livre mercado, mas num verdadeiro processo de integração com uma componente económica, social e política. Aí sim, esse é o verdadeiro instrumento de estabilidade, porque não passa obviamente pela cabeça de ninguém fazer aplicar os mecanismos de diplomacia preventiva da OSCE para resolver nenhum dos diferendos entre os países membros da UE. A OSCE é, por isso, uma organização que, à medida que forem resolvidos os problemas para que foi criada, tenderá a ver extintos os seus mandatos.

Há, pois, uma complementaridade entre o reforço da OSCE e o alargamento da NATO...

Eu vejo o alargamento da UE e da NATO acrescentado à renovação dos mandatos da OSCE e ao estabelecimento de uma relação estratégica mais sustentada com a Federação Russa, como um conjunto de processos que tenderão a fundir-se.

Neste momento, o reforço da OSCE pode ser encarado, por assim dizer, como uma forma de "domesticar" a Federação Russa e diminuir as suas resistências face ao alargamento da Aliança?

Quando se fala no reforço da OSCE, tem-se em mente torná-la mais efectiva no acompanhamento de problemas que, não sendo da Europa Ocidental e tendendo a deixar de ser da Europa Central, vão ser sobretudo problemas projectados na área dos Balcãs, do Cáucaso, talvez da Ásia Central ex-soviética. E aí vejo que a organização tem funções e mandatos a desempenhar.

Por outro lado, o reforço da OSCE é um fórum adequado para que a relação entre a Rússia e a Europa Ocidental tenha também a componente transatlântica, fundamental para estabilizar a política externa da Rússia. A Rússia é um país com várias frentes. Olha na direcção da Ásia, olha na direcção do Sul e tem também uma continuidade com países da Europa Central. A estabilização da situação russa passa preferentemente pela estabilização da sua relação europeia e a relação europeia da Rússia não pode ser definida sem a componente transatlântica. O mérito da OSCE é o de permitir gerir esse grande corredor estratégico norte-americano-europeu-russo.

Armamento:
uma equação em três tabuleiros

Os russos querem saber exactamente se vai haver reforço do potencial militar dos países que vão aderir à NATO...

Essa é uma equação que terá de ser resolvida em três tabuleiros paralelos. As negociações para a revisão do Tratado CFE no âmbito da OSCE, as negociações para o alagamento da NATO e as negociações para a cooptação da Federação Russa numa nova "balança estratégica" em relação ao continente europeu. E essa é a negociação de 1977. A cimeira é só para conferir o primeiro desses mandatos.

Como é de regra, houve algumas divisões dentro da União Europeia quanto à proposta que vai apresentar à cimeira para um modelo de segurança europeu – a chamada "Plataforma de Segurança Cooperativa". O Reino Unido parece não querer comprometer-se de imediato com a proposta da União...

A proposta da UE tem muitos pontos em comum com a proposta dos Estados Unidos. E sublinho o facto de que, pela primeira vez, os EUA apresentaram uma proposta sobre um modelo de segurança para a Europa, e isso é relevante. É natural que a convergência de pontos de vista entre os EUA e a UE estimule os ingleses a aceitarem uma posição mais flexível. A política externa do Reino Unido, baseada numa assunção *à outrance* do pragmatismo, por vezes acaba por transformar o pragmatismo numa nova forma de idealismo normativista. Mas a posição inglesa contribui sempre para ajudar a pensar melhor, mesmo aqueles que divergem das suas posições, como nós.

Em que medida está Portugal empenhado em participar na OSCE?

Nós quisemos dar, com a realização desta cimeira, o sinal de que nos empenhamos fortemente, e temos participado em muitos dos processos relativos à monitorização de eleições, ao estabelecimento de sistemas parlamentares, ao controlo da situação dos direitos humanos. No próprio quadro da Bósnia, a nossa participação na Ifor é completada por participações de não menos importância em mandatos e missões da OSCE.

Que resultado espera desta cimeira em Lisboa?

Será um balanço realista de um caminho percorrido – já se pode assinalar progressos limitados em relação à ex-Jugoslávia – e um marco de partida para uma recomposição e alargamento da NATO, para uma acomodação mais pragmática da política externa da Federação Russa. Será o primeiro passo para a definição mais sedimentada de um modelo de segurança europeia. Mas não será o fim do caminho. Porque, em política internacional, o caminho é sempre aquele a percorrer, e não o percorrido, esse não conta.

Organização das Nações Unidas:
1. Assembleia Geral
2. Comissão dos Direitos Humanos

1. Assembleia Geral

Discurso na 51.ª Sessão da Assembleia Geral das Nações Unidas

Nova Iorque, 27 de Setembro de 1996

Reforma da ONU: Agenda para o Desenvolvimento e para a Paz; Defesa e Protecção dos Direitos Humanos (Timor-Leste); Situação em África (CPLP/Angola); Multilateralismo e Candidatura de Portugal ao Conselho de Segurança da ONU.

Senhor Presidente da Assembleia Geral,
Senhor Secretário-Geral,
Senhores Delegados,

Gostaria, em primeiro lugar, de apresentar a Vossa Excelência as minhas felicitações pela eleição para a Presidência da Assembleia Geral e de exprimir a confiança que depositamos nas suas capacidades para a condução dos trabalhos da presente sessão.

Ao felicitá-lo pela eleição congratulo-me pelo facto de representar um país, a Malásia, com o qual Portugal mantém excelentes relações, bem como profundos laços histórico-culturais.

Creio que neste momento será compreendido por todos que preste também homenagem ao Presidente cessante, Professor Freitas do Amaral, meu ilustre compatriota, pela forma dedicada, competente e inovadora como dirigiu os trabalhos da 50.ª Assembleia Geral.

A si, Senhor Secretário-Geral, gostaria de referir a minha admiração pelo modo como tem desempenhado o seu cargo num período em que as Nações Unidas são chamadas a intervir cada vez mais activamente em múltiplos aspectos da vida internacional.

O meu colega irlandês dirigiu-se já a esta Assembleia em nome dos quinze Estados da União Europeia, exprimindo posições que Portugal subscreve inteiramente. Gostaria, todavia, de reflectir sobre algumas questões de particular importância para o meu país.

Permita-me, Senhor Presidente, assinalar que ao falar como Ministro dos Negócios Estrangeiros de Portugal o faço também como representante de um país que tem o maior orgulho em pertencer à Comunidade dos Países de Língua Portuguesa.

Trata-se provavelmente da mais nova organização internacional em relação à qual, como Presidente do seu Conselho de Ministros, auguro um papel relevante no Concerto das Nações, nomeadamente uma cooperação útil e eficaz com as Nações Unidas e as suas agências. Representa um reforço das relações de solidariedade e fraternidade que unem estes países e potenciará o desenvolvimento económico e social dos seus povos, permitindo ainda a afirmação e divulgação da língua portuguesa, património comum de mais de 200 milhões de seres humanos, dispersos por todos os continentes.

A Comunidade dos Países de Língua Portuguesa, constituída por Angola, Brasil, Cabo Verde, Guiné-Bissau, Moçambique, São Tomé e Príncipe e Portugal, assume-se como um projecto político cujo fundamento é a língua portuguesa, vínculo histórico e património comum dos sete países, que constituem um espaço geograficamente descontínuo mas identificado pelo idioma comum. Será sempre um espaço aberto, vocacionado para o estreito apoio e relacionamento com todas as comunidades que no mundo falam português e para a cooperação com outras organizações congéneres.

Senhor Presidente,
Senhores Delegados,

Um ano após a celebração do 50.º aniversário estamos ainda aquém das expectativas criadas e das reais necessidades da Organização. É evidente que um processo desta envergadura só poderá ser concretizado a médio prazo.

Um aspecto central do processo de reforma a que urge dar resposta é a resolução da grave crise financeira das Nações Unidas.

Estamos em crer que a solução da crise passa essencialmente por três vectores: a) cumprimento integral e atempado das obrigações assumidas; b) revisão das escalas de contribuições por forma a reflectirem a capacidade contributiva dos Estados; c) rigor financeiro e racionalização dos recursos existentes.

No espírito de contribuir para a resolução desta crise, Portugal tomou, em 1995, a iniciativa de aumentar voluntariamente a sua contribuição para o orçamento das operações de paz, passando do grupo C para o grupo B da escala de pagamentos. Tal decisão traduzir-se-á na multiplicação por cinco do valor da nossa contribuição inicial.

Igual importância assume a reforma do Conselho de Segurança. Estamos convictos de que só com uma adequada e equilibrada representação de todas as regiões do mundo, o Conselho de Segurança poderá ser mais democrático e, por conseguinte, mais eficaz na formulação e aplicação das respectivas decisões.

Na abordagem da reforma, não poderia deixar de referir algumas questões ligadas à agenda para o desenvolvimento e à agenda para a paz.

Relativamente à agenda para o desenvolvimento, cumpre reconhecer a necessidade de se proceder à revisão de todo o sistema de cooperação internacional e de reflectir sobre o papel que, neste domínio, incumbe às Nações Unidas.

O desenvolvimento integrado e sustentável a que nos propomos deve ser prosseguido em todas as suas vertentes: não só no plano económico, mas também no da consolidação das instituições democráticas.

Para cumprir estes objectivos, será ainda necessário dar execução às decisões tomadas nas grandes conferências das Nações Unidas, dado que é naquelas que, progressivamente, vai tomando forma a "agenda para o desenvolvimento".

Esta questão é tão mais importante para Portugal quanto temos prestado uma atenção especial à temática do diálogo Norte/Sul, como o comprova a existência em Lisboa do Centro Norte/Sul.

Consciente que a grande tarefa nesta área é hoje a de auxiliar os países em desenvolvimento, especialmente os mais vulneráveis, Portugal tem vindo a aumentar progressivamente as suas verbas para a cooperação, quer no plano bilateral, quer no quadro das organizações internacionais a que pertence. Neste contexto, a nossa ajuda pública ao desenvolvimento excede o objectivo estabelecido para os doadores na Conferência de Paris de 1990. No plano multilateral, permito-me destacar a importância que atribuímos à Convenção de Lomé como um instrumento vital da cooperação entre os membros da União Europeia e os países de África, das Caraíbas e do Pacífico. Deste modo, temos pugnado por uma revisão da Convenção assente na manutenção dos princípios da parceria e da cooperação.

Senhor Presidente,
Senhores Delegados,

A manutenção da paz e segurança internacionais continua sem dúvida a ser o desafio prioritário que a Organização das Nações Unidas enfrenta.

Os resultados que têm sido alcançados na maioria das missões são de molde a concluir que não deverá decrescer a medida do nosso compromisso, nem o dinamismo da nossa actividade.

Se é certo que as Nações Unidas não podem demitir-se da missão de ajudar a restabelecer a paz, acreditamos, no entanto, que é no objectivo de prevenir a eclosão de conflitos que se devem centrar os seus esforços. Mas tanto num como no outro contexto, coloca-se com acuidade a questão da cooperação entre as Nações Unidas e as Organizações intergovernamentais de carácter regional, de que temos tido recentemente alguns exemplos de sucesso tais como as acções combinadas das NU, NATO, UEO, OSCE e UE no território da ex-Jugoslávia, organizações que Portugal integra e onde participa activamente.

Outra das componentes do esforço para a paz é o desarmamento. Portugal congratula-se pela adopção do Tratado para a Proibição Total das Experiências Nucleares.

Portugal, que contribuirá de forma significativa para o sistema de verificação do CTBT, já assinou, e a breve trecho ratificará, o Tratado, e exorta todos os Estados-membros das Nações Unidas a fazerem o mesmo.

É urgente completar o processo de alargamento da Conferência do Desarmamento, bem como reflectir sobre a sua agenda e respectivas regras de decisão, que devem ser melhoradas. É cada vez mais necessário discutir seriamente o desarmamento nuclear com vista a atingir o objectivo último da irradiação definitiva das armas nucleares. Defendemos que a Conferência de Desarmamento deverá, já a partir do início da sua próxima sessão, passar à negociação de um tratado para a eliminação da produção de matérias físseis para armamento nuclear.

No que diz respeito ao grave problema das minas anti-pessoal, Portugal espera que este ano sejam tomadas medidas concretas no sentido da proibição total da produção e exportação destes engenhos de morte e destruição. Pela nossa parte, já decretámos uma moratória à produção e exportação de tais armas.

Gostaria ainda de referir que no passado dia 23 de Agosto o meu país ratificou a Convenção sobre a Proibição das Armas Químicas.

Senhor Presidente,
Senhores Delegados,

Entre as várias vertentes do trabalho das Nações Unidas, gostaria desde já de salientar duas áreas que considero fundamentais: meio ambiente e direitos do Homem.

A protecção do meio ambiente é um tema que vem ganhando crescente relevo nas nossas preocupações.

Atribuímos larga importância à problemática das alterações climáticas, desertificação e protecção do meio marinho. Por esta razão, Portugal tem vindo a acompanhar atentamente a aplicação dos princípios e decisões tomadas a esse respeito nas grandes conferências das Nações Unidas.

Gostaria de sublinhar a particular sensibilidade de Portugal, país cujo território integra dois arquipélagos – Açores e Madeira – para as questões ligadas ao mar na perspectiva do desenvolvimento de uma gestão equilibrada dos recursos piscícolas e das riquezas marinhas. Neste sentido, o meu país está actualmente a ultimar os procedimentos necessários que lhe permitam ratificar a breve trecho a Convenção das Nações Unidas sobre o Direito do Mar.

Foi, ainda, por iniciativa de Portugal, que a Assembleia Geral, na sua 49.ª sessão, proclamou 1998 como o "Ano Internacional dos Oceanos". Centrada nessa temática, realizar-se-á em Lisboa, no mesmo ano, a "EXPO'98" subordinada ao tema "Os Oceanos – Um Património para o Futuro" que terá como eixo principal a relação entre o estado actual do conhecimento sobre os recursos marinhos e a urgência em assegurar, através de uma gestão racional e científica, um maior equilíbrio ecológico no nosso planeta.

A defesa e a promoção dos direitos do Homem é uma das preocupações principais da política externa portuguesa. Consideramos que é da responsabilidade de cada Governo garantir o gozo efectivo de todos os direitos humanos no respectivo país, mas que é também legítima a preocupação da comunidade internacional em zelar pela promoção e protecção desses direitos em todo o mundo.

Julgamos que as Nações Unidas têm um papel determinante a desempenhar, pelo que se afigura indispensável que o Alto Comissário e o Centro para os Direitos do Homem seja dotado dos meios humanos e financeiros adequados para o desempenho da sua importante tarefa.

Senhor Presidente,
Senhores Delegados,

Tem sido uma constante da política externa portuguesa o sublinhar a necessidade de dar uma solução política e diplomática ao problema de Timor-leste, sem a qual não será possível pôr termo aos abusos sistemáticos de direitos humanos, que continuam a prevalecer naquele território.

Portugal tem repetidamente declarado, e volto aqui a fazê-lo, que o seu único objectivo é, para além do plano imediato da defesa dos direitos humanos e da identidade do povo de Timor-leste nos seus diferentes aspectos, o de obter uma solução justa, global e internacionalmente aceitável para a questão de Timor-leste, de harmonia com o direito internacional e com o pleno respeito pelos direitos do seu povo, nomeadamente o direito à autodeterminação.

Apesar das dificuldades encontradas, da diferença de posições de fundo entre Portugal e a Indonésia e da lentidão do processo, continuamos empenhados em procurar pela via do diálogo e sob os auspícios do Secretário-Geral – a cujos pacientes esforços quero aqui render homenagem – encontrar essa solução. Para a prossecução desse objectivo, consideramos ser da maior importância a continuação da associação activa de representantes timorenses a este processo, que merece ter o apoio inequívoco da comunidade internacional.

Não posso deixar de registar o crescente apoio que esta questão tem vindo a receber da comunidade internacional, nomeadamente através de tomadas de posição que vão desde resoluções do Parlamento Europeu a declarações dos vinte e um Chefes de Estado e de Governo dos países membros da Cimeira Ibero-americana, passando por uma posição comum este ano adoptada pelos quinze Estados-membros da União Europeia a que se associaram outros catorze países europeus.

Portugal, no exercício das suas responsabilidades como potência administrante do território não-autónomo de Timor-leste, continuará a colaborar construtivamente com as Nações Unidas, e no pleno acatamento da Carta e das suas resoluções, para a indispensável conclusão do processo de descolonização de Timor-leste.

Senhor Presidente,
Senhores Delegados,

Nesta era de final de milénio, marcada por tão profundas mutações e estreitas interdependências, julgamos que o continente africano é merecedor de uma atenção especial da comunidade internacional, devendo para tal congregarem-se todos os esforços no sentido de criar condições para que possa beneficiar de um desenvolvimento semelhante ao de outras regiões do globo.

Estamos assim a actuar junto das organizações internacionais que integramos com o objectivo de evitar a marginalização do continente africano e para que este passe a ter um tratamento prioritário na agenda da comunidade internacional.

Por defendermos activamente esta perspectiva, Portugal propôs aos seus parceiros da União Europeia a realização de uma Cimeira Euro-africana aberta à participação de todos os Estados africanos, sem excepção, por forma a permitir um diálogo político ao mais alto nível sobre assuntos de interesse comum. O objectivo é obter uma nova dimensão para as nossas relações e um acrescido impulso em áreas tradicionais de relacionamento mútuo, de forma a que sejam criadas as bases para uma nova parceria global. Os quinze Estados-membros da União Europeia reconheceram já o interesse e a importância desta iniciativa.

Pretende-se deste modo contribuir para que se inclua África, em todas as suas componentes, na agenda internacional, salientando por um lado a dimensão e o potencial económico do continente africano – merecedor de uma nova abordagem e de um novo modelo de diálogo – e encorajando por outro lado os países africanos a assumirem o seu próprio processo de desenvolvimento, através da promoção da paz, da democracia, da estabilidade, do progresso económico e social.

Temos apoiado desde a primeira hora a criação e implementação dos mecanismos de prevenção, gestão e resolução de conflitos criados pela OUA na Cimeira do Cairo de 1993.

Portugal reputa de grande importância o reforço do diálogo UE/SADC. A segunda Cimeira Ministerial, prevista para Outubro próximo em Windhoek, permitirá uma avaliação global da adequação das acções desenvolvidas na sequência da Conferência de Berlim.

Senhor Presidente,
Senhores Delegados,

Portugal, membro da *troika* de observadores do processo de paz de Angola, continua particularmente empenhado na implementação do protocolo de Lusaca que visa, em termos gerais, o restabelecimento em Angola da normalidade constitucional democrática e a formação de um exército nacional único.

Aproveito esta oportunidade para saudar o representante especial do Secretário--Geral das Nações Unidas para Angola, Maître Alioune Beye, cujas qualidades de negociador têm constituído importante factor para que a paz e a esperança num futuro melhor se voltem a perfilar no horizonte de todos os angolanos.

É com satisfação que tomamos nota dos desenvolvimentos positivos que se têm registado nos últimos meses na implementação do protocolo de Lusaca, que permitiram a cessação das hostilidades em todo o território de Angola. Mas também não ignoramos que há tarefas importantes ainda por completar sem o que a irreversibilidade do processo de paz não ficará garantida. O adiar da resolução de problemas militares e políticos é dificilmente compreensível e pode pôr em causa o processo de consolidação da paz.

Permito-me por isso recordar aqui as preocupações expressas na declaração da Troika dos observadores – EUA, Federação Russa e Portugal – emitida em 22 de Agosto último. Apelo ao Governo de Angola e à UNITA para que prossigam a via da paz já encetada, contribuindo decisivamente para a plena implementação do protocolo de Lusaca, nomeadamente através de forças armadas únicas e da criação de condições para a livre circulação de pessoas e bens que viabilize o funcionamento normal da sociedade, da economia e das instituições naquele grande país de África.

Gostaria igualmente de apelar à comunidade internacional para que apoie a reconstrução e a reabilitação de Angola. Em particular, é urgente disponibilizar os fundos necessários à implementação dos programas de desmobilização dos ex--combatentes. A estabilidade social é indispensável ao sucesso do processo de paz.

Não gostaria de terminar esta referência a África sem mencionar a preocupação pela situação que se vive na região dos Grandes Lagos, que injustamente se repercute de forma trágica na segurança e bem-estar de populações inocentes. Portugal participa no esforço da comunidade internacional para que se ponha termo a este drama do continente africano e para que a estabilidade volte àquela região de África.

Senhor Presidente,
Senhores Delegados,

Portugal não permaneceu indiferente ao sofrimento das populações e a uma situação com graves consequências para a paz e estabilidade na região dos Balcãs. Por isso participa na IFOR com um significativo contingente militar, policial e civil, demonstrando um esforço e um empenhamento superiores ao de países porventura com maior capacidade económica.

As recentes eleições na Bósnia-Herzegovina constituíram um importante passo para a consolidação da paz e estamos confiantes que produzam efeitos duradouros na consolidação do Estado bósnio baseado nas suas duas entidades, permitindo uma estabilidade auto-sustentada do país e a reconfiguração da força internacional de modo a não afectar o objectivo essencial de garantir a paz e a convivência das três comunidades.

Portugal será o país anfitrião da próxima Cimeira da OSCE, que terá lugar em Lisboa a 2 e 3 de Dezembro próximo.

Esperamos que os 53 Chefes de Estado e de Governo venham a tomar decisões substanciais quanto aos princípios basilares de um modelo de segurança para o século XXI. Estou seguro que a Carta de Lisboa a adoptar nessa reunião constituirá um passo significativo na estabilidade do continente europeu e no reforço institucional da OSCE.

Portugal tem promovido a aproximação e o aprofundamento das relações com os países do Mediterrâneo, especialmente do Magrebe, de importância fundamental para a segurança, a estabilidade e o desenvolvimento da região.

É necessário que se adoptem a curto prazo medidas de confiança mútua que contribuam para lançar os fundamentos de um novo tipo de relacionamento entre os países das duas margens do Mediterrâneo. Portugal está empenhado na criação de uma carta euro-mediterrânica, matriz de uma nova parceria que contribuirá decisivamente para o desenvolvimento político, económico, social e cultural dos nossos parceiros mediterrânicos.

Portugal acompanha com muita preocupação os últimos desenvolvimentos registados no Médio Oriente.

Acreditamos que o futuro da região depende fundamentalmente da vontade das partes em reiniciarem com urgência as negociações de acordo com os princípios de Madrid e os termos de referência de Oslo. Apelo a todas as partes interessadas para que exerçam contenção e honrem os compromissos assumidos, única forma de se alcançar uma paz justa, global e duradoura para a região.

Os dramáticos incidentes que têm ocorrido são a mais evidente demonstração de que não há alternativa para o processo de paz.

Portugal tem vínculos humanos, históricos e culturais muito fortes com a América Latina.

A próxima Cimeira Ibero-Americana, que terá lugar no Chile, constituirá mais uma ocasião para debater os importantes avanços que os processos de democratização e desenvolvimento têm conhecido neste continente. Portugal aliás acolherá, em 1998, a realização da VII Cimeira Ibero-Americana de Chefes de Estado e de Governo. Portugal congratula-se com os projectos de integração regional inter-americanos, bem como com os mecanismos de cooperação que têm vindo progressivamente a ser estabelecidos entre os países daquele continente e a União Europeia.

Senhor Presidente,
Senhores Delegados,

O desenvolvimento do relacionamento com o continente asiático constitui também uma das prioridades do Governo português em matéria de política externa. Temos um património histórico comum com muitos dos países que se inserem nesta região.

No plano bilateral, para além da abertura de novas embaixadas no sudeste asiático, procuraremos reforçar ainda mais o nosso relacionamento com os Estados insulares do Pacífico, o que certamente virá a ter reflexos no âmbito da própria Convenção de Lomé.

No plano multilateral, temos esperanças que o novo diálogo criado no quadro da ASEM venha a constituir um passo significativo nas relações entre a Europa e a Ásia, permitindo um contacto mais aberto e alargado em todas as matérias que se revelem de comum interesse para a União Europeia e a Ásia.

O processo de transição de Macau, a concluir no final de 1999, através de um diálogo construtivo e de estreita cooperação com a China, reveste-se de grande importância para o Governo português, que tem como preocupação essencial garantir a prosperidade e estabilidade do território, assim como a preservação da sua identidade própria.

Na realidade internacional de hoje é inquestionável que a dinâmica multilateral está a adquirir cada vez maior importância.

Portugal tem vindo a desenvolver esforços inequívocos conducentes ao reforço da sua participação em organizações que já integra e a intervir em novos espaços multilaterais. Prova evidente dessa atitude de Portugal é a sua crescente participação em operações de paz. Portugal tem forças consideráveis na Bósnia e em Angola e assegura, neste momento, delicadas responsabilidades de comando no Sara ocidental. Apraz-me registar que, na área da manutenção da paz e da segurança internacional, somos o sexto país da União Europeia em número de efectivos das operações de paz das Nações Unidas e o nono no quadro do grupo ocidental e outros Estados. Estamos claramente numa faixa superior de países que contribuem com forças para as operações de paz das Nações Unidas. Estamos também acima de outros Estados--membros com maiores recursos orçamentais e produtos *per capita* superiores.

Senhor Presidente,
Senhores Delegados,

A candidatura de Portugal ao Conselho de Segurança das Nações Unidas deve ser encarada como expressão importante da vontade do meu país em continuar a participar, de forma tão plena quanto possível, na dimensão multilateral do mundo de hoje. Portugal é um país de vocação universalista, habituado a contactar com muitas e diversas regiões do mundo e a compreender e aceitar diferentes culturas e civilizações.

Acreditamos assim que, fazendo parte do Conselho de Segurança, poderemos contribuir para o encontro de soluções no respeito pelos princípios e objectivos estabelecidos na Carta das Nações Unidas.

Acreditamos ainda que a participação no Conselho de Segurança de países com a dimensão e características das de Portugal contribuirá para um maior equilíbrio e representatividade das decisões daquele órgão.

Tal só será possível no estrito respeito pelo princípio da igualdade soberana de todos os Estados-membros que, na realidade, constitui a principal garantia da natureza democrática do Conselho.

Este princípio não tem sido observado na prática. Com efeito, entre os 185 Estados-membros da Organização 79 nunca serviram no Conselho de Segurança e 44 apenas ali participaram uma única vez, como é o caso de Portugal.

Devemos e podemos melhorar esta situação. A fim de garantir uma adequada representação dos Estados-membros no Conselho de Segurança impõe-se que não sejam colocados entraves ou criados precedentes que impeçam uma rotação salutar naquele órgão.

Por estas razões, a candidatura portuguesa ao Conselho de Segurança fundamenta--se, desde que foi apresentada, nos seus méritos próprios, recusando qualquer recurso a alianças, coligações ou outros artifícios tendentes à limitação e ao condicionamento do direito de opção dos Estados-membros da Assembleia Geral.

A candidatura portuguesa não foi lançada para defender interesses ou responder a exigências de natureza política interna, nem tão pouco foi lançada para prosseguir ou consolidar ambições de projecção nacional no plano externo.

A política externa de Portugal é só uma. Insere-se e desenvolve-se a partir de um espaço geoestratégico bem definido. Não se sustenta na arrogância, nem no poder económico, nem se alterou por virtude desta candidatura. A política externa do meu país assenta de forma consistente na sua vocação universalista de diálogo com todos os povos do mundo.

Senhor Presidente,
Senhores Delegados,

Gostaria de expressar, a terminar, o meu voto de confiança no futuro das Nações Unidas e reiterar o total empenho de Portugal na reforma da Organização.

Discurso na 52.ª Sessão da Assembleia Geral das Nações Unidas

Nova Iorque, 23 de Setembro de 1997

Senhor Presidente da Assembleia Geral,
Senhor Secretário-Geral,
Senhores Delegados,

Gostaria de, em primeiro lugar, felicitar o meu colega ucraniano, Ministro Hennadiy Udovenko, pela sua eleição para a Presidência da Assembleia Geral e de exprimir o apreço e a confiança que depositamos nas suas qualidades pessoais e experiência para a condução dos trabalhos da presente Sessão.

Vejo igualmente na sua eleição o reconhecimento do papel que a Ucrânia, país europeu e amigo, tem desempenhado na cena internacional. Apraz-me recordar o facto de Vossa Excelência, Senhor Presidente, ter rubricado, à margem da Reunião da NATO em Portugal, no passado mês de Maio, a "Carta sobre uma Parceria Especial entre a NATO e a Ucrânia".

Presto ainda a minha homenagem ao Presidente cessante, Embaixador Ismail Razali, pela forma dedicada e competente como dirigiu os trabalhos da 51.ª Assembleia Geral, nomeadamente pelo seu empenho em se alcançarem as reformas que consideramos essenciais.

A si, Senhor Secretário-Geral, gostaria de manifestar o meu apreço pelo novo dinamismo que imprimiu à Organização e pelas propostas que fez no sentido da sua modernização.

O meu colega luxemburguês dirigiu-se já a esta Assembleia em nome dos quinze Estados da União Europeia. Gostaria, todavia, de reflectir sobre algumas questões de particular importância para o meu país.

I

A questão mais actual é certamente a reforma das Nações Unidas. Apesar dos méritos da actuação da Organização e da sua crescente importância na cena internacional, esta carece, neste momento, de uma profunda transformação, com o objectivo de a preparar para os novos desafios do próximo milénio. Portugal manifesta o seu apreço pelo plano de reformas apresentado pelo Secretário-Geral e reafirma a sua disponibilidade para participar no aprofundamento desta importante iniciativa correspondendo ao desafio de promover uma Organização mais eficaz, com maior capacidade de resposta e com utilização mais racional dos seus recursos. O Governo português apoia em geral as propostas que constam daquele programa.

De entre as medidas instrumentais propostas, Portugal vê interesse na criação de um lugar de Vice-Secretário-Geral. Consideramos também meritória a proposta de racionalizar os debates da Assembleia Geral no sentido de a habilitar a debruçar-se sobre temas específicos.

No que toca à componente da paz e segurança, vector primordial da acção das Nações Unidas, apoiamos o reforço da capacidade institucional no domínio da diplomacia preventiva e das medidas de consolidação da paz.

A eventual criação de um quartel-general de instalação rápida e a iniciativa de constituição de uma brigada de intervenção rápida, tomada por alguns Estados-membros, serão instrumentos que permitirão às Nações Unidas reforçar a sua capacidade de reacção a crises emergentes. Apraz-me, neste contexto, registar que Portugal se encontra em 26.º lugar entre os países que contribuem com forças para as operações de paz da nossa organização.

Entendemos também que a cooperação entre as Nações Unidas e as organizações regionais deve continuar a ser incentivada, em particular no que diz respeito ao continente africano.

Relativamente à promoção e defesa dos direitos humanos, gostaria de elogiar a ênfase dada pelo Secretário-Geral à sua natureza trans-sectorial, que deve ser tida em devida consideração em todas as actividades e programas das Nações Unidas.

Vemos igualmente com particular agrado a proposta de fusão do Centro dos direitos humanos com o Gabinete do Alto Comissário. O processo de reforma nesta área deverá ser levado a cabo pela nova Alta Comissária, Senhora Mary Robinson, a quem quero saudar pela sua recente nomeação.

A eficácia da intervenção das Nações Unidas em matéria de assistência humanitária tem-nos merecido especial preocupação, incluindo no quadro dos trabalhos do Conselho de Segurança. Portugal vê, assim, com particular agrado a proposta do Secretário-Geral de reestruturar o sector, reforçando o papel do coordenador da assistência humanitária e, ainda, visando a instituição de um segmento de assuntos humanitários no âmbito do ECOSOC.

A promoção do progresso económico e social constitui um objectivo fundamental das Nações Unidas. Como bem recordou o Secretário-Geral na "Agenda para o Desenvolvimento": – *«o desenvolvimento não pode ser alcançado na falta de paz e segurança ou sem respeito por todos os direitos humanos e liberdades fundamentais»*.

Portugal regista com apreço o processo de readaptação que o Secretário-Geral propõe para reforçar os mecanismos de coordenação macro-económica da actividade do sistema das Nações Unidas e suas agências especializadas.

No domínio da cooperação para o desenvolvimento vemos, igualmente, com grande satisfação a aposta na garantia de uma actividade integrada, coerente e coordenada de todos os fundos, programas e agências envolvidos. Tais esforços não deverão, contudo, em nosso entender, comprometer a autonomia e especificidade de cada um deles. Compreendemos o desafio lançado pelo Secretário-Geral no sentido de se repor o nível de financiamento das actividades de desenvolvimento das Nações Unidas. Pela nossa parte, comprometemo-nos a manter o nosso esforço, na medida das nossas possibilidades.

Acreditamos também que a sensibilização e mobilização do sector privado poderá revelar-se muito útil, numa altura de acentuadas restrições orçamentais. Neste contexto, face à crescente disparidade que se verifica entre os países desenvolvidos e os países menos avançados, a proposta do Secretário-Geral de canalização para actividades de desenvolvimento das poupanças efectuadas com as reformas não pode deixar de merecer, em particular, o nosso acolhimento. A promoção de um desenvolvimento sustentável equitativo e socialmente justo tem vindo, cada vez mais, a assumir-se como grande prioridade das Nações Unidas. A garantia de um equilíbrio entre crescimento económico, preservação do ambiente e protecção dos recursos naturais é fundamental para o futuro do nosso planeta.

Portugal apoia por isso, as propostas do Secretário-Geral, visando o reforço do programa das Nações Unidas para o ambiente enquanto agência ambiental central das Nações Unidas. Por último, não podemos deixar de realçar que o objectivo das reformas, em particular no sector económico e social, não deve consistir exclusivamente na redução de custos mas na racionalização das estruturas e na consequente melhoria da capacidade de resposta da Organização.

Defendemos uma reforma e alargamento do Conselho de Segurança que reflicta o aumento de membros da organização, tenha em conta as novas realidades políticas e económicas e assegure uma distribuição geográfica mais equitativa. Desta forma, o Conselho de Segurança poderá ser mais democrático e, por conseguinte, mais eficaz na formulação e aplicação das respectivas decisões.

No que respeita à composição do Conselho de Segurança, defendemos um aumento equitativo para as duas categorias de membros, que abranja todos os grupos regionais, de modo a torná-lo mais representativo. Quanto à escolha dos novos membros permanentes, consideramos que deverão ser tidos em conta determinados critérios, isto é, o respeito pelos princípios instituídos na Carta das Nações Unidas, a sua plena aceitação da jurisdição do Tribunal Internacional de Justiça, a sua capacidade e vontade para contribuir para a manutenção da paz e da segurança internacionais, bem como a sua influência global.

Nesta ocasião, o Governo português reafirma o seu apoio à inclusão da Alemanha e do Japão como membros permanentes do Conselho de Segurança. Mas seria dificilmente compreensível que o alargamento do número dos membros permanentes não contemplasse também Estados das regiões da África, da Ásia e da América Latina e Caraíbas. Neste contexto, e entre os países elegíveis, surge naturalmente o Brasil, membro fundador das Nações Unidas, o maior país da América Latina e um Estado que se tem inequivocamente regido pelos princípios da Carta. Ainda neste contexto, Portugal considera que deverá ser posto particular ênfase na revisão dos métodos de trabalho do Conselho de Segurança, não só por forma a ser reforçada a transparência dos processos de decisão daquele órgão, mas também a serem criadas as condições para um melhor acompanhamento dos seus trabalhos por parte dos Estados não--membros. Este foi, aliás, um dos objectivos que norteou desde sempre a candidatura portuguesa ao lugar de membro não-permanente do Conselho de Segurança para o biénio de 1997/1998 e constituiu uma das principais prioridades da Presidência portuguesa do Conselho de Segurança no passado mês de Abril.

No Conselho de Segurança temos pugnado pela realização de debates abertos no seu seio, o que permite a participação de países não-membros em discussões sobre assuntos que lhes interessam directamente. E temos ainda procurado envolver o Conselho de Segurança no debate de temáticas que tenham particular relevância para os seus trabalhos – como a promoção dos direitos humanos, a protecção dos refugiados, a assistência humanitária e o impacte das sanções – o que lhe permitirá ter no futuro uma actuação mais coerente e estruturada.

Um dos aspectos principais a que urge dar resposta é a resolução da grave crise financeira da organização. Estamos em crer que a solução da crise passa pelo cumprimento integral e atempado das obrigações assumidas pelo pagamento sem condições das dívidas à Organização, pela revisão das escalas de contribuições, por forma a reflectirem a real capacidade contributiva dos Estados e pelo rigor financeiro e racionalização do uso dos recursos existentes. Tais propostas visam assegurar às Nações Unidas uma base financeira previsível.

II

Portugal, membro da *troika* de países observadores do processo de paz em Angola e do Conselho de Segurança, continua a dedicar uma especial atenção ao acompanhamento do evoluir da situação daquele país africano. Foi-nos particularmente grato testemunhar os desenvolvimentos encorajadores vividos em Março deste ano, nomeadamente a formação de um Governo de unidade e reconciliação nacional, integrando destacados elementos da UNITA (União Nacional para a Independência

Total de Angola), assim como o regresso à Assembleia Nacional do grupo parlamentar daquele movimento.

Estas importantes concretizações do Protocolo de Lusaca de 1994, que é a referência de todo o processo, constituíram indubitavelmente um importante passo aos olhos de todos aqueles que, a começar pelo próprio povo angolano, anseiam por ver este grande país africano assumir por inteiro um futuro de paz, reconciliação nacional e desenvolvimento económico e social.

Não é pois de estranhar a nossa apreensão com as novas dificuldades que têm afectado o processo de paz e que mereceram já a intervenção atempada, e esperamos que decisiva, do Conselho de Segurança das Nações Unidas, através da sua Resolução 1127, de Agosto último. Como referimos na ocasião da sua aprovação, entendemos que as disposições contidas nessa resolução, *maxime* (maximize) a possibilidade de aplicação de sanções, como um estímulo à UNITA para que cumpra as obrigações decorrentes do Protocolo de Lusaca que livremente aceitou e não uma tentativa de condenar ao isolamento ou de a excluir de um processo de que é, e deve continuar a ser, parte integrante.

A paz em Angola é possível e necessária, mas não deixa de ser certo que, tal como também temos referido, a sua concretização depende, em última análise, da vontade política dos signatários do Protocolo de Lusaca. Estes porém não podem, nem devem, ignorar os investimentos humano, financeiro e material que a comunidade internacional já dedicou a Angola na defesa do processo de paz. Será, assim, de prever que a comunidade internacional, confrontada, se for o caso, com a continuação do impasse, no processo de paz angolano, venha a tomar as medidas que as circunstâncias aconselhem. Reiteramos, por isso, o nosso apelo às partes e em particular à UNITA, para que através de gestos concretos façam saber à comunidade internacional que optaram decididamente pelo caminho da paz, relegando de uma vez por todas para o passado o espectro da guerra fratricida.

Finalmente, não gostaria de terminar esta referência a Angola sem aqui deixar uma saudação ao representante especial do Secretário-Geral das Nações Unidas para Angola, Maître Alioune Blodin Beye, incansável na sua missão de defesa do processo de paz, bem como uma palavra de grande apreço a todos aqueles que, integrados na UNAVEM III, quer agora no quadro da MONUA, têm corporizado com grande empenho a esperança da comunidade internacional de que um futuro melhor se perfilará, em breve, para todos os angolanos.

III

Ano após ano, Portugal tem trazido a questão de Timor-Leste à atenção desta Assembleia. Alguns pensariam que o tempo se encarregaria de remeter esta questão ao esquecimento. Mas os desenvolvimentos ocorridos no último ano serviram para confirmar que a problemática de Timor-Leste está mais viva do que nunca na consciência da comunidade internacional.

Caberá referir neste contexto, a atribuição, em 1996, do Prémio Nobel da Paz, a Monsenhor Ximenes Belo e a José Ramos Horta, certamente dois dos timorenses que, em campos diversos, mais se distinguiram quanto à assunção dos direitos e da identidade dos timorenses. O que a atribuição deste prémio também representa é o respeito e a solidariedade da opinião pública mundial pela luta de um povo pela liberdade e pelo seu direito inalienável à autodeterminação que todos os membros das Nações Unidas têm o dever e a obrigação de respeitar.

Gostaria, aqui, de saudar a intervenção do Presidente da África do Sul, Nelson Mandela, em apoio dos esforços do Secretário-Geral, visando designadamente a libertação do líder timorense Xanana Gusmão e de todos os outros presos políticos leste-timorenses.

Infelizmente, Senhor Presidente, esta crescente atenção internacional pela questão de Timor-Leste não se tem traduzido numa melhoria da situação no território, onde continua a prevalecer a violação sistemática dos mais elementares direitos humanos e a cujo povo continua a ser negado o direito de expressar e afirmar a sua identidade, apesar das deliberações que vêm a ser adoptadas pela Comissão dos direitos humanos. É meu desejo registar aqui o nosso reconhecimento pelo novo ímpeto que, no prosseguimento do mandato que lhe foi conferido pela Resolução n.º 37/30 de 23 de Novembro de 1982 desta Assembleia, o Secretário-Geral veio dar à procura de uma solução negociada para o problema de Timor-Leste: ao nomear, na eminente pessoa do Embaixador Jamsheed Marker, um representante pessoal exclusivamente encarregado deste assunto; ao dar um impulso mais operacional e activo às negociações tripartidas que decorrem pela sua égide; e ao relançar o diálogo intratimorense, que consubstancia a participação activa dos timorenses neste processo, essencial ao seu êxito.

Só pela via negocial será possível encontrar uma solução duradoura para o problema de Timor. É com esperança e empenho que Portugal participa neste novo ciclo de negociações, visando uma solução justa, global e internacionalmente aceitável para Timor-Leste, nos termos da Carta e das resoluções pertinentes das Nações Unidas.

Portugal tem desenvolvido esforços para dinamizar a sua participação em organizações internacionais, reconhecendo a dinâmica e a importância cada vez maior da vertente multilateral para a vida internacional. Desde a última Assembleia Geral, Portugal foi anfitrião de duas importantes reuniões internacionais – a Cimeira da Organização de Segurança e Cooperação Europeias e a Reunião Ministerial da NATO.

Portugal acolheu, igualmente, duas das recentes rondas de negociações sobre o Sara Ocidental. Congratulamo-nos com os resultados positivos alcançados nesta matéria pelo enviado especial do Secretário-Geral, Senhor James Baker.

Em 1998, Portugal acolherá a VIII Cimeira Ibero-Americana e organizará, em estreita colaboração com as Nações Unidas, a primeira Conferência Mundial de Ministros da Juventude, que dará sequência ao Programa das Nações Unidas para a Juventude para além do ano 2000.

Gostaria de me referir à Comunidade dos Países de Língua Portuguesa: a difusão da língua portuguesa, hoje falada por mais de 200 milhões de pessoas, as novas modalidades de cooperação institucional criadas e a concertação de posições dos países fundadores no plano político-diplomático nos diversos *fora* internacionais, fizeram desta organização um participante atento na comunidade internacional, não obstante a sua curta existência.

Os problemas associados às várias componentes do fenómeno da droga constituem actualmente um dos maiores desafios que se colocam às nossas sociedades e uma questão que afecta particularmente os nossos jovens. A natureza global deste fenómeno requer uma resposta concertada por parte do conjunto da comunidade internacional. Neste contexto, e tendo presente o facto de Portugal presidir os trabalhos preparatórios da Sessão Especial da Assembleia Geral das Nações Unidas sobre as Drogas, que terá lugar em Junho de 1998, gostaria de sublinhar a importância que atribuímos a este evento. Esperamos sinceramente que daquela sessão possa resultar um claro compromisso político por parte dos vários governos no sentido de combater o flagelo da droga e que se consigam dar alguns passos concretos nessa direcção. Com vista a atingir estes objectivos, gostaria de apelar para que os vários Estados-membros das Nações Unidas estejam representados na Sessão Especial ao mais alto nível político.

Portugal tem vindo a acompanhar atentamente, em matéria de desenvolvimento sustentável, a aplicação dos princípios estabelecidos na Cimeira do Rio. A 19.ª Sessão Especial das Nações Unidas veio, contudo, confirmar que ainda estamos longe da plena aplicação dos objectivos ali consagrados.

Permitam-me que sublinhe as três componentes a que, neste capítulo, Portugal atribui particular relevo: a luta contra a desertificação, a protecção das florestas e os oceanos.

Portugal considera que a Convenção das Nações Unidas de combate à desertificação é o instrumento jurídico fundamental para a implementação das novas acções internacionais neste domínio. Continuaremos a promover uma intensa cooperação com os nossos parceiros. Neste contexto, estamos abertos a associar mais estreitamente os países do norte de África em prol de uma acção conjunta para toda a região mediterrânica.

No domínio da protecção das florestas apoiamos as acções desenvolvidas, em especial no contexto das Nações Unidas, visando a conservação, desenvolvimento integrado e gestão sustentável deste importante património para a humanidade. Gostaria de destacar ainda, a realização em Lisboa, em Junho de 1998, da 3.ª Reunião Ministerial pan-europeia sobre a protecção das florestas, que esperamos possa contribuir significativamente para a defesa dos ecossistemas florestais degradados.

Na temática relevante dos oceanos e mares, Portugal continuará a apoiar os esforços desenvolvidos para a sua preservação, defendendo em especial uma mais adequada protecção da biodiversidade marinha e uma gestão integrada das zonas costeiras, continentais e insulares. Na sequência da proclamação de 1998 como

"Ano Internacional dos Oceanos", Portugal orgulha-se em promover a última Exposição Universal deste século, EXPO'98, em Lisboa, subordinada ao tema "Os Oceanos – Um Património para o Futuro". Neste contexto, assume particular relevância o trabalho que está a ser desenvolvido pela Comissão Independente dos Oceanos presidida pelo antigo Presidente da República de Portugal, Dr. Mário Soares, que apresentará as suas conclusões à Assembleia Geral do próximo ano.

Não gostaria de terminar sem uma palavra de esperança e optimismo no futuro da Organização. Acreditamos que as Nações Unidas serão no século XXI uma estrutura ainda mais forte e revitalizada. Pode contar com o nosso empenho, Senhor Presidente, para trabalhar nesse sentido.

Discurso na 53.ª Sessão da Assembleia Geral das Nações Unidas

Nova Iorque, 23 de Setembro de 1998

Senhor Presidente da Assembleia Geral,
Senhor Secretário-Geral,
Senhores Delegados,

É com o maior prazer que felicito o meu colega uruguaio, Didier Opertti, pela sua eleição para a Presidência desta Assembleia Geral. Vejo na sua eleição o reconhecimento do papel que a República do Uruguai, país ibero-americano e amigo, tem desempenhado na cena internacional e também do apreço e da confiança que depositamos nas suas qualidades pessoais, intelectuais e profissionais para a condução dos presentes trabalhos.

Presto ainda a minha homenagem ao Presidente cessante, Hennadiy Udovenko, pela forma dedicada e competente como dirigiu os trabalhos da 52.ª Assembleia Geral.

Ao Secretário-Geral, Kofi Annan, renovo a minha homenagem pela forma notável como tem vindo a desempenhar o seu difícil cargo, num período em que as Nações Unidas são chamadas a intervir cada vez mais em múltiplos aspectos da vida internacional.

Senhor Presidente,

Gostaria de reflectir sobre algumas questões de particular importância para o meu país começando pelas de natureza política; e, entre estas, por África. Recordo que o meu colega austríaco se dirigiu já a esta Assembleia em nome dos Quinze Estados da União Europeia.

Ao divulgar, em Abril último, o seu excelente relatório sobre as causas de conflito e a promoção de uma paz durável e desenvolvimento sustentável em África, o Secretário-Geral não hesitou em adjectivar de "colossal" a dimensão da tragédia humana persistente em parte do continente africano, assolado por conflitos que afectam toda uma série de Estados desde o fim da Guerra Fria.

Portugal continua, na medida das suas possibilidades e de harmonia com os vínculos históricos, culturais e humanos que o ligam a diversas regiões e Estados de África, a desenvolver esforços no sentido de ajudar à superação, por via pacífica, de tais conflitos e à promoção do desenvolvimento económico, do progresso social e da boa governação, indispensáveis à sua erradicação.

Gostaria de sublinhar a disponibilidade que Portugal tem demonstrado para integrar missões das Nações Unidas para a manutenção da paz, especialmente em África. Recordo, a título de exemplo, o papel assumido por forças portuguesas no quadro do processo de paz em Moçambique e nas ainda em curso missões das Nações Unidas em Angola, no Sara Ocidental e, mais recentemente, na República Centro--Africana, bem como nas acções de evacuação de estrangeiros na República Democrática do Congo e na Guiné-Bissau.

Devo aqui exprimir a profunda preocupação do meu Governo pela situação em Angola, país a que estamos unidos por tantos e tão profundos laços.

Acentuam-se perigosamente os sinais de ruptura no processo de paz que se tem vindo a desenvolver com tantas dificuldades. A recusa da UNITA em cumprir integralmente as obrigações do Protocolo de Lusaca, que livremente assinou, nomeadamente quanto à sua desmilitarização e transformação em partido, bem como quanto à obstrução à total normalização da administração do Estado, contribui para estimular o recurso a opções militares fora do quadro das soluções negociais adoptadas pela comunidade internacional.

Portugal, como membro da *troika* dos países observadores no processo de paz angolano e um dos países que mais contribuiu para a UNAVEM e para a MONUA, continua empenhadamente a promover a concertação em Angola, em colaboração estreita com as Nações Unidas e, em particular, com o novo representante especial do Secretário-Geral, Senhor Issa Diallo, cuja difícil missão deve ser facilitada e apoiada.

Temos, porém, plena consciência de que todos os esforços diplomáticos serão vãos se não existir uma efectiva vontade dos responsáveis angolanos em querer a paz. Governo e UNITA terão de assumir as suas responsabilidades perante o povo angolano, cujo direito à paz, segurança e bem-estar é legítimo e inalienável.

Apelamos aqui, uma vez mais, para que o Protocolo de Lusaca seja respeitado e, em especial, à UNITA para que assegure de imediato o seu cumprimento, nos estritos termos que lhe foram exigidos pelo Conselho de Segurança.

Os ganhos de um sistema pluripartidário em Angola não devem ser postos em causa. Os seus participantes, em especial quando endossam a paz e a reconciliação nacional, não devem ver criados entraves aos respectivos mandatos e a todos devem ser dadas as condições de segurança para enfrentar a reconstrução do país.

O Secretário-Geral da ONU merece o nosso total apoio para continuar a promover todas as diligências que a gravidade da situação reclama da comunidade internacional.

A Guiné-Bissau – país amigo, com quem partilhamos também fortes afinidades da mais variada natureza – é, desde o passado mês de Junho, cenário de um conflito que tem tido graves consequências humanas, económicas e sociais para a sua população. A pedido expresso dos intervenientes no litígio, Portugal e a Comunidade dos Países de Língua Portuguesa (CPLP) – constituída maioritariamente por países africanos, que tem como um dos seus principais objectivos a concertação política e diplomática entre os seus Estados-membros – desenvolveram, desde o início, esforços de mediação destinados a parar os combates, a obter uma solução negociada para o conflito e a levar ajuda humanitária à população guineense.

Em nenhum momento se poderá ter duvidado dos propósitos legítimos que levaram a CPLP (de que a própria Guiné-Bissau é membro fundador), a responder à solicitação que lhe foi dirigida. A sua intervenção veio a conjugar-se com a da Comunidade Económica dos Estados da África Ocidental (CEDEAO), tendo sido possível assinar um acordo de cessar-fogo entre o Governo e a Junta Militar que abre perspectivas para uma solução negociada do conflito.

Ainda no continente africano, uma palavra igualmente para os acontecimentos na República Democrática do Congo. Defendemos sem ambiguidades o respeito da integridade territorial e da soberania daquele vasto país, cuja estabilidade é estrategicamente essencial para a região em que se insere. Apoiamos incondicionalmente as iniciativas de paz africanas em prol de uma solução negociada e pacífica para os complexos problemas políticos da República Democrática do Congo que estão na base do conflito e que não podem, nem devem ter uma solução baseada na força ou na presença de forças militares estrangeiras.

Não obstante a persistência das dificuldades, continuamos a acreditar num futuro democrático, livre e próspero para África. Estamos, por isso, empenhados em concretizar a iniciativa que lançámos em 1996 de realizar uma cimeira entre a União Europeia e África (prevista para o ano dois mil). Recebemos, assim, com satisfação a decisão tomada pela última Cimeira da OUA, em Ouagadougou, de endossar esta iniciativa.

Uma referência para outra fonte de grande e justificada preocupação da comunidade internacional, agora no continente europeu: a crise no Kosovo, que põe em perigo a paz e a estabilidade nos Balcãs, inflige pesadas perdas humanas, em mortos, feridos, deslocados e exilados. Não existem dúvidas sobre quem recai a responsabilidade primeira pela erupção do conflito. A aprovação há pouco pelo Conselho de Segurança de uma resolução co-patrocinada por Portugal é um sinal claro da determinação da comunidade internacional que não poderá ser ignorado pelos respectivos destinatários.

Senhor Presidente,

Portugal congratula-se com o espírito construtivo que presidiu à última ronda, a nível ministerial, de conversações sobre a questão de Timor-leste, sob a égide do Secretário-Geral, cujos esforços de mediação (bem como do seu representante pessoal, Embaixador Marker e seus colaboradores), quero aqui muito especialmente saudar. Penso poder dizer, pela primeira vez, que se deram passos efectivos e promissores visando criar condições para a obtenção de uma solução justa, global e internacionalmente aceitável para este problema, com pleno respeito pelos direitos legítimos do povo timorense, de harmonia com os princípios da Carta e das resoluções aplicáveis das Nações Unidas.

Com salvaguarda das posições básicas de princípio das partes, aceitou-se negociar para Timor-Leste uma plataforma autonómica que desejamos ver assentar em regras genuinamente democráticas e participativas para a população e que se espera venha a permitir-lhe progressivamente assegurar uma larga medida de governo próprio. Acordou-se associar mais estreitamente os timorenses – cuja vontade, livremente expressa, de harmonia com o seu direito legítimo à autodeterminação, será essencial para avalizar qualquer solução definitiva para a questão – ao processo de conversações em curso, ficando o Secretário-Geral incumbido de promover essa larga auscultação.

Há agora que realizar progressos substanciais relativamente aos aspectos concretos mais críticos da situação no território, tais como a redução da presença militar indonésia, a libertação dos presos políticos timorenses (incluindo Xanana Gusmão) e o acompanhamento pelas Nações Unidas da evolução da situação no terreno.

Pensamos, todavia, estar-se ainda num ponto de viragem. Nada de substancial está já assente ou garantido. É por isso que reputamos essencial que a comunidade internacional continue a seguir atentamente a evolução deste processo, nos seus diversos aspectos, para que o objectivo de permitir finalmente ao povo de Timor-Leste um futuro de liberdade, paz e segurança não venha a ser postergado.

Senhor Presidente,

Dentro de pouco mais de um ano, em 20 de Dezembro de 1999, o território de Macau, actualmente sob administração portuguesa, regressará à soberania da República Popular da China, em cumprimento da Declaração Conjunta Luso-Chinesa de 13 de Abril de 1987.

O processo de transição tem decorrido num clima pragmático e construtivo – reflectindo as boas relações existentes entre os dois países. Estamos convictos que esse clima prevalecerá até ao final, assegurando-se, deste modo, uma transferência de poderes conducente à estabilidade e prosperidade futura de Macau, com respeito pela sua autonomia e singularidade própria.

Senhor Presidente,

Como breve apontamento relativo à problemática da ajuda pública ao desenvolvimento, gostaria de deixar registado que, segundo os dados relativos a 1997 recentemente apresentados pela OCDE, Portugal foi o país que mais aumentou, em termos percentuais (27.3%), este tipo de auxílio.

No quadro do Ano Internacional dos Oceanos, Portugal dedicou a última exposição mundial deste século, a EXPO'98, ao tema "Os Oceanos – um património para o futuro", tentando assim contribuir para uma progressiva consciencialização da humanidade para os riscos e desafios relacionados com a preservação dos oceanos.

Ainda neste âmbito, Portugal tem participado empenhadamente em várias actividades empreendidas no contexto das Nações Unidas, designadamente ao nível da Comissão Oceanográfica Intergovernamental da UNESCO e da Comissão Mundial Independente para os Oceanos.

Foi, aliás, concedida a Portugal a honra da presidência desta última, na pessoa do Doutor Mário Soares, e os seus trabalhos levaram à adopção do relatório aprovado em Lisboa no início deste mês, cuja mensagem apela a uma gestão democrática, equitativa e pacífica do "Oceano... nosso futuro" e que será submetido à consideração desta Assembleia Geral.

Senhor Presidente,

Portugal será membro não-permanente do Conselho de Segurança até ao fim do ano em curso. Temos procurado que a nossa intervenção contribua para o reforço da autoridade do Conselho de Segurança e da eficácia da sua actuação, em coerência com os princípios e propósitos consignados na Carta. Por outro lado, aumentar a transparência e a democraticidade do seu funcionamento afigura-se-nos essencial, permitindo, assim, um melhor acompanhamento, por parte dos países não-membros, dos seus trabalhos.

No ano em que se celebra o 50.º Aniversário da Declaração Universal dos Direitos do Homem ninguém pode pretender defender o direito e legalidade internacionais ignorando o cumprimento daqueles mesmos direitos fundamentais.

O terrorismo constitui uma das mais perversas modalidades de violação dos direitos humanos, tornando urgente um esforço coordenado da comunidade internacional para o combater.

Gostaria de referir que Portugal se candidata à Comissão dos Direitos do Homem desta organização para um mandato que tem início em Janeiro do ano 2000 e coincidirá com a Presidência portuguesa da União Europeia.

Senhor Presidente,

Numa era de globalização – de mercados, informação, circulação de pessoas e intercâmbio cultural – temos igualmente o dever de inscrever na agenda internacional a globalização dos direitos do Homem. Essa será a melhor homenagem que prestamos à Declaração Universal que foi emitida há cinquenta anos.

Discurso na 22.ª Sessão Especial sobre a Revisão e Avaliação do Programa de Acção para o Desenvolvimento Sustentável dos Estados-Ilha de Pequena Dimensão*

Nova Iorque, 28 de Setembro de 1999

Statement by H.E. Mr. Jaime Gama, Minister of Foreign Affairs of Portugal.

On the occasion of the Twenty Second Special Session of the General Assembly on the Review and Appraisal of the Implementation of the Program of Action for Sustainable Development of Small Island Developing States.

Mr. President,
Distinguished Delegates,

At the outset, I would like to associate myself with the statement of Finland, made yesterday on behalf of the European Union.

Mr. President,

Five years have passed since the United Nations conference on the Sustainable Development of Small Island Developing States was convened in Barbados. The moment has therefore come to assess the state of implementation of the "constitutional

---

* Versão original inglesa proferida em Nova Iorque.

charter" of this group of countries, the Barbados Program of Action, and to reflect upon their achievements over the last years, as well as the new challenges they face in coming times.

Small Island Developing States share a considerable number of disadvantages, namely: small population; narrow range of resources, including a freshwater; deforestation and loss of soil fertility; susceptibility to natural disasters; scarce energy supplies and loss of marine biodiversity.

In addition, they suffer from lack of economies of scale, high transportation and communication costs, excessive dependence on international trade, vulnerability to global developments and costly public administration and infrastructure.

All these problems were clearly recognized five years ago, when drawing up Barbados Program of Action. Meanwhile, although there are varying degrees of national-level efforts within Small Island Developing States, important progress and commendable efforts have been made in implementing sustainable development strategies to deal with such difficulties through action at the national and regional level.

Such efforts have been in many ways supported by the international community, which seems to be fully aware of Small Island Developing States immense and indispensable cultural and biodiverse world heritage.

My Government shares the common goal of sustainable development of Small Island Developing States, and believes in the advantages of their full participation and responsibility in the sustainable management of the world's environment, namely in what regards the oceans and coastal environment.

As a country with an important coastline and two archipelagos, Azores, where I was born, and Madeira, Portugal has no doubt about the strategic importance of marine resources for Small Island Developing States.

As a matter of fact, at the same time these countries represent a valuable development asset to the international community as a whole, they are also charged with significant responsibility for a vast portion of the world's oceans and seas.

In the field of climate change and sea level rise, Portugal expresses its concern for the particular vulnerability of Small Island Developing States and acknowledges the efforts of many of them in developing specific policies and strategies for climate change, with the assistance of regional and international organizations.

It is therefore crucial that, in an integrated and co-ordinated manner, Small Island Developing States take preventive and remedial measures to minimize and mitigate the impact of sea level rise.

In this respect, it is utmost important and urgent that Small Island Developing States be able to build adequate human resource and institutional capacity to absorb the findings of current projects on planning for adaptation to climate change, such as the consequences from the depletion of the ozone layer and adverse impact of the *El Nino* phenomenon.

Mr. President,

Since the adoption of the Barbados Program of Action, growing external factors, other than environmental changes, have been affecting many Small Island Developing States. Globalization and trade liberalization have had an undeniable impact on them, especially on the least developed ones.

In this regard, measures should be taken, at the national, regional and international level that may allow for the development of long term sustainable development programs.

Strategies aimed at coping with the effect of globalization should take into account the importance of partnership at all levels, with due participation of the private sector.

Trade diversification should also be developed and investment should be channelled to areas less vulnerable to financial crisis, as well as to more competitive export of goods.

Also political priorities should be readjusted in order to develop strategies to strengthen the human and institutional capacities, aiming at poverty eradication and gender balance.

Bearing in mind the importance of assisting Small Island Developing States in their sustainable development strategies, with special attention to those least developed and most environmentally vulnerable, my Government has for a long time developed a policy of assistance and co-operation with some of them, namely Sao Tome and Principe and Cape Verde.

We look forward to extending this assistance to East Timor, as we firmly believe it will soon be granted the right to join the group of Small Island Developing States as a new member of the international community of sovereign states.

Such assistance is based on the development and implementation of specific integrated programs aimed at addressing important needs of the receiving countries, as identified by their Governments, such as: eradication of poverty; development of human resources and preservation of cultural identity; promotion of social and health conditions; support of social and economical development; support to the consolidation of national institutions; development and implementation of financial co-operation.

Moreover, in the particular case of Cape Verde and São Tome and Principe, my Government is also assisting in the implementation of programs in the fields of sustainable integrated management of coastal areas and marine biodiversity.

For the sake of an integrated approach, Portugal has been implementing these bilateral programs in the framework of a vaster co-operation strategy developed with other donors, such as the European Union, the World Bank, and some agencies of the United Nations system.

Mr. President,

Allow me to conclude by expressing my satisfaction for the focus this Special Session of the General Assembly is bringing to the specific problems and challenges Small Island Developing States face.

I take also this opportunity to renew Portugal's commitment to further implementation of the Barbados Program of Action and to support the key elements for future action identified during this 22nd Special Session of the General Assembly, as well as to the new political declaration on the Small Island Developing States.

2. Comissão dos Direitos Humanos

Discurso na 54.ª Sessão da Comissão de Direitos Humanos

Genebra, 25 de Março de 1998

   Gostaria de começar por felicitá-lo – Embaixador Selebi – pela sua eleição para presidir a esta 54.ª Sessão da Comissão dos Direitos do Homem e de estender estas palavras de apreço aos restantes membros da Mesa.
   Apoio, naturalmente, a intervenção do Ministro Tony Lloyd falando em nome da União Europeia. Mas quero fazer algumas observações complementares sobre um conjunto de pontos que o meu país considera de particular relevância.
   Há cinquenta anos a Assembleia Geral das Nações Unidas aprovou e proclamou a Declaração Universal dos Direitos do Homem. Com marcada solenidade, considerou que «o reconhecimento da dignidade inerente a todos os membros da família humana e dos seus direitos iguais inalienáveis constitui o fundamento da liberdade, da justiça e da paz no mundo» e que «o advento de um mundo em que os seres humanos sejam livres de falar e de crer, libertos do temor e da miséria, foi proclamado como a mais lata inspiração do homem». E a Declaração apela para que «pelo ensino e pela educação» e «por medidas progressivas de ordem nacional e internacional» promovamos o respeito e o cumprimento destes direitos.
   Meio século depois, cabe perguntar em que medida este mandado foi cumprido. E a comemoração da Declaração impõe-nos também uma reflexão sobre o que a comunidade internacional – os Estados, as organizações internacionais e os indivíduos e grupos sociais – deve ainda fazer para dar concretização plena aos princípios da Declaração.
   Não se podem ignorar os grandes passos dados no sentido da universalização dos direitos do Homem. Cada vez mais os indivíduos, em todos os continentes, estão conscientes de que têm direitos originários, independentemente da sua raça, cultura

ou civilização, anteriores e superiores aos Estados, que estes devem reconhecer e são obrigados a respeitar. O progresso da consciencialização destes direitos da pessoa humana é um dos factos mais relevantes da segunda metade do século XX. Do mesmo modo, devemos regozijar-nos com o facto de os organismos criados espontaneamente pela sociedade civil para defesa dos direitos do Homem se terem multiplicado em todo o mundo e estarem cada vez mais atentos a todas as violações, sobretudo as sistemáticas e organizadas, desses direitos. Igualmente, na maioria dos Estados impôs--se maior rigor na definição e na aplicação de leis que respeitam e protegem os homens, apesar das circunstâncias internas, por vezes difíceis, em que decorre a convivência entre os seus cidadãos. Finalmente a comunidade internacional, a nível regional como a nível mundial, tem estado mais vigilante e actuante, assumindo mais plenamente a responsabilidade de garantir os direitos dos homens.

Neste clima transformado, foram dados grandes passos e quero assinalar a importância que atribuímos à adesão aos Pactos Internacionais sobre os direitos do Homem e aos principais acordos internacionais que integram o património comum da humanidade. Decisões recentes de alguns países neste sentido, como a anunciada pela China, encorajam-nos por traduzirem esta crescente universalização dos direitos do Homem e servirem de incentivo aos Estados que ainda não aderiram a estes Tratados.

Para esta consciencialização e para criar em cada país e internacionalmente um clima mais favorável ao respeito dos direitos do Homem, a Declaração e Programa de Acção de Viena, aprovados pela Conferência Mundial dos Direitos do Homem em 1993, deram um grande contributo.

A circunstância de o 50.º aniversário da Declaração Universal dos Direitos do Homem coincidir com a revisão quinquenal da implementação da Declaração e Programa de Acção de Viena conduziu à proclamação do presente ano como ano dos direitos do Homem, do qual se espera surja um novo impulso para a universalização e maior aceitação dos direitos do Homem.

Com a intenção de assinalar condignamente esse facto, Portugal encontra-se empenhado na elaboração de um programa nacional de comemorações, com ampla participação da sociedade civil e dos departamentos governamentais e no qual se deverá incluir, entre outros acontecimentos, a realização de um seminário internacional sobre direitos do Homem.

Infelizmente, porém, em alguns pontos do globo continuam a perdurar situações de opressão, intoleráveis e incompatíveis com a Carta das Nações Unidas. É o caso do direito à autodeterminação do povo de Timor-Leste que, dadas as responsabilidades internacionais de Portugal perante a ONU, tenho de referir aqui. Apesar de claras decisões do Conselho de Segurança e da Assembleia Geral das Nações Unidas, e apesar dos esforços do Secretário-Geral, que apoiamos sem reservas, o povo timorense continua sujeito a uma dura e ilegítima ocupação. Ora, a violação do direito à autodeterminação conduz quase inevitavelmente à violação de outros direitos políticos e civis, já que um poder não legitimado pelo apoio popular tem de recorrer à força e à repressão. Em Timor-Leste estas violações graves e generalizadas dos direitos do Homem têm sido deploradas por esta Comissão que aprovou, ao longo dos anos, várias decisões a este respeito. Infelizmente, estas decisões, mesmo quando consensuais, não têm sido cumpridas em pontos essenciais, nomeadamente quanto à libertação de presos políticos e a convites aos órgãos desta Comissão que pediram para visitar o território, pelo que haverá que voltar a considerar a situação este ano.

Acresce que todos os relatórios de instituições fiáveis e independentes indicam que a situação dos direitos humanos em Timor-Leste não só não melhorou, mas que se terá mesmo agravado. A Comissão não poderá ficar indiferente a esta evolução negativa. Ao manifestarmos esta nossa preocupação não nos move um intuito de controvérsia, mas a vontade de contribuir para uma evolução favorável da situação no território.

Também noutros territórios e países a falta de legitimidade ou de apoio e participação populares estão na origem dos casos mais flagrantes de violações de direitos elementares. É por isso que os progressos que podemos registar da democracia em todo o mundo têm um alcance muito grande e são um sinal de esperança. Contudo, em vários casos, a supressão das liberdades continua a ser o instrumento da opressão e a comunidade internacional tudo deve fazer, no exercício das responsabilidades que lhe competem, para assegurar a protecção dos ofendidos. Com toda a razão o SGNU, na sua declaração na abertura desta sessão da Comissão sublinhou o laço estreito entre democracia, desenvolvimento e direitos do Homem. É uma lição que resulta da Declaração Universal e da Declaração de Viena que importa que a todos se imponha.

Ao lado do princípio da universalidade, temos que nos preocupar com o princípio da indivisibilidade dos direitos do Homem. A par dos direitos políticos e civis existem direitos económicos, sociais e culturais de igual valor e força. E talvez nem sempre o esforço desenvolvido em prol do seu respeito por esta Comissão e pelo sistema das Nações Unidas tenha sido suficiente. Estes direitos são básicos já que envolvem coisas tão fundamentais e sentidas por todos como os direitos à alimentação, aos cuidados de saúde, à educação. Podem e devem dar-se passos suplementares para facilitar e promover o respeito por estes direitos. Nesse sentido, a Delegação portuguesa, à semelhança do que fez em anos anteriores, está a trabalhar com outras Delegações para que, este ano, a Resolução sobre os Direitos Económicos, Sociais e Culturais, para além de reiterar a importância destes direitos e os passos dados internacionalmente para assegurar o seu respeito, preveja também a criação de um mecanismo eficaz para apoiar os países mais carentes num domínio fundamental – o da educação básica. Não se trata de duplicar o que fazem os Estados e as instituições internacionais, mas de fomentar a sua cooperação para o estabelecimento de programas de acção adaptados a cada país e em que o esforço dos governos seja suplementado pela cooperação e ajuda internacional. A nossa preocupação e empenho nestes direitos reflectem também a das Nações Unidas e, em especial da Alta Comissária para os direitos humanos, que teve a iniciativa, que muito apreciamos, de promover a realização, hoje mesmo, de uma Mesa Redonda sobre estes direitos. Estou certo que dela vai resultar um impulso muito positivo para os trabalhos da Comissão.

Animado pelo objectivo de contribuir mais directamente para o importante papel que esta Comissão desempenha em prol da promoção e defesa dos direitos do

Homem, gostaria de recordar que Portugal apresentou no ano passado a sua candidatura a membro da Comissão dos Direitos do Homem para o biénio 2000-2002. O facto de, por coincidência temporal, Portugal exercer a Presidência da União Europeia no primeiro semestre do ano 2000 conferirá, a meu ver, um valor acrescido à actuação do meu país nos trabalhos desta Comissão.

Muito mais teria a dizer sobre este capítulo fundamental da vida política mundial. Permita-me apenas que acrescente três ideias que considero deverem merecer a nossa reflexão e a acção da Comissão.

Considero que temos de dar uma atenção redobrada às necessidades e aos direitos daqueles que são mais discriminados e mais desfavorecidos pelo seu sexo, idade, identidade étnica ou cultural. É consternante que em largas partes do mundo as mulheres continuem a ser vítimas de um tratamento indigno e que em outras se mantenha uma flagrante desigualdade legal ou de facto. Aflige-nos que as crianças, o futuro da humanidade, sejam ainda maltratadas em alguns países, vítimas de práticas aberrantes e, por vezes, de abandono sistemático. Choca-nos a opressão das legítimas aspirações das minorias em tantos países. Não podemos aceitar as desigualdades gritantes num mundo em que a riqueza cresce e em que tantos sofrem a miséria e a exclusão. Façamos de todos eles a nossa prioridade e procuremos encontrar formas de os incluir e mencionar em toda a actividade desta Comissão e do sistema das Nações Unidas.

Pediria também que tornássemos o nosso trabalho em favor dos direitos do Homem mais eficaz. Tenhamos a coragem de rever o trabalho desta Comissão, dos seus mecanismos de promoção e verificação, do escritório da Alta Comissária e asseguremos que a defesa dos direitos do Homem permeie o trabalho de toda a ONU. É justo aqui realçar os esforços da Alta Comissária para reestruturação dos Serviços que dela dependem. E é justo também louvar a coragem e dedicação dos funcionários das Nações Unidas que em condições muitas vezes adversas e sob risco da própria vida permitem que sejam levadas a cabo missões das Nações Unidas, grande parte delas decididas por esta Comissão. Preocupamo-nos com a segurança desse pessoal, pois é garantindo essas condições que contribuiremos para a continuação e implementação bem-sucedida das operações das Nações Unidas.

Por último, queria lembrar as palavras do Sr. Kofi Annan «*If we do not speak out, individually and collectively, today and every day when our conscience is challenged by inhumanity and intolerence, we will not have done our duty – to ourselves, or to succeding generations*». Não tenhamos receio de falar claramente mas continuemos ao mesmo tempo, e sempre que possível, a privilegiar o diálogo, a concertação e a cooperação. Os direitos do Homem são uma preocupação comum, um património universal e qualquer que seja a nossa origem, é muito mais o que nos une do que o que nos separa no seu entendimento e na sua aceitação. Trabalhemos sobre essa imensa e crescente base comum para construir um futuro melhor para a humanidade, no caminho que a Declaração Universal, assinada há cinquenta anos, nos indica. Para que quando os nossos sucessores se voltarem a reunir aquando do primeiro centenário daquele documento, possam fazer um balanço mais positivo do que a esta geração é permitido.

Comunidade dos Países de Língua Portuguesa

Gama admite Alargamento da CPLP

Entrevista ao jornal **Diário de Notícias**
24 de Abril 1996
Por Carlos Albino

Jaime Gama afirma que um dos primeiros trabalhos da CPLP é melhorar os contactos com outros países onde o português, como língua, tem expressão significativa e consistente, não excluindo mesmo o alargamento da comunidade a esses países.

O ministro revelou ao *Diário de Notícias* que os Sete optaram pelo sistema de quotas a serem pagas pelos Estados-membros da CPLP para o financiamento da organização, cujas actividades concretas podem também ser pontualmente suportadas por um fundo especial com contribuições públicas ou privadas. Até à reunião de Maputo, os Sete tinham apenas acordado num sistema de contribuições voluntárias.

Na primeira entrevista após terem sido aprovados em definitivo os documentos fundamentais da CPLP, Jaime Gama considera que já era tempo de a lusofonia surgir na cena internacional como contrapeso à francofonia e à anglofonia.

Diário de Notícias – Qual foi o critério político para a designação do secretário executivo por ordem alfabética?

Jaime Gama – É necessário manter um equilíbrio entre os Sete e a rotação dos países nos cargos de secretário executivo e o secretário executivo-adjunto afigurou-se-nos um meio de estabelecer de forma mais consolidada essa conjugação de vontades das partes.

Todavia, o órgão de decisão política, não é o secretário executivo, mas o Conselho de Ministros e o Conselho Permanente. Porque não se reservou esse critério para a presidência e conselhos da CPLP?

Não está excluído que em relação aos outros órgãos não venha a ser estabelecido um acordo idêntico, mas para arrancar com a comunidade, a escolha do secretário executivo e os critérios dessa escolha deveriam por razões práticas ficar estabelecidos desde o início.

Em organizações mais complexas, como a NATO, a UEO ou o Conselho da Europa, a escolha do secretário-geral é uma escolha votada...

...o secretário executivo será escolhido por consenso. A circunstância de haver um critério de rotação entre países não invalida o que dispõem os estatutos da CPLP sobre o método de escolha da figura em concreto do secretário executivo, que será feita por consenso e mediante as iniciativas adequadas. Os países que detiverem a possibilidade de indigitar os seus candidatos apresentarão nomes que serão adoptados por consenso pelos Sete.

Pode acontecer que a melhor figura de Angola seja pior que a melhor de São Tomé e Príncipe...

Sabe que em matéria de escolhas há sempre critérios que podem ser alternativos, mas não se pode é de forma alguma colocar em causa, como ideia positiva para o reforço da solidariedade entre os Sete, o princípio da rotatividade. Isso é que garante o direito à participação equilibrada de todos. O contrário seria abrir o caminho para uma imposição unilateral que não teria sentido na arquitectura que visualizamos para esta comunidade.

Quer dizer que a rotatividade já está prevista para a presidência?

A presidência, segundo os estatutos, está concebida mais na direcção de uma presidência honorífica. E embora os estatutos o não disponham de forma expressa, o que se afigura mais prático é que a presidência seja detida pelo país que organiza a cimeira de Chefes de Estado e de Governo.

Não receia eventuais rupturas na CPLP?

Pelo contrário. A comunidade tem todo o cimento para passar a existir concretamente e ter grande projecção no plano externo.

E espera que o Brasil seja mais fiel aos compromissos na área da lusofonia do que tem sido até agora?

Tenho a certeza. O Brasil exprimiu em relação à CPLP uma vontade muito firme. Quer o Presidente Fernando Henrique, quer o Chanceler Lampreia, quer os parlamentares brasileiros foram muito afirmativos em relação a esse ponto. A circunstância de o Brasil ter até antecipado o funcionamento da comunidade com a apresentação de um convénio a adoptar entre os Sete, em matéria de combate ao tráfico de droga, representa um altíssimo comprometimento com o projecto.

Em definitivo, como será o financiamento da comunidade?

Os estatutos da comunidade são claros quanto a essa matéria. A CPLP assentará em fundos provenientes de contribuições dos Estados-membros mediante quotas a serem fixadas pelo Conselho de Ministros da comunidade, e será criado um fundo especial dedicado exclusivamente ao apoio financeiro a acções concretas levadas a cabo no quadro da comunidade e constituído por contribuições voluntárias, públicas ou privadas.

A introdução de quotas é uma novidade da reunião de Maputo, pois a versão aceite até então preconizava só contribuições voluntárias de cada Estado. Qual a razão política da alteração?

Porque nos parece que uma organização desta natureza deve assentar simultaneamente nos dois tipos de financiamento, até como forma de responsabilizar mais os Estados em relação ao projecto em causa.

Admite que países não lusófonos possam entrar na CPLP, tal como alguns Estados lusófonos estão a entrar noutras organizações igualmente baseadas na língua?

A criação da CPLP é um facto que vale por si, mas a pertença à comunidade não exclui que todos os seus membros participem em outras organizações regionais. É um direito que assiste a Estados soberanos. O que sublinhamos é que, no quadro da nossa política externa, a CPLP vai ser um facto, passando a existir na vida internacional também uma comunidade dos países de língua portuguesa que não exclui a adesão de outros membros onde o português tenha uma expressão consistente.

Mas há organizações que são competidoras da CPLP. Como é possível uma organização suportar-se com Estados que têm os pés nos dois carris?

É perfeitamente possível. E digo-lhe mais, é desejável. O que a CPLP devia é ter sido feita há mais tempo. Não estamos desatentos. Estamos a trabalhar no sentido de equilíbrios que nos parecem vantajosos para todos.

A diplomacia brasileira como que empurrou e até pressionou para apresentar um projecto da CPLP o nome do Embaixador José Aparecido de Oliveira, que surgiu como o grande pai da ideia, pelo menos da parte do Brasil. Parece que, também desse país, houve como que uma cortina sobre esse nome.

Oficialmente, esse nome nunca esteve em apreciação no quadro da reunião de Maputo.

Mas foi dado como o autor do projecto?

Muitas pessoas lançaram o projecto e falaram dele no passado. O Embaixador Aparecido tem o seu nome fortemente ligado, numa fase, à divulgação e é uma personalidade empenhada na ideia de comunidade. Com a escolha que foi feita em relação ao secretário executivo, não está em causa qualquer apreciação negativa sobre essa figura, mas o princípio que estabelecemos foi o de que os candidatos deveriam ser endossados pelos Governos dos respectivos países.

Intervenção na Conferência Interparlamentar, no âmbito da Criação da Comunidade dos Países de Língua Portuguesa

Assembleia da República,
24 de Junho de 1996

É com particular satisfação que estou aqui hoje convosco e agradeço a oportunidade que me foi dada de poder debater com os participantes nesta Conferência Interparlamentar dos Sete um tema ao qual os nossos países atribuem uma importância muito especial: a Comunidade dos Países de Língua Portuguesa.

Tem particular significado o facto de esta Conferência anteceder de alguns dias a Cimeira Constitutiva da Comunidade dos Países de Língua Portuguesa que, como é sabido, se realizará no próximo dia 17 de Julho, em Lisboa. Por um lado, porque os parlamentos representam, sem dúvida alguma, o centro vital dos regimes democráticos e os seus membros são os legítimos representantes do povo que os elegeu. Por outro lado, porque a vossa reunião traduz, de algum modo, as aspirações e o apoio dos povos que representam à institucionalização da Comunidade dos Países de Língua Portuguesa.

Qual a razão que levou à criação da Comunidade dos Países de Língua Portuguesa? No mundo interdependente e com acentuadas tendências de regionalização em que vivemos, o facto de existirem sete países, em três continentes, que se estendem sobre uma superfície superior a dez milhões de quilómetros quadrados e com uma população que em breve atingirá duzentos milhões de habitantes – sem esquecer as nossas diásporas espalhadas pelo mundo – utilizando a mesma língua, constitui um potencial enorme na cena internacional. Não conceber em termos de estratégia global este multiplicador de força linguístico seria menosprezar um importante instrumento que os países de expressão portuguesa têm ao seu dispor e susceptível de aumentar de modo indelével a sua capacidade de afirmação internacional independentemente das suas particularidades e das organizações regionais em que já se encontrem inseridos.

No limiar de um novo milénio, num contexto caracterizado por mutações profundas e rápidas que não deixam de provocar uma certa insegurança já que são frequentemente acompanhadas por tensões raciais, religiosas e sociais, a Comunidade dos Países de Língua Portuguesa emerge como uma entidade assente nos valores da democracia, do Estado de Direito, dos direitos humanos e da justiça social e como um instrumento susceptível de contribuir para a paz e estabilidade política internacionais.

A criação da CPLP corresponde, pois, à vontade unânime e livre dos seus sete países fundadores e visa consolidar uma realidade já existente, resultante de uma convivência multissecular baseada nos laços históricos, culturais, linguísticos e de afecto que unem os seus povos; e da cooperação que progressivamente se desenvolveu e aprofundou depois das independências dos novos Estados soberanos que falam a língua portuguesa.

A sua institucionalização consubstancia um propósito comum: aprofundar um relacionamento multifacetado cada vez mais exigente, enriquecido pelas nossas experiências históricas e políticas, e traduzindo, naturalmente, a nossa diversidade e as nossas singularidades específicas, mas também o que nos é comum, e a solidariedade e a fraternidade que entre nós existe, desde o plano mais espontâneo ao mais racionalizado.

A CPLP assume-se, assim, como um novo projecto político para o qual muito contribuiu, desde o início, o papel determinante do Brasil e o empenhamento activo dos países africanos de expressão oficial portuguesa. A CPLP não obedece a qualquer espartilho pré-concebido, não é sucedânea de ligações político-económicas anteriores, nem é fruto do revivalismo. Portugal partilha com os outros parceiros, em pé de igualdade e respeito mútuo, a responsabilidade, que é de todos, de dar corpo a uma ideia útil e proveitosa para os sete.

A Comunidade tem como objectivos gerais a concertação política e a cooperação nos domínios social, cultural e económico, por forma a conjugar iniciativas para a promoção do desenvolvimento dos seus povos, a afirmação e a divulgação crescente da língua portuguesa e o reforço da presença dos Sete nos *fora* internacionais. Para a prossecução desses objectivos, a Comunidade promoverá a coordenação entre actividades das instituições públicas e entidades privadas envolvidas no incremento da cooperação entre os Sete, não descurando o contributo das organizações internacionais.

Alargar a cooperação na área da concertação político-diplomática constituirá também um dos objectivos centrais da CPLP. Deste modo, dar-se-á uma expressão substantiva aos interesses e necessidades comuns no quadro da comunidade internacional, através de mecanismos e processos mais eficazes de defesa e de promoção de tais interesses. Neste quadro, assume particular relevo o desenvolvimento e estímulo de acções de cooperação interparlamentar que muito poderão contribuir para o reforço dos valores comuns de todos aqueles que têm na língua portuguesa um elemento fundamental da sua identidade específica.

Espero que esta vossa reunião seja percursora de um programa de intercâmbio entre instituições parlamentares e deputados eleitos, visando o reforço dos sistemas pluralistas e a democracia.

Um exemplo do incentivo ao desenvolvimento de acções de cooperação parlamentar é a recente proposta feita pelo Presidente da Assembleia da República aos seus homólogos dos demais seis países da realização de uma reunião anual de delegações parlamentares, liderada pelos presidentes dos respectivos órgãos legislativos. Esta vossa reunião é uma iniciativa que me apraz registar e constitui, aliás, um primeiro passo nesse sentido.

Para além deste projecto de cooperação, gostaria de referir outras iniciativas que os nossos países se propõem realizar:

— enquadramento, acompanhamento e coordenação dos vários encontros previstos a Sete, bem como o incentivo à organização de outros projectos de cooperação, por forma a dar-lhe cobertura e articulá-las com o projecto da CPLP;

— envolvimento dos meios audiovisuais, nomeadamente a televisão, no trabalho de difusão do projecto da Comunidade e da difusão da imagem dos sete países e da Comunidade;

— estabelecimento de um programa de apoio a projectos de cooperação inter--universitária e de intercâmbio de pós-graduados;

— a realização no âmbito da Cimeira Constitutiva da Comunidade de um Fórum da Comunicação reunindo os responsáveis pelas televisões, rádios e agências noticiosas dos Sete;

— a realização, também no âmbito da Cimeira Constitutiva, de um Fórum da Juventude com a participação de representantes dos jovens dos Sete;

— a realização na véspera da Cimeira Constitutiva de um seminário sobre cooperação económica e empresarial que permitirá aos empresários dos Sete trocar ideias e experiências e promover acções conjuntas. A recente reunião ministerial dos Sete, realizada em Maputo, em Abril findo, permitiu a tomada de importantes decisões no sentido da institucionalização da CPLP das quais sintetizo as principais:

— acordo sobre os textos da Declaração Constitutiva e dos Estatutos da CPLP;

— afirmação do empenho na conjugação de esforços para a protecção e preservação do meio ambiente, para a promoção do respeito pelos direitos humanos e para a erradicação do racismo, da discriminação racial e da xenofobia;

— acordo quanto à necessidade de desenvolver o intercâmbio de informação sobre as legislações nacionais, bem como formas adequadas de cooperação para o combate ao tráfico ilícito de estupefacientes e, neste contexto, aprovação da proposta do Brasil de celebração de um acordo de cooperação para redução da procura, prevenção do uso indevido e combate à produção e ao tráfico ilícito de drogas;

– acordo de princípio quanto ao financiamento das actividades da CPLP a partir de contribuições dos países membros mediante quotas e da constituição de um fundo especial dedicado exclusivamente ao apoio financeiro de acções concretas e constituído por contribuições voluntárias públicas ou privadas;
– acordo quanto à titularidade e rotatividade do secretariado executivo.

Ainda, no seguimento do acordado na reunião ministerial de Maputo, o Governo angolano acaba de indicar o Dr. Marcolino José Moco para ser investido nas funções de Secretário Executivo da CPLP.

Assim, as acções a desenvolver pela CPLP terão objectivos precisos e traduzir-se-ão em iniciativas concretas a levar a cabo em sectores prioritários, procurando mobilizar interna e externamente esforços e recursos, criar novos mecanismos e dinamizar os já existentes.

Também no campo económico procurar-se-á um melhor aproveitamento dos instrumentos de cooperação internacional já disponíveis, através de uma concertação regular entre os Sete países. Esta cooperação, entretanto, não substitui outros mecanismos a funcionar entre os membros da CPLP, nomeadamente no quadro dos 5+1 e da Convenção de Lomé.

Para além deste valor acrescentado à cooperação tradicional, o novo patamar que constitui a CPLP tem ainda uma característica da maior importância: prenuncia o momento ideal em que a cooperação como ajuda ao desenvolvimento se transformará em cooperação simples, isto é, cooperação entre iguais em que o objectivo é potenciar interesses comuns, nos dois sentidos e com vantagens mútuas. Na verdade, são já vários os sectores em que este caminho se começou a esboçar, mesmo antes da institucionalização da Comunidade, pois já se realizaram reuniões ministeriais a sete nos domínios da educação, desporto, justiça, saúde, pescas e emprego e também a nível dos supremos tribunais e dos procuradores--gerais e das universidades.

Pretendemos, por outro lado, incentivar as relações entre os sectores privados dos Sete através nomeadamente da criação de um fórum de empresários de língua portuguesa que poderá actuar como órgão impulsionador das actividades a desenvolver nesta área.

Uma comunidade assente na língua comum deverá assumir necessariamente um papel primordial na sua valorização e difusão. A criação do Instituto Internacional da Língua Portuguesa, assumida enquanto instrumento cultural dos Sete, terá neste quadro um papel primordial e deverá constituir um importante factor de projecção e de acção externa.

O carinho e o apoio que o projecto de institucionalização da CPLP tem merecido, especialmente da parte das grandes figuras da cultura, constitui um estímulo muito especial e é bem a prova de que os responsáveis políticos dos Sete ao resolverem levar a bom termo este projecto mais não fazem do que ir ao encontro dos anseios dos seus povos.

Recentemente, assistimos ao desmoronar de muitos mitos e de algumas certezas artificiais. Por outro lado, nunca foi tão forte a legítima aspiração do Homem de viver em liberdade e com um mínimo de condições de bem-estar que tornem digna a sua existência.

A capacidade de sonhar e de acreditar é frequentemente geradora de transformações e um factor de progresso. Hoje, mais do que nunca, há razões para acreditar e ter confiança na nossa Comunidade. A sua próxima institucionalização permitirá que nos possamos dedicar plenamente ao prosseguimento do diálogo e do entendimento entre os nossos países contribuindo, assim, para a defesa dos seus interesses comuns.

O reforço internacional do factor lusofonia hoje conscientemente assumido pelos nossos países, será, estou certo disso, um elemento altamente vantajoso par afirmar a presença e a acção dos nossos países, seja em África, na América e na Europa, espaços regionais em que nos inserimos, seja no mundo em geral, onde jamais poderemos esquecer a dimensão de 200 milhões de seres humanos que em três continentes falam português.

O que ainda ontem parecia um mero desejo e uma simples aspiração, com numerosos obstáculos dificultando a sua concretização, surge hoje como uma realidade imparável e aliciante.

Estamos conscientes que somos países diferentes, situados em continentes distintos e com realidades diversas. Mas penso que esta diversidade é tão importante para a CPLP como esse elo ímpar – que é a nossa língua comum – que nos une, nos permite comunicar uns com os outros e exprimir os nossos sentimentos e a nossa solidariedade.

Ao felicitar os promotores desta reunião na velha sala do Senado da Assembleia da República, transmito a todos os participantes as mais vivas saudações do Governo português, exortando-vos a todos a um proveitoso debate, em prol da Comunidade dos Países de Língua Portuguesa que – todos – estamos empenhados em constituir, afirmar e inserir na comunidade internacional.

Aprovação para a Ratificação dos Instrumentos Constitutivos da CPLP

Assembleia da República,
29 de Janeiro de 1997

O mapa da política internacional encontra-se hoje dominado pelas novas fronteiras de grandes alianças multilaterais. Os Estados soberanos reúnem-se sob "chapéus" comuns para melhor defender os interesses partilhados, participar e aproveitar das formas de cooperação que estabeleceram e também porque se reconhecem em princípios, valores e laços de afectividade histórica ou geográfica. Ao investirem o seu esforço através de determinada comunidade de países, os Estados contribuem para o engrandecimento dessa união ao mesmo tempo que engrandecem a sua identidade nacional pelo sentimento de pertença a um quadro de referências mais amplo.

Os interesses fundamentais dos Estados passam, cada vez mais, pela sua participação nas decisões tomadas em organizações internacionais.

Portugal, o Brasil e os países africanos de expressão portuguesa, herdeiros de um legado comum, libertos dos condicionalismos de outrora, decidiram desenhar e começar a construir uma nova entidade/identidade internacional.

A Comunidade dos Países de Língua Portuguesa – CPLP – nasceu em Lisboa, a 17 de Julho de 1996. A Cimeira Constitutiva do mais recente "fórum" internacional culminou um longo trabalho diplomático realizado ao longo de seis reuniões dos Ministros dos Negócios Estrangeiros e de 36 reuniões do Comité de Embaixadores dos sete futuros países membros.

A ideia fora lançada pela primeira vez, em 1983, no decorrer de uma visita oficial do Ministro dos Negócios Estrangeiros português a Cabo Verde e, mais tarde, reimpulsionada pelo Embaixador brasileiro Aparecido de Oliveira, então Ministro da Cultura, que desempenhou, no momento certo, um importante papel na motivação, argumentação e divulgação desta comunidade de povos.

Deve-se, igualmente, realçar a persistência dos esforços empreendidos pelas autoridades portuguesas ao longo de todo o processo negocial, apesar da alternância política dos executivos de Lisboa. Os sucessivos governos demonstram bem, neste caso concreto, o empenho convergente dos portugueses em relação às grandes questões de desígnio nacional.

O último encontro dos Ministros dos Negócios Estrangeiros realizou-se em Maputo, em 17 e 18 de Abril de 1996, e marcou o fim do processo negocial, preparatório da institucionalização da CPLP.

Aí se acordou, definitivamente e por unanimidade, o conjunto de princípios, objectivos e procedimentos que iria nortear a versão final da Declaração Constitutiva e dos Estatutos da Comunidade e se fixaram as datas da realização da Cimeira.

Esta teria lugar em Lisboa, cidade onde ficou sediada a futura organização e seria também Portugal o país a quem caberia a honra e a responsabilidade de protagonizar a sua primeira presidência rotativa.

Foi decidido que os cargos de Secretário Executivo e de Secretário Executivo--Adjunto seriam exercidos por personalidades de prestígio, designadas pelos países membros, segundo a ordem alfabética. Assim, Angola propôs, e foi imediatamente aceite, que o seu ex-Primeiro-Ministro, Dr. Marcolino Moco, assumisse o secretariado executivo da CPLP. São Tomé e Príncipe apresentou a candidatura do Dr. Rafael Branco, antigo Embaixador na ONU e Ministro das Finanças para o cargo de Secretário Executivo-Adjunto da Comunidade, proposta que reuniu o acordo de todos.

Houve reticências e pessimismos por parte de alguns "Velhos do Restelo". Houve as contrariedades naturais nestes processos como dois adiamentos da data da Cimeira Constitutiva. Mas o projecto da criação da CPLP era uma prioridade para os seus membros e o novo fórum acabou por ver a luz do dia.

Apesar do carácter ambicioso dos seus objectivos, ou melhor, precisamente por causa da preocupação em não comprometer a expectativa criada, foi, desde logo, opinião unânime dos responsáveis dos Sete que se deveria fazer assentar a construção da futura Comunidade em alicerces sólidos, num processo gradual de avanços por pequenos passos, baseados em consensos e orientados numa perspectiva de pragmatismo, em consonância com a realidade e os condicionalismos dos países membros. Seria inútil e contraproducente elaborar construções teóricas megalómanas que, por falta de recursos, nunca poderiam ser levadas à prática.

Decidiu-se, assim, dotar o Secretariado Executivo – que é, como o próprio nome indica, o órgão executor das decisões da Comunidade –, de uma estrutura leve e flexível, por forma a permitir-lhe reagir rapidamente e adaptar-se com facilidade à evolução das circunstâncias presentes.

Ao contrário das grandes estruturas de âmbito similar, como a Comunidade francófona ou a *Commonwealth* (cujo secretariado emprega 360 funcionários e só em despesas de funcionamento gasta, anualmente, mais de dois milhões de contos), a CPLP irá progressivamente definindo a sua especificidade à medida dos seus próprios particularismos e exigências.

Nesta perspectiva, o Secretariado Executivo contará, inicialmente, com um *staff* técnico reduzido, ao qual se deverão juntar diplomatas destacados dos respectivos Estados-membros; Portugal, o Brasil e Angola já indicaram os diplomatas que prestarão apoio ao Secretariado Executivo. A sua função principal é a de impulsionar, coordenar e executar as acções e iniciativas da CPLP, para o que recorrerá, sempre que necessário, à contratação de serviços externos; a ideia subjacente sendo a de não onerar demasiado esta organização com despesas fixas de pessoal, que poderão ser canalizadas para fins mais prementes.

Ao Comité de Concertação Permanente – previsto nos Estatutos – caberá aconselhar, apoiar e, de certa forma, avalizar a actividade desenvolvida pelo Secretariado Executivo.

Quero aqui prestar testemunho do empenho de todos os embaixadores dos Sete que não pouparam esforços no sentido de concretizarem esta velha aspiração comum.

O Comité de Concertação Permanente, anteriormente designado por Comité de Embaixadores, continuará a reunir-se mensalmente em Lisboa e a dar o seu contributo para a marcha da organização, como órgão intergovernamental e representante, por excelência, da vontade política dos Estados-membros.

Por outro lado, é intenção de cada país criar – e Portugal já o fez – junto do respectivo Ministério dos Negócios Estrangeiros, uma divisão "CPLP", para o aconselhamento e o acompanhamento estreito do trabalho da organização.

À data de hoje, pouco mais de sete meses decorridos da sua constituição formal, a Comunidade dispõe já das condições logísticas mínimas e dos instrumentos jurídicos e financeiros necessários para o arranque das suas actividades.

– No plano material, o Secretariado encontra-se a funcionar, (provisoriamente, na Avenida da Liberdade) tendo sido adquirido, pelo Estado português, um palacete situado na Rua de São Caetano à Lapa, onde será instalada, previsivelmente em Abril, a sede definitiva do Secretariado Executivo da organização. O Dr. Marcolino Moco e o Dr. Rafael Branco já se encontram instalados em Lisboa e em plenas funções.

– No plano político, foram aprovados em 26 de Setembro último, em Nova Iorque, na 1.ª Reunião do Conselho de Ministros, os regimentos internos dos vários órgãos da CPLP, assim como o do fundo especial e o orçamento de funcionamento para o primeiro ano de actividades.

Ao nível das contribuições financeiras, ficou acordada uma quota fixa anual de 30.000 dólares por Estado-membro. Portugal e o Brasil fizeram dotações suplementares de cem mil dólares cada, para ajudar a custear as despesas do Secretariado, neste seu primeiro ano de funcionamento. Angola comprometeu-se, igualmente, a participar neste esforço adicional. Os dois primeiros países anunciaram, ainda, uma contribuição inicial de um milhão de dólares cada para o aprovisionamento do fundo especial. Será a partir deste fundo, alimentado por contribuições voluntárias públicas e privadas, que serão financiadas as acções concretas a levar a cabo pela Comunidade.

Na reunião de Nova Iorque o Secretário Executivo apresentou as suas linhas programáticas de acção ao Conselho de Ministros, que as aprovou.

O pacote apresentado pelo Secretário Executivo revela-se um conjunto coerente de medidas concretas, destinadas a confrontar situações reais, num espírito de aproveitamento das potencialidades, complementaridades e interdependências decorrentes de uma cooperação mais estreita e concertada.

Três importantes orientações políticas emanaram deste Conselho de Ministros.

Em primeiro lugar, uma determinação clara de conferir maior relevo e protagonismo ao Secretariado Executivo; o Secretário Executivo representa o rosto visível da Comunidade e será ele o primeiro responsável pela condução das actividades da organização. Caber-lhe-á a iniciativa quanto à identificação das acções a concretizar e a adopção das respectivas modalidades de execução.

Seguidamente, manifestou-se uma convergência de vontades dos Sete em atribuir a chancela da CPLP às acções de cooperação que já existem entre si. Foi sob esta nova orientação que se realizaram em Cabo Verde, em 30 de Outubro, o II Encontro dos Presidentes dos Tribunais de Contas dos Sete países membros; em Lisboa, de 20 a 21 de Novembro, a Reunião dos Ministros da Agricultura; em Maputo, de 2 a 4 de Dezembro, o VII Congresso dos Veterinários de Língua Portuguesa e, de 5 a 6 do mesmo mês, a Reunião dos Ministros das Comunicações dos Sete.

Finalmente, a decisão de Portugal e dos PALOP de alargarem ao Brasil, sempre que possível, o âmbito de aplicação das suas acções de cooperação e de concertação político-diplomática, desenvolvidas no seio do formato "cinco + um".

Desde a reunião de Nova Iorque até à presente data, devem ser realçadas as seguintes acções:

– A declaração Constitutiva da CPLP, traduzida para inglês e francês, foi circulada como documento oficial das Nações Unidas, dando assim a conhecer formalmente aos 185 Estados-membros daquela organização os fundamentos e contornos desta nova entidade internacional.

– Os Ministros dos Negócios Estrangeiros dos Sete, nas comunicações que apresentaram perante a 51.ª Assembleia Geral das Nações Unidas, sublinharam a recente adesão dos seus países à CPLP, como um marco importante das respectivas políticas externas.

– Os sete Estados-membros apresentaram uma intervenção conjunta, em nome da Comunidade, relativamente ao ponto intitulado "Desenvolvimento cultural" da Agenda da 2.ª Comissão da 51.ª Assembleia Geral das Nações Unidas.

– A CPLP esteve presente, com um *stand* de informação, na Expolíngua Portugal 96 – 7.º Salão Português de Línguas e Culturas, evento realizado em Lisboa, no Fórum Telecom, de 24 a 26 de Outubro último.

– A CPLP dispõe já de uma *home page* interactiva na Internet, cujo endereço é: "www.cplp.org.".

– Foi criado o boletim de informação *CPLP*, o qual, com periodicidade mensal, dará conta das principais iniciativas em curso, bem como das oportunidades empresariais a explorar.

– O Secretário Executivo deslocou-se, a Londres, à sede da *Commonwealth*, a convite desta, para trocar conhecimentos e experiências mútuas. Participou, igualmente, na Cimeira Ibero-Americana realizada em Santiago do Chile e tem efectuado viagens de promoção por vários países, nomeadamente Angola, Moçambique, Brasil e Alemanha.

– Os sete países da Comunidade decidiram apoiar a candidatura do ex-Ministro brasileiro do Ambiente, Sr. Brandão Cavalcanti, ao cargo de Director Executivo do PNUA – Programa das Nações Unidas para o Ambiente.

– Por fim, a recente eleição de Portugal para o Conselho de Segurança das NU, que mereceu os esforços conjugados dos Sete – juntamente com o segundo ano de presença da Guiné-Bissau naquele órgão – reforçará a visibilidade internacional da CPLP e a sua capacidade de intervenção no sistema das Nações Unidas.

Numa perspectiva de curto prazo, encontram-se agendadas as seguintes medidas:

– Realização, no âmbito da UNESCO, da "Semana da CPLP", em Abril próximo;

– Reunião dos responsáveis da cooperação dos Sete, prevista para Março próximo, precedida de um encontro de altos funcionários;

– Negociação de acordos sobre "Combate ao tráfico de droga e criminalidade organizada", "Redes electrónicas de informação", "Cooperação interinstitucional", "Cooperação interuniversitária" e "Cooperação na área da meteorologia, clima e ambiente".

– Aprovação dos "Estatutos de membros observadores e associados da CPLP" que concederá ao território não-autónomo de Timor-Leste uma modalidade apropriada de participação na Comunidade;

– Aprovação do Acordo de Sede entre o Estado português e o Secretariado Executivo da CPLP, que definirá os privilégios e imunidades do pessoal destacado.

Deram-se passos seguros nestes escassos meses. Outros se seguirão. As grandes realizações cimentam-se ao longo de anos de aturados esforços e de sucessivas conquistas.

Será que alguém se lembra das medidas tomadas por organizações congéneres nos seus primeiros seis meses de existência? Interessa avaliar um todo, num prazo razoável de vida.

O entendimento obtido sobre os pontos que atrás mencionei faz prefigurar o abandono de algum cepticismo que ainda paira sobre a capacidade dos Sete em demonstrarem, na prática, os fortes laços de solidariedade que os unem. A unidade demonstrada à volta destas questões veio trazer uma renovada confiança no projecto comum de erigir, aos poucos e poucos, uma nova entidade multilateral que assuma, na cena internacional, a defesa dos interesses dos povos do espaço lusófono.

Àqueles que persistem em auto-flagelar-se a propósito de tudo, recordam-se as palavras do Presidente de Angola, José Eduardo dos Santos, ao receber Fernando Henrique Cardoso, por ocasião da recente visita do Presidente brasileiro a Luanda: «Angola e Brasil são parte integrante de uma comunidade de países de língua portuguesa, espalhados por quatro continentes... Nunca é demais valorizar estes laços orgânicos, que nos permitem enfrentar com renovado vigor o potencial de agressão industrial, financeira ou cultural fomentada por grupos económicos, políticos ou militares ligados a interesses nacionais ou multinacionais. É nesse processo de defesa, afirmação e reconhecimento de nós próprios, que encontramos aquilo que nos une e nos distingue dos outros povos e países. Muitas vezes não damos valor à riqueza que temos ao pé da porta, preferindo alimentar ilusões e angústias sobre o presente e o futuro, em lugar de explorarmos as virtualidades do que já possuímos e enriquecermos os legados históricos e culturais que temos para administrar».

Entre a dimensão regional brasileira, com os seus 160 milhões de habitantes e o pequeno e isolado São Tomé e Príncipe, que conta apenas com 100 mil; entre o razoável bem-estar dos portugueses, estimado em mais de 10.000 dólares de PIB real *per capita* e as dificuldades de Moçambique, com apenas 400; entre a estabilidade e a paz social de Cabo Verde e as agruras do conflito angolano, haverá que procurar caminho para o máximo denominador comum e abrir espaço para a afirmação externa da Comunidade que se pretende desenvolver.

Longe de pretender substituir-se aos compromissos de integração anteriormente assumidos pelos seus membros, a CPLP representa, pelo contrário, um complemento de identidade e um suplemento de possibilidades que se abrem para além do enquadramento nas organizações regionais a que os Sete pertencem, desde a União Europeia, passando pela SADC, o MERCOSUL ou a UEMOA.

A Assembleia Nacional de Cabo Verde já aprovou, há cerca de duas semanas, a Declaração Constitutiva da CPLP, encontrando-se os outros Estados-membros a ultimar os respectivos procedimentos constitucionais.

No mesmo sentido, o Governo submete, hoje, à consideração de V. Exas., os Diplomas Constitutivos da Comunidade dos Países de Língua Portuguesa com vista à sua aprovação parlamentar para posterior ratificação por Sua Exa. O Presidente da República. Estou certo de que V. Exas. não deixarão de conceder aprovação a este projecto de profundo alcance para os nossos objectivos de política externa e que, sem hesitação, darão forma e conteúdo aos ambiciosos desígnios de cooperação interparlamentar que o mesmo contempla.

Intervenção no Fórum dos Empresários da Língua Portuguesa

Minhas Senhoras,
Meus Senhores,

É para mim um grato prazer usar da palavra nesta iniciativa – a todos os títulos louvável – do fórum dos empresários de língua portuguesa.

Trata-se, com efeito, de uma contribuição muito significativa para aproximar os empresários de língua portuguesa e intensificar uma relação construtiva num espaço que se exprime de modo comum e que queremos aberto à cooperação internacional. Realço que é uma iniciativa da sociedade e não um cerimonial do Estado.

Os contactos entre os nossos povos, as nossas economias, as nossas empresas, as nossas mentalidades, as nossas instituições e as nossas culturas elevaram o relacionamento entre os nossos países a um plano de tal dignidade, inalterável por dados conjunturais e que, por exceder o âmbito das nossas gerações, importa ser colocado nos actos de hoje com um horizonte de larga e consistente durabilidade.

É, aliás, neste contexto, que terá lugar em, Lisboa, em Julho próximo, a realização da Cimeira de Chefes de Estado e de Governo que consagrará institucionalmente a Comunidade dos Países de Língua Portuguesa.

A vossa iniciativa é, por isso, uma acção pioneira. Com o mérito de não radicar em outra inspiração que não seja a sua vitalidade.

A Comunidade será uma realidade, estou certo disso; uma realidade que corresponde à vontade unânime e livre dos nossos povos e países, e que se traduz num objectivo comum: por um lado, consolidar e projectar, na cena internacional, os especiais laços de fraternidade e de solidariedade que nos unem e, por outro, aprofundar, entre nós, um relacionamento multifacetado enriquecido pelas nossas diversas experiências históricas, económicas e políticas.

Sem menosprezo por outras formas de inserção internacional, nomeadamente regional, aproveitaremos esta oportunidade para, de uma forma realista e coerente, debater as áreas onde é possível reforçar a nossa concertação e cooperação, analisando os diversos projectos concretos a integrar na Comunidade, alguns dos quais já se encontram em fase de estudo, nomeadamente no âmbito desta vossa realização.

Mas também não podemos esquecer que, para além dos espaços geográficos dos nossos respectivos países, a língua portuguesa é património de outras comunidades que, em função de razões históricas, políticas ou económicas, se constituíram noutros pontos dos cinco continentes. A CPLP, tradução da vontade política dos nossos Estados, terá sempre como vocação e missão indeclinável acarinhar, valorizar e promover os interesses daquelas comunidades e desenvolver acções específicas em seu benefício. E isto independentemente das suas origens respectivas: nos Estados Unidos, em França, na África do Sul, na Austrália, em Malaca, Goa, Macau ou Timor e em tantas outras áreas do globo, é a língua portuguesa, pedra angular da nossa Comunidade, que continua a ser a expressão de uma identidade cultural específica particularmente sentida por angolanos, brasileiros, cabo-verdianos, guineenses, moçambicanos, são-tomenses ou portugueses, assim como pelos seus descendentes. Somos a força de 200 milhões em sete países e três continentes.

Minhas Senhoras,
Meus Senhores,

Também a Europa e a África estão ligadas por seculares laços históricos, políticos, culturais e económicos a que é preciso dar uma nova dimensão.

O actual quadro das relações entre as duas regiões tem vindo a desenvolver-se num âmbito parcelar e regional através de instrumentos conhecidos, como sejam os diálogos UE/OUA, UE/SADC, UE/ACP e o diálogo Euro-Mediterrânico.

A íntima ligação entre os destinos dos dois continentes impõe uma visão mais global do relacionamento da União Europeia com África através da definição de novas regras de parceria e assente numa nova filosofia, justificada pelo presente contexto de crescente multipolarização. A Europa não deve esquecer África, no âmbito da globalização. A África pode encontrar seguramente na Europa o grande parceiro para o século XXI.

Neste quadro, Portugal tomou a iniciativa de propôr, em Março findo, aos seus parceiros europeus, a realização de uma cimeira entre a União Europeia e os países africanos, entre a Europa e África. Lancei em Luanda esta ideia de uma cimeira África-
-Europa. Esse tipo de encontro constituiria, em nosso entender, uma excelente oportunidade para se lançarem bases sólidas que venham a permitir uma relação mais efectiva, integrada e sistemática entre a Europa e África. Tratar-se-ia de um acontecimento único de alto significado político, cuja ideia central poderia ser o diálogo político global, com o objectivo de se alcançar uma nova parceria de conjugação de interesses e de contribuir para a integração positiva do continente africano na

economia mundial. Não olhemos o futuro com base em esquemas tutelares ou assistenciais do passado. Tenhamos a ousadia de lançar uma parceria durável entre a Europa e África, através da convocação de um grande debate de reflexão voltado para o futuro, à semelhança do que a União Europeia tem feito com a Ásia, com a América do Sul, com o Médio Oriente e com o diálogo transatlântico.

É preciso não esquecer que os problemas que se agudizam em certas regiões de África não são estanques, repercutindo-se em todo o continente africano e na própria Europa. Refiro-me, em particular, a questões como a expansão do fundamentalismo, os refugiados de guerra civis, as situações de ruptura no âmbito humanitário, as epidemias, a desarticulação das economias agrícolas e os incontroláveis movimentos migratórios.

Devemos ter presente que as potencialidades e o dinamismo económico de certas zonas são susceptíveis de constituir um motor para o desenvolvimento económico de todo o continente. Não enjeitemos essas plataformas.

Cabe à Europa colocar a África na primeira página da agenda e das atenções da comunidade internacional, promovendo a sua imagem não como um continente perdido, mas sim como um espaço cuja dimensão e riqueza são merecedores de um olhar diferente e de um novo modelo de diálogo baseado no respeito pela dignidade das partes.

Minhas Senhoras,
Meus Senhores,

Se a promoção e o aprofundamento do diálogo euro-africano é, indubitavelmente, uma natural atitude político-diplomática de Portugal, a política de cooperação para o desenvolvimento constitui uma das componentes fundamentais da política externa portuguesa, que me apraz sublinhar nesta sessão.

Os Estados africanos de língua portuguesa serão os beneficiários naturais de uma parte substancial de ajuda pública portuguesa ao desenvolvimento e é intenção do Governo português reforçar a cooperação bilateral, a todos os níveis, ajustando-a mais efectivamente às necessidades de consolidação e desenvolvimento do sector privado da economia, através de uma estratégia inovadora que favoreça a cooperação empresarial e os investimentos produtivos. É nossa convicção de que estão reunidas as condições necessárias para que se possa impulsionar as relações de cooperação em moldes que visem e traduzam um verdadeiro salto qualitativo. Não vos faço promessas. Quero antes analisar expectativas realistas.

Permitam-me uma palavra final sobre o nosso relacionamento com o Brasil que constitui também uma pedra angular, insubstituível, da nossa política externa. A visita que o Primeiro-Ministro de Portugal realizou ao Brasil, em Abril findo, permitiu abrir caminho a um relacionamento que não deve ser apenas pretexto para discursos retóricos e afectivos, mas se torne num projecto concreto e activo assente no estabelecimento de complementaridades no nosso desenvolvimento económico e cultural e da actuação concertada nos terrenos em que debatem as grandes questões internacionais. Esse diálogo tem, naturalmente, consequências positivas em relação a África. Poderemos aí fazer em conjunto muito do que, se persistirmos em fazer separados, acabará por vir a ser feito por terceiros.

Minhas Senhoras,
Meus Senhores,

Segui com a maior atenção os vossos trabalhos e reflectirei sobre as vossas conclusões.

Estou aqui como simples mas sincero adepto das vossas convicções e da vossa antevisão, sobretudo numa época em que o desenvolvimento de África passa mais pelo investimento privado do que pela ajuda pública tradicional.

Desejo a todos os maiores sucessos nos respectivos campos de actuação por forma a que juntos procuremos contribuir para que a comunidade lusófona – a Comunidade dos Países de Língua Portuguesa – seja uma realidade aberta, visível e interveniente na cena internacional. Um mundo mais estável e pacífico estava à espera deste duplo sinal: o de que os países africanos de língua oficial portuguesa, o Brasil e Portugal estavam dispostos a assumir-se como comunidade e o de que a Europa e África querem, finalmente, encarar numa perspectiva global e moderna as suas relações. Este vosso fórum foi seguramente um marco decisivo para se poder caminhar sem sobressaltos em ambas as direcções.

África

Reunião Ministerial UE/SADC

Windhoek, Outubro 1996

Senhores Presidentes,
Senhor Secretário Executivo da SADC,
Senhor Comissário Europeu,
Caros Colegas,
Senhores Delegados,

Gostaria antes de mais de saudar nas pessoas dos chefes das delegações da República da África do Sul e da República de Moçambique, a eleição do Presidente Nelson Mandela e do Presidente Joaquim Chissano, respectivamente, Presidente e Vice-Presidente da SADC e desejar-lhes, em meu nome e no do Governo português, os maiores sucessos no desempenho da sua missão, por certo complexa mas também estimulante.

Igualmente expresso os meus agradecimentos, e os da minha delegação, ao Presidente e Governo da Namíbia e ao seu povo pela hospitalidade que nos dispensaram e pelas facilidades oferecidas ao nosso trabalho.

A minha presença neste fórum, além de ser uma oportunidade para rever os amigos, pretende sublinhar a importância que Portugal confere às iniciativas conjuntas da União Europeia e de países africanos e o relevo que o Governo português concede ao estreitamento das relações com todos e cada um dos países que integram a SADC e com esta Organização.

O Português é aqui a língua oficial. Suponho que este facto ilustra por si só os vários séculos de história que ligam o meu país a esta região de África e que nos deixaram marcas profundas. Enriquecidos por esta convivência secular, e em resultado dela, os portugueses são uma nação com concepções próprias do que devem ser as relações entre Estados e povos soberanos e com uma presença de diálogo cultural no mundo que muito ultrapassa as suas fronteiras europeias.

A Comunidade dos Países de Língua Portuguesa, que recentemente fundámos em Lisboa, e na qual participam connosco a República de Angola e a República de Moçambique, pretende, em conjunto com os outros Estados africanos de língua portuguesa e o Brasil, trazer à comunidade internacional uma mais-valia consubstanciada num património – a língua portuguesa – de que são herdeiros cerca de 200 milhões de pessoas. É uma Comunidade também empenhada em obter a autodeterminação para o povo de Timor-Leste cujos expoentes da resistência acabam de ser galardoados com o Prémio Nobel da Paz.

A intensificação do relacionamento internacional leva-nos a entender a CPLP como uma comunidade aberta ao intercâmbio activo com as suas congéneres de outras línguas e ainda como uma área de concertação que potencia adequadamente a inserção dos seus membros em estruturas regionais, quer se situem na América Latina, em África ou na Europa.

No quadro da UE – em que Portugal se integra – afigura-se-nos da maior utilidade congregar numa só voz os valores que os seus Estados-membros consideram fundamentais e pelos quais procuram reger as suas relações com Estados ou grupos de Estados: os da paz, da estabilidade, da democracia e dos direitos humanos.

São por isso facilmente compreensíveis, louváveis e merecedores de todo o nosso apoio os esforços dos países da SADC para a institucionalização de práticas de cooperação político-diplomática agora representada no seu "órgão sobre política, defesa e segurança" com o objectivo – e cito – «de garantir a estabilidade, a prevenção, gestão e resolução de conflitos e o respeito da democracia e dos direitos humanos». Congratulo-me que a UE e a SADC comunguem integralmente dos mesmos ideais. Gostaria de ver uma aproximação concreta entre a Europa, por via da Política Externa e de Segurança Comum da UE e até da própria União da Europa Ocidental, e a estrutura responsável pela segurança e defesa no âmbito da SADC. Essa articulação seria muito adequada para o cumprimento de tarefas de prevenção de conflitos, estabelecimento e manutenção da paz determinadas pela ONU e, obviamente, deveria também ter por referencial um quadro mais vasto de colaboração com outros agrupamentos regionais e com a OUA. É uma área de "fronteira" em que urge reflectir para encontrar soluções não hegemónicas, mas sim equilibradas e consensuais.

O dispositivo multilateral agora criado na África Austral, caracterizado pela procura do consenso e pela flexibilidade, parece-me especialmente adaptado às realidades políticas desta área e à delicadeza das matérias sob sua responsabilidade. No fundo tratar-se-á de adaptar aos tempos modernos a secular tradição diplomática africana que sempre favoreceu o diálogo e a negociação para harmonizar divergências de interesse. É um excelente ponto de partida que interessa consolidar.

Ultrapassada para sempre a era desumana do *apartheid*, agressivo por natureza e exportador de instabilidade e violência, abrem-se aos países da SADC perspectivas de segurança e prosperidade há poucos anos dificilmente imagináveis. Estou certo que outros acordos de cooperação recentemente aprovados pelos Chefes de Estado da SADC em Maseru – designadamente nos sectores da energia, transporte, comunicações e comércio –, visando a integração económica dos seus países, acelerarão consideravelmente o caminho do desenvolvimento em que estão comprometidos.

Acrescento que partilho, com idêntica satisfação, do parecer dos Chefes de Estado da SADC de que a «estabilidade política, a paz, a democracia e os direitos humanos se continuam a aprofundar em toda a África Austral».

Mas também não posso como vós ignorar, sobretudo nesta ocasião e neste lugar, que a situação em Angola, membro activo da SADC, continua plena de incertezas que é urgente esclarecer. É certo que de uma forma geral cessaram as hostilidades e que alguma esperança voltou ao povo angolano. Julgamos, todavia, que só a completa implementação do Protocolo de Lusaca, sem dilações nem ambiguidades, nos assegurará que a paz em Angola é irreversível.

Infelizmente, o calendário do processo de paz, que de início estava a ser respeitado, tem sofrido nos últimos meses atrasos inesperados cuja persistência coloca em perigo os progressos significativos já alcançados. Consideramos da maior oportunidade, sobretudo nesta fase, que a comunidade internacional em geral e a SADC em particular se empenhem na resolução das dificuldades surgidas. A reunião extraordinária do "órgão sobre política, defesa e segurança da SADC" recentemente ocorrida em Luanda, pela análise detalhada a que procedeu e alcance das suas conclusões, foi um excelente exemplo deste esforço conjunto que Portugal, enquanto membro da *troika* e particular amigo da nação angolana, seguirá com a devida atenção. O facto de, em princípio, o mesmo órgão se voltar a reunir sobre o assunto antes do final do ano é prova suficiente de quanto a paz em Angola é necessária a uma verdadeira estabilidade na África Austral.

Outros países e regiões em África, como a chamada dos "Grandes Lagos", também enfrentam crises graves que não só se repercutem tragicamente nas respectivas populações civis, como se arriscam a alastrar a Estados vizinhos com consequências por certo desastrosas. Apoiamos por isso os esforços que os países deste continente e a sua organização representativa – a OUA – têm desenvolvido para as prevenir, bem como os projectos específicos que permitirão que os africanos sejam, como é natural, os principais responsáveis, sob a égide das Nações Unidas, pela salvaguarda e manutenção da paz no continente. Um tal esforço, sabemo-lo bem, requer meios técnicos sofisticados que, sendo financeiramente pesados, nem sempre são fáceis de obter. Portugal está atento às preocupações dos Estados africanos neste sector e procurará, na medida das suas possibilidades, ajudar a encontrar uma resposta.

Em Março deste ano propus aos meus colegas da União Europeia a realização de uma cimeira "Euro-Africana". O nosso objectivo com esta proposta é o de levar a cabo, pela primeira vez, um diálogo político ao mais alto nível que reúna todos os

Chefes de Estado e de Governo da União Europeia e de todos os Estados africanos com um agenda centrada em assuntos de interesse comum de cuja análise possa resultar uma nova dimensão nas nossas relações e um acrescido impulso em áreas tradicionais do nosso relacionamento. Pretendemos com esta cimeira lançar bases sólidas que permitam uma relação mais efectiva, integrada e sistemática entre a Europa e a África, contrariando a consolidação de preconceitos que vêem África como um continente em que é inútil investir. Portugal não pensa assim e queremos contribuir para que se inclua o continente africano, em todas as suas componentes, no tabuleiro político e económico mundial, e como tal, na agenda internacional.

Julgo conveniente repetir neste fórum que a proposta portuguesa não visa substituir ou limitar os quadros e canais de diálogo já existentes com países ou organizações africanas, designadamente a SADC. Antes pelo contrário, visa conferir--lhes um novo dinamismo e dimensão política. Pretendemos dialogar ao mais alto nível de forma aberta, franca e descomprometida sobre os grandes desafios que se colocam a África e também à Europa como seu parceiro privilegiado. A participação dos países da SADC neste diálogo, pelos testemunhos das suas experiências, realizações e frustrações, parece-me imprescindível. Acresce que esta organização, e os seus Estados, pelo nível das realizações já conseguidas, tanto no plano político como económico, terá certamente um papel fundamental a desempenhar como pólo dinamizador de toda a África para que se atinjam os propósitos que estabelecemos para esta Cimeira.

A União Europeia está neste momento a analisar a iniciativa portuguesa. Confio que em breve estaremos em posição de a apresentar com o detalhe adequado dando--se assim início a um trabalho preparatório conjunto que, esperamos, culminará na cimeira de todos os Chefes de Estado ou de Governo de África e da União Europeia.

A revisão a que aqui procedemos dos progressos realizados nas relações entre a UE e a SADC desde a Conferência de Berlim levam-me a concluir que forma já dados passos concretos e importantes no sentido da prossecução dos objectivos que nos impusemos e que a nossa cooperação tem obedecido às orientações definidas na Declaração de Berlim. Julgamos que o bom senso e o sentido das realidades impõem que consolidemos e desenvolvamos esses progressos antes de encetar novas tarefas, já que a nossa experiência desaconselha a ambição de tudo querer fazer de imediato e de tudo abranger. A própria história da UE e da SADC indicam que aquele é o melhor método para se alcançarem os fins pretendidos. O que vos posso assegurar é que Portugal continuará a ser um parceiro activo no diálogo político e na cooperação entre a UE e a SADC de acordo com as prioridades estabelecidas pelo Governo português para a sua política externa. Num quadro internacional caracterizado muitas vezes pelo isolamento ou pela agressividade descontrolada, somos dos que se batem pelo princípio indesmentível de que a África e a Europa são continentes irmãos que devem caminhar de mãos dadas para poder entrar de forma mais segura e tranquila no século XXI.

Intervenção no Conselho de Segurança da ONU – A Situação em África*

Nova Iorque, 25 de Setembro de 1997

Africa has been a major presence on the agenda of the Security Council. The reasons for the attention given by this body to African affairs are well known. Portugal, as a non-permanent member of the Security Council, has sought to contribute to a constructive and productive debate on African problems. In this context, we are always ready to support initiatives that might, in an innovative manner, frame the work of the Council in this area.

We believe that a fresh start is essential in the way the international community deals with issues concerning the African continent. Exceptional circumstances, such as those that today prevail in various African countries, require imaginative and effective answers from all of us.

We have therefore supported since the beginning the excelent initiative of the United States to promote a debate in this format and with this objective in mind. It is a timely debate, and it constitutes a clear sign of the interest of the United Nations in contributing decisively to the maintenance of peace and security in Africa. The welcome presence among us of the Chairman and Secretary-General of the Organization of African Unity (OUA) is a clear indication of the importance of this initiative. I also salute the United Nations Secretary-General, whose marked concern for Africa has been demonstrated in a number of concrete cases.

---

* Versão original inglesa do discurso proferido em Nova Iorque.

The Portuguese Government welcomes this meeting on the Security Council on the understanding that it is not an end in itself. Many words have been spoken about the big challenges that are faced by the African continent, but these have not always been translated into practical action. The report and the recommendations that are today being requested from the United Nations Secretary-General will certainly be a step in the right direction.

Strengthening the ties that bind Portugal and Africa is one of the priorities of Portuguese foreign policy. I would like to recall some of the initiatives that reflect this commitment. In the first place, Portugal submitted to its partners in the European Union a proposal for the holding of a Euro-African summit, aimed at establishing, for the first time, a political dialogue at the very highest level between the two continents. The main goal is to place Africa at the top of the international agenda, as a continent whose dimensions and economic potential deserve a new model of relations. At the European Council meeting in Amsterdam, which took place last June, it was agreed that the summit should take place by the year 2000, and talks are starting with our African partners on that subject.

Portugal has been participating in several United Nations peace-keeping operations in Africa through an active presence with the United Nations Operation in Mozambique (ONUMOZ), the United Nations Angola Verification Mission (UNAVEM), the United Nations Observer Mission in Angola (MONUA) and the United Nations Mission for the Referendum in Western Sara (MINURSO).

We have also been allocating considerable resources to aid development in various African countries, and we have argued in international forums that funds should be provided commensurate with the demands of the current economic situation in Africa.

Portugal jointly founded the Community of Portuguese-Speaking Countries with Angola, Cape Verde, Guinea-Bissau, Mozambique, São Tome and Principe and, across the Atlantic Brazil. This Community of 200 million people will increase our cooperation and will establish mechanisms of coordination and diplomatic consultation in areas of common interest, which include, naturally and prominently, those relating to Africa. In this context, the seven countries are currently exploring ways to build on their own experiences so as to enable them to contribute to peace actions in Africa.

We know that the difficulties with which various African countries are grappling can ultimately be overcome, carefully and realistically. In Africa, as elsewhere, persistence pays. We sincerely believe that Africans will find the path to political stability and social and economic development, by way of democracy, the rule of law and the respect for human rights.

We also believe that one of the main priorities of the international community should be to support initiatives aimed at preventing emerging conflicts in Africa, as well as the creation of mechanisms that, would establish the conditions necessary for their peaceful and negotiated resolution at a more advanced stage. The main elements that should orient our action in this area are clear.

First, Portugal believes that it is indispensable to have the active association of African countries – and their representative organizations, above all the OAU – in the development of doctrine and concepts on which those initiatives are based and in the implementation of those mechanisms. In this context, we consider that the concept of "African ownership" is particularly suitable; however, it should be made clear that this concept cannot be seen as a pretext for disengagement from Africa on the part of the international community. On the contrary, the aim is to help African countries acquire the capacities to play a more effective role in the resolution of their own problems, avoiding the recourse to external solutions, whic have often brought to bear negative effects.

Secondly, we advocate that the Security Council continue to exercise fully its responsabilities under the United Nations Charter, with regard to peace-keeping and other operations, and in cooperation with other United Nations organs and agencies.

Thirdly, we would like to widen this debate on African security, which has centred excessively on technical and operational aspects, to include questions related to peace-building.

Indeed, a formal peace, guaranteed by military forces, should be complemented by conditions aimed at sustaining a material peace, freely accepted by the interested parties. As the Secretary-General pointed out in his opening statement to the fifty--second General Assembly: «We aspire to a United Nations that can act with greater unity of purpose, coherence of efforts and responsiveness in pursuit of peace and progress». (See *Official Records of the General Assembly, Fifty-second Session, Plenary Meetings, 5th Meeting*).

A final word to express the sincere hope of the Portugese Government that the serious conflicts and disputes which still divide African countries will shortly be resolved, through dialogue and development. In this way, an end may be brought to the serious humanitarian crises that plague some parts of the continent. As a member of the Security Council, and as a country which has in Africa hundreds of thousands of its countrymen, Portugal will not fail to help Africa and Africans reach that objective.

As Relações entre Portugal e a África do Sul

*Câmara de Comércio e Indústria Luso-Sul-Africana,
26 de Maio de 1998*

Muito agradeço o amável convite que me foi formulado para aqui estar presente hoje e esta oportunidade para vos dirigir algumas palavras sobre as relações entre Portugal – num contexto bilateral e, também, na óptica da União Europeia – e a África do Sul.

Tal relacionamento é sólido e amigável, baseado na partilha de interesses estratégicos em áreas de grande importância para ambos os Estados – designadamente o espaço da SADC (Comunidade de Desenvolvimento da África Austral) – e na existência de uma significativa Comunidade Portuguesa na África do Sul, a qual ascende a mais de meio milhão de pessoas. Esta Comunidade, devo sublinhar, origina de 4 a 8% do PIB da África do Sul e representa cerca de 10% da população de origem europeia naquele país.

Temos procurado imprimir um ritmo intenso aos contactos entre os dois Governos, promovendo encontros aos mais altos níveis políticos com o fim de potenciar afinidades e estimular o intercâmbio em múltiplos sectores. Foi assim que, escassos meses após a nossa tomada de posse, recebemos em meados de 1996 a visita do Vice-Presidente Thabo Mbeki a Portugal. Eu próprio me desloquei por duas vezes à África do Sul, realizando-se outras visitas de colegas de Governo e tendo Portugal recebido vários responsáveis sul-africanos.

Em Novembro deste ano, após a reunião ministerial da União Europeia e da SADC, em Viena, contamos com a deslocação a Lisboa do meu homólogo, Senhor Alfred Nzo, com quem de resto temos mantido contactos em diversos *fora* internacionais em que participamos conjuntamente. Esperamos também que se concretize em breve uma visita de Estado do Presidente Mandela, correspondendo ao convite que lhe foi dirigido pelo Presidente Jorge Sampaio.

Acompanhamos de perto, numa base diária, a situação política, económica e social da África do Sul, potência regional inserida num continente e numa zona geográfica particular que constitui uma prioridade da nossa acção externa. Portugal congratula-se genuinamente com a forma como o Governo democrático da África do Sul conduz o processo de transição de um sistema tão condenável como o *apartheid* para uma sociedade livre, justa e igualitária.

Na verdade, corrigir as graves distorções económicas e sociais provocadas pelo *apartheid*, satisfazendo as legítimas esperanças e reivindicações da maioria no campo do bem-estar social sem pôr em causa infra-estruturas económicas e financeiras mundialmente competitivas é uma tarefa tecnicamente complexa e politicamente delicada. No entanto, e como é reconhecido por todos, o Governo sul-africano, apoiado na liderança e na ímpar legitimidade moral e democrática do Presidente Nelson Mandela, tem sabido vencer, com inteligência e moderação, este vasto desafio – um desafio que não se limita à própria África do Sul.

Como referi, estamos perante uma potência regional, motor do desenvolvimento da África Austral a nível do comércio e do investimento. A África do Sul representa 80% do PIB da SADC, e os encorajadores indicadores económicos apontam para um crescimento económico regional consolidado e sustentável – 3% em 1994, 3.7% em 1995 e 4.1% em 1996. Estes bons resultados, devem-se, no essencial, a políticas macro-económicas correctas e de rigor, orientadas para a economia de mercado e fomentadoras do comércio internacional e, sobretudo, capazes de atrair o investimento estrangeiro.

É nesta perspectiva que Portugal e a União Europeia encaram a cooperação e o relacionamento económico com a África do Sul. Gostaria de vos fornecer alguns elementos de reflexão a este respeito.

Começando pela União Europeia, as relações com a África do Sul estão centradas na Convenção de Lomé, na vertente da cooperação, e no Sistema de Preferências Generalizadas, na vertente comercial. Em termos financeiros, o apoio comunitário é concedido através do PERD (Programa de Reconstrução e Desenvolvimento), num montante de 500 milhões de *écus* para o período 1996-1999. Existe ainda um diálogo autónomo entre a União e a SADC.

Este quadro será substancialmente alterado quando entrar em vigor o Acordo de Comércio Livre, actualmente em negociação. Este novo instrumento será complementado por dois acordos sectoriais, um sobre pescas e outro sobre a protecção de denominações de origem no domínio dos vinhos e bebidas espirituosas.

Trata-se de uma negociação ambiciosa, já com mais de dois anos, que tem por objectivo a liberalização para 85-90% dos produtos agrícolas e industriais, a concretizar num prazo de dez anos (ou doze anos, no caso de produtos muito sensíveis). Está igualmente prevista uma lista, com especial interesse para Portugal, de exclusão de produtos agrícolas (fruta, conservas de fruta e algumas categorias de vinho).

Um pacote desta natureza e magnitude implica, necessariamente, negociações e consultas demoradas. Não devemos esconder que existem algumas dificuldades – no tocante às condições de acesso ao mercado comunitário, nas pescas e na protecção de denominações de origem para os vinhos – mas existe um empenho político mútuo que, estou seguro, levará a uma solução satisfatória para as duas partes.

Para Portugal, como disse, assumem especial importância o *dossier* agrícola, com destaque para o sector vinícola, e ainda a liberalização recíproca do sector têxtil, no respeito pelas regras da OMC, e as pescas, onde não detemos actualmente de uma quota nas águas sul-africanas a que tínhamos anteriormente acesso.

E passando agora às relações puramente bilaterais Portugal/África do Sul, uma análise sumária dos dados disponíveis permite-nos concluir que a balança comercial se tem mantido altamente deficitária para o lado português ao longo desta década, apesar de uma tendência acentuada para o crescimento das nossas exportações (de 6.5 milhões de contos em 1991 para 11.9 milhões de contos em 1996, esperando-se um novo aumento quando forem divulgados os resultados definitivos de 1997). Tradicionalmente, as exportações portuguesas encontram-se dispersas, com excepção da cortiça e das suas obras. No tocante às importações, fixadas nos últimos quatro anos em torno dos 18 milhões de contos, cabe registar uma maior concentração, predominando a hulha e os seus derivados e o peixe congelado.

Segundo o FMI, Portugal foi em 1996 o 34.º cliente da África do Sul e o seu 28.º fornecedor.

No capítulo do investimento – e falo perante uma audiência particularmente conhecedora –, os fluxos directos mútuos são modestos e, para os operadores portugueses, dirigidos sobretudo para o sector imobiliário e para as indústrias transformadoras.

É aqui fundamental salientar que, na África do Sul e em toda a região envolvente, o investimento deve ser ponderado numa lógica de médio a longo prazo e numa perspectiva estruturante. Por outras palavras, a ideia do "negócio de ocasião" tem de ser abandonada. O estabelecimento de parcerias entre empresas portuguesas e sul-africanas, com estratégias de acção bem definidas e planeadas, será sempre a melhor forma de explorar e potenciar oportunidades e de aproveitar incentivos estatais e internacionais. Todos nos encontramos cientes do papel central que cabe aos empresários neste domínio. O Estado, pelo seu lado, dará o apoio que lhe compete e procurará estabelecer um quadro legal facilitador do investimento e do intercâmbio comercial. Por isso mesmo se encontram em negociação com a África do Sul dois Acordos de grande alcance – para eliminar a dupla tributação e para a promoção e protecção recíproca de investimentos – que gostaríamos de assinar em breve.

Uma referência ainda às relações culturais e à cooperação bilateral.

É-me grato mencionar o início, no ano lectivo de 1998, de um projecto-piloto de ensino integrado de Português nos três primeiros anos de escolaridade numa escola de Joanesburgo, numa experiência que poderá ser extensível a outros estabelecimentos de ensino onde, no quadro do novo Currículo Escolar Sul-Africano, as diversas modalidades de ensino do nosso idioma (como língua estrangeira ou como primeira opção) poderão ser levadas a efeito.

Ao nível universitário, cabe destacar a existência de dois Leitorados, um desde 1993 na Universidade de Witwatersrand,, também em Joanesburgo, e outro, desde 1996, na Universidade de Cabo. O Instituto Camões tem ainda apoiado desde 1995 a Universidade da África do Sul, em Pretória, onde se lecciona um curso de bacharelato em Estudos Portugueses, através da concessão de um subsídio destinado à contratação local de professores.

Na cooperação realçaria dois programas – uma iniciativa de formação de diplomatas sul-africanos, ainda em estudo, e, num empreendimento de cerca de 140 mil contos inteiramente doados pelo Governo português, a "extensão e melhoria da Central de abastecimento e tratamento de águas de Matsulu", na província do Mpulamalanga.

É nossa firme intenção a ajuda bilateral ao desenvolvimento, em estreita coordenação com o Governo da África do Sul, em acções concretas que melhorem as condições de vida das populações mais desfavorecidas.

Minhas Senhoras e Meus Senhores,

A política externa da África do Sul tem cumprido cabalmente os compromissos que publicamente tomou e que renovará ao assumir especiais responsabilidades no Movimento dos Não-Alinhados – prioridade ao desenvolvimento da SADC, utilização da sua capacidade política e diplomática ao serviço da prevenção e da resolução de conflitos em África, e defesa intransigente dos direitos humanos e do Direito Internacional.

É por esses motivos que a África do Sul chama a si, com a iniciativa de alto nível do Presidente Nelson Mandela, um papel de relevo na cooperação com o Secretário-Geral da ONU na procura de uma solução justa, global e internacionalmente aceitável para Timor-Leste. Tendo em conta a actual situação na Indonésia e as circunstâncias que rodearam a demissão do Presidente Suharto e a nomeação de um novo Governo, faz todo o sentido dar continuidade àquela iniciativa e tornar a insistir junto das autoridades de Jacarta sobre a libertação de Xanana Gusmão e dos demais presos políticos timorenses. Acabo de enviar ao meu homólogo Alfred Nzo uma mensagem exprimindo o nosso desejo de ver assegurada a continuidade da iniciativa do Presidente Mandela, com quem colaboraremos num espírito construtivo e empenhado.

As relações luso-sul-africanas possuem um passado, mas são fundamentalmente relações de futuro. Os canais de diálogo estão abertos (e havemos de nos esforçar sempre por que assim permaneçam), o entendimento entre os dois Governos é positivo, os quadros comerciais bi-e multilaterais existem e serão, como enunciei, reforçados e alargados. A comunidade de empresários e investidores e a Comunidade Portuguesa na África do Sul podem contar com o caloroso apoio do Governo às respectivas iniciativas. Agradeço uma vez mais a vossa atenção e estou à vossa inteira disposição para responder a eventuais perguntas.

Colóquio sobre a Paz e a Segurança em África, organizado pela Assembleia Parlamentar da UEO

Assembleia da República,
Lisboa, 15 de Setembro de 1998

Senhor Presidente da Assembleia Parlamentar da UEO,
Senhores Deputados,
Ilustres Participantes neste Colóquio,
Minhas Senhoras e Meus Senhores,

Foi com grande satisfação que aceitei o amável convite que me foi dirigido para realizar a intervenção de encerramento deste colóquio, cuja oportunidade devo enaltecer. A paz e a segurança em África consubstanciam um tema de extrema actualidade e uma preocupação partilhada por toda a comunidade internacional. Muito se tem falado no "renascimento africano", fenómeno desejável e que a todos deve mobilizar, na procura de um continente democrático, estável e próspero. Mas a realidade global de África comporta ainda conflitos, problemas e carências para os quais é imperioso encontrar resposta.

Apesar do esforço doutrinal e dos programas realizados pela ONU e por várias organizações regionais e sub-regionais, é hoje claro que a visão de uma África vivendo sob os auspícios da paz e da segurança permanece, para um significativo número dos seus povos e Estados, uma realidade ainda distante.

É certo que em muitas áreas do continente africano esforços sérios e consistentes no caminho do desenvolvimento e da estabilidade vêm dando os seus frutos. Mas é igualmente patente a dramática realidade de uma África onde, em 1966, e em treze dos seus cinquenta e três Estados, sucumbiu mais de metade do total mundial de vítimas registadas naquele ano em consequência de conflitos armados.

O Secretário-Geral das Nações Unidas divulgou, em Abril último, o seu notável relatório sobre as causas de conflito e a promoção de uma paz durável e desenvolvimento sustentável em África. Trata-se de uma análise, a cuja profundidade e lucidez só podemos prestar homenagem, onde Kofi Annan não hesita em adjectivar de "colossal" a dimensão da tragédia humana persistente em parte do continente africano. É este relatório que iremos analisar na segunda reunião ministerial do Conselho de Segurança das Nações Unidas sobre África, em que terei a honra de participar, em Nova Iorque, a 25 deste mês.

É pois imperioso confrontar, de forma consistente e integrada, a natureza e as causas mais ou menos próximas do conjunto de acções e omissões que estão na raiz dos conflitos que assolam toda uma série de Estados Africanos desde o fim da Guerra Fria.

Parece-nos, em primeiro lugar, que haverá lugar a uma diferenciação preliminar no que diz respeito à natureza inter ou intra estatal dos conflitos. Se, em relação aos primeiros, a experiência mostra que é no quadro da prossecução quer de ambições hegemónicas regionais quer de pretensões ligadas à fixação de fronteiras que se geram os conflitos, já relativamente aos intra-estatais, tendencialmente predominantes nos últimos anos, a situação é obviamente distinta.

As guerra internas (e haverá a recordar que, ainda em 1995, todos os conflitos armados que se verificaram tinham essa natureza, apresentando como apresentam um padrão de causas específico e próprio à realidade de cada Estado) criam a necessidade de, paralelamente ao aperfeiçoamento dos instrumentos já existentes, estabelecer novos tipos de resposta.

Sem querer ser exaustivo, numa matéria que tanto tem concitado estudo e debate, gostaria no entanto de singularizar duas das causas que nos parecem estar no âmago de boa parte de tais conflitos. São elas a desagregação do Estado e a estagnação, se não mesmo retrocesso, dos índices de desenvolvimento.

Quanto à primeira, não devemos alimentar quaisquer ambiguidades. O reforço do Estado de Direito e da democracia é, em nosso entender, a melhor forma de acautelar os legítimos interesses e direitos das minorias, de fomentar uma partilha mais equitativa do poder e dos recursos, bem como de consolidar os mecanismos de diálogo, de unidade e de conciliação nacionais. Assim se previne a eclosão de conflitos intra-estaduais, com o seu rosário de dramáticas perdas humanas e materiais.

Partilhamos pois a convicção de que é no sentido da criação, no interior do Estado, de um ambiente de estabilidade consolidada, envolvendo de forma integrada os princípios da boa governação, o respeito pelas regras democráticas e pelos direitos humanos, a consolidação de capacidades de desenvolvimento económico e sustentável, a criação de estruturas políticas e institucionais viáveis e a gestão equitativa dos recursos, que é necessário caminhar, por forma a assegurar transições e mudanças pacíficas.

É exactamente tendo em vista favorecer a concretização destes princípios que Portugal, no quadro do processo de paz em Angola, tem pautado a sua acção quer nas instâncias internacionais envolvidas quer, de forma particular, enquanto membro da *troika* de países observadores.

Estamos pois em posição privilegiada para avaliar quão complexos resultam, no terreno, os esforços para estabelecer níveis de confiança e de conciliação que permitam a um Estado vítima de conflitos armados internos superar essa situação.

Por outro lado, o sobredimensionamento de certos *stocks* de armas e o tráfico recorrente em todas a situações deste tipo ganham, no quadro dos conflitos intra--estatais, uma dimensão que não podemos deixar de considerar inaceitável.

A proliferação de grupos armados e a extrema violência utilizada, com frequência numa base de sectarismo étnico-religioso, contra as populações, não poupando mulheres e crianças, são infelizmente uma realidade que a experiência não se cansa de reforçar. Recorde-se apenas que do total de vítimas mortais dos conflitos internos verificados em África ao longo desta década cerca de 90% eram civis não-combatentes.

Muitas destas guerras internas radicam, de forma clara, na busca, por parte de grupos ou organizações que se sentem excluídos de um projecto verdadeiramente nacional, de controlo sobre os recursos nacionais, materializado quer através da tomada do poder quer pela via da colocação de áreas do país sob o seu domínio.

É esta, a nosso ver, uma das mais perversas incidências deste tipo de conflitos. Pela sua própria natureza, transportam em si a tendência para se tornarem cíclicas e auto-perpetuáveis, uma vez que a violência acaba por ser proveitosa para aqueles que a exercerem de forma mais eficaz, para não dizer brutal.

Vencer as dificuldades apontadas será já e, por si só, um árduo caminho a percorrer. Mas a paz duradoura por que todos ansiamos não é compatível, no mundo dos nossos dias, com manifestas insuficiências e desigualdades económicas e sociais, com a delapidação interna e externa dos recursos e com a ausência de administrações operativas.

Sem progresso e desenvolvimento económico – num continente confrontado com uma explosão demográfica e com padrões de saúde muito deficientes – e sem um melhor equilíbrio na distribuição do rendimento não haverá, por certo, condições mínimas para o estabelecimento de um ambiente nacional pautado pela confiança, harmonia e desanuviamento.

É pois enorme o desafio de dar resposta a uma situação cuja gravidade não pode dar lugar à indiferença ou à desresponsabilização individual ou colectiva. Por isso registamos com agrado a frontalidade, no apontar das omissões, e a energia construtiva, quanto aos caminhos a prosseguir, consubstanciadas no relatório do Secretário--Geral das Nações Unidas que há pouco referi. As virtualidades deste documento encontraram já expressão no trabalho de análise e formulação de propostas concretas que o Conselho de Segurança se encontra, neste momento, a finalizar.

De entre as suas múltiplas recomendações sublinho, a par do fortalecimento dos regimes internacionais relativos à questão dos armamentos, a dinâmica que se pretende instalar em dois domínios que consideramos da maior importância para a efectividade de uma política de prevenção de conflitos em África: o fortalecimento das capacidades civis e militares africanas na área da manutenção da paz e o estabelecimento de mecanismos de apoio e coordenação entre as Nações Unidas e as organizações regionais e sub-regionais activas neste campo.

Não significa esta singularização que não estejamos bem conscientes do carácter, que nos parece vital, de uma abordagem multipolar e global a uma situação que é de óbvia complexidade nas suas causas e consequências.

Consideramos mesmo que o modelo de assistência a países ou regiões em situação de conflito violento deverá sistematicamente, e desde o seu início, fazer acompanhar os esforços desenvolvidos para promover a segurança, com a desmobilização, desarmamento, e integração de forças militares rebeldes ou de facções armadas e, por vezes, da própria contracção de exércitos sobre-dimensionados, com frequência alimentados irracionalmente pela competição entre as várias cooperações militares que se sucederam antes e depois da Guerra Fria. Os programas de desenvolvimento económico e social direccionados, no curto e sobretudo no médio-longo prazo, devem vir em seguida e dirigir-se às causas profundas do próprio conflito.

A acção individual dos Estados, bem como das organizações regionais e sub-regionais, tem sido elogiada pelo contributo que tem dado à manutenção ou recuperação da paz em inúmeros pontos do continente africano. Para ser ainda mais positivo, esse processo tem, em vários casos, adquirido a consciência de que se deve abrir à cooperação activa com outros países e organizações, reforçando assim a própria autoridade da comunidade internacional enquanto sistema universal insusceptível de ser pulverizado por modalidades de intervenção carecidas da legitimidade do direito internacional.

A indivisibilidade da ONU é o suporte da sua autoridade num contexto mundial caracterizado pelo acentuar das instabilidades regionais; daí a tendência crescente para aproximar (e não separar) as esferas de actuação dos vários mecanismos multilaterais sob a égide das Nações Unidas, cujo Conselho de Segurança continua a ser a instância mais apropriada para lidar com as questões de segurança internacional – sobretudo quando esteja em causa o emprego da força ao serviço da estabilidade e da paz.

Posto isto, gostaria de referir que, no âmbito das suas relações de cooperação técnico-militar com alguns países africanos, onde avultam por bem conhecidas afinidades histórico-culturais os países africanos de língua oficial portuguesa, Portugal vem, desde há algum tempo, a promover programas de formação especificamente dirigidos ao reforço da capacidade desses Estados para integrarem missões multinacionais com incidência nos domínios da ajuda humanitária bem como da prevenção e gestão de conflitos, em África como noutras partes do mundo.

Portugal orgulha-se igualmente da disponibilidade que tem demonstrado para integrar missões das Nações Unidas para a manutenção da paz em África. A participação portuguesa tem sido bem significativa. Recorde-se, a título de exemplo, o papel assumido por forças portuguesas no quadro do processo de paz em

Moçambique e nas ainda em curso missões das Nações Unidas em Angola, no Sara Ocidental e, mais recentemente, na República Centro-Africana.

Temos vindo, no mesmo espírito, a participar activamente em todo o conjunto de iniciativas e programas que, dentro e fora de África, se encontram ou em gestação ou já em fases mais avançadas. Permitimo-nos aqui realçar o trabalho que a OUA vem desenvolvendo, com o apoio da União Europeia e das Nações Unidas, na construção do seu mecanismo de prevenção de conflitos e manutenção da paz, bem como a acção cada vez mais efectiva de organizações sub-regionais como a SADC, a CEDEAO e a IGAD.

Gostaria, a este título e reportando-me agora a um caso específico de conflito interno que a nós, portugueses, especialmente toca, o conflito na República da Guiné-Bissau, de saudar o propósito de coordenação de esforços na busca de uma solução pacífica e negociada que tem norteado a acção da CPLP, integrando maioritariamente Estados africanos, e da Comunidade dos Estados da África Ocidental, onde alguns daqueles igualmente se integram.

Na sequência de uma primeira intervenção diplomática luso-angolana, os esforços desenvolvidos pela CPLP criaram as condições, e desde logo a assinatura de um acordo de cessar-fogo, que conduziram ao quadro de negociações actualmente em curso entre o Governo da Guiné-Bissau e a Junta Militar, sob mediação conjunta da CPLP e da CEDEAO, muito nos apraz registar a capacidade de resposta evidenciada pela CPLP, cujas virtualidades nos parece terem ficado, também nesta área, bem demonstradas e cujas legitimidade e utilidade de acção ninguém na comunidade internacional põe em dúvida.

A CPLP tem demonstrado, tal como prevíamos, ser um instrumento insubstituível de solidariedade, de espaço de cooperação e concertação político-diplomático entre os Estados de língua portuguesa.

Cabe aqui igualmente referir o crescente empenho de vários parceiros da comunidade internacional em matéria de prevenção e resolução de conflitos em África.

De entre eles será justo destacar os Estados Unidos, com quem colaborámos na elaboração conceptual da *"African Conflict Response Initiative"*, onde haverá a salientar, para lá das Nações Unidas, a OCDE e a UEO, no apoio à constituição de efectivas capacidades africanas para a manutenção da paz, assente no princípio que nos parece incontornável de uma efectiva co-responsabilização em todo o processo conducente à operacionalização dos mandatos outorgados pelo Conselho de Segurança, ao qual, em última análise e como sustentei, deve caber a decisão sobre a eventual utilização da força.

Gostaria de terminar reafirmando que é firme intenção de Portugal continuar, na linha do que tem constituído um dos vectores estruturais da sua política externa, a dedicar, no quadro das instâncias internacionais que integra bem como no âmbito das suas relações bilaterais, uma particular atenção aos problemas que afligem o continente africano. O nosso objectivo é contribuir para a consolidação da paz e da segurança em África, cientes da indelével interdependência destas com o desenvolvimento e o bem-estar económico-sociais e com uma governação séria e credível.

É à luz deste princípio norteador que se inscreve a nossa iniciativa para que a União Europeia venha a promover – durante a Presidência portuguesa, no primeiro semestre do ano 2000, a realização de uma cimeira euro-africana ao mais alto nível. Encaramos esta cimeira como um instrumento privilegiado para relançar, global e aprofundadamente, o relacionamento entre dois continentes que a História, a geografia e a construção do futuro, sobretudo numa era de globalização, justificam que caminhem cada vez mais perto um do outro.

Intervenção no Conselho de Segurança da ONU*

Nova Iorque, 24 de Setembro de 1998

Portugal has already had the opportunity to state in the Security Council its support for the remarkable report of the Secretary-General of the United Nations on "The causes of conflict and the promotion of durable peace and sustainable development in Africa". I would like to reiterate emphatically that the Portuguese government is ready to support fully and actively the role of the United Nations in forging a new and more dynamic relationship with Africa.

It is up to us all, as members states of the United Nations, to turn from words to deeds if we really wish to contribute to free Africa from economic underdevelopment, and to help the peoples of Africa to maintain their steady pace towards democracy and good governance. Africa gives us several good examples of this, such a Mozambique and Cape Verde, which encourage us to act according to the proposals correctly identified by the Secretary-General (whose presence among us I warmly salute).

The common pursuit of peace and development in Africa presupposes the existence of a corresponding political will on the part of all actors in this process. Portugal will play its part in all international *fora*, namely in the United Nations system and the European Union. We are commited to bringing to fruition the holding of a Europe-Africa summit during the Portuguese presidency of the European Union in the year 2000.

---

* Versão original inglesa do discurso proferido em Nova Iorque.

In harmony with the Secretary-General's report, Portugal agrees that weapons proliferation is one of the most devastating scourges currently affecting Africa. Much more has to be done to stop the flow of weapons, particularly small arms, across borders from conflict to conflict. We believe that it would be useful to reduce defense budgets in Africa, wherever possible, as well as to carry out a reassessment of the objectives of bilateral military cooperation programmes with developed countries.

In this context, let me underline that Portugal has already adopted legislation making the violation of Security Council arms embargoes a criminal offence. I would also note the importance we attribute to Resolution 1196, recently approved by this Council.

Last year, I referred here that Portugal would respond to the need to make available greater resources for UN peace-keeping operations in Africa. We were part of ONUMOZ in Mozambique and of UNAVEM in Angola, where we continue to participate in MONUA; we are also present in MINURSO and in MINURCA. Of the European Union, Portugal has been one of the most active countries participating in peace-keeping operations in Africa and is committed, to the best of its abilities, to responding positively to the needs of the United Nations.

On another level, we recognize the unique role that the OAU and African sub--regional organizations should have in both conflict prevention and conflict resolution on their continent. Therefore, we support the recommendations of the Secretary--General pointing to closer coordination between the efforts of the United Nations and those organizations. In this context, Resolution 1197 adopted last week is a step in the right direction.

However, we should bear in mind that the final responsibility to authorize the use of force to restore peace belongs to the Security Council.

As a member of the Community of Portuguese-Speaking countries (CPLP) – which is principally constituted by African countries – Portugal is in a position to provide, through that organization, an effective contribution to the resolution of the conflict in Guinea-Bissau, a country with which we share many close ties of cooperation. We believe that the mediation of this conflict, that the CPLP carries out jointly with ECOWAS, is a good example of how two international organizations can work towards the same goal – a peaceful and negotiated settlement of a conflict – taking into account their respective vocations and specifications.

Often, the tasks of peace consolidation are as difficult as those of peace enforcement or conflict prevention. This may require a sustained and prolonged effort from the international community. We share fully the views expressed by the Secretary--General on the importance of post-conflict peacebuilding as, in his own words, «actions undertaken at the end of a conflict to consolidate peace and prevent a recurrence of armed confrontation». We sincerely hope the Security Council will avoid an overly narrow perspective of its own competencies with regard to this matter and will discuss it with the seriousness it deserves.

We believe that peacebuilding elements should be clearly identified and integrated, from the outset, into the mandates of peace-keeping operations. This is one of the lessons we have learned from our participation in the United Nations missions in Angola and Mozambique.

The humanitarian and human rights components of peace-keeping operations and post-conflict peacebuilding are other elements to which we attribute particular importance.

To that end, we are ready to contribute to the implementation of the recommendations put forward by the Secretary-General, stressing the following:

– measures to increase the security of refugee camps, possibly the most visible consequence of the conflicts which have plagued in African continent;
– the expansion of the concept of children as "zones of peace", and I would underline the expectations we hold with regard to the pilot experiment in Sierra Leone;
– the funding of special human rights missions from assessed contributions.

A word is also needed to reiterate the importance we attribute to the promotion of good governance and sustainable development in Africa, equally vital components to how we see the possible paths to overcoming the problems faced by that continent. Let me recall the wise words of the Chairman of the OUA here last year: «It is also true that the seed of democracy cannot germinate, let alone thrive, in the soil of mass poverty, illiteracy, hunger and disease». The international community should provide appropriate assistance to the efforts of Africans themselves to overcome these problems. Portugal has taken concrete steps in that direction, by carrying out a global reform of the mechanisms of official development assistance in order to adapt them to the current needs of aid for development. From 1996 to 1997, Portugal was the country of the OECD that registered the greatest proportional increase in official development aid, which rose by 27%. But Portugal's most significant contribution to economic growth in Africa should be seen in the increase of our flow of trade with several African countries, the opening of our markets to African exports as well as in the increase of Portuguese investment in Africa.

The wounds that affect Africa are particularly deep in certain parts of the continent. Some of these, as in the cases of Sudan and Somalia, are long-standing and do not show any signs of improvement. Others are more recent and could spread out of control to infect others. We feel concerned at the resurgence of conflict in the Democratic Republic of the Congo and we appeal for a political solution, based on the respect for international law and the territorial integrity of that country. We are also concerned at the prevailing instability in other areas of the Great Lakes, as well as in other areas such as Sierra Leone, and Ethiopia and Eritrea.

The current impasse in the peace process in Angola causes us profound apprehension. We will persevere, alone, as well as with the *Troika* – which met this morning at the ministerial level – and in close cooperation with the United Nations, to seek a political settlement of the problem, in strict accordance with the Lusaka

Protocol and the relevant resolutions of the Security Council. The prolonged instability in Angola clearly shows that, in the final analysis, peace or war depends on the political will of the parties in situations of conflict.

As a final note, I would like to emphasize this point. All the proposals and recommendations of the report of the Secretary-General have as a fundamental supposition, I would even say a *sine qua non* condition: the political will of the international community and of States. The will to choose tougher roads, despite their difficulty. The will to transform rhetoric into reality. The will to choose peace and development, instead of war and selfish interest. In sum, the will to opt to change the state of affairs. The very comprehensive approach towards Africa recommended by the Secretary-General relies on an act of will of the international community as whole. We hope that we are all up to this great challenge.

Reunião Ministerial UE/SADC

Viena, 3 e 4 de Novembro de 1998

Ponto 3-D da Agenda — diálogo político: trocas de pontos de vista sobre assuntos regionais e internacionais, incluindo prevenção e resolução de conflitos.

Senhores Presidentes,
Senhor Secretário Executivo da SADC,
Senhor Comissário Europeu,
Caros Colegas,
Senhores Delegados,

É para mim uma grande honra poder participar nesta terceira reunião Ministerial entre a União Europeia e a Comunidade de Desenvolvimento da África Austral. Trata-se de uma iniciativa que, na altura do seu lançamento, mereceu o apoio incondicional de Portugal e que sempre desejámos ver continuada e aprofundada. Entendemos que estas reuniões constituem uma oportunidade única para um diálogo político de alto nível entre duas áreas geograficamente longínquas mas que partilham laços culturais, sociais e económicos seculares.

Desejo também manifestar nesta ocasião os meus sinceros agradecimentos, e os da Delegação que me acompanha, pela calorosa hospitalidade que as autoridades austríacas nos têm dispensado.

Os problemas que hoje enfrentamos — sejam, a mero título de exemplo, os relativos ao tráfico de droga ou de armamento ou o combate às epidemias — são globais e, por isso, exigem respostas conjuntas e coordenadas por parte da comunidade internacional. É com este objectivo que aqui nos reunimos, União Europeia e SADC: para analisar problemas comuns – ou que nos afectam a todos de uma maneira ou de outra – e procurar soluções num espírito de cooperação e ajuda mútuas.

A promoção da boa governação e de um desenvolvimento sustentável – incluindo nestas o respeito pelas regras do Estado de Direito e dos direitos humanos, a criação das condições necessárias ao investimento e crescimento económico, o desenvolvimento social, a adopção de medidas de alívio da dívida e o reforço da cooperação regional – têm sido elementos permanentes na definição de uma política externa global e coerente de Portugal para África.

Existe uma importante e activa Comunidade Portuguesa em África, enquanto este continente continua a ser um dos principais destinatários dos investimentos privados portugueses e da nossa ajuda pública ao desenvolvimento.

Por outro lado, a circunstância de dois grandes países de língua oficial portuguesa – Angola e Moçambique – serem membros da SADC, e, por via deste facto, o português ser também língua oficial neste fórum, e de, na África do Sul, residirem centenas de milhares de portugueses, levam-nos a seguir com especial atenção a situação nessa região.

Consideramos encorajadores os progressos feitos no âmbito da SADC para atingir os seus grandes objectivos de uma integração económica mais estreita e de uma cooperação politico-diplomática mais efectiva, mas também estamos conscientes de que subsistem dificuldades. A actual conjuntura económica e financeira internacional é preocupante, criando incertezas e instabilidade nos mercados que fazem alguns temer o espectro de uma recessão mundial; acresce que a batalha da paz em toda a área da SADC ainda está por alcançar.

É, infelizmente o caso de Angola. Volvidos quatro anos sobre a assinatura do Protocolo de Lusaca – acordo livremente assumido pelos respectivos signatários – não podemos esconder que o processo de paz angolano atravessa uma das suas mais sérias crises de sempre.

A despeito dos progressos verificados no passado, a recusa da UNITA em cumprir os seus compromissos no âmbito do protocolo de Lusaca, designadamente a sua completa desmilitarização e transformação em partido político, bem como os obstáculos por si colocados à extensão da administração do Estado a todo o território, como repetidamente lhe tem sido exigido pelo Conselho de Segurança das Nações Unidas, é a principal causa desta crise.

Portugal, como membro da *troika* dos países observadores no processo de paz, tem insistentemente apelado à UNITA para que cumpra, sem delongas ou condições, as suas obrigações, ao mesmo tempo que temos exortado o Governo angolano a continuar à procura de espaços de diálogo que conduza a uma solução política da presente crise. É um apelo que aqui repetimos.

Compreendemos a inquietação do Governo angolano perante o atraso na conclusão do Protocolo de Lusaca, como partilhamos o seu ponto de vista de que a reabilitação e reconstrução do país é inadiável e esta não é possível num clima de instabilidade geral ou mesmo, como acontece nalgumas províncias de Angola, de conflito aberto.

É por isso chegada a altura de todos os que se identificam com a UNITA, dirigentes, quadros ou simples aderentes, endossarem verdadeiramente a paz e a reconciliação nacional. Sem esta opção fundamental, e urgente, a UNITA não poderá aspirar a desempenhar o seu papel na sociedade angolana como entidade política alternativa e credível. Portugal não deixará de reconhecer os esforços e os méritos dos que trabalham para estes objectivos, sobretudo aqueles que assumem responsabilidades no quadro dos compromissos fixados no Protocolo de Lusaca, seja no plano parlamentar, seja no plano militar.

Ao mesmo tempo, os ganhos já obtidos na construção de um sistema pluripartidário em Angola não devem ser postos em causa e a todos os que endossam os valores do Estado de Direito democrático devem ser dadas condições e garantias de que podem continuar a trabalhar em segurança para cumprirem a sua missão.

Estamos conscientes de que a instabilidade em Angola repercute-se em toda a região da SADC, sendo por isso natural e legítimo que os seus Estados-membros procurem agir de forma concertada para fazerem face aos seus efeitos negativos.

Consideramos, assim, da maior oportunidade que a comunidade internacional – e o Secretário-Geral das Nações Unidas e o seu Representante Especial merecem todo o nosso apoio na prossecução dos esforços a favor do processo de paz – e a SADC, como organização regional africana de que Angola é parte, se empenhem na resolução pacífica das dificuldades surgidas.

Seguimos também atentamente e com preocupação a situação na República Democrática do Congo, um dos mais recentes Estados-membros da SADC. Portugal entende que solução para a crise terá sempre de respeitar o princípio da integridade territorial e inviolabilidade da soberania da República Democrática do Congo e dos Estados vizinhos, como também defendemos, neste como noutros casos, a solução negociada do conflito.

Temos acompanhado de perto as iniciativas que, com este objectivo, a SADC, e outras organizações africanas, têm desenvolvido e que apoiamos. Sem querermos substituirmo-nos a elas – até porque julgamos que uma excessiva proliferação de iniciativas e mediações poderá ser contraproducente – estamos totalmente abertos a colaborar com os Estados-membros da SADC, tanto no plano bilateral, como no âmbito da União Europeia, numa resolução pacífica dos problemas.

Queremos também cooperar no processo de transição democrática na República Democrática do Congo. Regozijamo-nos com a intenção do Presidente Laurent Kabila de promover eleições no seu país no próximo ano. Consideramos fundamental que o povo congolês, independentemente dos seus credos políticos, religiosos ou pertença étnica, possa pronunciar-se sobre o seu destino político em eleições que esperamos sejam totalmente livres, transparentes e justas.

Outras situações, pela gravidade das suas consequências humanitárias, sociais e económicas, têm afectado África. Não podendo referir-me a todas gostaria porém de deixar aqui uma palavra sobre a Guiné-Bissau, fazendo votos para que frutifique o acordo alcançado em Abuja entre o Presidente Nino Vieira e o Brigadeiro Ansumane Mané, abrindo-se, assim, o caminho à reconciliação nacional e à estabilidade regional. Foi um bom exemplo de esforços convergentes de várias plataformas diplomáticas – a CEDEAO e a CPLP – que criou um clima favorável ao espírito de negociação directa entre as partes, sem o qual, no fim de contas, nenhum conflito acaba por ser ultrapassado.

No continente Asiático, a solução do problema de Timor-Leste continua a ser uma prioridade para Portugal. Por iniciativa do Secretário-Geral das Nações Unidas, foi acordado na reunião ministerial de Agosto negociar medidas concretas, sem prejuízo das posições de princípio das partes em relação ao estatuto final do território, como Portugal sempre defendeu. Julgamos que só assim será possível dar passos efectivos na criação de condições para a obtenção da solução que procuramos.

Acreditamos que com pragmatismo e flexibilidade será possível definir para o território um modelo político transitório, genuinamente democrático, englobando um processo progressivo de autodeterminação dos timorenses no respeito pelos interesses de todas as partes.

Encontramo-nos num ponto de viragem. Mas nada de substancial está já assente ou garantido. O aumento da presença e da actividade militar indonésia em Timor-Leste, bem como o atraso na libertação dos presos políticos timorenses, não podem deixar de suscitar fortes apreensões.

Esperamos que com o apoio da comunidade internacional, cuja compreensão e interesse crescentes por esta questão foram decisivos para a evolução da posição indonésia, seja possível manter o rumo das negociações e alcançar resultados concretos. A UE e a SADC, pelos valores e experiências que partilham na luta pela emancipação dos povos, poderão desempenhar um papel determinante para que a liberdade, a paz e a segurança sejam finalmente alcançados em Timor-Leste.

É neste contexto que se situa o exemplo de solidariedade demonstrada pelo Presidente Nelson Mandela. Ao tomar a iniciativa de se avistar com o líder da resistência timorense, Xanana Gusmão, transmitiu um sinal inequívoco de apoio ao papel que cabe aos timorenses neste processo e ao diálogo como único meio para encontrar uma solução pacífica para Timor-Leste.

É precisamente esse exemplo que espero tenha frutificado no IV Encontro do Diálogo Intra-Timorense, que se iniciou aqui na Áustria a 31 de Outubro e termina hoje, e que contou com a presença do representante do Secretário-Geral das Nações Unidas, Embaixador Jamsheed Marker. O conhecimento pela população de Timor-Leste da acção desenvolvida pelo Secretário-Geral da ONU, das suas propostas e das negociações em curso é absolutamente indispensável visto que só com os timorenses, e nunca à sua margem, se poderá encontrar uma solução justa e duradoura para o problema de Timor-Leste.

Gostaria nesta oportunidade de referir algumas ideias fundamentais que orientam a política portuguesa em matéria da prevenção e resolução de conflitos.

Julgamos que devem ser reforçados os mecanismos de alerta precoce de potenciais conflitos. A experiência diz-nos que alguns conflitos graves se poderiam ter evitado caso dispuséssemos dos meios e instrumentos adequados que permitissem identificar a génese dessas crises potenciais, avançando-se desde logo com as medidas adequadas à sua eliminação.

Devemos pois dedicar uma atenção e esforços particulares a todas as questões relacionadas com a prevenção de conflitos, designadamente apoiando e desenvolvendo os mecanismos já existentes e reforçando a sua interligação.

Também entendemos que a proliferação de armas é uma praga terrível que deverá ser combatida com toda a energia, como deveremos prosseguir numa via de racionalização dos orçamentos de defesa.

Todavia, para que estes objectivos possam ser atingidos, é necessário um esforço colectivo e simultâneo de todos os Estados, dissipando-se as desconfianças e as tentações de hegemonia que estão muitas vezes na base da corrida aos armamentos. Ao mesmo tempo haverá que reforçar os sistemas de fiscalização da produção e comercialização de armamentos.

O Governo português tem em repetidas ocasiões realçado que cabe às Nações Unidas, e só a esta Organização, a responsabilidade pela manutenção da paz e segurança internacionais.

Do nosso lado temos procurado corresponder às necessidades específicas da Nações Unidas neste âmbito pela afectação de maiores recursos financeiros, materiais e humanos para operações de manutenção da paz, nomeadamente em África. A nossa participação na ONUMOZ, MINURSO, UNAVEM, MONUA E MINURCA comprovam-no. Portugal ocupa, neste momento, o 20.º lugar na lista dos países contribuintes para as operações de paz da ONU e o 7.º lugar entre os membros da União Europeia.

Realçaria ainda que os programas de cooperação militar bilateral desenvolvidos por Portugal com países africanos – e em especial com aqueles de língua oficial portuguesa – integram já uma parte importante de formação de forças para operações de manutenção da paz em África e em outras partes do Mundo.

Reconhecemos, por outro lado, a importância e o papel que a OUA e as organizações regionais africanas podem e devem ter na prevenção e resolução dos conflitos em África, pelo que é necessário ajudar à consolidação e desenvolvimento dos seus mecanismos próprios nesta área.

Apoiamos igualmente as recomendações para uma mais estreita coordenação de esforços entre as Nações Unidas e essas organizações, salvaguardando e respeitando sempre a legitimidade e a competência própria do Conselho de Segurança quando estiver em causa o recurso à utilização da força para a manutenção da paz e segurança internacionais.

Finalmente, julgamos de igual modo que se deverá conceder prioridade às questões relacionadas com a "construção da paz na fase pós-conflito" ("*post-conflict peacebulding*"), de forma a consolidar a paz e a prevenir a repetição dos conflitos.

Haverá assim que, ultrapassada a fase de conflito, implementar medidas para a defesa dos direitos humanos e promoção de uma verdadeira reconciliação nacional, a par da mobilização de recursos humanos, materiais e financeiros que permitam a reconstrução económica e a reabilitação social, bem como a vitalidade institucional democrática característica de um verdadeiro Estado de Direito.

Não gostaria de terminar sem uma referência à Cimeira UE-África que propusemos se realize no primeiro semestre do ano 2000, coincidindo com o período da próxima Presidência portuguesa da União Europeia.

Tratar-se-á de estabelecer, pela primeira vez, um diálogo político ao mais alto nível entre a União Europeia e os Estados africanos com uma agenda dedicada a matérias de interesse comum e que se consubstanciará, estou certo, numa relação futura mais efectiva, integrada e consistente entre os dois continentes.

É nossa firme convicção que a realização da Cimeira UE-África constituirá a melhor prova da nossa confiança mútua num futuro de prosperidade de um continente que dispõe de extraordinários recursos humanos, culturais e económicos.

Apraz-me aqui salientar o interesse demonstrado pelos nossos parceiros africanos na realização da Cimeira UE-África. Estamos certos de que poderemos contar com o apoio da SADC e dos seus Estados-membros para o êxito desta iniciativa, tanto no período preparatório, que já se iniciou, como no da sua concretização.

O ano 2000 deve marcar um ponto fulcral de viragem nas relações entre a Europa e África. E é por isso mesmo que temos de começar a trabalhar desde já – ninguém nos perdoará um minuto de descanso.

Guiné-Bissau – "Missão de Alto Risco"

Artigo publicado na revista **Visão**
29 de Outubro de 1998
Por Pedro Vieira

O segundo andar do Palácio que ainda conserva os dourados do tempo de Spínola foi o cenário de um encontro de mais de duas horas do ministro português com Nino Vieira.

Quando, no início da semana, os telegramas caídos sobre a sua secretária no Palácio das Necessidades davam conta do recomeço dos combates na Guiné-Bissau, o Ministro dos Negócios Estrangeiros, Jaime Gama, ficou perante um dilema: ou recorrer à diplomacia convencional ou tentar um tratamento de choque.

Acossado pelo avanço da Junta Militar, por deserções em catadupa e pressionado pela *troika* dos representantes de Portugal, França e Suécia, Nino Vieira decretou, no dia 21, um cessar-fogo unilateral, acompanhado de uma proposta de encontro com Ansumane Mané. A resposta do chefe da autoproclamada Junta Militar viria só dois dias depois: o ex-CEMGFA da Guiné-Bissau determinava uam trégua de 48 horas, pedindo a clarificação de dois pontos: a presença de tropas senegalesas no país e a agenda de eventuais conversações.

O expirar do ultimato, no Domingo, reforçou em Jaime Gama a decisão de ir ao encontro dos contendores. Entrou, então, numa roda-viva de contactos. O «sim» de Dacar e de Nino dependiam um do outro. Quanto a Ansumane Mané, que desde logo aceitou falar com Gama, via na aterragem do avião português um reconhecimento do seu estatuto no conflito. No momento actual, o acesso a Bissau só se faz por mar, a partir da ilha de Bubaque, cujo aeroporto é controlado pela artilharia antiaérea do Senegal.

Rangers e P3P Orion

Foi já no Sábado, ao entrar para o avião, que Gama arrancou a luz verde do Presidente Nino, pondo-o perante o facto consumado: «Eu vou». O Presidente guineense mostrava-se interessado num encontro com o Ministro português, mas hesitava em permitir que um avião aterrasse em Bissalanca pela primeira vez desde o início dos combates, em 7 de Junho.

Jaime Gama fez-se acompanhar apenas por João Salgueiro, Director-Geral de Política Externa. A bordo do C-130 foram embarcados dois jipes e um grupo de Rangers de Lamego.

Ao fim de seis horas e meia o voo sem escala, o C-130, aterrou em Bissalanca. Só nessa altura começou a subir o rio Geba, altura em que poderia ter sido alvo de um ataque. A maior altitude, em operação inédita numa acção de exclusiva iniciativa de Lisboa, um P3P Orion de vigilância, reconhecimento e comunicações, controlava eventuais ameaças.

Maratona de Conversações

Logo após o desembarque, pelas 17 horas, e ainda no aeroporto, Jaime Gama teve uma primeira de três conversas com Ansumane Mané. Antes, o líder dos revoltosos encontrara-se com o grande amigo Lamine Sissé, Ministro do Interior e ex-Chefe das Forças Armadas do Senegal, cuja avó é guineense. Um sinal de que o Governo do Presidente Abdou Diouf joga nos dois tabuleiros, estando essencialmente interessado em evitar o apoio ao movimento separatista de Casamansa.

Escoltado por elementos dos GOE, que garantem a segurança à Embaixada de Portugal, e acompanhado pelo Embaixador Francisco Henriques da Silva, Jaime Gama dirigiu-se em seguida para Bissau, onde teve reuniões sucessivas com os Ministros dos Negócios Estrangeiros, Delfim da Silva, das Finanças, Sambalamine Mané, e com Saturnino Costa, ex-Primeiro-Ministro, e Filinto Barros, ex-Ministro, da comissão de negociações de paz do PAIGC. Das 22h e 30m até quase à 1h da manhã esteve reunido a sós com Nino Vieira, numa zona reservada do 2.º andar do Palácio Presidencial.

Depois de pernoitar na Embaixada portuguesa, Gama começou a manhã de Domingo com um encontro com Malan Bacai Sanhá, presidente da Assembleia Nacional e amigo de Mané, que tem assumido uma atitude neutral. Avistou-se também com uma comissão de boa vontade da Assembleia e, em seguida, voltou ao aeroporto para falar com Mané. De regresso à cidade, encontrou-se com o bispo de Bissau, D. Septimio Ferrazzeta.

Almoçou na Embaixada com os Embaixadores português e francês e com a Encarregada de Negócios da Suécia. Em seguida, reuniu-se com o Primeiro-Ministro Carlos Correia, tendo depois uma nova reunião a sós com Nino. Durante o encontro, decorreu uma manifestação pela paz, com os participantes a gritarem «Jámi Gama».

Terminada a missão, a caminho do aeroporto, atravessou pela quarta vez a linha da frente, encontrando sempre tratamento solícito tanto dos militares senegaleses como dos da Junta. Antes da descolagem, às 18h e 10m, teve uma última conversa com Mané. Já tinha passado o tempo limite do ultimato da Junta. Apesar de controlar a maior parte do território, um ataque ao reduto de Nino, protegido pela artilharia e tanques do Senegal, só será possível com grande sacrifício de vidas humanas. No voo para a Ilha do Sal, onde o C-130 seria rebastecido, Gama podia fazer as contas a uma vitória que só o futuro dirá se foi pequena ou grande: evitar para já esse ataque e promover um encontro entre Nino e Mané. Quanto aos Rangers, uma das melhores recordações era o cabrito assado comido na companhia de militares de Ansumane. Ao fim de duas horas, o Hércules C-130 aterrou em Cabo Verde, onde também estava o P3P Orion.

Após cinco horas e meia de voo, Gama chegou a Lisboa às 4 da manhã. Na segunda-feira, dirigiu ao seu colega da Defesa, Veiga Simão, um agradecimento à Força Aérea e aos Rangers. E, tal como fizera antes da partida, efectuou nova ronda pelos ministros da CPLP (em especial o coordenador do grupo de contacto para as negociações de paz, José Luís de Jesus), e da Comunidade dos Países da África Ocidental, nomeadamente o Senegal e a Costa do Marfim, reunidos em Abuja, Nigéria, para debater, entre outros pontos, o conflito na Guiné-Bissau.

«Só fiz o meu dever»

À hora do fecho desta edição estavam em curso os preparativos de um encontro entre o Presidente João Bernardo «Nino» Vieira e o Chefe da Junta Militar, o Brigadeiro Ansumane Mané. Um compromisso entre ambos constitui a última esperança de evitar o assalto final, potencialmente muito sangrento, ao reduto presidencial, protegido pelas forças senegalesas.

Visão: Por que razão foi à Guiné-Bissau?

Jaime Gama: Há momentos e países que nos exigem mais. Quando os métodos da diplomacia tradicional estão esgotados, é por vezes necessário encontrar outros. As nossas relações com a Guiné justificam que se actue não só com a razão, mas também com o coração. Tinha a consciência absoluta de que, apesar de não ter assegurado à partida nenhum êxito para o que ia fazer e de isso até poder constituir um risco excessivo, havia um dever de agir. Através dos contactos pessoais que tenho com as partes, tinha adquirido a consciência de que essa presença era absolutamente indispensável para evitar o pior. Se não tivesse ido, ficaria sempre com esse problema. Para evitar a dúvida, fui.

Como vê o elogio de Guterres pela «extrema coragem» e pelo «grande serviço que a comunidade internacional e Potugal lhe ficam a dever»?

Como o Primeiro-Ministro é um amigo, penso que ele exagerou. O que fiz foi um simples e elementar cumprimento do dever em relação às funções que desempenho. Portugal tem deveres especiais para com os países africanos de língua portuguesa e para com as suas populações, e isso justifica qualquer sacrifício.

Uma eventual abdicação do Presidente Nino poderia facilitar a resolução do conflito?

O Presidente Nino Vieira analisa e avalia a situação guineense e tem vindo a propor um conjunto de medidas para a solucionar, que, até aqui, não têm feito o seu caminho. Aguardo que nas conversações que venha a ter com o Brigadeiro Ansumane Mané e com a Junta possa pormenorizar mais a sua ideia sobre a solução da crise, por forma integradora e de reconciliação efectiva no país, abrangendo as várias sensibilidades do PAIGC, dos partidos da oposição e a componente que é a Junta Militar.

Que fundamento tem a notícia de que Portugal e a França estão a preparar o exílio do Presidente Nino?

Não é exacto. O Presidente Nino é Chefe de Estado eleito [O antigo comandante das guerrilhas do PAIGC tomou o poder em 1980, num golpe em que derrubou Luís Cabral, mas após um processo de abertura ao multipartidarismo, venceu, em 1994, umas eleições presidenciais reconhecidas internacionalmente]. O seu mandato terminará no ano que vem. Nunca perspectivámos essa hipótese. De qualquer forma, em termos genéricos e para a solução de variadíssimos problemas da recente história política africana, temos sempre demonstrado que Portugal é um país de acolhimento para todos sem discriminação de nenhuma espécie. Mas, repito, essa perspectiva concreta nunca foi equacionada com ninguém.

A presença de forças senegalesas na Guiné surge, porém, como uma questão maior em relação a uma saída negociada para a paz.

Essa situação existe e, existindo, tem de ser compaginada com o estabelecimento da própria paz. O que importa é converter essa presença de elemento potencialmente desestabilizador da paz em elemento com o qual se possa também construir a paz, sobretudo através da sua saída faseada do território da Guiné-Bissau, uma vez obtido um acordo político global. Devo igualmente sublinhar que é legítimo o interesse do Senegal em não ver a Guiné-Bissau constituída em plataforma de desestabilização da região de Casamansa.

América Latina

Discurso na Cerimónia de Transferência do Secretariado pro-Tempore da Cimeira Ibero-Americana

Lisboa, 28 de Janeiro de 1998

Na condição de país europeu, e presente – pelo relacionamento internacional e pela língua – no espaço Ibero-Americano, Portugal tem vindo a aprofundar as relações aos mais diversos níveis com a América Latina. Portugal encontra-se actualmente numa situação privilegiada para concentrar energias na ligação com aquele continente: por um lado, pode e quer aproveitar os desafios e oportunidades criadas pelo desenvolvimento Ibero-Americano; por outro, pretende estabelecer metas mais ambiciosas, que redefinam o nosso papel na área e nos obriguem a uma postura mais dinâmica na aproximação da UE à América Latina.

A VIII Cimeira Ibero-Americana de Chefes de Estado e de Governo, subordinada ao tema "Os Desafios da Globalização e a Cooperação Inter-Regional", terá lugar no edifício da Alfândega Nova do Porto, em 16 e 17 de Outubro. Está a ser colocado o maior cuidado na preparação do encontro, quer a nível político e temático, quer a nível de adaptação e apetrechamento das infra-estruturas que acolherão os vinte e três Chefes de Estado e de Governo na "Cidade Invicta" do Norte de Portugal.

O tema seleccionado para a VIII Cimeira valoriza os papéis de Portugal e Espanha enquanto membros da União Europeia e as experiências de integração regional na América Latina, designadamente o MERCOSUL, e contribui para preparar um debate produtivo na Cimeira União Europeia/América Latina que terá lugar no Brasil no ano seguinte.

À semelhança do que se registou em cimeiras anteriores, a Declaração Final do Porto será o produto de três reuniões preparatórias dos coordenadores Ibero--Americanos, que decorrerão até Outubro, e de trabalhos complementares para análise do tema, os quais terão a forma de seminários participados por vários sectores da sociedade civil, ou reuniões interministeriais em áreas específicas de interesse comum.

Em termos concretos, o trabalho que pretendemos desenvolver deverá desenrolar-se com o seguinte calendário:

— Já em Fevereiro, por ocasião do encontro União Europeia/Grupo S. José, vou avistar-me com os dirigentes dos países centro-americanos. No Panamá, por ocasião da Reunião Ministerial UE/Grupo Rio terei a oportunidade de expor aos meus colegas da América Latina os projectos que temos em mente como Presidência da VIII Cimeira Ibero-Americana. A semana passada, em Lisboa, ocorreu uma importante reunião de consulta política entre Portugal e Espanha, a fim de acertar alguns dos temas centrais da agenda da Cimeira. O mesmo foi possível fazer por ocasião da visita a Lisboa, em 19 de Janeiro, do Ministro dos Negócios Estrangeiros da Costa Rica.

— De acordo com as possibilidades de calendário, vou procurar visitar oficialmente um número significativo de países com os quais Portugal tem tido menos contactos formais a nível político, reforçando deste modo o conhecimento mútuo, e nesses contactos incluirei, obviamente, a actual *troika* ibero-americana: Venezuela e Cuba. Com este último país há igualmente que procurar um consenso sobre a organização da Cimeira de 1999.

— A coordenação com os parceiros ibero-americanos vai ser feita nas três reuniões de coordenadores nacionais que atrás referi, a realizar em Lisboa e no Porto (Maio, Julho e Outubro). No quadro da primeira reunião de coordenadores, e tal como anunciei em Margarita, terá lugar um seminário para fazer um balanço dos resultados das anteriores cimeiras, no intuito de dar no futuro mais conteúdo a estes encontros. Posteriormente, vamos analisar o formato desejável para a Declaração Final e proceder à análise do texto sobre o tema, que será previamente circulado aos países participantes. Nestas reuniões, serão ainda analisadas questões de política externa que interessam particularmente aos vinte e um países.

— Nas mesmas três ocasiões, haverá encontros de responsáveis de cooperação que se vão debruçar sobre a evolução dos projectos em curso e identificar novas áreas em que se reconheça interesse para uma mais estreita colaboração entre os vinte e um ibero-americanos.

— Os postos diplomáticos serão instruídos sobre os objectivos e metodologia da Presidência portuguesa para a Cimeira Ibero-Americana, por forma a, localmente, completarem o trabalho de acompanhamento e coordenação da secretaria pro--Tempore.

— À margem desta preparação institucional, contaremos também com a colaboração de organismos públicos e privados para a organização de seminários e colóquios, designadamente sobre os seguintes temas:

1. Globalização e integração;
2. Globalização: serviços e instituições financeiras;
3. Globalização e droga;

4. Globalização: emprego, direitos sociais, direitos humanos;
5. Telecomunicações/cooperação no espaço Ibero-Americano;
6. Colóquio ibero-americano sobre transportes;
7. Seminário em Madrid na Casa da América sobre Portugal e Cimeira do Porto (a realizar em Setembro, e em cuja abertura participarei).

– Tal como anunciado pelo Presidente da República Portuguesa na Cimeira da Ilha Margarita, será organizado em Portugal um colóquio internacional sobre a problemática da droga e do combate à toxicodependência, potenciando o facto de Portugal presidir ao Comité Preparatório da Sessão Especial da Assembleia Geral da ONU dedicada a esse tema e que se realizará em Nova Iorque de 7 a 9 de Junho próximo.

– Em Setembro, encontrar-me-ei em Nova Iorque, à margem da abertura da 53.ª Assembleia Geral das Nações Unidas, com os meus colegas da área para uma análise e troca de impressões sobre a Cimeira do Porto.

– Até Outubro, vários ministérios sectoriais vão também promover os tradicionais encontros na sua área de competência, nomeadamente nos domínios da Agricultura, Educação, Ciência e Tecnologia, Justiça (Julho), Juventude (Agosto) e Obras Públicas e Transportes (Setembro). Poderão ainda ser organizados, em outros países Ibero-Americanos, alguns encontros para debater problemáticas concretas ligadas ao tema da Cimeira.

Deste modo estou convicto de que, em conjunto e tendo por certa a indispensável colaboração dos parceiros Ibero-Americanos, conseguiremos lançar com a VIII Cimeira novas sementes para uma discussão criativa e útil que nos ajude a aproveitar os desafios da globalização e a reforçar os processos de integração regional, bem como os mecanismos de cooperação que entre si podem e devem estabelecer.

Cimeira do Porto –
A Comunidade Ibero-Americana perante os Desafios da Globalização

Conferência na Casa da América,
Madrid, 14 de Setembro de 1998

O fenómeno da globalização tornou-se inquestionavelmente numa característica própria do mundo contemporâneo. Trata-se de uma realidade que tem obrigado ao repensar atento e aprofundado, por parte dos Estados e dos agentes económicos, das respostas a dar a este desafio que abre perspectivas e alarga horizontes, mas que comporta riscos a não menosprezar.

Conduzindo a uma homogeneização crescente dos comportamentos políticos e económicos dos Estados, a globalização veio realçar a validade universal da democracia e da economia de mercado como bases mais adequadas para o desenvolvimento harmonioso das sociedades e das relações internacionais. E por não ser um dado meramente económico, a globalização opera significativas transformações culturais, produzindo novos tipos de mentalidades em que a informação e as trocas comerciais à escala planetária são filtradas pela tradição e pelas expectativas de cada comunidade.

Não poderemos por outro lado esquecer – sob pena de trairmos os valores a que nos dizemos fiéis – que a intensificação do comércio e do investimento internacionais tem de ser articulada com padrões progressivamente mais elevados de respeito pelos direitos humanos, nas vertentes política e social. Por outras palavras, a remoção de barreiras e a integração económica não devem levar a uma situação em que a lógica da concorrência desenfreada se sobreponha à dignidade humana. O intercâmbio económico, por natureza, só é verdadeiramente benéfico e sustentável se for livre. Mas é igualmente imperativo que seja justo.

Numa encorajadora maioria, e não surpreendentemente, os Estados aperceberam-se das radicais transformações em curso, tendo ensaiado modelos inovadores de cooperação e integração. Se nenhum Homem é uma ilha, será igualmente verdadeiro que os espaços económicos nacionais não possam sobreviver isoladamente. Esta constatação tem permitido que os Estados, em íntima colaboração com os seus agentes económicos, se associem para fazer face à realidade internacional que se consolidou nas últimas décadas e que, previsivelmente, se continuará a verificar.

Nesta perspectiva, é compreensível que os Estados, ao apostarem na integração potenciadora das economias de escala e baseada na livre circulação dos factores de produção, se atenham em primeiro ligar a critérios de proximidade geográfica e de partilha de valores políticos, sociais e económicos. Isto explica, de modo porventura simplificado, que a Europa tenha optado pela bem-sucedida experiência da União Europeia e que, na América Latina, assistamos a iniciativas visionárias de integração regional e sub-regional.

Portugal e os seus parceiros europeus congratulam-se em especial com os resultados obtidos pelos Grupos do Rio e de S. José, pelo MERCOSUL e pelo ritmo imprimido à negociação da ALCA – e, no mesmo espírito, com a conclusão do *North American Free-Trade Agreement* – NAFTA. Estas estruturas reflectem e são catalizadoras de um impressionante crescimento económico e social e, em simultâneo, dão um contributo valioso para a sedimentação das instituições democráticas que hoje são regra no continente americano.

A União Europeia é, a seu modo, um instrumento de resposta à globalização – não apenas um mercado livre, mas uma União Económica e Monetária sob a orientação de uma União Política a que não falta igualmente a dimensão da coesão económica e social. O MERCOSUL é, na América Latina, o mais avançado quadro de integração regional, em clara sintonia de método com o modelo europeu.

Sob outro ângulo, a integração económica na Europa e na América Latina oferece possibilidades de diálogo, de concertação e mesmo de integração entre estes dois espaços. A origem histórica deste relacionamento obedece a uma matriz comum: os descobrimentos iniciados no século XV. E, consequentemente, as afinidades e complementaridades políticas, culturais e económicas entre estas regiões criam um quadro a que nos interessa dar vitalidade acrescida no próximo milénio.

Nem julgo que esta relação deva excluir, à partida, quaisquer domínios. Portugal tem procurado expandir os parâmetros existentes de modo a que possam abranger, inclusivamente, a área da segurança e da defesa, designadamente através de uma ligação gradual da nova NATO ao Atlântico Sul.

Podemos constatar, hoje em dia, um panorama crescentemente animador no relacionamento entre as nossas duas regiões.

A União Europeia possui acordos de cooperação, a nível bi- ou multilateral, com todos os países e agrupamentos da América Latina. A excepção é Cuba, mas descortinamos neste caso sinais de encorajamento que eu mesmo pude constatar numa recente visita a Havana e que auguram uma maior colaboração no futuro.

A União tem vindo a celebrar acordos mais ambiciosos que prevêem, a prazo, o estabelecimento de zonas de livre comércio. Falo do MERCOSUL, do México e do Chile. Prosseguimos desde 1990 um contacto assíduo e proveitoso com o Grupo do Rio, e a próxima reunião ministerial terá lugar em Portugal no primeiro semestre do ano 2000, durante a nossa Presidência do Conselho da União Europeia. O mesmo se poderá passar no diálogo Ministerial de S. José, institucionalizado em 1996. O relacionamento global será ainda intensificado já no próximo ano, com a realização no Rio de Janeiro da Cimeira entre a União Europeia e a América Latina e as Caraíbas, precedida por uma Cimeira UE/MERCOSUL. Espero que até lá a União Europeia crie as condições negociais para se avançar decididamente no sentido da criação de uma zona de comércio livre entre as duas entidades.

Em termos comerciais, cabe sublinhar que a União é o segundo maior parceiro comercial da América Latina (e o primeiro do MERCOSUL e do Chile), depois dos Estados Unidos e antes do Japão. O volume destas trocas aumenta anualmente e o seu saldo, embora com algumas excepções nacionais, tem sido francamente favorável aos europeus. Idêntico lugar ocupamos no tocante ao investimento directo estrangeiro.

No tocante especificamente às relações económicas bilaterais entre Portugal e a América Latina, apraz-me salientar que evidenciam fortes sinais de crescimento. A título de exemplo, diria que o investimento directo português nesta região conheceu altíssimas taxas de crescimento entre os Estados-membros da União Europeia, tendo Portugal sido em 1996 o sexto maior investidor europeu na América Latina. Esta tendência, que foi reforçada em 1997 e no ano corrente, testemunha a confiança dos operadores portugueses nas potencialidades das economias sul-americanas.

Mas em circunstância alguma se pode reconduzir o relacionamento entre Portugal e a América Latina apenas à vertente económica. Para Portugal nunca será demais falar nas cumplicidades e nos laços fraternos, humanos e até familiares que nos unem a esta região. Eles resultam em grande medida de afinidades linguísticas, culturais e históricas que também têm vindo a contribuir muito positivamente para o aprofundamento do diálogo político bilateral e em certos casos também, no quadro da União Europeia, para a promoção de desenvolvimentos positivos em certos processos políticos latino--americanos.

A este propósito, e para além da visita a Cuba no passado mês de Julho a que anteriormente me referi, gostaria de destacar, a título de exemplo, a visita que efectuei ao Brasil há cerca de uma semana; ambas se revelaram extremamente frutuosas e demonstraram uma vez mais o enorme potencial que existe a todos os níveis no relacionamento de Portugal com estes e todos os outros países da região. O nosso relacionamento comercial com o Brasil tem aumentado de forma consolidada, e em 1998 já investimos naquele país dez vezes mais que em 1996, cem do que em 1995 e mil do que 1994.

O mesmo poderei dizer, num contexto europeu mais alargado, da minha participação nas reuniões Ministeriais UE/Grupo de São José e UE/Grupo do Rio, realizadas respectivamente na Costa Rica e no Panamá durante o mês de Fevereiro.

Não foi por mero acaso que os "Desafios da Globalização e a Integração Regional" tenham sido aceites como tema central da VIII Cimeira Ibero-Americana de Chefes de Estado e de Governo, que se realizará no Porto, no renovado edifício da Alfândega Nova, no dia 18 de Outubro.

Esta escolha resulta do reconhecimento da necessidade de analisar e debater a globalização e a integração regional como processos com uma influência decisiva nas sociedades, nos sistemas políticos, económicos e sociais e nas relações externas dos vinte e um Estados participantes.

Com efeito, todo o conjunto de questões atinentes à temática da globalização se suscita plenamente a propósito da realização das Cimeiras Ibero-Americanas; nestas temos vindo a debater, desde 1991, tópicos do maior interesse para as nossas sociedades, sob um ângulo próprio que resulta de afinidades históricas e culturais muito nítidas e também das experiências nacionais específicas de cada interveniente.

Este encontro da Comunidade Ibero-Americana (o termo não é, seguramente, excessivo) representa um fórum privilegiado de concertação entre duas regiões que, como referi há pouco, partilham uma herança histórica, cultural e linguística. Estas cimeiras têm por objectivo converter essas ligações em instrumentos de diálogo e cooperação, política e económica, na procura ao mais alto nível de soluções para os desafios actuais.

Por outro lado, e reflectindo toda a experiência adquirida desde 1991 e com base num entendimento consensual de todos os países participantes, desenvolvido ao longo das reuniões de coordenadores ibero-americanos e responsáveis de cooperação, pretendemos agora que no Porto se concretize a introdução de um novo formato das cimeiras e do respectivo documento final, por forma a acentuar o carácter informal e aprofundado das discussões dos Chefes de Estado e Governo e a substância, concisão e impacto político das suas conclusões.

Assim, a duração dos trabalhadores será reduzida para um só dia, sendo por outro lado alargado o espaço de debate informal entre os intervenientes, Chefes de Estado e de Governo.

Quanto ao documento final da VIII Cimeira, e correspondendo sempre ao entendimento comum dos nossos vinte e um países, será substancialmente mais sintético que os saídos das cimeiras anteriores, tendo igualmente uma estrutura simplificada que, estamos convictos, contribuirá para lhe conferir maior acutilância e projecção.

A Declaração do Porto deverá não só consagrar a perspectiva comum dos nossos países sobre os fenómenos da globalização e integração regional, como ainda registar uma tomada de posição comum ibero-americana sobre alguns dos tópicos de maior interesse e acuidade no plano internacional. Será ainda feito o ponto de situação sobre o andamento das iniciativas de cooperação no âmbito ibero-americano e registada a conveniência de a mesma passar a ser coordenada por uma estrutura institucional específica.

Não deverá esquecer-se, por outro lado, que a Cimeira do Porto acolherá também as conclusões de reuniões sectoriais a nível de ministros e peritos, nomeadamente nos domínios da administração pública, governabilidade e reforma do Estado, agricultura, economia e actividade empresarial, educação, problemática da droga, justiça, juventude, situação da mulher, obras públicas e turismo.

Terão ainda lugar eventos em que se exprime a nossa identidade cultural e artística, designadamente as cerimónias de apresentação dos prémios Ibero-Americanos de arquitectura e de música.

Acreditamos que este novo formato contribuirá substancialmente para conferir às Cimeiras Ibero-Americanas uma continuidade e visibilidade que permitam ir além do próprio evento, criando as condições necessárias à adopção pelos vinte e um Estados de políticas e projectos concretos, coerentes e capazes de enfrentar com serenidade a globalização e de dar maior substância às relações entre a Europa e a América Latina.

Esta dinâmica permitirá, por sua vez, que o espaço ibero-americano se afirme como capaz de agir, com acrescida autoridade, em outros sectores – bastará pensar na promoção mundial do respeito pelos direitos humanos (capítulo em que Portugal tem obtido fortes solidariedades no tocante a Timor-Leste) ou no combate ao tráfico de drogas e a práticas financeiras fraudulentas.

Termino com uma nota de sincero apreço por quantos nos precederam e nos hão-de suceder na organização das Cimeiras Ibero-Americanas. Permito-me sublinhar a importância da Cimeira de Margarita, de 1997, e as esperanças que depositamos em Cuba para 1999.

Portugal honra de forma especial, em 1998, o seu papel e a sua responsabilidade enquanto país de vocação universal e, também, enquanto pólo da relação entre a Europa e a América Latina. É-nos particularmente grato ter tido a possibilidade de conjugar a realização da EXPO'98, que agora decorre em Lisboa, e da Cimeira Ibero-Americana, no Porto. E mais grato nos serão os resultados práticos destes projectos na aproximação dos povos e das culturas.

Estou convicto que a Cimeira do Porto contribuirá muito significativamente para que possamos tirar proveito do enorme e multifacetado património Ibero-Americano que já temos à disposição e do potencial de solidariedade que nele se contém, pondo-o ao serviço das aspirações dos nossos povos e da construção de um futuro cada vez mais próspero, mais livre e mais justo.

Mediterrâneo

O Papel da Europa na Segurança do Mediterrâneo – Perspectiva Portuguesa*

Oslo, 23 de Abril de 1997

The role of Europe in Mediterranean Security – A Portuguese Perspective

Ladies and Gentlemen,

I feel much honoured to be able to speak before such a distinguished audience about an issue that my country believes to be of great importance: the dialogue between the two margins of the Mediterranean sea.

Portugal, considering its history and its geography, is a *sui generis* case. It is a European country, close to the Mediterranean, but also an Atlantic country with a special relationship with Africa and America.

Being a part of different environments gives us not only an enriched perspective of the world but also allows us to be a valid interlocutor in the dialogue between these continents.

The Mediterranean has its own geopolitical identity. It is a privileged space of intensified relationships between States, peoples, religions, cultures, as well as rapidly expanding trade.

Yet on the other hand, this identity contains some elements that can stir the calm waters of the Mediterranean. I am talking about a set of risks, which we have progressively narrowed down, and which might generate instability in this area.

* Versão original inglesa da Conferência proferida em Oslo.

There is no doubt that we should contribute to the stability and security of the Mediterranean. That is why we felt the need to develop and strengthen the dialogue with the non-European Mediterranean States, both bilaterally and through the appropriate multilateral instances.

This cooperation should encompass several dimensions, including particularly the political and security ones. NATO, the Western European Union, OSCE and the European Union have indeed been working in those fields. Let us see how.

In 1994, NATO began a dialogue process with some States belonging to the South basin of the Mediterranean. NATO's initiative was meant to be a valid contribution to the reinforcement of stability and security in this area.

It established bilateral discussions about security in its political, economical and military components, about regional and international cooperation, peace operations and also about NATO activities.

Today, NATO is studying the way to strengthen this initiative. In this framework, Portugal has proposed the extension of a model similar to "Partnership for Peace" to the Mediterranean. I will return to this concept later in my intervention.

WEU has also developed a program aimed at the dialogue with certain Mediterranean countries. The objective of this multilateral forum is to provide them with information about WEU activities and to exchange views on crisis management in an effective and transparent way. In the future, it could include a series of actions in the security and defence areas – namely, training in peace-keeping operations.

The OSCE also felt, in turn, the need to improve its relationship with the Mediterranean countries. The enhancement of dialogue with its Mediterranean partners has been achieved through the establishment of a "contact group", by seminars related to the Mediterranean area and by meetings between the OSCE *Troika* and the participating Mediterranean countries.

This initiative, although the most incipient of all, has been able to come close to these States, and we feel some pressure to push it forward. Although it is premature to talk about a Southward enlargement of the OSCE, it is conceivable that the concept of "confidence and security building measures", which this Organization helped to develop, could be put to use in an enhanced relationship with interested Mediterranean countries.

The European Union's policy toward the Mediterranean, or the Barcelona Process, as it has come to be known, is the direct result of guidelines approved in Lisbon by the EU during Portugal's 1992 Presidency. In its "first dimension", it also reflects the necessity to reinforce the cooperation between the two margins of the Mediterranean – based on dialogue and on the development of several joint initiatives that foster mutual trust and that, by allowing us to come to terms with our differences, will enable us to achieve a common goal: a politically stable Mediterranean area.

We are aware only too well of how difficult it is to advance the political and security *volet* of the Barcelona Process. It is a multilateral forum where delicate issues are at stake and which comprises some countries whose recent history has set them apart.

We should not give up, as the ministerial meeting in Malta earlier this month showed. It is instead our task to render this dialogue more fruitful, namely through openness and goodwill, so as to define common principles and joint initiatives capable of overcoming past differences. I think that we will be able to sign a Euro--Mediterranean Charter and work on measures capable of providing confidence and security. That should constitute the foundation of an ambitious goal – a Mediterranean free-trade zone by 2010.

With that in mind, I should like to underline the strategic importance of the Union's association agreements, paving the way toward closer economic links and assistance. Such agreements have already been concluded with Morocco, Tunisia and Israel; negotiations are well under way with Egypt, Jordan and Lebanon; a negotiating mandate has been approved for Algeria, a trade and cooperation agreement has been signed with the Palestinian authority, and exploratory contacts with Syria have taken place.

Just to provide you with an idea of the figures involved the "Media" regulation, a fundamental part of the Union's Mediterranean policy will provide 4.8 billion écus from 1995 to 1999 in financial cooperation.

As I have tired to give a panoramic overview of how we are trying to improve the Mediterranean dialogue in the European and Transatlantic Organizations, I cannot end this part of my presentation without a few words on the **Euroforces**.

As you are aware the Euroforces are land and sea Forces – Eurofor and Euromarfor – created two years ago in Lisbon, during our Presidency of WEU, by France, Italy, Spain and Portugal. Their aim is to provide when asked for instance by WEU, the military means to accomplish a wide range of humanitarian and peace--keeping operations.

The Mediterranean countries, partly due to a certain lack of information, may have misunderstood the aims of these forces. We are trying to fill this gap by dispelling their misapprehensions. The results or our collective efforts have so far been encouraging.

Ladies and Gentlemen,

Now that we have seen what is being done to achieve a lasting stability in the Mediterranean, you could be wondering if there are not too many overlapping initiatives. I ask myself the same question every now and then...

The truth is that all these efforts are, in fact, disconnected in some ways. That is why sometimes we are criticized by our Southern partners for having a multiplicity of initiatives.

However, the problem does not lie in an excess of multilateral efforts. In my opinion, there is a fundamental role to be played by all of them. The problem, actually, lies in the absence of an effective coordination.

We need to be able to conduct all this work while avoiding further duplication. And in all honesty, the issue runs parallel to the complex articulation in the transatlantic space of NATO, the OSCE, WEU and the European Union.

These Organisations have different philosophies and working methods; in certain instances, they do not share the same perspectives, although pursuing a common goal. Nonetheless, they should be able to put in practice their different initiatives, so as to define and implement a comprehensive security concept in the Mediterranean.

Europe's wish to cooperate with those countries is sincere. The question that we should now try to answer is whether the Mediterranean countries have the same will.

In my opinion, there is no doubt that they want to work with us in order to improve their stability. Nevertheless, sometimes they may not understand our aims – Euroforces is a case in point.

It is also claimed that we remain doubtful of other cultures and values. The very existence of so many initiatives could give the impression that we see our Mediterranean partners as the sole cause of all European security risks. Nothing could be further from the truth.

Others contend that the Mediterranean countries could simply be much more interested in trade and financial concessions.

One of our concerns should be to explain that we cannot forget the political and security dimensions, thereby creating a climate of sustainable prosperity. We believe that economic assistance and political cooperation are linked.

Against this background, I have proposed in NATO the extension of "Partnership for Peace" to the Mediterranean in the form of PfP – inspired model for the relationship with the countries of the region.

Why NATO, you may ask...

We would prefer that this type of security dialogue takes place in NATO, or under NATO's aegis, since we would like to ensure the involvement of our North American friends and allies. The United States's interest in the Mediterranean and the Middle East is self-evident.

In fact, concerns with the Mediterranean are not the private domain of Europeans; they have transatlantic implications. The geographical proximity to the region is certainly an important factor, but it is not the only reason for being involved in this dialogue.

The same applies to Norway. We share the appreciation of the international community for Norway's skillful diplomacy, whose mediation was instrumental in relaunching the Middle East peace process. And we should not forget that Europe's security depends just as much on developments in the South as on the stability of the North and Baltic seas.

Coming back to our proposal...

NATO's Mediterranean dialogue has yet to set in train the new kind of relationship at which we aim.

Some even believe that this avenue has reached a dead end. We thus need a new approach, together with a constructive contribution from the Mediterranean countries.

The adequate answer should be the extension of the PfP-inspired system to the Mediterranean, enabling our Southern partners to benefit from a model that has served so well the interests and aspirations of Central and Eastern Europe. In our view, this initiative could comprise:

– Pragmatic and flexible formats;
– Variable geometries for participation, based on the political circumstances of each country and taking into account national interests and the differences that define each country's identity;
– A selection of participants on a case-by-case basis, bearing in mind that we are dealing with cooperation in the security and defence fields;
– I recognize that this proposal needs to be studied in depth within NATO. And although we feel that some allies may not grant such high priority to this theme, we believe that the essence of our ideas will be taken on board.

Ladies and Gentlemen,

As I stated earlier, our common interest in the Mediterranean stems from our culture and our history, our expanding trade links and our desire for stability.

As Foreign Minister of Portugal, I hold regular contacts with my Mediterranean counterparts. My Government colleagues from the Defense and Trade Departments are also actively involved in our bilateral relationships with the Maghreb countries. It is worth mentioning, in this context, that a Portuguese general commands the United Nation's operation in the Western Sara – MINURSO.

With the election of my country to the United Nations Security Council, we have also been asked to take on additional responsibilities in an area that is closely linked to the Mediterranean and the Middle East. Portugal holds the Presidency of the Security Council Committee on the enforcement of sanctions against Iraq. This task is coupled with the Presidency – in Geneva – of the U.N. compensations committee, dealing with reparations for damages caused by the invasion of Kuwait. We intend to steer the work of these bodies in consultation with our allies and partners, respecting the relevant resolutions and helping to consolidate the stability of the Gulf region.

I view Portugal's strong participation in UNPROFOR, IFOR and now SFOR as a further sign of our commitment to peace on both margins of the Mediterranean. It has been highly encouraging to see how NATO, its "PfP" partners and some Arab Nations have worked together for a lasting peace in Bosnia.

Today's Mediterranean shows increasing signs of prosperity; there are vast numbers of State to State cooperation programs, our economies are progressively becoming more interdependent, our tourists seek the sun and the sights of those countries.

So what are the risks? Is there an immediate threat to stability? My personal view is that is wrong to think of threats. Nevertheless, certain risks remain. The Mediterranean comprises several situations, all of different natures. Take as examples Algeria, Libya, Cyprus or the Middle East peace process. The issues at stake range from religious fundamentalism and the consolidation of democratic institutions to the settlement of complex international disputes, from terrorism to the proliferation of weapons of mass destruction.

The Mediterranean is, in addition, a gateway to Asia and the Indic Ocean, and a bridge, not a natural barrier, to the whole of the African continent.

Our wish is to continue to put in practice a daily diplomacy, combining and coordinating national and multilateral efforts, that will build upon the degree of stability and prosperity that has been accomplished. And I must underline that this has been done by all the countries involved; our partner's interests and commitment are just as strong as our own.

In conclusion, Portugal believes that it is our collective duty to seize the opportunities created by the end of the Cold War. We have so far been adapting our institutions to these new times. What we now want is to ensure that this constructive political climate will also benefit all sides of the Mediterranean – a vital region that is largely the root of our civilization.

Timor-Leste

Entrevista à Agência *Reuters*

1 de Abril de 1998

Agência Reuters – Tem havido progressos nas negociações?
Jaime Gama – As negociações têm prosseguido sob a égide do Secretário-Geral das Nações Unidas e do seu representante especial. Nos últimos meses o ritmo abrandou porque a Indonésia, em função da sua crise financeira e da sua crise política, se tem manifestado menos disponível para a regularidade do diálogo. Esperamos que essa situação venha a ser invertida, embora nos pareça que nem a crise financeira nem, sobretudo, a crise política tenham sido resolvidas com a formação do novo Governo., que é um Governo de forte continuidade senão de involução. Propusemos aos Secretário-Geral das Nações Unidas a realização de um encontro a três, em Londres. O Secretário-Geral, Kofi Annan, manifestou-se disponível para se avistar com o Primeiro-Ministro, Guterres. No início, o Presidente Suharto, agora o Vice-Presidente, visto que o Presidente Suharto não está em condições de comparecer à reunião na ASEM. Aguardamos a confirmação desse encontro por parte das Nações Unidas. Seria um encontro importante para fazer progredir o *dossier* Timor ao nível das Nações Unidas.

E quando espera receber algum indício sobre isso?
A todo o momento. Estamos a aguardar uma indicação do Secretário-Geral das Nações Unidas. Esperamos que a Indonésia, que ainda não deu a sua anuência ao encontro, possa decidir de uma forma favorável mostrando que está disponível para um diálogo sobre a temática.

Mesmo sem a presença do Secretário-Geral existe a possibilidade de um frente a frente com o Primeiro-Ministro ou Vice-Presidente da Indonésia, ou não interessa isso?

Neste momento, toda a expectativa está orientada em torno de uma iniciativa que o Secretário-Geral das Nações Unidas, Kofi Annan, chamou a si próprio. O que, aliás, nos parece muito positivo. Mas até aqui não houve uma confirmação da parte da Indonésia. Esperamos que a todo o momento a Indonésia possa dar o assentimento à realização deste encontro. Da nossa parte não só o propusemos como vemos a sua realização como importante.

Mas isto vem da parte do Secretário-Geral porque ele já fez algum progresso nos seus contactos...

Seria também a ocasião para as Nações Unidas, especialmente o Secretário-Geral, apresentarem às partes a sua apreciação sobre o *dossier* e algumas propostas substantivas na matéria, visto que o que diferencia Kofi Annan do seu antecessor é o desejo expresso de fazer com que as Nações Unidas tenham um papel pró-activo nas negociações. Isso mesmo foi corporizado com a designação de um representante especial, com a revitalização do diálogo intratimorense, com uma maior visibilidade de representantes da Resistência em consultas junto de representantes das Nações Unidas, e também com o papel pró-activo do próprio Secretariado das Nações Unidas no decurso das conversações.

E o Senhor tem alguma ideia sobre que tipo de proposta o Secretário-Geral poderia ter para manter o *momentum*...?

O Secretário-Geral pode responder a essa matéria. É também isso que nós aguardamos do encontro de Londres.

É, basicamente, a presença do Secretário-Geral imprescindível para se conseguir progresso?

A presença do Secretário-Geral é importante nesse encontro e também é importante na ASEM. E creio que Kofi Annan quer estar presente na Cimeira Euro--Asiática.

Faz algum sentido uma reunião entre as duas partes?

Neste momento, como lhe digo, os temas estão organizados desta forma, e foi desta forma que ele foi previsto. As Nações Unidas têm um papel liderante nestas conversações e faria pleno sentido aproveitar a reunião de Londres para poder dar um alto nível às negociações.

E o Senhor está optimista quanto à situação de Timor?

Nós temos verificado por parte da comunidade internacional uma maior atenção em relação ao problema de Timor, não apenas como um problema de direitos humanos, mas também como um problema de autodeterminação. A União Europeia adoptou uma posição comum, o que aconteceu pela primeira vez. Os Estados Unidos da América têm vindo a ajustar a sua política em relação à problemática de Timor. E na Ásia, designadamente na Nova Zelândia, houve recentemente evoluções significativas a propósito de Timor, considerando o Governo da Nova Zelândia que, para a sua política externa, já não é um dado irreversível a incorporação de Timor na Indonésia, contrariamente ao que era a sua política oficial. Também na Austrália o Parlamento e o principal partido da oposição adoptaram sobre Timor-Leste posicionamentos bem diferentes da orientação tradicional do país, designadamente admitindo de forma expressa que a problemática de Timor-Leste é uma problemática de autodeterminação não resolvida.

E tudo isso aumenta a pressão internacional?

Nós consideramos que, por um lado, a visibilidade dos direitos do povo de Timor-Leste é, hoje, indubitavelmente maior. Por outro lado, é menor a credibilidade com que o regime indonésio, baseado na associação entre ditadura militar e nepotismo familiar, perspectiva os problemas internacionais, designadamente a questão de Timor-Leste.

Pensa que a crise económica e política ajuda ou é um impedimento neste momento?

A crise financeira da Indonésia veio demonstrar de uma forma expressiva como as instituições financeiras se articulam com as instituições políticas, e que a falta de transparência nos mercados, designadamente nos mercados capitais, é sempre a expressão de uma falta de transparência nos sistemas políticos. Aliás, muitos hoje na comunidade internacional e na imprensa internacional questionam o problema de se contribuir para a resolução de uma crise financeira em termos clássicos de ajuda, sem pôr em causa os sistemas que no plano institucional estão na origem da crise financeira. Não faz sentido dar algo para alimentar a doença no mesmo doente, faz sentido curar a doença para que o doente possa ser salvo. É nesse sentido que nós temos apoiado a acção das organizações internacionais no sistema de Bretton Woods no tratamento da crise asiática. Não devem ser criados mecanismos de excepção, e, sobretudo, a solução da crise passa pelas grandes organizações internacionais adoptarem uma postura contrária aos critérios de clientela política em relação ao tratamento dessas situações.

Quanto à disponibilidade do Governo da Indonésia em buscar alguma solução...

Desde que o novo Governo entrou em funções não temos sinal de mudança, porque nem nós, nem as Nações Unidas temos nenhum sinal. Esperamos que ele possa ser dado em Londres. A nossa expectativa não é muito grande porque o Governo, contrariamente ao que era de esperar, não é um Governo de evolução e abertura. Nós estamos disponíveis a manter um diálogo que permita melhorar a situação da população no território e permitir ao Secretário-Geral das Nações Unidas fazer progressos nestas conversações.

Qual poderia ser, por exemplo, da parte do Governo da Indonésia um gesto de boa vontade?

A libertação dos prisioneiros políticos, a diminuição da presença militar no território, a cessação das acções intimidatórias sobre sectores da população, em especial da Igreja Católica.

Pensa que a crise poderia ter algum impacto sobre a situação de Timor?

Em Timor há o efeito de uma dupla crise: a crise geral da Indonésia agravada pelo facto de Timor ser um país ocupado militarmente pela Indonésia, que coloca problemas muito específicos a essa situação especial. O que, aliás, põe em evidência a necessidade de a comunidade internacional, designadamente a UE, quando equacionar programas específicos para essa zona, não perder de vista a situação do território não-autónomo de Timor-Leste.

Estão a falar de ajuda a alguns países da área: no caso da Indonésia, são os países europeus que têm que decidir onde se destina essa ajuda na Indonésia?

Em relação a qualquer ajuda há sempre um problema de controlo, que é aliás reforçado no caso em que a corrupção e o nepotismo abundam como sistema normal e onde existem colossais fortunas particulares geradas à custa da corrupção e do nepotismo no sistema político. Por outro lado, há que atender à situação específica de Timor-Leste, que é um território não-autónomo de acordo com a doutrina das Nações Unidas e que a União Europeia segue de uma maneira ortodoxa. Isso significaria a nosso ver também a necessidade de a União Europeia elaborar um programa especial paralelo e autónomo para Timor-Leste ao abrigo do enquadramento doutrinal da posição comum que adaptou há ano e meio.

Mas parece necessária a autorização do Governo de Jacarta.

Não, porque como sabe há ONGs que exercem a sua autoridade em todo o mundo e que são suficientemente credíveis para fazer a sua independência e autonomia em todas as circunstâncias. Aliás, a União Europeia tem experiências de auxílio humanitário e de outra espécie de situações similares onde não foi respeitado o privilégio arrogante dos ocupantes.

Em que estado estamos quanto a isso?

A União Europeia já tomou, na concretização da sua posição comum, a decisão de apoiar um conjunto de ONGs que exercem a sua actividade no território.

E financeiramente?

Estão a iniciar esse programa.

E tem alguma ideia quando poderia começar?

Estão a iniciá-lo.

Começou por dizer que a esperança é uma reunião a três. Se não for possível, como pensa Portugal enfrentar este problema perante a reunião da ASEM?

A reunião da ASEM tem uma agenda que inclui pontos financeiros e económicos e que inclui diálogos políticos. Não está excluído nem o problema da situação em Burma nem o problema da situação em Timor-Leste, como não está excluído o problema geral da articulação entre crise financeira e necessidade de modificação institucional no plano político.

É difícil fazer um vínculo entre uma coisa assim...

Não é difícil quanto ao último ponto fazer uma vinculação. Todos sabemos que só há transparência de mercado onde não há governos corruptos e que o sistema capitalista exige instituições políticas que mantenham com o sistema económico um elevado grau de autonomia.

Mas quer dizer que os países da UE têm de estabelecer algumas regras políticas?

Do nosso ponto de vista, todos os observadores internacionais sabem que a solução de uma crise financeira em países em desenvolvimento não tem a ver exclusivamente com a resolução da liquidez de divisas dos países afectados, tem a ver com a solução a montante dos problemas institucionais que estão na origem dessas crises, designadamente a promiscuidade entre o sistema político, o sistema bancário, as opções de investimento, a patronagem, o clientelismo, a corrupção e o nepotismo construídos a partir do estádio do sistema político.

Mas em termos práticos...

Mas isto é em termos práticos... Raciocinar ao contrário é que é pensar em termos teóricos e querer fazer demagogia sustentando situações iníquas de corrupção no plano político com graves consequências no mau funcionamento do sistema financeiro e com a total falta de credibilidade do sistema internacional.

O FMI já se comprometeu com o Governo da Indonésia...

O FMI está a negociar e, como sabe, dentro do FMI, neste momento, há o problema de fazer uma auditoria às secções regionais do FMI que têm emitido vícios de clientelismo político em relação aos países cujas economias acompanham. E que não fizeram, por causa disso, a tempo a detecção da crise que iria surgir inevitavelmente em países cujos sistemas políticos funcionam de maneira deficiente.

Os países europeus são grandes contribuintes e têm que tomar uma posição mais clara, mais forte...

Sim, assim é, com uma posição a favor da seriedade dos métodos de governação, porque sem seriedade nas administrações públicas, nos métodos de governação, as crises financeiras são eminentes.

No tipo de acordo que o FMI está a negociar com a Indonésia, satisfaz-se essas condições?

O FMI iniciou um processo difícil com a Indonésia porque no primeiro momento esta procurou iludir a negociação com o FMI através de um artifício, e neste momento nós aguardamos também para observar e analisar o acordo a que o FMI possa vir a chegar com a Indonésia. Este acordo tem uma componente financeira, mas para ser um acordo durável implica uma total modificação na maneira de proceder da Indonésia em relação à forma como organiza as suas instituições, não apenas as financeiras mas as políticas em geral.

Como contribuintes do FMI, os países europeus têm de exigir esse tipo de programa político?

Eu penso que os países europeus, assim como todos os outros, se não quiseram continuar a funcionar como doadores a fundo perdido, têm que acautelar os dinheiros dos seus contribuintes e exigir seriedade da parte daqueles que recebem essas ajudas.

E isso implica reformas políticas?

Reformas políticas claras, porque não faz sentido dar ajudas públicas a países que poderiam perfeitamente viver felizes apenas com o dinheiro daqueles que neles o distorcem através da corrupção.

Mas estamos numa situação em que a comunidade internacional está disposta a conceder esta linha...

Sim, o FMI tem vindo a melhorar os seus padrões de exigência no tratamento dessas situações. E penso que esta crise também veio pôr em causa alguns dos vícios com que o FMI funcionava, designadamente os que levaram a não antecipar a notificação destas situações.

Mas para o futuro pensa que os países europeus estão dispostos a colocar isso abertamente sobre a mesa?

Penso que na maioria dos países europeus esta questão surgiu como uma questão frontal em toda a imprensa política e económica.

Mas algo deste tipo poderia sair da reunião do fim-de-semana?

Os países são livres de abordar a problemática que está como tema da agenda ASEM pela forma como entenderem.

Mas Portugal tem...

Nós temos esta análise sobre o problema e ninguém ousará impedir que no uso do nosso direito de palavra o possamos expressar como quisermos. Não temos uma intenção expressa mas não estamos impedidos de o fazer quando, como, e se o quisermos.

Independentemente do que decidirem fazer na reunião, a percepção actual de Portugal é que deveria ser assim, ou seja, deveria haver um vínculo entre a ajuda financeira e compromissos institucionais.

Tem a ver com exigências do bom funcionamento do sistema financeiro e da economia de mercado. Não se trata de um capricho ideológico, é uma questão pragmática de eficácia.

A crise asiática tem sido uma boa lição para a comunidade internacional, da qual podem sair resultados positivos?

Tendo critérios de seriedade nas relações entre as administrações e o sistema económico, quanto à independência dos bancos centrais, quanto à limitação da corrupção, e não apenas quanto ao tráfico ilícito de capitais, são dados essenciais que emergem desta crise asiática, de onde devem ser tiradas todas as lições e não apenas algumas. E sobretudo não devem ser encontradas soluções que beneficiem apenas os infractores, mas que obriguem a corrigir o sistema globalmente.

E neste momento o Senhor não está convencido de que a Indonésia esteja no caminho certo?

Eu não posso garantir a nenhum investidor isenção e independência quando o exército tem o papel que tem e a família dos principais políticos ocupa a titularidade do património pela forma como o faz. Esse é um problema das grandes organizações financeiras internacionais na forma como tratam as questões de crise em áreas localizadas.

Portugal tem a intenção de chamar a atenção para a situação em Timor durante a reunião ASEM?

Portugal não exclui nenhum tema, aquando a reunião ASEM inclui na sua ordem de trabalhos um capítulo sobre diálogo político sem limitações ou restrições. Nesse caso não estaríamos perante um diálogo político mas sim um monólogo político.

O Primeiro-Ministro Guterres fez uma proposta à Indonésia há cerca de dois anos, há alguma outra proposta?

Nós temos efectuado várias propostas, essa lançada pelo Primeiro-Ministro Guterres num encontro em Bangkok, teve primeiro uma resposta evasiva, posteriormente uma resposta negativa. Temos feito várias propostas no decurso das conversações mediadas pelo Secretário-Geral das Nações Unidas. A Indonésia até aqui tem tido um posicionamento muito fechado, seguramente fruto do embaraço e da crise do seu próprio regime político, mas nós estamos sempre, do nosso lado, disponíveis para dialogar. Achamos importante que este encontro a três, em Londres, tenha lugar.

Essa reunião é, basicamente, o próximo passo deste processo?

Pela nossa parte sim. O processo tem sido o seu calendário. Infelizmente nestes últimos meses o ritmo tem sido muito lento por causa das vicissitudes atravessadas pela Indonésia.

O programa de contactos, a nível dos Embaixadores, já chegou ao seu limite?

Não, mas a reunião seria interessante para poder aferir a sensibilidade do novo poder indonésio.

Outra grande questão neste momento é a ampliação da União Europeia, é uma questão importante para Portugal porque há muitas coisas para decidir quanto aos financiamentos dos fundos estruturais. Visto de fora, parece algo que não se enquadra, são novos países que precisam de enormes quantidades de dinheiro para a sua adaptação, por outro lado temos os países que ainda necessitam fundos estruturais e temos um limite orçamental. Esta situação tem alguma saída?

A equação não é tão drástica, como se pode depreender de um esquema, porque por um lado a existência de um *plafond* não significa despesas inferiores às do período precedente, por outro lado é possível realizar algumas economias na Política Agrícola Comum e, por outro lado, com o crescimento económico previsível é possível aumentar as receitas. No campo das políticas estruturais o nosso ponto de vista tem sido claro, entendemos que elas devem existir e que não devem ser as únicas a custear o alargamento. Portugal é um país que tem a particularidade de não beneficiar de transferências da Política Agrícola Comum em paralelo com terceiros visto que as suas produções não estão contempladas com o grau de protecção como estão as produções agrícolas do Norte da Europa, e, por isso, a necessidade de um apoio estrutural faz duplamente sentido: por um lado, uma exigência real do atraso económico do país e, por outro lado, pela não existência de transferências significativas na área agrícola. A circunstância de Portugal integrar a Moeda Única europeia ainda justifica mais a necessidade de permanecer o Fundo de Coesão, na medida em que, por um lado, a criação do Mercado Único, e por outro, os efeitos da introdução da Moeda Única vão por algum tempo mais evidenciar a necessidade de mecanismos compensatórios de suporte. Nós, com o alargamento, não seremos beneficiários em termos económicos ou comerciais a um nível idêntico ao daqueles países que com economias mais desenvolvidas e competitivas e com proximidades fronteiriças se preparam para ter posições dominantes nos mercados dos novos aderentes.

E pensa que nessas circunstâncias esses países estão neste momento a pedir uma redução da sua contribuição no orçamento comunitário?

Penso que o fazem numa base negocial, não numa base substancial, porque são os maiores beneficiários do Mercado Único. Não podem apenas efectuar uma contabilidade circunscrita ao orçamento comunitário, têm que realizar uma avaliação de custos e benefícios que tenha em consideração as trocas comerciais, a liberdade de circulação de capitais e os imensos benefícios que têm resultado para as suas economias em termos de exportação para um Mercado Único.

A nossa ideia é a de que o custo do alargamento deve ser partilhado proporcionalmente por todas as rubricas do orçamento comunitário e por todos os países. O que não podemos admitir é que Portugal, sendo um dos países de economia menos desenvolvida da Europa, seja aquele que proporcionalmente venha a pagar a mais elevada percentagem do custo de alargamento.

Mas, por exemplo, a Alemanha está a pedir uma redução da sua contribuição.

A Alemanha é um extraordinário beneficiário agrícola em termos de PAC, é o país que mais fundos estruturais recebe, sobretudo para os aplicar nos *Länder* da antiga RDA, e é o país que mais beneficia com o Mercado Único. O argumento para a redução da contribuição alemã só o entendemos de um ponto de vista táctico, mas que não tem a menor consistência substancial, é um argumento e não um pensamento.

Digamos que não é uma causa justa.

Penso que na Alemanha até nem é bramido com grande convicção. Veja a posição dos Comissários alemães na Comissão, não é coincidente com a posição dos governantes actuais, não seria justo que o país mais rico da União, que mais beneficia com o Mercado Único, que mais recebe, que é um beneficiário extraordinário da PAC e que é o maior beneficiário do alargamento pela extensão dos mercados, venha agora a questionar a sua contribuição para o orçamento como se fosse um pequeno país.

E quanto ao III Pilar?

Penso que esse argumento tem muito a ver com o debate interno alemão, mas que quando é transposto para a área internacional é sempre filtrado e moderado.

E dentro de uns meses teremos uma Moeda Única, mas parece que a área da política externa da Comunidade está muito atrasada comparativamente com a área económica. O Primeiro-Ministro disse outro dia, na Finlândia, que a situação do Iraque foi um exemplo de falta de coesão política dos países da UE. Pensa que esta situação se resolverá com a Moeda Única?

O Mercado Único, primeiro, e a UEM, depois, vão introduzir na Europa vectores de convergência nunca antes pensados, e naturalmente o problema da convergência política é um problema que está colocado diante de nós. Não há unanimidade quanto à forma de o resolver no plano institucional, porque por um lado há a necessidade de introduzir elementos que reforcem a representatividade da opinião pública europeia no esquema europeu, designadamente através de um reforço do Parlamento Europeu, e, por outro lado há a necessidade de compatibilizar interesses de Estado que também não podem ser harmonizados de uma forma correcta atendendo exclusivamente à dimensão numérica das respectivas populações, mas também ao seu peso histórico e ao seu papel no próprio quadro institucional da UE. A organização, a administração, a máquina da UE carece de um controlo parlamentar, mas também carece de um controlo do Conselho, onde os governos legitimamente credenciados pela população dos respectivos países fazem valer a sua voz. Nós temos construído a Europa na base de um projecto pragmático e não de um esquema pré-concebido, em que até aqui temos tido sucesso. É melhor avançar com pequenos passos do que com grandes esquemas doutrinários que se arriscariam sempre a um grande fracasso.

Acha que está longe uma efectiva política externa europeia?

Uma política externa europeia como síntese, como denominador comum, como espaço de influência, e como comunidade de valores. Até no plano estatístico da soma das posições das políticas nacionais. Mas nunca poderemos nem deveremos ter uma política externa europeia decalcada da política externa de um Estado unitário. Esse modelo hegemónico seria não um modelo de UE mas um modelo de unificação e, consequentemente, de estiolação da ideia de Europa.

... que seria um tipo de federalismo.

Não, por um lado a ideia de que a política externa da UE deveria corresponder à política externa de um Estado unitário. Seria uniformista, sem base cultural nem política. Em segundo lugar a ideia de que a política externa da UE não só deveria copiar o modelo de um Estado unitário, mas devia copiar o modelo de uma superpotência. E este modelo também não é a maneira própria de a Europa fazer o seu caminho na comunidade internacional. É demasiado simplista para poder vir a ser verdadeiro.

Então como se pode chegar à situação em que a Europa pese tanto politicamente como economicamente. Ou não será esta a questão?

Essa questão é apenas equacionável em termos de cenário. Mas em termos de realidade o que hoje temos vale mais do que aquilo que teríamos com esse esquema em funcionamento. Porque esse esquema em funcionamento significaria que a política externa da Europa não teria diversidade, nem complementaridade na sua elaboração, não respeitaria as várias componentes dos Estados e das opiniões públicas da UE e acabaria, em nome da Europa, não por ser a política da Europa mas por ser a política de alguém ou de alguns na Europa, com a oposição de todos os outros. E ainda mais, acabaria por ser uma política que, feita em nome da Europa, projectaria não a Europa no espaço internacional, mas criaria em relação à Europa os maiores antídotos.

Então Portugal não está a favor de uma União Política?
Nós somos a favor de uma União Política, mas temos a nossa concepção sobre essa União. E também não admitimos ser questionados sobre o que quer dizer União Política em termos de dogma. Ninguém tem na Europa a palavra definitiva sobre o que é União Política.

Mas a União Política existe agora?
Sim, e tem vindo a dar passos muito consistentes, mantendo os equilíbrios dentro da Europa.

Então para Portugal, a Moeda Única não muda nada em termos políticos?
Não, a União Monetária e a Moeda Única são o grande factor de revolução, internacional do século XX, porque criam um espaço monetário sólido e consistente baseado numa política produtiva e não em critérios de especulação sobre a moeda nos mercados internacionais. A Moeda Única constitui indubitavelmente um momento de afirmação da Europa no plano internacional, porque este é um dado prático irrefutável. Mas a existência de uma Moeda Única não significa que a Europa se tenha de identificar com um país único. Se tal acontecesse, não só o resto do mundo entraria em forte grau de conflitualidade com a Europa, como dentro da própria Europa o projecto europeu cessaria.

O Senhor está de acordo com o facto de as crises internacionais, como Bósnia ou Kosovo ou Iraque, demonstrarem uma falta de coesão interna europeia?
Eu sinto um certo fastídio com o lugar comum de se dizer a propósito da crise internacional que a Europa não existe. É um lugar comum, mas não tem a menor consistência porque, de acordo com a sua dimensão, a Europa intervém de forma razoável e adequada e, na maior parte dos casos, melhor do que os outros parceiros internacionais, sem prejuízo para a Europa. E muitas vezes, há crises internacionais que, para serem resolvidas, não carecem de intervenção.

Mas no caso da Bósnia foi por causa da falta de coesão europeia que a solução demorou tanto.
Esse raciocínio não é exacto, é um argumento utilizado contra a Europa pelos adversários da Europa. É um argumento demagógico.

Qual é essa ideia da outra parte da Europa não monetária nem financeira para o futuro?
Nós temos acentuado o papel do controlo político e democrático sobre a construção europeia, realçando o papel dos Conselhos e os mandatos que a Comissão recebe e a necessidade de serem baseados em programas, e na melhoria da sua eficácia, e sobretudo na necessidade de reforma da burocracia dos serviços da Comissão. E, por outro lado, também, no papel para o Parlamento Europeu, e na articulação com os Parlamentos Nacionais, porque, na verdade, a visibilidade do Parlamento Europeu nas opiniões públicas nacionais é muito escassa e não há uma opinião pública europeia, como sabe.

Jaime Gama avisa às Nações Unidas: «Temos de ir já para Timor»

Entrevista ao jornal **Expresso**
27 de Fevereiro de 1999
Por Ângela Silva e Mário Robalo

O avanço imediato das Nações Unidas para Timor-Leste é defendido por Jaime Gama, que associa os incidentes dos últimos dias no território a uma «conduta dúplice da Indonésia» que o ministro teme comprometer uma consulta popular livre. Em entrevista ao Expresso, o Ministro dos Negócios Estrangeiros garante que Portugal assumirá os seus encargos financeiros na transição de Timor-Leste, mesmo que isso colida com a ginástica orçamental ditada por Bruxelas. Mas diz que o «papel liderante» no processo compete à ONU, que deve passar da «gestão passiva à gestão activa».

Expresso – O Governo está preparado para assumir as suas responsabilidades no processo de transição de Timor-Leste para a independência?

Jaime Gama – Mais do que o Governo, o país, visto que se trata de uma questão de Estado. Na quinta-feira, o Conselho de Ministros criou um grupo de trabalho que elaborará os cenários dessa cooperação. Mas, no caso de os timorenses optarem pela independência, Portugal não irá assumir uma posição de potência colonial. Irá realizar as suas funções de potência administrante em articulação com a ONU. As Nações Unidas deverão constituir para o efeito uma missão, que deverá ter um envolvimento internacional diversificado. E Portugal, no quadro dessa missão, está disponível para assumir responsabilidades.

Portugal não tem responsabilidades específicas?

Portugal é potência administrante do território e isso tem, naturalmente, um significado especial. Mas, para nós, é essencial que as Nações Unidas, elas mesmas, assumam a constituição de uma missão com vários graus de inserção internacional. Da mesma forma que a União Europeia deve preparar desde já um ajustamento da sua posição comum sobre o problema de Timor-Leste.

A potência administrante não tem, então, deveres especiais?

Potência administrante significa, relativamente a um território autónomo, o dever de representar a soberania do seu povo com uma finalidade especial: a de assegurar que ele realize um processo de autodeterminação. Foi isso o que até aqui fizemos com coerência e é isso que continuaremos a fazer neste novo contexto.

Portugal está preparado para suportar os custos financeiros da transição?

Está. E deixou-o muito claro desde a primeira hora.

Que montantes é que estão em causa?

O que nos foi dito pelas autoridades indonésias, no âmbito das negociações nas Nações Unidas, é que o orçamento de Timor sem incluir o orçamento especial para as Forças Armadas, orçava em 50 milhões de dólares anuais. Naturalmente a nossa perspectiva é a de que as Nações Unidas, ao constituírem uma missão, devem também constituir um orçamento de financiamento através de uma conferência nestas circunstâncias. E Portugal está disponível para assumir uma parte dessas responsabilidades.

Mas não para assumir sozinho os encargos financeiros?

Estamos dispostos a cumprir as nossas responsabilidades, mas estou seguro de que o envolvimento das Nações Unidas em Timor estimulará a solidariedade da comunidade internacional. Tenho indicações muito positivas da parte da União Europeia de que quer agir nessa direcção. E países como os Estados Unidos da América, a Austrália e o Japão não deixarão de estar numa operação dessa natureza.

Qual é a disponibilidade financeira da União Europeia?

Está a ser estudada e temos a certeza que será adequada às exigências da situação. Depois do *dossier* de Timor ter recebido tanto apoio internacional, não será seguramente agora que deixará de ter a sustentação da comunidade internacional.

Os compromissos orçamentais de Portugal na UE não podem ficar comprometidos pelos encargos financeiros com Timor?

Penso que não. Mas mesmo que ficasse, há um dever do país que é absolutamente indeclinável.

E Portugal integrará uma força militar para Timor?

Portugal está disponível para participar numa missão da ONU que tenha três componentes: uma político-institucional, uma de criação de uma nova administração pública e uma de segurança.

O Governo envolveu a Saúde e a Educação no plano para a transição. Vamos mandar médicos e professores para Timor?

Estão representados Ministérios com potenciais implicações na assistência a um processo de transição. E até na continuidade dessa assistência, transformada em cooperação com o futuro Estado independente.

E se os timorenses optarem pela solução autonómica?

Espero que não se verifique e ao que tudo indica não se verificará. Nesse caso, e desde que a escolha fosse genuína, ajustaríamos a nossa atitude à vontade do povo timorense.

Lavaríamos as mãos?

Seria o que aconteceria, por vontade dos timorenses.

Está disponível para assinar um acordo com a Indonésia, no quadro da ONU, sem prévia libertação dos presos políticos?

Nós temos feito sempre questão quanto a esse ponto e nunca tomámos uma posição que não tivesse sido também endossada por Xanana.

Xanana é um rosto incontornável para liderar este processo?

É um eixo central da plataforma política absolutamente necessária para a próxima etapa.

Como é que explica este volte face tão rápido da Indonésia?

Sempre considerei que a Indonésia não era um país incólume à hipótese da democracia e sempre admiti que isso teria consequências positivas para o problema de Timor. A firmeza dos timorenses também provou que a determinação compensa.

É também uma vitória da diplomacia portuguesa?

E de todos os Governos anteriores. Mas não me compete a mim fazer esse elogio, que é devido.

Há uma questão prévia a resolver, que é a da consulta popular. Como baliza essa consulta?

Temo-nos batido por duas questões essenciais: primeiro, que esta consulta seja organizada pela ONU e não pelos ocupantes. Segundo, que seja livre, justa e democrática.

E pode ser feita com a presença dos militares indonésios?

O respeito pela genuinidade da consulta implica a não-ingerência da Indonésia. A Indonésia está, aliás, comprometida com uma retirada gradual das suas forças do território.

Portugal aceitará uma consulta indirecta?

Uma consulta, em princípio, é directa e abrange o maior universo possível de consultados. Uma consulta pode ser democrática se for realizada a uma Assembleia Consultiva eleita por forma igualmente abrangente. A realização de uma consulta genuína e abrangente é essencial.

A ONU deve exigir o desarmamento das milícias?

Continuaremos a insistir na necessidade urgente de desarmamento das milícias e não podemos aceitar a continuação de um processo na base da uma conduta dúplice da parte da Indonésia. A Indonésia tem o dever de cooperar com um processo de transição que ela própria admitiu.

Os acontecimentos dos últimos dias traduzem esse comportamento dúplice? É essencial que as milícias desapareçam de Timor?

Absolutamente. Estamos muito preocupados com esta conduta indonésia, que muito gravemente pode pôr em causa o processo de transição e que demonstra não haver o desejo de criar condições sequer para a realização de uma consulta popular.

Qual é o período considerado razoável para a transição?

Não queria dar cenários muito curtos porque poderia parecer irresponsável, nem cenários muito longos porque poderia ser mal interpretado.

E a consulta popular deve realizar-se quando?

Desejaríamos que fosse o mais rapidamente possível.

Antes das eleições indonésias de Junho?

Se há condições para fazer eleições em Junho, por que razão não há-de ser fácil realizar uma consulta ampla antes das próprias eleições?

No dia 10, em Nova Iorque, o que é que estará em jogo na sua conversa com Ali Alatas?

Em grande parte, a realização da consulta. Com a ONU, Portugal insistirá sobretudo no dever de se avançar, desde já, para o território para fomentar plataformas de estabilidade, que ponham fim às intimidações e que contribuam para reconverter a conduta indonésia.

Ou seja, a "bola" está do lado das Nações Unidas?

As Nações Unidas têm de passar de uma gestão passiva do *dossier* a uma gestão pró-activa. A situação alterou-se completamente e é necessário que as Nações Unidas ajustem a sua intervenção à nova realidade por forma a evitar-se o vácuo. Há que estabelecer relações com países vizinhos, designadamente com a Austrália e há que acompanhar a evolução política na própria Indonésia. Mas as Nações Unidas têm que assumir um papel liderante neste processo.

No dia 10 será assinado o acordo final?

Não daria tanta certeza sobre isso. Veremos que propostas traz a Indonésia sobre questões essenciais para o processo de Timor.

Quando Xanana Gusmão for libertado será convidado a visitar Portugal?

Há muito que desejaríamos tê-lo em Portugal e, seguramente um dia essa visita realizar-se-á. Será um marco assinalável para todos nós.

Estamos perto de uma Solução Satisfatória para Timor

Entrevista ao jornal **Diário de Notícias**
21 de Março de 1999
Por Carlos Albino, Maria de Lurdes Vale e Marina Pinto Barbosa

Apoio financeiro a Timor está em estudo. Comércio com Angola aumentou.

Diário de Notícias – Portugal tem consciência limpa relativamente a Macau?
Jaime Gama – Não sou governador de Macau nem me compete a mim fazer o menor julgamento sobre a governação de Macau sob administração portuguesa. As minhas responsabilidades são no quadro da tradição das relações bilaterais com a China e desses *dossiers* exclusivamente. Não me compete a mim avaliar o que é que foi feito pelas administrações portuguesas em Macau.
Há tempos falava-se que Macau viria a ser uma plataforma de interesses de Portugal na área. Acredita que isso é possível?
Macau, no final da administração portuguesa, será um território desenvolvido, com um PIB *per capita* superior ao da China e ao de Portugal, com uma economia competitiva e aberta, com uma administração capaz de discutir a transição, e consequentemente será um território que poderá continuar a valer como plataforma para Portugal em relação ao Oriente e à China e também vector da UE para desenvolvimento de relações com toda essa área. É aquilo que tem sido o nosso projecto para a transição e o nosso projecto para o dia zero a seguir à transferência de poderes.
Foram para si uma surpresa os desenvolvimentos mais recentes sobre Timor-Leste?

Sempre tive em linha de consideração que uma alteração na Indonésia seria um factor positivo para a resolução do problema de Timor. As modificações na Indonésia ainda não estão completas e portanto não podemos dizer também com segurança que o problema de Timor está resolvido. Temos agido com perseverança e firmeza em relação a esse ponto, batendo-nos por princípios. Projectamos a ideia de defesa dos direitos dos timorenses na comunidade internacional e junto de espaços políticos relevantes, como a União Europeia, os Estados Unidos da América, outros países democráticos, a CPLP, e, naturalmente, a própria modificação da realidade internacional depois do fim da Guerra Fria também conduziu a que a assunção de determinado tipo de valores fizesse o seu caminho na vida mundial. Estamos à beira de poder encontrar uma solução satisfatória para o caso de Timor, embora não a possamos dar por adquirida. O que ainda está à nossa frente é difícil, exige muito sentido de Estado e firmeza.

Mas não haverá uma certa paralisia de Portugal, precisamente com o medo de não intervir, mas de ajudar Timor, que está a pedir médicos, professores...

Portugal tem ajudado de uma forma discreta a população de Timor, por intermédio de estruturas adequadas, não vamos agora começar essa ajuda. Têm sido disponibilizados os meios para o fazer e têm sido reforçados. É preciso que se tenha também em linha de conta que Timor-Leste continua a ser neste momento um território ocupado militarmente por outro país e que não está ao alcance de Portugal neste momento – por virtude desse facto – realizar acções de cooperação com Timor como poderá estar noutra circunstância. Temos agido na comunidade internacional para que os meios sejam disponibilizados. Nós próprios também nos estamos a organizar para tornar mais eficaz a nossa participação num eventual processo de transição, o que está a ser feito com sentido de rigor e também com eficiência.

Este processo de transição implica custos elevadíssimos. Portugal já fez as contas?

Temos alguns cenários em estudo. Seja como for, não será por uma qualquer falta de comparência de Portugal nesse domínio que Timor não será um país livre.

Esteve em Angola recentemente e há a ideia de que veio com as mãos vazias, como tinha já acontecido com o primeiro-ministro no ano passado. Foi assim?

Gostava de lhe responder com as estatísticas. Desde que este Governo exerce funções, o comércio em Angola cresceu e o investimento português em Angola também. Esses são os dados que contam. Angola tem um problema endémico de instabilidade para o qual procuramos contribuir no caminho de uma solução... até aqui não tem sido possível fazer essa solução vingar.

Qual é a proposta portuguesa para resolver o conflito em Angola?

Nós participamos nas modalidades de solução que as Nações Unidas (ONU) definiram para pôr fim ao conflito angolano e, na verdade, aquela que estava contida nos acordos de paz e no Protocolo de Lusaca era a adequada. Se não se realizou ficou a dever-se aos motivos que todos conhecem. Não gostaria de estar sempre a repetir argumentação sobre este ponto, para não parecer obsessivo. De qualquer forma, um dos caminhos para resolver a situação do problema angolano é cumprir o Protocolo de Lusaca.

Se o processo de transição em Timor-Leste correr mal, se houver um regresso aos confrontos entre timorenses, que papel é que Portugal poderá ter?

Estamos a fazer tudo para que as coisas corram bem. Apelamos à Indonésia para que conduza com dignidade e seriedade a sua retirada do território e se disponibilize para cooperar nas etapas seguintes e também aos timorenses para a imperiosa necessidade de terem um espírito de reconciliação nacional, preparando-se para viver num sistema político novo, sem recriminações pelo passado. A transição em Timor, na nossa opinião, deverá ser assegurada por uma missão da ONU, envolvendo uma componente político-institucional, uma componente de criação de capacidades para a administração civil e uma componente de segurança, basicamente na área de forças policiais e, se necessário, envolvendo uma componente militar. Desejaríamos que esta última fosse a menor possível, porque isso significaria que tínhamos resolvido o problema no plano político sem o tornar uma necessidade.

Portugal vai enviar 250 militares para o Kosovo. Porquê para o Kosovo e não para Timor-Leste?

São situações completamente diferentes, enquadradas de modo diferente e, como pode calcular, também com um envolvimento internacional diferente. A circunstância de estarmos presentes na situação dos conflitos nos Balcãs é aliás o que nos dá credibilidade reforçada para pedir à comunidade internacional que actue em relação a Timor-Leste, e é isso que temos feito, valorizando a nossa coerência. Da nossa parte não haveria a menor hesitação em intervir nas duas situações, embora de maneira diferente, visto que são problemas diferentes.

E Timor não é prioritário em relação ao Kosovo...

Para nós, sim, só que para os outros não.

E por que razão não havemos de sugerir aos outros que seja?

Mas nós sugerimos todos os dias de manhã até à noite, só que há uma diferença entre o que se sugere e o que se deseja e aquilo que depois é o resultado que se obtém. A política internacional, infelizmente, não é feita da vontade com que acordamos todos os dias de manhã, é feita de ajustar um *puzzle* complexo de interesses, vontades e de actuações.

Interacção no Conselho de Segurança da ONU*

Nova Iorque, 14 de Setembro de 1999

Mr. President,

The position of Portugal on the tragic situation in East Timor was made abundantly clear to the Security Council last Saturday. So was the firm and unequivocal condemnation by the international community of the crimes perpetraded against the East Timorese people, as it was demonstrated by the impressive number of speakers who took the floor during that session. We have all been witnesses to the outcry of indignation that is being heard worldwide.

Sadly, the security and humanitarian conditions in East Timor have not improved since then. On the contrary, we have been confronted with alarming reports of continued brutality, of violence against refugees and internally displaced persons, of major food and medicine shortages. UNAMET itself, in spite of the guarantees given by the Indonesian authorities, has been forced to withdraw from its headquarters. The same happened to Portugal's Observer Mission, created by the New York Agreements.

Those events are completely unacceptable. They are hard evidence, moreover, of Indonesia's inability to maintain peace and stability in the Territory. Indonesia has finally recognized this fact. The eruption of violence led Portugal to call for an immediate end to this tragedy, namely through the deployment of an international military presence in East Timor with a UN mandate.

---

* Versão original inglesa proferida nas Nações Unidas, Nova Iorque.

We therefore congratulate the Security Council for the approval of a Resolution authorizing the establishment of a Multinational Force under a unified command structure. We see it as the first step to restore a security environment which, without further delays, will allow the East Timorese to begin to rebuild their lives free from any fears and interferences. It will also make it possible for the humanitarian assistance to reach those in such desperate need.

The Multinational Force will have to responde to the shocking situation on the ground. That must be the sole pre-condition for its structure and composition. The Force must be strong and effective enough not only to immediately restore peace and stability, but also to make the fulfillment of the New York Agreements possible. It is the responsibility of the international community to ensure that the will of the East Timorese people will be respected without any additional suffering. We urge Indonesia to cooperate fully with this endeavour, in light of the decision announced by the Indonesian government on Sunday.

For its part, Portugal stands ready to participate in this Multinational Force, together with other interested countries, whose commitment we highly appreciate and commend.

The humanitarian crisis in both East and West Timor is also a matter of priority and urgency. We are encouraged by the response provided by the competent UN agencies and by many non-governmental organizations. The ongoing persecution of East Timorese forcefully taken to West Timor must cease immediately. Relief actions must begin at once. Here, too, Portugal is already prepared to deploy a significant aid operation, in coordination with the United Nations.

Mr. President,

Portugal will continue to honour its commitments to the New York Agreements. We must advance, in all its components, the roadmap of the transition period that will ultimately lead to an independent and democratic East Timor. This entails the restoration of the confidence of the East Timorese people in this process. We are determined to continue the negotiations under the auspices of the Secretary-General, and we welcome his decision to convene a trilateral meeting that will take place tomorrow. In this spirit, the Portuguese Mission agreed to at the last trilateral round is also ready to arrive in Dili as soon as the adequate security conditions are met.

Mr. President,

The extent of the human rights violations that took place in East Timor since the announcement of the result of the popular consultation has been eloquently described in the report of the Security Council Mission to Indonesia. Those crimes cannot be allowed to remain unpunished. We are encouraged by the announcement made by the

High Commissioner for Human Rights that the President of Indonesia accepted her proposal to set up a joint commission of inquiry of those violations. These endeavours have to be thoroughly pursued.

Mr. President,

Nothing can ever justify the loss of life, the deportations and the massive destruction that has occurred in East Timor. Nevertheless, this Resolution gives us confidence that the international community is resolved to support and implement the overwhelming and irreversible choice made by the East Timorese people. An independent East Timor must now be our only goal.

Portugal/Brasil

Fizemos uma Revolução nas Relações Luso-Brasileiras

Entrevista ao jornal **Semanário**
26 de Julho de 1997
Por Filipe Santos

Empenhado no seu papel de Ministro em visita de Estado, recusou terminantemente discutir questões de política interna. O único comentário à crise no PS foi o de assumir que «este é o ambiente natural da política», na única abordagem ao tema. A política externa continua a ser o grande interesse, o que demonstra ao visitar todos os temas caros que passam pelo MNE. Jaime Gama surpreende afirmando que a Constituição Portuguesa é já muito ampla em termos de reciprocidade, não se revelando um entusiasta do melhoramento do 15.º artigo do texto constitucional, que colocaria à disposição dos brasileiros as tutelas de ministérios lusos. Gama garante que Portugal já fez muito pela CPLP e que a política africana do Governo está muito activa – sublinhando que Marcolino Moco está a desempenhar as suas funções com competência. Uma última palavra para os dentistas brasileiros, garantindo que nenhum será expulso de território português.

Semanário – Para além das boas intenções conhecidas desde Lisboa, que resultados concretos tem para apresentar em Lisboa, a Marcelo Rebelo de Sousa, que acusou esta viagem de "despesismo" e "novo riquismo"?

Jaime Gama – O nível das relações entre Portugal e o Brasil teve um crescimento sem precedentes, se tomarmos em consideração que o nível de investimento português no Brasil, de 1994 para 1996, cresceu 100 vezes, que as exportações portuguesas para o Brasil, de 1995 para 1996, aumentaram 25 por cento. O investimento português no Brasil em 1996 totalizou mil milhões de dólares, Portugal foi o sexto investidor português no Brasil. A natureza do investimento português no Brasil é hoje perfeitamente estruturante de uma moderna economia, já não estamos reputados na gama baixa das relações económicas, mas sim no segmento alto que nos faz estar presentes na economia brasileira na banca, nos serviços financeiros, na electricidade, nas telecomunicações, ou seja em tudo o que constitui o segmento mais sofisticado da actividade económica.

Noto que nessa exposição que me fez falou apenas de economia. É a economia que faz mover as relações Portugal/Brasil?

É também a política. Nós conseguimos no plano político/diplomático realizar uma verdadeira revolução nas relações luso-brasileiras. Elas vegetavam, assentavam umas vezes em retórica, outras vezes em recriminações surdas, agora passaram a ter uma base coerente. A cooperação luso-brasileira é uma realidade. Isto, em dois domínios: nas relações entre União Europeia e MERCOSUL, assumindo Portugal e o Brasil posições relevantes nesse relacionamento. E, por outro lado, na projecção que tem para África uma articulação de posições entre os dois países.

Como explica que as relações entre Portugal e Brasil tenham chegado a este nível vegetativo de que fala?

Nunca houve uma acção coerente e consistente para fazer do Brasil um alvo efectivo de política externa, o que só passou a ser feito pelo actual Governo. Por outro lado, também temos verificado que, tendo passado uma certa euforia de investimento brasileiro ocasional no final dos anos 80, só agora foi possível dar à vitalidade do investimento português no Brasil uma função potenciadora de relações duráveis.

Mas hoje, em termos comparativos, acontece o contrário: o aumento do investimento português, mas um desinvestimento brasileiro em Portugal. Como é que isso pode ser corrigido?

A natureza do investimento brasileiro em Portugal no final dos anos tinha muito a ver com opções conjunturais na área do imobiliário. Uma vez esgotado esse terreno, facilmente as opções se orientaram noutra direcção. Mas estamos a tentar orientar o investimento brasileiro em Portugal para áreas estruturantes que têm sobretudo a ver com o processo de privatizações. Áreas como as celuloses, o gás, os aeroportos e também todas as opções envolvidas na redefinição do projecto de Sines sensibilizam hoje potenciais investidores brasileiros.

Os investidores brasileiros, terão um tratamento privilegiado nas privatizações, comparativamente com outros investidores estrangeiros?

Numa economia de mercado, ninguém tem tratamento privilegiado.

Podia haver uma equiparação com os investidores portugueses...

Os investidores portugueses não têm tratamento privilegiado na economia brasileira.

Falando em igualdade de tratamento ainda ontem o porta-voz do Presidente brasileiro dizia – comentando a questão dos dentistas – que nem os cidadãos dos países do MERCOSUL têm no Brasil os privilégios e as prerrogativas que têm os cidadãos portugueses. Isto, segundo entendi, para dizer que os portugueses são mais bem tratados no Brasil do que os brasileiros em Portugal. Como vê esta afirmação?

Constitucionalmente em Portugal damos fortes garantias de igualdade com os cidadãos portugueses aos residentes legais, e alargamos, em termos de reciprocidade, essas garantias aos cidadãos dos países de língua portuguesa.

Refere-se ao artigo 15.º da Constituição, cuja alteração, no processo de revisão constitucional, curiosamente foi adiada para depois da visita do Primeiro-Ministro ao Brasil. Porquê esse adiamento?

É um ponto que está em sede de revisão constitucional, pelo que não gostaria de me pronunciar.

Mas, enquanto Ministro dos Negócios Estrangeiros, não gostaria de ter chegado ao Brasil com este ponto clarificado?

O que a actual Constituição dispõe em matéria de igualdade com países terceiros, nomeadamente os países de língua portuguesa, em termos de reciprocidade é muito amplo.

Mas a intenção era ampliar ainda mais, ou mudaram de ideias?

Devo dizer-lhe que as potencialidades do modelo constitucional actualmente existentes não foram sequer executadas em todas as suas virtualidades, mas é sempre possível melhorar.

A revisão constitucional é para isso mesmo. Acha ou não que deviam ser alargados os direitos dos emigrantes de países da CPLP a viver em Portugal?

O modelo actual é um modelo suficiente amplo. Pode permitir algumas melhorias. Mas também deve acautelar a soberania e independência do Estado português face à titularidade do poder político pelos seus nacionais.

Os dentistas continuam a ser uma pedra no sapato nas relações bilaterais?

É um assunto que está a ser regularizado na Comissão de Saúde da Assembleia da República, a propósito de um projecto legislativo introduzido pelo Governo. Pela nossa parte, acompanhamos esse debate, já nos declarámos disponíveis para alterações ao nosso projecto para que seja possível o maior consenso. Mas nenhum cirurgião dentista brasileiro que actualmente exerça em Portugal está na iminência de ser expulso do país. Ninguém se encontra ameaçado em relação ao exercício da profissão.

Não fica preocupado quando vê o presidente da Câmara dos Deputados e representantes de todos os partidos a subscrever um abaixo-assinado alertando o Primeiro-Ministro para a urgência de resolver essa questão?

Compreendo a atitude. Da parte do Governo português têm sido prestadas todas as informações e temos registado da parte das autoridades brasileiras um enorme espírito de diálogo na abordagem dessa questão, conforme foi sublinhado pelo Presidente Fernando Henrique Cardoso.

Em todas as suas intervenções públicas o Primeiro-Ministro falou da importância que Portugal dá ao MERCOSUL. Temos a pretensão e a possibilidade de ser *pivot* da União Europeia no MERCOSUL?

Não. Mas, na realidade, Portugal tem desempenhado um papel muito activo nas relações da UE com o MERCOSUL. Somos um país com uma grande sensibilidade a essa táctica e que, pelas suas características históricas, tem relações privilegiadas com o principal elemento do MERCOSUL, o Brasil.

E Portugal está em condições de competir com Espanha nesta "conquista" do MERCOSUL?

Não se trata de conquistar o MERCOSUL, mas o esforço que estamos a fazer de investimento no comércio, de intensificação das relações políticas com o Brasil e com a Argentina e o Uruguai demonstram o nosso empenhamento em desenvolver relações especiais com esta área da América Latina.

Não respondeu à questão da competição de Espanha que teremos de enfrentar.

Não é competir, mas afirmarmo-nos por nós próprios em relação a um objectivo que para nós é essencial de diversificação e internacionalização da economia portuguesa. Sobretudo numa área em que as afinidades históricas e da língua nos criam vantagens operativas.

Sendo Portugal um país pequeno e com possibilidades limitadas, esta aposta no MERCOSUL não vai desviar a atenção em relação a África, como acusava na semana passada, em entrevista ao *Semanário* o líder parlamentar do PSD, Marques Mendes?

É um comentário político sem consistência. De 1995 a 1996, as exportações portuguesas, com excepção da Guiné-Bissau, cresceram para todos os PALOP. Melhoraram com Moçambique e com São Tomé, cresceram dez por cento com Cabo Verde, vinte por cento com Angola. O investimento privado português cresceu em todos os PALOP. Há uma diferença muito grande entre algum tipo de declarações políticas e a realidade. O nosso objectivo não é comentar as declarações políticas fundadas em dados inexistentes.

É apenas sublinhar a importância da realidade. Fomos capazes de criar a CPLP, projecto nunca concretizado pelo anterior Governo, num ano dotámos a CPLP de uma sede e de um secretariado executivo, iniciámos um vasto conjunto de reuniões ministeriais e da sociedade civil no âmbito dessa organização. E ainda lançámos a ideia de uma cimeira Europa/África que vimos aprovada no último Conselho de Amesterdão. A política africana de Portugal está muito activa, também pela participação das Forças Armadas portuguesas em missões das Nações Unidas. Aliás, a próxima ronda de conversações sobre o Sara decorrerá novamente em Lisboa, a 29 e 30 de Agosto.

O Ministro dos Negócios Estrangeiros da Guiné, Delfim da Silva, em entrevista nesta edição do *Semanário*, acusa Portugal de não fazer nada pela Guiné e adianta, sobre o caso de Timor, que o seu país não deixará de cooperar com a Indonésia. A Guiné é a excepção à regra nos PALOP?

Nós temos excelentes relações com a Guiné...

...olhe que por estas palavras não parece...

Mas sabemos distinguir nessas palavras o que é em regra um profundo apelo para que Portugal incentive ainda mais as excelentes relações que já temos.

Vê isto como um apelo e não como uma constatação de facto de uma relação degradada?

É evidente. Embora se tenha que entender que, em relação ao investimento económico, são os próprios países que criam as condições de atracção de empreendimentos e não tanto a vontade dos governos.

A África do Sul terá o estatuto de país observador na CPLP?

A primeira condição para o estatuto de observador da CPLP, nas várias modalidades previstas, é solicitá-lo. A CPLP está aberta a examinar as várias situações que se possam vir a colocar.

Portugal gostaria de ver a África do Sul nessa comunidade?

Portugal gostaria de ver no fórum CPLP todos aqueles que podem ter direito a aceder aos trabalhos da organização. Mas a nossa preocupação neste momento é consolidar a CPLP. E já fizemos muito. Havia em Portugal uma certa expectativa sobre o projecto...

Que parece ter sido gorada...

Os objectivos realistas foram cumpridos. Na *Commonwealth*, as reuniões ministeriais têm prazos de dois e três anos entre cada uma. No primeiro ano de vida da CPLP houve dez reuniões ministeriais dos Sete. Apenas um país, a Guiné-Bissau, não foi palco de nenhum evento da CPLP, mas já tem marcadas até ao fim do ano duas reuniões.

Naturalmente há ainda muito para fazer e foi isso que estivemos a discutir em Salvador da Baía, com forte empenhamento do Brasil em todas as iniciativas. A sinergia Portugal/Brasil tem um efeito muito forte em relação à África de língua portuguesa.

Nesse aspecto, Portugal e Brasil têm sido concorrentes nos investimentos em África, mas ainda nesta viagem, ficou garantido que os dois países serão parceiros na formação da administração pública nos PALOP. É Portugal a render-se à mais-valia do Brasil?

A estratégia é, em primeiro lugar, a de consolidar o espaço da língua portuguesa em África. E isso, naturalmente, deve ser feito com o Brasil. Em segundo lugar, em economias abertas a regra da concorrência aplica-se no interior dos próprios países. Há perfeita razão para que esse modelo funcione no exterior. Isso não significa, todavia, que os países não se entendam, sabendo distinguir o que é a convergência estratégica de objectivos. Estamos a fazer com o Brasil, em relação a África, uma parceria estratégica que é do maior interesse para a fixação da língua portuguesa nesse continente, para o reforço das independências nacionais destes países e para a reconstrução do seu tecido económico. Portugal e o Brasil têm indiscutivelmente uma vocação africana e, quando em conjunto, amplificam os seus poderes nacionais e constituem-se num factor de afirmação inegável à escala internacional.

Ainda sobre a CPLP. Tem havido muitas críticas ao desempenho do Secretário-Geral da CPLP, Marcolino Moco, a mais suave das quais o acusa de excessivo *low profile*. Está satisfeito com o desempenho de Marcolino Moco?

Estou. Não posso subscrever a ideia de que os africanos não teriam capacidade para assumir o secretariado executivo da CPLP. Mais que isso, acho que a solução de rotatividade que foi estabelecida para os órgãos da CPLP é a que mais garante a harmonização dos interesses de todos. Tínhamos que ter a consciência de que era muito importante para o arranque da CPLP obter o empenho de África e em especial de um país como Angola na consolidação deste projecto. Tínhamos o dever de arrancar com um modelo equilibrado em que todos se pudessem reconhecer.

A minha pergunta era sobre uma pessoa em concreto: Marcolino Moco é a pessoa certa no lugar certo?

Foi eleito por unanimidade secretário executivo da CPLP.

Isto foi *a priori*. Eu pergunto agora.

Tem desempenhado com grande afinco, motivação e competência as suas funções e os resultados que apresentou à reunião ministerial da Baía mereceram aplauso de todos.

Para bem da comunidade, não seria melhor que o próximo secretário-geral tivesse uma maior capacidade de protagonismo?

O que interessa na CPLP é que o processo se consolide. Nesse sentido, Portugal decidiu triplicar a sua contribuição adicional para a CPLP. O empenhamento de Portugal em relação ao secretariado executivo foi durante o ano transacto muito grande.

Qual é a percentagem em relação ao bolo total da despesa?

Significou bastante. A contribuição portuguesa neste primeiro ano terá andado na ordem dos 350 mil contos.

Tendo em conta a importância que o Governo deu a esta viagem não fica frustrado que em Portugal se tenha dado muito mais atenção às tricas dentro do PS do que à ofensiva no MERCOSUL?

É natural, é o país que temos.

A pergunta não é sobre o país, é sobre o partido.

O partido faz também parte do país. Não nos devemos lamentar por aquilo que é o ambiente natural do que, na imprensa portuguesa, se chama política.

Portugal/Espanha

Discurso na Sessão Solene de Abertura da Conferência Portugal/Espanha

Universidade Autónoma de Lisboa,
28 de Novembro de 1996

É para mim uma honra participar neste Seminário que tem como objectivo abordar o estado presente das relações luso-espanholas. Por outro lado, é especialmente grato fazê-lo nesta ocasião, uma vez que considero o tema escolhido, "o que separa também une", particularmente oportuno, e que um tal enquadramento me parece bom ponto de partida para que os sucessivos intervenientes possam pôr em evidência questões fundamentais do nosso relacionamento, permitindo um melhor conhecimento mútuo e o aprofundamento da problemática em causa.

Aquilo que nos separa é, à primeira vista, o facto de Portugal e Espanha constituírem dois Estados soberanos, identificados por uma fronteira mas estabelecendo pontes de comunicação, cujo significado em termos de geografia humana tem variado ao longo da história e cuja evolução actual, a que me referirei mais adiante, estará decerto no centro dos nossos debates.

O exercício da soberania, ao longo dos séculos, não tem impedido que a história dos dois países tenha conhecido objectivos comuns, por exemplo, a Reconquista, a Expansão Ultramarina, e também, já na segunda metade deste século, os desafios da democratização, da modernização e do crescimento económicos, bem como a participação de forma resoluta na construção europeia.

Será que a proximidade geográfica e o paralelismo da evolução histórica se têm traduzido num conhecimento mútuo aprofundado entre os dois povos?

Creio que estaremos todos de acordo em que a evolução política e tecnológica, o incremento do intercâmbio turístico e comercial e, parece-me importante frisá-lo, os esforços de divulgação cultural – recorde-se que existem actualmente treze leitorados de português em Espanha e o espanhol é agora uma língua estrangeira de opção no ensino básico e secundário português – têm permitido progressos assinaláveis neste domínio. No entanto, existem ainda tarefas essenciais a executar com vista a que portugueses e espanhóis se familiarizem com as respectivas realidades, em todos os seus aspectos, afastando estereótipos e permitindo, nomeadamente, que os agentes económicos tirem o máximo partido das potencialidades hoje existentes.

Para a aproximação pretendida não deixará de contribuir o constante aumento do intercâmbio turístico: em 1980, cerca de cinco milhões de espanhóis visitaram Portugal, número que aumentou em 1995 para dezassete milhões. Por seu lado, nove milhões de portugueses passaram a fronteira espanhola em 1980 mas, em 1995, esse número ascendeu a dez milhões. Somos hoje o quarto consumidor turístico de Espanha e os espanhóis o terceiro consumidor turístico de Portugal.

Creio igualmente que um melhor conhecimento mútuo poderá contribuir para dissipar mal-entendidos que, por vezes, ensombram o nosso relacionamento, e que, pela própria contiguidade dos territórios, tendem a ser dramatizados. Um dos problemas que se põe a nível bilateral prende-se, por exemplo, com a partilha dos recursos naturais da Península, o que é, sem dúvida, importante e põe em causa interesses nacionais e locais perfeitamente legítimos, que os governantes têm o dever de acautelar. Gostaria de frisar, no entanto, a minha convicção de que estas questões têm uma solução técnica à qual se poderá chegar através de negociações, eventualmente longas e árduas, mas que só poderão ser bem-sucedidas se forem esvaziadas do seu conteúdo emocional. Estamos a trabalhar com grande sentido de responsabilidade nessa direcção e apraz-me registar a postura construtiva das autoridades espanholas. Em ambos os países há a noção clara de que somos, também neste domínio, parceiros na União Europeia.

Têm aliás sido estes princípios que têm inspirado os trabalhos das recentes cimeiras luso-espanholas, e estou certo que as negociações do novo Convénio para a Gestão dos Recursos Hídricos Peninsulares prosseguirão de acordo com este espírito e na senda dos muitos exemplos bem sucedidos de cooperação luso-espanhola. Refiro-me aos projectos em curso no campo da cooperação transfronteiriça e gostaria de destacar o papel aqui desempenhado pelas entidades regionais e pelos municípios. A título de exemplo, podem-se referir as infra-estruturas no domínio rodoviário, designadamente, a construção de pontes internacionais melhorando as ligações entre as regiões fronteiriças e a cooperação no quadro das Redes Europeias de Transportes.

De destacar, igualmente, os Programas Interreg II e os do Projecto do Arco Atlântico. Este relacionamento é significativo das mudanças que se operam nas regiões fronteiriças, tradicionalmente mais atrasadas, bem com da vontade de portugueses e espanhóis de aproveitar plenamente os mecanismos da integração europeia, nomeadamente, no contexto da liberdade de circulação de pessoas e bens e das ajudas comunitárias, com vista à melhoria das suas condições de vida e ao reforço da competitividade das suas economias.

A fronteira luso-espanhola está a tornar-se assim, progressivamente, um traço de união entre os dois Estados peninsulares e um factor de desenvolvimento e modernização.

Esta realidade cria, por outro lado, novos desafios que reforçam a necessidade da cooperação em áreas específicas, como, por exemplo, a da Segurança, designadamente no combate à criminalidade organizada e ao tráfico de droga. Neste contexto, foi já decidida a criação de quatro postos fronteiriços mistos, dois localizados em Espanha e dois em Portugal, melhorada a articulação entre forças de segurança e polícias de investigação criminal e têm vindo a ser concretizados os mecanismos previstos em Schengen.

No campo económico, Espanha representa para Portugal um fornecedor importante e um mercado de relevo para as nossas exportações. No entanto, as trocas comerciais podem e devem intensificar-se, numa base de equilíbrio, o que me leva a dirigir aos agentes económicos, designadamente portugueses, uma palavra de apreço pelo trabalho já efectuado – o investimento português em Espanha, por exemplo, é já significativo – e sobretudo um apelo a que este prossiga.

Permitam-me citar a este respeito alguns números: as exportações portuguesas foram em 1980 de oito milhões de contos e em 1995 estimam-se em 542 milhões de contos. As importações passaram de vinte e seis milhões de contos em 1980 para mil milhões, o ano passado. O investimento directo português em Espanha foi em 1980 de 38 mil contos e em 1995 de 58 milhões de contos. Por sua vez, o investimento espanhol foi de 112 mil contos em 1980 e 59 milhões de contos em 1995.

O relacionamento bilateral luso-espanhol, sendo muito importante, não nos deve fazer esquecer que a Península Ibérica não é hoje uma ilha isolada entre os Pirinéus e o mar. Com efeito, o actual quadro bilateral só faz sentido no contexto da participação dos dois países no esforço de integração europeia. Recorde-se que o facto de a adesão de Espanha e de Portugal ter decorrido de forma simultânea, levou a que alguns considerassem que se estaria perante uma situação de concorrência fortemente desequilibrada e até distorsora de um relacionamento saudavelmente balanceado. Volvidos mais de dez anos, a realidade encarregou-se de mostrar que assim não aconteceria. Os dois países actuam hoje de forma concertada e foram criados mecanismos, flexíveis e informais, que permitem a detecção atempada de eventuais diferenças de pontos de vista e a harmonização das posições. Tem sido nossa preocupação constante fazer com que a adesão à 1.ª fase da UEM seja um exemplo dessa harmonização.

No que diz respeito à Segurança Europeia, Portugal considera que Espanha está a desempenhar um papel muito importante e felicita-se pela futura participação espanhola na estrutura militar da Aliança Atlântica. Recorde-se que, neste momento, tropas portuguesas e espanholas estão lado a lado na Bósnia no âmbito da IFOR, contribuindo assim para se alcançar a paz naquela martirizada zona do continente europeu.

No quadro da NATO, é de frisar o grande empenho dos dois países na "Iniciativa Mediterrânica" que prevê consultas políticas regulares com alguns países vizinhos. Portugal e Espanha integram hoje, igualmente, a EUROFOR, força multinacional quadripartida atribuível à UEO.

Há um caminho de convergência que urge ampliar quando se discutir a fundo, nas adequadas instâncias, a consolidação da identidade europeia de segurança e defesa, a reforma da NATO e o desenvolvimento da articulação entre a UEO e a União Europeia.

A cooperação em política externa entre Portugal e Espanha, países com vocação universalista, deverá ainda abranger outras áreas do globo, não se limitando à zona europeia. Damos grande importância às relações transatlânticas, sendo de salientar que tanto para Portugal como para Espanha as relações com a América Latina são essenciais, como tem sido manifesto nas Cimeiras Ibero-Americanas por ocasião das quais as duas diplomacias se têm concertado muito activamente. A recente Cimeira de Santiago e Viña del Mar foi disso um exemplo frutuoso.

Ainda na área da política externa, gostaria de sublinhar o apoio espanhol à iniciativa portuguesa de uma Conferência Euro-Africana, as posições espanholas sobre Timor-Leste e a contribuição da diplomacia espanhola para o sucesso da candidatura de Portugal ao Conselho de Segurança das Nações Unidas. São sinais muito fortes, vindos do lado de lá, de que o que separa e distingue também aproxima e faz unir. Se olharmos para o caminho percorrido pelos dois países nas últimas décadas veremos com rigor como cada um deles progrediu, como soube conquistar um papel mais consistente no campo internacional, designadamente na construção europeia, e como as relações entre ambos se modificaram, assentando agora numa matriz muito mais estável e promissora. É esse o caminho a seguir, com confiança, com realismo e com convicção.

Portugal/Estados Unidos da América

A Relação Transatlântica: uma Reflexão Pessoal

American Club de Lisboa,
24 de Janeiro de 1996

Minhas Senhoras e Meus Senhores,

É para mim uma honra ter a possibilidade de me dirigir a esta audiência, e agradeço ao *American Club* a oportunidade de apresentar algumas reflexões sobre a relação transatlântica.

Em Dezembro deste ano terão decorrido dois séculos desde que George Washington, primeiro Presidente dos Estados Unidos, deixou como legado político à jovem democracia norte-americana, no seu *farewell address*, a seguinte mensagem: «a nossa verdadeira política é a de evitar alianças permanentes com qualquer parcela do mundo exterior, na medida em que estamos agora em condições de o fazer». Talvez inadvertidamente, ao procurar manter os Estados Unidos à margem das convulsões políticas e sociais que então afectavam a Europa – e que apenas o Congresso de Viena, quase vinte anos depois, acabaria por sanar – George Washington lançou as sementes de um grande debate nacional e até intrapartidário que ainda hoje, embora com tonalidades necessariamente distintas, se mantém vivo: devem ou não os Estados Unidos assumir-se como grande potência mundial? Devem ou não remeter-se a uma postura isolacionista, intervindo apenas quando os seus "interesses vitais" se encontrem ameaçados?

Não caberá aqui uma descrição exaustiva dos principais marcos históricos do envolvimento norte-americano na Europa. Bastará referir que, se no século XIX os

Estados Unidos viveram essencialmente voltados para dentro, consolidando a união e, com a doutrina de Monroe, cimentando o seu ascendente sobre o novo mundo, a Grande Guerra ditou o termo desse alheamento voluntário dos acontecimentos europeus. Foi precisamente a partir de 1919, mesmo com o veto interno às ideias visionárias do Presidente Woodrow Wilson, que a elite política americana constatou a importância da assunção de uma postura mais interveniente na cena internacional. Estava com efeito provado que as grandes coordenadas geoestratégicas e a herança política, histórica e cultural partilhada com as principais potências europeias ditavam, em conjunto, uma participação activa na formação das estruturas que pudessem pacificar o velho continente – o qual insistia, como durante o mandato de Washington, em atrair os Estados Unidos para os seus próprios conflitos. Essa comunhão de valores tão incontornáveis como a defesa do Estado de Direito, o respeito pelos direitos humanos e pela iniciativa privada e a economia de mercado, foi uma vez mais evidente durante e após a Segunda Guerra Mundial. Primeiro com o Presidente Roosevelt, que soube, com pesados sacrifícios, vencer as resistências internas a um envolvimento militar e que, em Yalta, ajudou a definir os contornos de uma nova comunidade internacional. Depois, com o Presidente Truman, sob cuja égide foram lançadas as iniciativas que marcaram o pós-guerra e cimentaram aquilo que hoje conhecemos por "relação transatlântica" – o plano Marshall e a Organização do Tratado do Atlântico Norte. Concretizava-se assim uma profunda afinidade entre os Estados Unidos e a Europa, melhor explicada por Boutros-Ghali ao escrever, muito antes de ser escolhido para o cargo de Secretário-Geral da ONU, que as alianças convertem «os instintos em instituições».

O panorama político alterou-se, desde então, profundamente. A Europa do início da década de noventa pouco ou nada tinha a ver com a realidade do pós-guerra:

– O património comum das nações da Europa Ocidental encontrou, no processo de integração europeia, uma forma de expressão privilegiada. Com a União Europeia, alcançou-se um patamar de maturidade política e económica que transformou os seus Estados-membros num pólo de desenvolvimento e estabilidade.

– O arrear definitivo da bandeira da União Soviética no Kremlin, no dia 25 de Dezembro de 1991, simbolizou o termo da Guerra Fria. Desagregado o "bloco comunista", uma larga maioria dos Estados que o compunham gravitou de novo para a Europa de que fora coercivamente afastada. Era, e é, a procura de garantias de segurança, firmes e concretas, e de vias que facultem e facilitem o acesso a padrões de vida até ali inatingíveis. Por outras palavras, a procura de uma adesão tão rápida quanto possível à NATO e à União Europeia.

– A própria Aliança Atlântica foi colocada em causa, desaparecido ou "neutralizado" que estava o seu inimigo tradicional. Num momento inicial, a resposta dos Estados Unidos pautou-se por um certo imediatismo, traduzido na obtenção a curto prazo dos chamados "dividendos da paz": diminuição drástica da presença militar em solo europeu, encerramento de bases, e canalização de uma percentagem considerável dos recursos assim libertados para a frente doméstica.

– Em Washington, os ventos de mudança quase ameaçaram ressuscitar o fantasma do isolacionismo. Um presidente cuja capacidade de liderança foi consagrada pela forma como mobilizou a comunidade internacional para libertar o Kuwait da invasão iraquiana foi substituído por outro, menos voltado durante a campanha eleitoral para questões de política externa, que parecia querer escudar-se num "multilateralismo" que privilegiasse a ONU enquanto principal guardiã da paz mundial, mas que tem vindo a assumir objectivos de acção externa nos casos do Haiti e da Bósnia-Herzegovina.

Hoje, as interrogações e incógnitas sobre o futuro da relação transatlântica permanecem no mínimo, actuais. Segundo alguns observadores, a Europa parece por vezes demasiado ocupada com o aprofundamento das suas estruturas, menosprezando a ligação aos Estados Unidos. Não apenas no domínio económico, mas inclusivamente ao propugnar a criação de uma identidade europeia de defesa e segurança, alicerçada na PESC (Política Externa e de Segurança Comum) da União Europeia e numa organização que atravessou num estado de sonolência o período da Guerra Fria – a UEO, União da Europa Ocidental. Pelo seu lado, os Estados Unidos ter-se-iam voltado para a região do pacífico, preocupados por crónicos défices comerciais com o Japão e seduzidos pelas oportunidades oferecidas por taxas de crescimento assináláveis pela existência de espaços económicos que, por serem menos coesos que a União Europeia, surgem como mais fáceis de penetrar.

Não vos surpreenderá que não subscreva esta tese, nem que não creia na iminência de um divórcio entre os Estados Unidos e a Europa. O que se torna necessário é recorrer a fórmulas imaginativas e mais exigentes que potenciem os profundos laços transatlânticos. Por outras palavras, as tendências cíclicas que, nos Estados Unidos, preconizam um maior afastamento face à Europa devem ser – e estou convicto de que tal sucede na prática – desmentidas por uma visão comum, concretizada no quotidiano em múltiplas frentes.

Uma relação transatlântica forte é melhor servida por uma Europa forte e coesa. Os interesses vitais dos Estados Unidos são melhor acautelados havendo uma Europa adulta, capaz de assumir as suas responsabilidades em questões de defesa e segurança. Um *burden-sharing* estratégico, que passe pela repartição de tarefas e pela definição das áreas de intervenção comum, potencia aquilo que de melhor existe dos dois lados do Atlântico. O combate à ideia da "fortaleza da Europa", conjugado com a necessária flexibilidade da parte americana, nomeadamente, sem se circunscrever a uma óptica de puro isolacionismo, facilitará os fluxos comerciais e de investimento, tendo por objectivo – estou certo, alcançável – a criação de um grande espaço transatlântico de comércio livre.

Todos estes vectores se encontram já reflectidos num conjunto de iniciativas que, embora lançadas por vezes sem grande coordenação prévia, começam a definir a nova ordem mundial. A Europa e os Estados Unidos – contando com o inestimável contributo do Canadá – caminham na direcção certa nas mais importantes frentes. Vejamos.

A NATO compreendeu a necessidade de se adaptar para poder sobreviver. Como se costuma dizer em inglês, *"change is the evidence of life"*. As provas dessa vitalidade estão à vista.

– A "parceria para a paz", apresentada em Janeiro de 1994 sob o forte impulso do Presidente Clinton. A ligação político-militar a antigos adversários – que aderiram em massa – foi um passo decisivo na estabilização da Europa. A aliança ganhou maior operacionalidade, podendo agora contar, para acções de manutenção de paz, com novos parceiros que assim preparam a sua adesão.

– O desencadear, precisamente, do processo de alargamento, visto como uma forma privilegiada de eliminar as chamadas "zonas-cinzentas" da segurança europeia e de corresponder aos apelos das democracias da Europa Central e Oriental. Trata-se de uma expansão que pretendemos equilibrada e que, se devidamente preparada, contribuirá decerto para o reforço da estabilidade de todo o continente e da própria NATO.

– O favorecimento das relações políticas e militares com a Rússia, elemento indispensável à arquitectura europeia de segurança (e aqui o papel da OSCE é fundamental), procurando explicar, a partir de Washington, Bruxelas e de todas as capitais aliadas, que o alargamento a Leste não é dirigido contra Moscovo e explorando as possibilidades de cooperação agora abertas. A inclusão de um contingente russo na IFOR, na Bósnia-Herzegovina, é um primeiro exemplo concreto desta nova filosofia.

– A restruturação e redimensionamento em curso da vertente militar da NATO, destinada a adaptar mecanismos e funções a novos riscos e desafios.

A nível da União Europeia, cedo se compreendeu no actual contexto o significado da relação com os Estados Unidos. A "nova agenda transatlântica", aprovada em Dezembro de 1995, em Madrid, define um plano de acção conjunto em inúmeras áreas. Enuncio algumas:

– a pacificação e reconstrução da ex-Jugoslávia;
– o reforço das relações com a Europa Central e Oriental;
– a promoção da paz no Médio Oriente;
– a partilha de responsabilidades noutras regiões do globo, incluindo a África e a Ásia;
– direitos humanos, democracia e auxílio humanitário;
– o combate à droga, ao terrorismo e à proliferação de armas de destruição maciça;
– a criação, a prazo, de uma zona de comércio livre;
– com especial importância para Portugal, o diálogo político entre a União Europeia e os Estados Unidos abrangerá, e cito, a «promoção da paz e da reconstrução económica de Angola e Moçambique», o «apoio a uma transição pacífica em Macau, em 1999, nos termos da declaração conjunta luso-chinesa de 1987» e a «oferta do forte apoio ao Secretário-Geral da ONU nos seus esforços para encontrar uma solução justa e durável para a questão de Timor-Leste».

Esta "parceria estratégica", delineada em termos menos abrangentes numa declaração de 1990, reflecte objectivos e valores comuns. Espelha ainda uma interdependência económica pontualmente esquecida.

Com efeito, e a título de exemplo, permitam-me recordar que as exportações para a União Europeia sustentam os postos de trabalho de sete milhões de americanos; a Europa garante metade das receitas externas das empresas americanas; nos Estados Unidos, metade do investimento no estrangeiro é canalizado para a Europa. O aprofundamento e o alargamento da União Europeia merecem também – e devem merecer – o apoio inequívoco de Washington. Porque o desenvolvimento económico daí resultante favorece as trocas comerciais. Porque uma Europa capaz de assumir as suas responsabilidades em matéria de política externa, defesa e segurança – através da PESC e da afirmação da UEO – permite um melhor aproveitamento da NATO e torna mais relativos os encargos dos Estados Unidos enquanto "última superpotência".

Tal não significa que tudo esteja feito. Muito pelo contrário, importa manter um ritmo agressivo no relacionamento transatlântico. Em primeiro lugar, dissipando preconceitos. Os Estados Unidos precisam da Europa e nós dos Estados Unidos. Temos de ir mais além do quadro institucional existente, densificando os contactos entre políticos, militares e empresários. Fomentando o intercâmbio económico, científico e cultural. Recuperando activamente as relações bilaterais. Coordenando intervenções no plano multilateral.

Como agir? Como será o futuro?

Muitas têm sido as propostas. Avanço de imediato algumas considerações pessoais.

Julgo que o fantasma do isolacionismo americano está definitivamente afastado. Não se trata agora de saber se os Estados Unidos deixarão de vez a Europa, mas sim de compreender que a intensidade da sua presença será adaptável às circunstâncias concretas. O isolacionismo de alguma retórica norte-americana não se transformará nunca em política externa durável dos Estados Unidos. Tomemos o caso da Bósnia--Herzegovina. É certo que a Europa hesitou e que os Estados Unidos se mostraram relutantes em intervir, mas a solução alcançada em Dayton e executada pela NATO, através da IFOR, prefigura um modelo de acção flexível para outras crises que possam surgir no continente europeu e mesmo fora dele. Impõe-se a constatação de que a Europa, por si só, não possui por agora os meios necessários para fazer face a conflitos como o jugoslavo, e que os Estados Unidos carecem do aliado europeu para se decidirem a intervir em situações de maior complexidade diplomática e militar. É ainda essencial incutir em todos os quadrantes políticos e sociais o bom entendimento que caracteriza as relações entre governantes. As tradicionais hesitações de segmentos importantes do Congresso quanto ao fenómeno europeu podem ser dissipadas, proporcionando ao Capitólio um melhor conhecimento do que é a União Europeia e dos propósitos que a animam. Este intercâmbio parlamentar pode revestir variadíssimas formas. Da criação de uma assembleia paritária reunindo periodicamente deputados europeus e norte-americanos – incluindo nesse diálogo o Canadá –, à aproximação do Parlamento Europeu e da Assembleia Parlamentar do Atlântico Norte. Tais fórmulas ajudariam a preencher um certo vazio que ainda subsiste nas relações entre a NATO e a União Europeia. É igualmente urgente realizar um maior esforço de relações públicas nos Estados Unidos, através da Comissão Europeia e das Embaixadas dos "15", informando e encorajando missões comerciais e programas destinados aos meios universitários. Portugal, que actualmente detém a presidência do "fórum transatlântico" da UEO, iniciativa destinada a divulgar nos Estados Unidos e no Canadá o empenho europeu na relação transatlântica na área da defesa e segurança, tem neste plano uma palavra a dizer.

Esta última observação leva-me a abordar o caso português. O nosso país, nação com uma secular vocação atlântica, pretende cimentar uma relação privilegiada com os Estados Unidos. Estou ciente de que esse objectivo não é exclusivo de Portugal – muito pelo contrário, a projecção internacional, e a pujança económica dos Estados Unidos fazem com que uma *special relationship* com Washington seja pretendida por todas as capitais europeias. No entanto, alguns argumentos de peso levam-me a encarar com optimismo o futuro bilateral. Trata-se de um relacionamento alicerçado na história, nas Comunidades Portuguesas radicadas nos Estados Unidos, em importantes fluxos comerciais e de investimento, e na partilha de valores políticos, humanos e culturais.

Somos fundadores da NATO e o facto de Portugal integrar a União Europeia representa um elemento de interesse adicional para os Estados Unidos.

Portugal, que assumiu a Presidência da UEO no primeiro semestre de 1995, procurou aproximar os Estados Unidos da Identidade Europeia de Defesa e Segurança, promovendo uma maior transparência nas relações entre a UEO e a NATO – foi nessa altura que se institucionalizaram as sessões conjuntas dos Conselhos de ambas as Organizações.

Portugal, na sua qualidade de anfitrião da Cimeira de Chefes de Estado e de Governo da OSCE, espera acolher em Dezembro o Presidente dos Estados Unidos, no momento em que a OSCE dará passos importantes na definição de um modelo de segurança europeu para o século XXI.

Num outro plano, que conjuga as esferas bilateral e multilateral, os nossos dois países encetaram uma cooperação política do maior significado em duas regiões muito distintas.

Cumpre sem dúvida sublinhar a nossa actuação conjugada em prol do processo de paz em Angola, no quadro da *troika* que inclui também a Rússia.

Merece igualmente destaque o esforço significativo que Portugal e os Estados Unidos fazem ao participar na IFOR, a fim de fazer e consolidar a paz na Bósnia-Herzegovina. A participação portuguesa nesta operação testemunha a solidariedade que nos move, quer no seio da Aliança Atlântica, quer face às populações civis tragicamente afectadas pelo conflito. Como reconheceu recentemente o Secretário da Defesa norte americano, William Perry, a nossa presença militar na IFOR corresponde proporcionalmente aos meios afectados pelos Estados Unidos. Estou seguro de que as forças armadas dos dois países colherão benefícios mútuos desta experiência e que poderão cooperar estreitamente no terreno.

Recentemente, Portugal e os Estados Unidos deram passos significativos com a conclusão de dois instrumentos de grande alcance:

– Primeiro, o acordo de cooperação e defesa. Este, partindo da presença militar americana nos Açores, criou um quadro institucional vasto que pretendemos aproveitar em todas as suas componentes. No sector da defesa – incluindo acções de formação conjuntas, treino para operações de manutenção de paz e, nestes contextos, a cedência de equipamento –, mas também nas consultas políticas regulares a alto nível, no fomento da cooperação trilateral em África e na promoção do intercâmbio económico, científico e cultural. Este acordo goza de um apoio amplo e pluripartidário – bastará recordar que o partido socialista, enquanto oposição, votou favoravelmente a sua aprovação na Assembleia da República, quando ali apresentado pelo Governo do PSD.

Um exemplo do estreitamento das relações permitido pelo acordo de cooperação e defesa é-nos dado pelo sucesso da recente visita aos Estados Unidos do Ministro da Defesa Nacional, Dr. António Vitorino, onde se avistou, entre outras personalidades, com o seu homólogo, Sr. William Perry.

– Segundo, o acordo destinado a evitar a dupla tributação entre os dois países e prevenir a evasão fiscal, já em vigor, e a cuja troca de instrumentos de ratificação tive o prazer de proceder recentemente com a Senhora Embaixadora Elizabeth Bagley. Por um lado, esta convenção facilitará o comércio e o investimento entre os dois países, encorajando a instalação de firmas americanas em Portugal. Por outro, e por comportar uma dimensão social, melhorará as condições de vida da comunidade lusa nos Estados Unidos e dos americanos residentes em Portugal.

Uma breve referência ao relacionamento económico bilateral. Os Estados Unidos continuam a ser o nosso principal mercado de exportação fora do espaço da União Europeia, embora assistamos a uma evolução decrescente do investimento norte-americano em Portugal. Para contrariar essa tendência, o ICEP tem vindo a desenvolver uma campanha de captação de investimentos, e organizou várias visitas de empresários americanos a Portugal ao longo de 1995. Uma nota mais positiva é dada pela evolução da balança comercial, onde se regista um progressivo aumento da taxa de cobertura de importações, ainda que em termos absolutos o comércio bilateral pouco tenha aumentado. Eis uma área a seguir com atenção, sobretudo face à vigência do acordo sobre dupla tributação.

Minhas Senhoras e Meus Senhores,

Iniciei esta intervenção citando George Washington, e concluirei citando o Presidente Clinton: «o nosso destino na América está ainda ligado à Europa».

A relação transatlântica atravessou vicissitudes históricas e resistências internas – frutos talvez da extensão do próprio mar e da distância das rotas aéreas –, mas soube sempre estar à altura dos desafios com que se foi deparando. Americanos e europeus descendem de um tronco comum. Mesmo a mais pragmática das perspectivas demonstrará, sem dificuldade, o grau de interdependência hoje existente.

A maturidade das nossas instituições determinará um relacionamento porventura distinto do que vigorou até aqui, fundado agora numa verdadeira partilha de responsabilidades e numa estratégica de parceria para a nova ordem mundial.

E se todas as nações europeias se empenharem no relacionamento com os Estados Unidos como Portugal o faz, as razões do optimismo serão fáceis de entender.

Discurso no PALCUS/ Portuguese-American Leadership Council of the United States*

Washington, DC, 29 de Abril de 1996

Distinguished Members of this Council,
Ladies and Gentlemen,

It is indeed an honour to have been invited to address this morning the Portuguese-American Leadership Council of the United States. This institution gathers many of the most prominent representatives of the Luso-American community and several influential policy and opinion-makers coming from political, diplomatic, academic and business circles. It represents, here in the nations'capital, well over one million citizens of Portuguese origin.

This figure, together with the existence of more than three hundred Luso--American Associations throughout the United States, demonstrates the extent to which the Portuguese culture is now part of the American heritage. It is not by accident that Portuguese family names are becoming commonplace in the political life of this country, at federal and state levels. We welcome and support this trend, in which PALCUS has a key role to play.

The Luso-American community is also one of the main foundations of a solid and fruitful bilateral relationship between Portugal and the United States.

With your permission, I would like to take this opportunity to describe my Government's views on that relationship, setting them out against an overall global background. Portugal, to borrow a phrase, has come a long way. It is now a modern

---

* Versão original inglesa do discurso proferido em Washington, DC.

nation, fully integrated into the major European and transatlantic organizations. It plays a major role in international events and has significant multilateral responsibilities within the United Nations, presiding over the current session of its General Assembly and participating in peace-keeping missions in Angola, Mozambique and Western Sara; within NATO, namely in Bosnia; the Secretary-General of the Western European Union is Portuguese.

At the same time, we seek to preserve and develop our traditional links to the Portuguese speaking nations and our old allies and friends. My official visit to Washington, which begins this morning, constitutes proof of our commitment to the relationship with the United States, a country which, like ourselves, strives for peace, democracy and the respect for human rights.

I believe that we have the political will and the tools to enhance even further our affinities. To name but a few, Portugal and the United States have recently conclude two important Agreements – on Cooperation and Defense, and on the elimination of double taxation and tax evasion.

The first instrument is broad in scope. It provides for regular political consultations in a wide variety of fields, while regulating the use by the U.S. armed forces of the Lajes facilities in the Azores. It encourages bilateral visits and cultural and scientific exchanges. It creates the mechanisms to stimulate and coordinate cooperation programs, both public and private. It will benefit all those involved, including the Autonomous Region of the Azores. Most of all, the Agreeement represents a new, mature stage in our bilateral dialogue, based on the recognition that the two countries are equal partners and not on mere financial compensations for the use of a strategically located air base. As you may know, I am myself an Azorian, so these words have a special meaning...

The Tax Treaty is equally important. It paves the way for increased trade. It will motivate private investors and it will facilitate business deals. It will certainly bolster the economic side of our relationship, which could otherwise suffer each country's natural insertion in different – although mutually dependent – economic spaces.

The American business community stands to profit from these opportunities and from Portugal's economic potential. On his recent visit to the United States, my colleague the Minister of Finance, Professor Sousa Franco, enunciated the general principles of the Portuguese Government's policies in this area. Let us summarize some of them:

- To actively pursue the European Union's goals of economic and monetary union. To achieve these aims, we are applying a strict financial discipline, which will bring the budget deficit down (foreseen at 4.2% of GDP in 1996, it stood at 6.9% in 1993), continue the disinflation process (currently in the 3% range, the lowest since the Sixties) and reduce public debt to the EU average levels. Our economy is on the right track to meet the demanding criteria set in Masstricht for the european single currency;

• To maintain economic growth (a 14% increase in exports and 6.5% increase in investment in 1995) and exchange rate stability, as well as to continue to lower interest rates;

• To engage the country's resources in the fight against unemployment (now at 7.2%, slightly up from last year but well below the EU average figures), notably by implementing an Immediate Action Program for Employment and by urging our European partners to agree on a coordinated approach to this problem;

• To open up and modernise the Portuguese stock markets, enacting legislation to protect foreign investors;

• To launch a highly ambitious privatisation program, thereby lessening the weight of the State in the economy and reducing public debt. This initiative will be coupled to considerable tax benefits applicable to income return on share holdings acquired in this process. The companies to be privatised are highly competitive ones; to name but a few, three leading banking institutions, the concessionary companies for Portuguese airports and highways, the second largest world producer of eucalyptus paper pulp, Portugal TELECOM (with net assets valued at 5.35 billion dollars) and the country's largest cement producer.

Ladies and Gentlemen,

Portugal and the United States are also associated in NATO, of which they are founding members. Although the Alliance's roles and missions have evolved from the original task of, as somenoe once put it, «keeping the Americans in and the Russians out», Portugal remains a firm advocate of the transatlantic link. The risk of nuclear confrontation in Europe has virtually disappeared. Great reductions have been agreed and implemented in nuclear and conventional armament. Ideologies do not play a role as decisive as before. And yet the Yugoslav crisis undermined peace in Europe and the public opinion's faith in the existing international structures. This feeling of unease is also due to new, less understood risks and uncertainties – religious fundamentalism, the proliferation of weapons of mass destruction, organized crime...

So why does NATO remain useful? Because it has demonstrated that there is very little that cannot be accomplished when the United States, Canada and its European Allies roll up their sleeves and work together. IFOR represents a fine example of this type of joint action, a robust mixture of peace-keeping and peace-enforcement, an endeavour which involves NATO and some of its former adversaries, joined under the banner of Partnership for Peace.

Our commitment is truly a significant one. As this Administration has often recognized, our military participation is equivalent, proportionally, to that of the United States. We should be proud of the results so far, but we should also be aware of the nature of this operation. Like many other European nations, we see the American involvement as a *sine qua non* condition of our own deployment in the field.

Portugal and the United States want to adapt NATO to the new strategic environment. A healthy relationship with Russia must be established, and a clear understanding on the Alliance's enlargement must be found. Soon we will have to decide on the "who and when" of NATO's expansion – otherwise we will run the risk of generating instability and frustration in Central and Eastern Europe.

As to NATO's own internal adaptation, I hope that my visit to Washington and my talks with Secretary of State Christopher, Secretary of Defense Perry, National Security Advisor Anthony Lake, Members of Congress and SACLANT General Sheehan will allow for a clearer perception of our national and mutual interests. As you know, Portugal hosts a NATO major subordinate command, IBERLANT, subordinated to the Norfolk headquarters, which I will visit on Wednesday; we see no reason for a major overhaul of this arrangement, and I am planning to discuss these matters in-depth with our American friends.

NATO should not be seen as a rival of the European Union, nor does America need to feel uncomfortable with Europe's move toward a greater political and economic union.

It is true that some commercial disputes have arisen in the past. Others will no doubt occur in the future. These incidents, however, are rather minor when compared to what can be gained, here as well, through the combined efforts of the European Union and the United States (acting with its NAFTA partners). Both sides of the Atlantic are commited to the promotion of free trade and were instrumental in creating the WTO; they are guided by the same political values and share rich cultural and historical ties.

Three months ago, speaking at the American Club in Lisbon, I evoked the approaching two hundredth anniversary of George Washington's Farewell Address, in which your first President warned against permanent alliances with foreign powers. A period of two countries may be next to nothing in terms of continental drift, but it is an eternity in international affairs. There is no room today for isolationism. Your vital interests are our own.

Why? The answer lies in the added value of joint action. In late 1995, the European Union and the United States signed two documents, which represent a blueprint for the years to come – the New Transatlantic Agenda and the Joint EU-US Action Plan. The areas of common interest range from the former Yugoslavia and the establishment of a sound relationship with Russia to peace in the Middle East and the creation, in time, of a transatlantic free-trade zone.

Some aspects of this Action Plan are of particular importance for Portugal, as they contemplate the promotion of peace and economic reconstruction of Angola and Mozambique, the support of a peaceful transition of Macao to Chinese rule and the support of the UN Secretary-General's efforts to achieve a just and lasting solution to the question of East-Timor in Asia.

The European Union is also undergoing a process of transformation and enlargement. Its structures need to be adapted so as to be able to cope with future enlargements; the Union needs to be brought closer to Europe's citizens.

Many Europeans have grown disenchanted about its shortcomings and its partial failure to deal with pressing social issues such as unemployment, uncontrolled migrations and drug trafficking. The ongoing Intergovernmental Conference thus faces the complex challenge of restoring public confidence in the Union.

Another question which is often misinterpreted in the United States is that of the "European Security and Defense Identity". What is it about? Does Europe want to find its way alone, without NATO? Can the Western European Union replace the Alliance? That is not the case. It means that the European Union countries are willing to take on their share of responsibility for preserving peace and stability, gradually building the Western European Union into the European pillar of NATO. This is something to be achieved with, not against, the United States. It will enable European nations to act more promptly in peace-keeping missions and humanitarian crises, using NATO means and avoiding unnecessary duplications, whenever the United States do not wish to be actively involved.

Ladies and Gentlemen,

There is one last point I would like to make. Portugal has never lost sight of its History and of its perennial links to the Portuguese-speaking countries and communities – more than two hundred million people – spread throughout the world. The Government is proud of the achievements of the Luso-American community and of the respect and the reputation it has earned. As I said earlier on, we will support it and discuss with the American authorities possible measures to facilitate the preservation of its cultural and economic links to Portugal, as well as to ease travel requirements and encourage greater consular activity.

The seven Portuguese speaking States – Angola, Brazil, Cape Verde, Guinea-Bissau, Mozambique, Portugal and St. Tome and Principe – have acknowledged that it was desirable and possible to promote greater cooperation and enhance their joint influence and visibility in international *fora*.

Thus was born the initiative of creating a Community of Portuguese Speaking Countries, which will be institutionalized at a Summit of Heads of State and Government to be held in Lisbon in July.

Our shared aims are to create a structure for political and diplomatic dialogue, to cooperate in economic, scientific, cultural and educational programs. This Community will promote democracy and the respect for human rights and will help to erradicate racism, racial discrimination and xenophobia. It will, I am sure, make a valuable contribution to the development of the African continent. It was also in this spirit that Portugal has called for a Euro-African Summit, joining the European Union and all African nations to evaluate their relationships and define guidelines for the coming millennium.

I will present these initiatives to the Secretary of State later today, and I am quite interest in listening to his opinions.

Ladies and Gentlemen,

Allow me once more to congratulate you on the work of this Council. It is always a source of great satisfaction to witness the extent to which the Luso-American community is organizing itself and its weight on the economic and political life of this country. I offer my support and wish you every success, including the greatest one of all – the election, one day, of someone of Portuguese origin as President of the United States.

Os Açores e a Nova Parceria Transatlântica*

Furnas, S. Miguel, 28 de Setembro de 1998

Sinto-me verdadeiramente honrado por ter sido convidado a participar neste Conferência, dedicada aos "Açores e a Nova Parceria Transatlântica". De início, direi que se trata de uma questão que ocupa um lugar cimeiro na política externa portuguesa, e congratulamo-nos com iniciativas como esta, organizada pelo IEEI e pelo Governo Regional dos Açores, uma vez que as opiniões apresentadas por peritos de prestígio e os subsequentes debates ajudam-nos a definir prioridades e rumos de actuação.

Os Açores desempenharam, ao longo de meio século e durante a Guerra Fria, um papel central na relação entre a Europa e a América do Norte. A localização estratégica do Arquipélago dotou as potências aliadas, e mais tarde a NATO, de uma base natural – quase um porta-aviões natural – no Atlântico Norte. A Base Aérea das Lajes representou uma das mais valiosas possessões da Aliança, e a sua importância foi realçada pelas actividades, secretas mas vitais, de monitorização dos meios navais do Pacto de Varsóvia e por acontecimentos de dimensão internacional como as crises no Médio Oriente e, mais recentemente, a Guerra do Golfo e as suas consequências.

Haverá quem diga que as profundas implicações da queda do Muro de Berlim, que acabou por representar o fim da Guerra Fria, levaram a uma considerável alteração do estatuto dos Açores. Outros acrescentarão que a nova agenda internacional está centrada noutros tipos de desafios, de natureza menos previsível e bem distintos da confrontação Este-Oeste que prevaleceu ao longo de quase cinco décadas.

---

* Conferência organizada pelo Instituto de Estudos Estratégicos Internacionais (IEEI) e pelo Governo Regional dos Açores, Furnas, S. Miguel.

Estou ciente das mudanças sofridas pela comunidade transatlântica desde 1989. A NATO decidiu alargar a sua composição e estabelecer uma potencialmente frutífera relação com a Rússia, um país cujo vasto arsenal militar se encontra em decadência e cuja frota actual representa cerca de um terço da capacidade de outrora...; a União Europeia, por seu turno, admitirá novos Estados-membros nos primeiros anos do próximo milénio; a Europa Central é agora dominada por democracias saudáveis empenhadas em reformas sociais e económicas. Com dolorosa excepção dos Balcãs, as fontes de instabilidade e as ameaças à nossa segurança colectiva são provenientes de outros quadrantes.

Mas é minha convicção firme que os Açores, como parte integrante de Portugal com uma autonomia constitucionalmente consagrada, continuam a ser uma peça-chave na definição da nossa política de defesa e segurança. A realidade é que o Atlântico, com todos os seus recursos, jaz no centro dos laços que unem a Europa e a América do Norte. E não devemos esquecer que as infra-estruturas que os Açores cederam, e continuarão a ceder, foram e são, em simultâneo, um valioso contributo para a presença americana na Europa e uma base para a projecção de forças para outras regiões do mundo.

Neste contexto, a política externa de Portugal tem procurado reconhecer estas radicalmente modificadas circunstâncias e assegurar uma melhor e mais justa posição no redesenhado mapa das organizações europeias e transatlânticas. No plano global, e para citar apenas alguns exemplos, temos apoiado activamente o alargamento da NATO e da União Europeia; temos desenvolvido e institucionalizado as nossas ligações ao mundo lusófono, criando a CPLP. Quanto à questão que hoje nos interessa mais directamente, Portugal devotou uma atenção considerável às suas Regiões Autónomas.

Permitam que me concentre por alguns minutos na vertente política e de segurança. Não constitui segredo que, até ao final da década de 80, a abordagem portuguesa ao potencial militar dos Açores assentava em duas linhas de força – por um lado, pela NATO (que garantia a defesa do Arquipélago através do comando estratégico atlântico, que por sua vez delegava as suas responsabilidades de comando no IBERLANT, situado em Portugal continental); por outro, um acordo bilateral com os Estados Unidos permitia a utilização permanente da Base Aérea das Lajes tendo por contrapartida meios financeiros dirigidos em primeiro lugar às necessidades da Região Autónoma.

Contudo, o desenvolvimento económico de Portugal e a nossa adesão à União Europeia trouxeram consigo um novo modelo para aquela relação bilateral, traduzido no Acordo de Cooperação e Defesa assinado com os Estados Unidos em 1995.

Estou ciente de que vários problemas continuam a aguardar resposta, mas posso assegurar que, por intermédio do nosso diálogo com os Estados Unidos, com a colaboração do Governo Regional e da numerosa e respeitada comunidade açoreana naquele país, mais resultados práticos serão alcançados em breve – penso, em particular, nas questões dos requisitos de vistos e na notificação prévia de deportações

O nosso objectivo global é impor um mecanismo de consulta continuada com as autoridades americanas que nos permita, no futuro, aproveitar todo o potencial do Acordo de Cooperação e Defesa. Neste contexto, é importante que continuemos a assistir a um aumento das actividades da FLAD destinadas aos Açores.

Regressando à NATO, recordarei que a adaptação interna da Aliança se encontra contemplada. Estou muito satisfeito com o resultado das negociações sobre a estrutura de comandos. Portugal manteve um Comando Regional – o IBERLANT, será designado Comando Regional Sudeste, dependendo apenas do Comando Estratégico de Norfolk. O território português, incluindo as Regiões Autónomas dos Açores e da Madeira, estará sob uma cadeia de comando única.

E deveremos igualmente notar que, para além de ganhos substantivos em termos de posições de chefia nos comandos europeu e atlântico, Portugal confirmou a sua dupla vocação – de nação empenhada numa Identidade de Defesa Europeia reforçada e consciente da sua histórica e natural dimensão atlântica. Portugal, com as suas duas Regiões Autónomas, será um actor principal nas actividades da NATO nesta região e também no Mediterrâneo, no Norte de África e, como pretendemos, numa relação cada vez mais próxima da Aliança com o Atlântico Sul.

Minhas Senhoras e Meus Senhores,

Não gostaria de concluir estas palavras de abertura sem abordar mais duas questões. Todos sabemos que a Europa e a América do Norte – a comunidade transatlântica – formam um significativo pólo de estabilidade internacional e de crescimento económico. Mas muito tem sido dito e escrito em torno das dificuldades subjacentes à relação entre estes dois gigantes económicos. Tais obstáculos não devem ser ignorados, mas sim reconhecidos. E devem, ainda, ser colocados em perspectiva e vistos na sua verdadeira dimensão.

É por isso que Portugal, em sintonia com os seus parceiros europeus e os nossos aliados americanos, acredita que a recentemente lançada iniciativa da "Parceria Económica Transatlântica" deve ser aprofundada, sem negligenciar o trabalho efectuado pela Organização Mundial do Comércio, com o objectivo último de estabelecer um mercado transatlântico em que os dois lados possam prosperar. Portugal, a nação mais ocidental da Europa, e em particular os Açores, têm muito a ganhar com a maior liberdade de circulação e com os fluxos de comércio e investimento mais intensos que esta Parceria nos trará no futuro. É aliás relevante que Portugal tenha em 1997, e pela primeira vez, registado um *superavit* na balança comercial com os Estados Unidos.

Não podemos perder de vista as possibilidades que nos são oferecidas pela nossa presença na União Europeia e pela nossa bem-sucedida entrada para o mais exclusivo dos clubes – o EURO. E é incontroverso que o nosso crescimento económico beneficia o país como um todo. Mas é também uma realidade que o alargamento da União terá tendência a deslocar as respectivas prioridades para a Europa Central e Oriental.

Tal cenário não deve ser gerador de nervosismo ou incertezas. Estamos empenhados numa estimulante negociação sobre o destino das políticas estruturais da União Europeia, e estou seguro de que o pacote final irá ao encontro das nossas pretensões. Defendemos que a União possui recursos suficientes para ir ao encontro das necessidades dos membros actuais e futuros. É uma questão de vontade política, de vontade de não diluir a natureza da União nas suas vertentes social e económica. Não queremos uma União que não passe de uma zona de comércio livre; muito pelo contrário, o nosso objectivo é a preservação das características que fizeram da União uma vasta comunidade onde a coesão social e o desenvolvimento harmonioso se encontram no centro deste projecto comum.

As Regiões Autónomas dos Açores e da Madeira partilham um interesse neste processo. A este respeito, farei três comentários:

– Primeiro, que o Tratado de Amesterdão inclui – por proposta portuguesa – uma disposição prevendo programas específicos para as "regiões ultraperiféricas" da União. Tudo faremos para que este normativo seja posto em prática.

– Segundo, que os programas da União em curso serão devida e plenamente implementados e terão um seguimento apropriado. Os fundos disponíveis são consideráveis – no actual Quadro Comunitário de Apoio, para o período de 1994 a 1999, estão destinados aos Açores 930 mécus, aos que devemos somar 85.9 mécus da iniciativa "Régis II" (especialmente vocacionada para a integração das regiões ultraperiféricas) e, também, verbas adicionais para a assistência à reconstrução das recentes catástrofes naturais.

– Terceiro, que ao negociar as propostas contidas na "Agenda 2000", defendemos que o tratamento a acordar às regiões ultraperiféricas deve ser mais generoso, em função das suas especificidades e carências, que o dispensado às regiões cobertas pelo Objectivo 1.

Minhas Senhoras e Meus Senhores,

A terminar, direi que vivemos em tempos de constante, e por vezes mesmo surpreendente, mudança, numa era de globalização e acesso instantâneo ao mundo que nos rodeia. Há riscos, mas há sobretudo oportunidades. Se adaptarmos as existentes estruturas internacionais de acordo com os novos desafios e se permanecermos fiéis aos nossos princípios norteadores, tais oportunidades de estabilidade e desenvolvimento serão aproveitadas. Os Açores são um símbolo vivo dos laços transatlânticos e um excelente exemplo de como recursos locais, nacionais e internacionais podem combinar-se de modo a gerar resultados positivos, agora e no futuro. A nossa tarefa comum é perseguir esse objectivo. Desejo-vos os maiores sucessos para os vossos trabalhos ao longo dos próximos dois dias.

União Latina

Intervenção no Congresso da União Latina

Lisboa, 6 de Abril de 1998

É com grato prazer que o Governo português acolhe em Lisboa este Congresso da União Latina. País fruto da latinidade e país globalizador da latinidade, Portugal orgulha-se de que nesta reunião se proceda a um balanço em profundidade sobre a União Latina e se tracem grandes linhas para o seu futuro.

Em 15 de Maio de 1954 assinava-se em Madrid a Convenção da União Latina que, entre outros objectivos, pretendia «assegurar o conhecimento recíproco mais profundo das características, instituições e necessidades específicas de cada um dos países latinos» e «colocar os valores morais e espirituais da latinidade ao serviço das relações internacionais a fim de conseguir mais compreensão e cooperação entre as nações e contribuir para a prosperidade dos seus povos».

Volvidas mais de quatro décadas, ocorre perguntar: são estes objectivos ainda actuais?

Naquela data, poucos anos tinham passado sobre o fim de uma guerra devastadora e que pusera em causa os equilíbrios políticos mundiais e o sistema de valores que lhes estava subjacente. A Guerra Fria e a consequente ameaça nuclear instalavam-se, com riscos bem concretos para a sobrevivência da própria civilização. A União Latina surgia assim como uma tentativa de criação de um espaço de convivência entre países de raízes culturais comuns, herdadas do mundo greco-romano, e cuja tradição se pretendia salvaguardar e desenvolver.

É evidente, Senhor Secretário-Geral e Senhores Delegados, que o mundo actual é diverso, as memórias das grandes guerras estão desvanecidas e os riscos de conflitos globais são longínquos e quase inimagináveis. Surge, assim, a questão da razão de ser da continuidade, pelo menos na sua forma presente, de algumas organizações internacionais.

Não é de surpreender que nos interroguemos também: faz sentido hoje manter a União Latina? Terá ela um valor de actualidade? Merecerá um futuro?

Estou absolutamente certo que sim.

Por um lado, a tão frequentemente referida mundialização da cultura e dos meios de comunicação impõe que se lute contra a uniformização, a indiferenciação dos modelos e das experiências. Há que manter a diversidade, que nos parece condição indispensável para uma fecunda prática cultural no sentido mais lato. Há valores permanentes do espírito latino, desde as bases da convivência social, onde a influência do Direito Romano é exemplo evidente, aos conceitos de democracia e dos direitos humanos, que têm vindo a constituir afinal as linhas definidoras do que consideramos civilização. Outros serão mais específicos, como os que marcam as línguas, literaturas e artes em diálogo com a tradição clássica, as referências à espiritualidade romanizada do cristianismo – ou à cristianização de Roma –, ao epicurismo e ao sentido mediterrânico no modo de encarar a vida. São valores que, entre tantos outros, dão carácter próprio à cultura latina, e que interessa preservar e actualizar. Devemos saber viver a latinidade no mundo contemporâneo, saber adaptá-la à batalha sem tréguas da informação e comunicação, às exigências de modelos económicos que não perdoam erros e a sociedade em crise de referências.

A melhor defesa perante a uniformização é a apologia prática da diversidade. A afirmação e expansão das línguas latinas e da cultura da latinidade bem o atestam no mundo actual, como significativamente o demonstra o sucesso editorial com a reedição dos clássicos, a recuperação do estilo clássico por autores modernos ou mesmo o fascínio pela latinidade meridional em inúmeros autores de sucesso do universo anglo-saxónico como Paul Theroux, Peter Mayle ou Frances Mayes.

Num mundo multipolar, a latinidade pode constituir um sinal de agrupamento de parceiros e regiões que têm na tradição latina uma linguagem comum e uma familiaridade de entendimento. De acordo com dados da União Latina, os utilizadores de línguas latinas no mundo são hoje mais de 770 milhões, entre os quais 23,5% de português, 48% de espanhol, 18% de francês, 7,5% de italiano e 3% de romeno. Ousaria pensar que este conjunto de países e regiões possa reflectir no conteúdo político desse seu entendimento, dessa sua possibilidade de diálogo, dessa sua comunidade de valores.

A União Latina, apesar dos meios limitadíssimos que lhe têm sido atribuídos, tem já uma vida longa entre as organizações internacionais, sendo de destacar o impulso que desde 1983 Phillipe Rossillon, a cuja memória queria aqui prestar homenagem, lhe concedeu. A União, através das participações nacionais, é o espelho da latinidade, pois aqui se encontram representados os continentes onde o génio latino frutificou, adquirindo assim um carácter universalista que estava afinal dentro da sua essência.

No âmbito das reformas que o novo Secretário-Geral, Embaixador Geraldo Cavalcanti, se propõe realizar, e que contam com o pleno apoio de Portugal, parece--me essencial uma maior abertura da acção da União Latina à África e à Ásia. Não apenas através de estudos, cuja qualidade reconhecemos, ou de exposições de grande nível, mas também sob a forma de encontros de responsáveis culturais e intelectuais – e, por que não, políticos? – que possam ver a tradição latina como um enriquecimento das culturas e não como uma forma de imposição exterior. Consideramos que a CPLP é, especialmente pela sua fundamentação na língua portuguesa, uma contribuição e um interlocutor muito válido para essa desejável expansão geográfica da latinidade. E vemos como realidades igualmente promissoras as Cimeiras ibero-americanas e a multilateralização crescente da francofonia.

Gostaria de referir ainda que consideramos o reforço da intervenção da Organização nos novos meios de comunicação, que é uma das razões de ser deste Congresso, como condição indispensável para a obtenção do que cremos ser um requisito importante para a União – uma maior visibilidade junto do público e uma maior capacidade de influência junto dos responsáveis culturais e políticos, bem como junto do audiovisual.

Este Congresso não se reúne em Lisboa por mero acaso ou capricho. A própria criação de Portugal confunde-se com a expansão da civilização medieval europeia, profundamente marcada pela herança romana. A fundação do meu país foi, aliás, reconhecida formalmente por um documento emitido em Roma, a bula *Manifestis Probatum* da segunda metade do século XII. E, para além desse "acto fundador", é Portugal que (com o seu vizinho peninsular) vai dar, nos séculos XV e XVI, o impulso essencial para a criação do mundo moderno, um mundo comunicante e aberto, resultante da difusão dos valores latinos, fundadores de novas culturas e novos países que se reconhecem numa distante, mas presente, matriz comum.

Não será excessivo orgulho afirmar que, com as navegações portuguesas, a latinidade, até então concentrada na sua matriz mediterrânica, se abre para o mundo, todo o mundo, criando novas e promissoras nações e culturas.

O mundo latino, fortalecido pela sua presença na América, na Europa, na África, na Ásia, tem interesse em se sentir identificado com as suas raízes, que lhe permitem fundamentar uma solidariedade criativa e resistente a qualquer forma de globalização massificadora.

Deixaria aqui um apelo a uma renovação da latinidade em que os valores da nossa herança partilhada se adaptem ao mundo actual, como já sucedeu no passado, e com sucesso. Uma União Latina também renovada e reforçada pode ser o catalizador da recriação desse novo espírito de orgulho na tradição comum, de impulso de solidariedade entre os países que se revêem nessa tradição para, em termos modernos, defrontarmos os desafios do mundo de hoje. Com fortes componentes de crescimento – designadamente o espanhol e o português – o espaço da latinidade está indubitavelmente – perdoem-me a expressão – condenado ao sucesso. A revitalização da União Latina deve por isso corresponder, em termos de modernização de uma organização internacional, ao que é já, na realidade contemporânea, um dado inquestionável. Ao acolher este Congresso em Lisboa, Portugal quis tornar bem claro o seu empenho na União Latina, a sua convicção neste projecto, a sua confiança nos novos valores. A latinidade foi durante anos o lugar de uma profunda utopia construída a olhar o passado. Chegou o momento de passar a ser uma grande esperança feita a acreditar no futuro.

Deslocações do Ministro dos Negócios Estrangeiros

1995

NOVEMBRO

10 – Conselho de Assuntos Gerais/UE, Bruxelas.
14 – Reunião Ministerial UEO, Madrid.
20 e 21 – Conselho de Assuntos Gerais/UE, Bruxelas.
27 e 28 – Conferência Euro-Mediterrânica, Barcelona.

DEZEMBRO

4 a 6 – Conselho de Assuntos Gerais/UE; Reunião Ministerial da NATO, Bruxelas.
7 e 8 – Conselho Ministerial da OSCE, Budapeste.
8 e 9 – Conferência para a Implementação da Paz na Bósnia, Londres.
13 e 14 – Conferência da Paz – Implementação da Paz na Bósnia, Paris.
15 e 16 – Conselho Europeu/UE, Madrid.
19 e 20 – Visita oficial a Rabat, Marrocos.

1996

JANEIRO

14 a 17 – 7.ª Ronda de Conversações sobre Timor-Leste com Ministro dos Negócios Estrangeiros inglês e com Ministro dos Negócios Estrangeiros indonésio, Londres.
28 e 29 – Conselho de Assuntos Gerais/UE, Bruxelas.

FEVEREIRO

9 a 16 – Visita oficial a Macau e Pequim.
21 e 22 – Deslocação a Dublin.

FEVEREIRO/MARÇO

27 a 3 – Reunião Preparatória e Cimeira ASEM, Bangkok.

MARÇO

11 a 13 – Visita oficial à República de Angola.
19 a 20 – Visita oficial à República Federal da Alemanha (Stuttgart/Hechingen).
22 e 23 – II Encontro Intra-Timorenses, Viena.
24 e 25 – Conselho de Assuntos Gerais/UE, Bruxelas.
28 a 31 – Conselho Europeu de Turim e Sessão de Abertura CIG, Itália.

ABRIL

14 – 3.ª Cimeira Luso-Brasileira de Chefes de Estado e de Governo, Brasil.
16 a 19 – Reunião Ministerial da Comunidade dos Países de Língua Portuguesa, Maputo.
21 e 22 – Conselho de Assuntos Gerais/UE, Luxemburgo.

ABRIL/MAIO

28 a 2 – Visita oficial aos Estados Unidos da América.

MAIO

6 e 7 – Reunião Ministerial da UEO, Birmingham.
13 e 14 – Conselho de Assuntos Gerais/UE, Bruxelas.
15 e 16 – Visita oficial à Argélia.
26 a 28 – Visita oficial à Guiné-Bissau.

JUNHO

2 a 4 – Reuniões Ministeriais da NATO, Berlim.
9 a 11 – Conselho de Assuntos Gerais/UE, Luxemburgo.
13 a 18 – Conferência sobre a Aplicação do Plano de Paz para a Bósnia-Herzegovina, em Florença. Reunião Ministerial de Roma.
26 e 27 – Participação na 8.ª Ronda de negociações sobre Timor-Leste, Genebra.

JULHO

9 e 10 – Deslocação a Paris.
14 e 15 – Conselho de Assuntos Gerais/UE, Bruxelas.
23 e 24 – Participação na assinatura do Acordo AESA, Paris.

AGOSTO

21 a 28 – Visita oficial aos Estados Unidos da América para participar nas Grandes Festas do Divino Espírito Santo e para contactos com as Comunidades Portuguesas e as Autoridades dos Estados de Massachussetts, Rhode Island e New Jersey.

AGOSTO/SETEMBRO

31 a 3 – Deslocação oficial a S. Tomé e Príncipe para a tomada de posse do Presidente da República, Dr. Miguel Trovoada.

SETEMBRO

7 e 8 – Participação no Gymnich de Tralee, Irlanda.
22 a 29 – 51.ª Assembleia Geral da ONU, Nova Iorque.

SETEMBRO/OUTUBRO

30 e 1 – Conselho de Assuntos Gerais/UE, Luxemburgo.

OUTUBRO

13 a 21 – Visita oficial à Namíbia e à República da África do Sul e participação na Reunião Ministerial União Europeia/SADC.
27 e 28 – Conselho de Assuntos Gerais/UE, Luxemburgo.

NOVEMBRO

7 a 13 – Visita ao Chile por ocasião da VI Cimeira Ibero-Americana.
19 a 21 – Visita oficial a Copenhaga, Dinamarca.
24 a 26 – Conselho de Assuntos Gerais/UE, Bruxelas.

DEZEMBRO

9 a 11 – Cerimónia da entrega dos Prémios Nobel da Paz, Oslo.
13 e 14 – Conselho Europeu de Dublin com S. Exa. o Primeiro-Ministro, Eng. António Guterres.

1997

FEVEREIRO

5 a 16 – Visita oficial à Índia e Singapura para participar na 12.ª Reunião Ministerial da UE/ASEAN e ASEM.
18 – Reunião Ministerial Extraordinária da NATO, Bruxelas.

MARÇO

14 a 16 – Participação no Gymnich, Apeldoorn, Holanda.
23 a 25 – Conselho de Assuntos Gerais/UE, Bruxelas. Conferência Intergovernamental, Roma.

ABRIL

6 a 8 – Conclave CIG, Noordwijk. Reunião UE/Grupo do Rio, Holanda.
10 a 12 – Deslocação a Luanda para assistir à tomada de posse do Governo "GURN", Angola.
16 a 18 – Visita oficial à Rússia.
21 a 24 – Visita oficial à República Checa e à Noruega.
28 a 30 – Conselho de Assuntos Gerais/UE, Luxemburgo.

MAIO

5 a 7 – Deslocação à República Eslovaca e à Hungria.
12 a 14 – Deslocação a Paris e Lubliana para participar na reunião Ministerial da UEO e integrando a delegação da visita oficial à Eslovénia.
19 e 20 – Deslocação a Haia, conclave CIG.

JUNHO

1 a 3 – Conselho de Assuntos Gerais/UE, Luxemburgo.
4 a 7 – Visita oficial ao Japão.
18 a 21 – 9.ª Ronda de Negociações sobre Timor-Leste sob os auspícios das Nações Unidas, Nova Iorque.
25 a 29 – Visita oficial a Manila, Filipinas.

JUNHO/JULHO

29 a 2 – Cerimónias de transferência de soberania de Hong-Kong para a República Popular da China.

JULHO

16 a 18 – Conselho de Ministros da Comunidade dos Países de Língua Portuguesa, Brasil.

AGOSTO

24 a 29 – Visita oficial a Cabo Verde.

SETEMBRO

14 a 16 – Conselho de Assuntos Gerais/UE, Bruxelas.
21 a 27 – Assembleia Geral da ONU, Nova Iorque.

OUTUBRO

1 e 2 – Assinatura do Tratado de Amesterdão, Países Baixos.
5 e 6 – Conselho de Assuntos Gerais/UE, Luxemburgo.
25 e 26 – Participação no Gymnich, Mondorf-les-Bains, Luxemburgo.

NOVEMBRO

10 – Conselho de Assuntos Gerais/UE, Bruxelas.
17 e 18 – Reunião Ministerial da UEO, Erfurt, Alemanha.
23 e 24 – Conselho de Assuntos Gerais/UE, Bruxelas.
26 a 30 – Visita oficial a Moçambique.

DEZEMBRO

7 a 10 – Conselho de Assuntos Gerais/UE, Bruxelas; e Conselho para Implementação da Paz na Bósnia-Herzegovina, Bona.
15 a 17 – Reunião Ministerial da NATO, Bruxelas.
21 a 24 – Deslocação a Zagreb, Croácia; Belgrado, República Federal da Jugoslávia e Sarajevo, Bósnia-Herzegovina.

1998

JANEIRO

6 a 10 – Deslocação a S. Tomé, S. Tomé e Príncipe; Malabo, Guiné Equatorial e Libreville, Gabão.
13 e 14 – Visita Oficial ao Parlamento Europeu, Estrasburgo.
25 a 27 – Conselho de Assuntos Gerais/UE, Bruxelas.

FEVEREIRO

3 a 5 — Visita oficial à Polónia.
9 a 13 — Conferência Ministerial de S. José XIV, Costa Rica e VIII Reunião Ministerial do Grupo do Rio e União Europeia, Panamá.
15 a 21 — Visita oficial à Austrália e Nova Zelândia.
22 e 23 — Conselho de Assuntos Gerais/UE, Bruxelas.

MARÇO

1 a 3 — Deslocação à Tunísia.
4 a 8 — Deslocação a Roma e ao Vaticano.
11 a 14 — Participação no Gymnich de Edimburgo, Reino Unido.
17 a 21 — Deslocação a Providence e Washington, Estados Unidos da América.
24 e 25 — Comissão dos Direitos Humanos, Genebra.
29 a 31 — Conselho de Assuntos Gerais/UE, Bruxelas.

ABRIL

26 a 28 — Conselho de Assuntos Gerais, Luxemburgo. Reunião Ministerial da OCDE, Paris.

MAIO

10 a 12 — Reunião Ministerial da UEO, Rhodes.
15 a 17 — Reunião de Bilderberg, Ayrshire.
24 a 25 — Conselho de Assuntos Gerais/UE, Bruxelas.
27 a 29 — Reunião Ministerial da NATO, Luxemburgo.

JUNHO

3 a 5 — Reunião Ministerial da Parceria Euro-Mediterrânica, Palermo. Cimeira da OUA, Ougadougou, Burkina Faso.
7 e 8 — Conselho de Assuntos Gerais/UE, Luxemburgo.
26 a 27 — Visita a Dacar, Senegal.

JUNHO/JULHO

29 a 01 — Conselho de Segurança da ONU, Nova Iorque.

JULHO

7 a 10 — Visita oficial a Cuba.
12 e 13 — Conselho de Assuntos Gerais/UE, Bruxelas.
23 a 25 — Grupo de Contacto da CPLP, Cabo Verde e à Gâmbia.

AGOSTO

3 a 6 — Conversações sobre Timor-Leste, ONU, Nova Iorque, Estados Unidos da América.
7 a 9 — Grupo de Contacto da CPLP Cabo Verde e Capskiring, Senegal.
18 e 19 — Grupo de Contacto da CPLP, Cabo Verde.
24 a 26 — Grupo de Contacto da CPLP/Grupo CEDEAO. Processo de Paz na Guiné-Bissau, Praia, Cabo Verde.

SETEMBRO

4 a 6 — Participação no Gymnich de Salzburgo, Áustria.
7 a 10 — Visita oficial ao Brasil.
14 a 15 — Discurso no Ciclo de Conferências da "Semana de Portugal", Madrid.
20 a 26 — 53.ª Assembleia Geral das Nações Unidas, Nova Iorque.

OUTUBRO

4 e 5 — Conselho de Assuntos Gerais/UE, Luxemburgo.
24 e 25 — Deslocação à Guiné-Bissau.
28 e 29 — Visita oficial a Malta.

NOVEMBRO

2 a 4 — 3.ª Conferência Ministerial da UE/SADC, Viena.
5 e 6 — Vista oficial a França, Paris.
16 e 17 — Deslocação a Estrasburgo para presidir à homenagem do Parlamento Europeu ao Dr. Aristides de Sousa Mendes.
17 a 20 — Visita oficial a Londres.
26 e 27 — Consultas políticas bilaterais, Estocolmo, Suécia.

DEZEMBRO

6 a 9 — Conselho de Assuntos Gerais/UE. Reunião Ministerial da NATO, Bruxelas.
14 a 16 — Participação no Conselho para a Implementação da Paz na Bósnia--Herzegovina, Madrid, Espanha.
17 a 19 — Visita oficial à Mauritânia.

1999

JANEIRO

19 e 20 — Visita oficial à Irlanda e à Holanda.
24 — Conselho de Assuntos Gerais/UE, Bruxelas.
26 e 27 — Visita oficial a Tirana, Albânia; e Nicósia, Chipre.

FEVEREIRO

6 a 9 – Conversações sobre Timor-Leste na ONU, Nova Iorque.
17 a 20 – Deslocação a Luanda e à Guiné-Bissau.
21 e 22 – Conclave e Conselho de Assuntos Gerais/UE, Luxemburgo.

MARÇO

4 a 5 – Fórum do Mediterrâneo, Malta.
5 a 7 – Visita oficial ao Teerão, Irão.
9 a 12 – Deslocação a Nova Iorque, Estados Unidos da América.
13 e 14 – Participação no Gymnich, Rheinhartshausen.
17 a 20 – Visita oficial com S. E. o Presidente da República a Macau.
21 e 22 – Conclave e Conselho de Assuntos Gerais/UE, Bruxelas.
27 a 29 – Reunião Ministerial da UE/ASEM, Berlim.
30 e 31 – Deslocação à Guiné-Bissau.

ABRIL

8 – Conselho de Assuntos Gerais/UE, Luxemburgo.
11 a 12 – Reunião Ministerial extraordinária da NATO sobre o Kosovo, Bruxelas.
15 a 16 – Conferência UE/Mediterrâneo, Estugarda.
20 a 22 – Cerimónia de entrega de um subsídio ao *Heritage Harbor Museum*, Providence.
Conversações sobre Timor, ONU, Nova Iorque.
25 – Conselho de Assuntos Gerais/UE, Bruxelas.

ABRIL/MAIO

28 a 1 – Visita oficial ao Cairo. Inauguração do novo edifício do Consulado-Geral, Paris.

MAIO

4 a 7 – Ronda de negociações sobre Timor no âmbito das Nações Unidas, Nova Iorque.
16 a 17 – Conselho de Assuntos Gerais/UE, Bruxelas. Inauguração do Centro Cultural de Portugal, Luxemburgo.
18 a 22 – Visita oficial a Pequim e a Macau.

JUNHO

13 a 15 – Visita oficial a Otava, Canadá.
20 a 21 – Deslocação ao Luxemburgo.

JULHO

19 a 20 – Deslocação a Bruxelas.
25 a 29 – PMC-ASEAN, Singapura.

AGOSTO

26 a 30 – Deslocação a Washington, New Bedford.

SETEMBRO

3 a 5 – Participação no Gymnich de Saariselkä, Finlândia.
12 e 13 – Conselho de Assuntos Gerais/UE, Bruxelas.
19 a 25 – Assembleia Geral da ONU, Nova Iorque.
27 a 30 – Conversações sobre Timor-Leste, ONU, Nova Iorque.

OUTUBRO

6 e 7 – *Troika* UE/Rússia, Moscovo.

Lista das Convenções Internacionais assinadas por Portugal

1996

ABRIL

15 – Acordo entre Portugal e o Brasil relativo à isenção de vistos.

17 – Reunião dos sete Ministros dos Negócios Estrangeiros dos países lusófonos para a adopção do acto constitutivo de uma Comunidade dos Países de Língua Portuguesa, Maputo.

23 – Convenção entre Portugal e a Venezuela para evitar a dupla tributação.

JULHO

17 – Assinatura da declaração que institui a Comunidade dos Países de Língua Portuguesa, Lisboa.

AGOSTO

5 – Acordo entre a República Portuguesa e a República de Angola sobre a supressão de vistos em passaportes diplomáticos, de serviços e especiais.

NOVEMBRO

6 – Acordo de cooperação entre Portugal e os Estados Unidos Mexicanos no domínio do turismo.

6 – Acordo de transporte aéreo entre Portugal e o México.

6 – Acordo entre o Governo da República Portuguesa e o Governo dos Estados Unidos Mexicanos sobre a supressão de vistos em passaportes diplomáticos, oficiais e especiais.

DEZEMBRO

18 – Acordo de cooperação com Angola no domínio geológico e mineiro, Lisboa.

1997

FEVEREIRO

7 – Acordo de aviação civil e protocolo de cooperação nesta área entre Portugal e a Índia.
8 – Protocolo sobre emigração temporária de trabalhadores cabo-verdianos para a prestação de trabalho em Portugal.
18 – Acordo de cooperação com Cabo Verde no domínio do ensino superior, cidade da Praia.
18 – Protocolo adicional ao acordo entre Portugal e Cabo Verde na área do património arquitectónico e recuperação do património histórico.
20 – Protocolo regulador do Acordo científico cultural e técnico subscrito por Portugal e Tunísia em 1992, Lisboa.

MARÇO

11 – Acordo entre Portugal e a Argélia para evitar a dupla tributação com vista a favorecer a actividade dos agentes económicos dos dois países.
26 – Acordo entre Portugal e a Roménia sobre supressão de vistos em passaportes diplomáticos.

ABRIL

5 – Acordo com S. Tomé e Príncipe, S. Tomé sobre a supressão de visto em passaportes diplomáticos, de serviços e especiais.

MAIO

7 – Acordo de segurança social entre Portugal e o Brasil.
14 – Acordo entre Portugal e a Eslovénia sobre a promoção e a protecção mútua de investimentos e respectivo protocolo.
23 – Acordo de transporte aéreo entre Portugal e a África do Sul.

JUNHO

25 – Tratado de auxílio mútuo em matéria penal entre Portugal e o Canadá.

JULHO

24 – Acordo entre Portugal e o Uruguai sobre a promoção e a protecção mútua de investimentos.

SETEMBRO

7 – Convenção entre Portugal e a Roménia para evitar a dupla tributação e prevenir a evasão fiscal em matéria de impostos sobre o rendimento e sobre o capital.
16 – Acordo de cooperação na educação, ciência, cultura, desporto, juventude, turismo e comunicação social entre Portugal e a Roménia.
27 – Convenção entre Portugal e Marrocos para evitar a dupla tributação em matéria de impostos sobre os rendimentos.
30 – Convénio de cooperação científica e técnica entre Portugal e Cabo Verde.
30 – Emenda ao Acordo de transporte aéreo entre Portugal e a Polónia.

OUTUBRO

2 – Assinatura do Tratado de Amesterdão pelos Ministros dos Negócios Estrangeiros dos Quinze Estados-membros da União Europeia, Haia.
24 – Acordo de cooperação na área do ensino superior entre Portugal e Angola.
24 – Acordo sobre a promoção e a protecção recíproca de investimentos com Angola, Luanda.

DEZEMBRO

12 – Acordo de cooperação entre Portugal e as Maurícias sobre a promoção recíproca de investimentos.

1998

JANEIRO

7 – Acordo entre Portugal e Singapura sobre a supressão de vistos.
8 – Acordo Geral de Cooperação entre Portugal e a Guiné Equatorial.
12 – Acordo de protecção de investimentos entre Portugal e Chipre, Lisboa.

FEVEREIRO

3 – Acordo entre Portugal e o Vietname sobre serviços aéreos.
6 – Acordo de cooperação no domínio do ensino superior entre Portugal e a Guiné-Bissau.
6 – Protocolo adicional ao Acordo de cooperação consular entre Portugal e a Guiné-Bissau para protecção e assistência consular aos seus nacionais em terceiros países.

MARÇO

11 – Acordo administrativo sobre as modalidades de aplicação da Convenção sobre segurança social entre Portugal e a Guiné-Bissau.

11 – Protocolo de cooperação com a Guiné-Bissau nos domínios do equipamento, transportes e comunicações.
13 – Acordo de cooperação cambial entre Portugal e Cabo Verde.

ABRIL

1 – Acordo entre Portugal e o Paraguai sobre supressão de vistos em passaportes comuns.
6 – Acordo entre Portugal e a Eslovénia sobre cooperação nos domínios da educação, da cultura e da ciência.
14 – Acordo entre Portugal e a Croácia sobre cooperação nos domínios da cultura, da educação e da ciência.
21 – Convenção entre Portugal e a China para evitar a dupla tributação e prevenir a evasão fiscal em matéria de impostos sobre o rendimento e respectivo Protocolo.

MAIO

11 – Tratado de Extradição entre Portugal e a Tunísia.

JULHO

3 – Acordo ente Portugal e as Comunidades dos Países de Língua Portuguesa referente ao estabelecimento da respectiva sede em Portugal.
8 – Acordo entre Portugal e Cuba sobre a promoção e a protecção recíprocas de investimentos, Havana.
8 – Acordo de cooperação cultural entre Portugal e Cuba.
20 – Acordo entre Portugal e o Uruguai sobre cooperação no domínio do turismo.

SETEMBRO

9 – Protocolo de cooperação com Cabo Verde nos domínios do emprego, da formação profissional, das relações laborais, da segurança social e da inserção social.
11 – Acordo e Protocolo entre Portugal e a Albânia sobre a promoção e protecção recíprocas de investimentos.
11 – Convenção entre Portugal e a Índia para evitar a dupla tributação e prevenir a evasão fiscal.

OUTUBRO

10 – Protocolo de cooperação no domínio das finanças públicas com Moçambique.
13 – Acordo entre Portugal e a República da África do Sul sobre supressão de vistos em passaportes diplomáticos, de serviços especiais.
20 – Acordo de extradição entre Portugal e o México.

NOVEMBRO

14 – Convenção entre Portugal e Marrocos sobre segurança social.

DEZEMBRO

3 – Acordo de cooperação científica e tecnológica entre Portugal e a Índia.
16 – Convenção entre Portugal e a Áustria em matéria de segurança social.

1999

FEVEREIRO

11 – Acordo de promoção de turismo entre Portugal e a Lituânia.
11 – Acordo de supressão de vistos entre Portugal e a Lituânia.
19 – Acordo cultural entre Portugal e a República do Sri-Lanka.
24 – Convenção entre Portugal e a Tunísia para evitar a dupla tributação em matéria de impostos sobre o rendimento.

MARÇO

22 – Convenção entre Portugal e Cabo Verde para evitar a dupla tributação em matéria de impostos sobre o rendimentos e prevenir a evasão fiscal.

ABRIL

8 – Acordo entre Portugal e a Eslováquia sobre a supressão de vistos.
16 – Protocolos entre Portugal e o Brasil sobre o "Prémio Camões", protecção consular, cooperação técnica e intercâmbio de informações na área das telecomunicações.
21 – Acordo por trocas de Notas entre Portugal e a Estónia sobre supressão de vistos.
27 – Programa-Quadro de cooperação entre Portugal e Cabo Verde, cidade da Praia.
28 – Acordo de cooperação entre Portugal e Cabo Verde no domínio da função pública.
28 – Acordo entre Portugal e o Egipto sobre a promoção e protecção recíprocas de investimentos.

MAIO

5 – Assinatura do Acordo sobre a consulta ao povo de Timor-Leste por Portugal, a Indonésia e o Secretário-Geral das Nações Unidas, nele constando o plano de autonomia para aquele território.
25 – Convenção entre Portugal e Luxemburgo para evitar a dupla tributação e prevenir a evasão fiscal em matéria de impostos sobre o rendimento.

JUNHO

14 – Acordo entre Portugal e o Canadá para evitar a dupla tributação e prevenir a evasão fiscal em matéria de impostos sobre os rendimentos.

JULHO

23 – Protocolo de cooperação na área da inserção social entre Portugal e Moçambique.

23 – Protocolo de cooperação nas áreas do emprego, formação profissional e da segurança social entre Portugal e Moçambique.

SETEMBRO

4 – Acordo geral de cooperação entre Portugal e o Mali.

20 – Convenção entre Portugal e os Países Baixos para evitar a dupla tributação e prevenir a evasão fiscal em matéria de impostos sobre o rendimento e sobre o capital.